Jean-Marie Lustiger

GOTTESWAHL

Jüdische Herkunft, Übertritt zum Katholizismus, Zukunft von Kirche und Gesellschaft

Gespräche mit Jean-Louis Missika
und Dominique Wolton

Aus dem Französischen
von Thorsten Schmidt

Piper
München Zürich

Die Originalausgabe erschien 1987 unter dem Titel
»Le choix de Dieu« bei Edition de Fallois in Paris.
Die deutsche Ausgabe wurde in Abstimmung mit dem Autor
von Gerd Haeffner geringfügig gekürzt.

ISBN 3-492-03436-5

Gesetzt aus der Sabon-Antiqua
Gesamtherstellung: Mühlberger, Gersthofen
Printed in Germany

Inhalt

III. Judentum und Christentum

IV. Der Völkermord

Zweiter Teil: Glaube und Wissen

I. Student und Seminarist (1945–1954)

II. Die Humanwissenschaften

III. Vernunft, Wissenschaft und Glaube

Dritter Teil: Kirche und Gesellschaft

I. Studentenpfarrer an der Sorbonne (1954–1969)

II. Die Politik und das Heilige

III. Kirche und Politik

IV. Triumph und Illusionen des Individualismus

Vierter Teil: Auf dem Weg zu einer spirituellen Erneuerung

I. Vom Quartier Latin ins 16. Arrondissement (1969–1979)

II. Was heißt Christ sein?

III. Die theologische Reflexion

IV. Priester und Laien

Fünfter Teil: Die Universalität der Kirche

I. Das Apostelamt

II. Die neuen Schwerpunkte

III. Weltgeschichte und Heilsgeschichte

Einleitung

Was ist die Ursache für den Wunsch, mehr über einen Menschen wissen zu wollen?

Der Satz: »Es ist, als ob die Kruzifixe den gelben Stern angelegt hätten«, den man zufällig bei den Fernsehnachrichten aufgeschnappt hat; der ungewöhnliche Lebensweg eines Sohnes nach Frankreich eingewanderter polnischer Juden, der heute Kardinal und Erzbischof von Paris ist; die Tiefgründigkeit eines Blickes, den man auf einer Photographie gesehen hat; das Bedürfnis, sich nicht mit Klischees zufriedenzugeben; ein Interview über den Platz der Religionen in den heutigen Gesellschaften; die quälende Frage nach Gut und Böse in der Zeit nach Auschwitz. All dies und, bewußt oder unbewußt, noch vieles andere mehr.

Darüber hinaus müßte jeder von uns beiden Interviewern – der Jude und der Katholik, der Skeptiker und der Agnostiker, derjenige, der die Konversion (ein Wort, das in seiner Familie tabu war) verstehen will, und derjenige, der sich mit der Kirche und dem Katholizismus befaßt, derjenige, der nicht glaubt, und derjenige, der nicht weiß – seine besonderen Motive darlegen. Kurz: eine einheitliche Vorgehensweise für zwei verschiedene Erkenntnisinteressen.

So haben wir uns mit großer Naivität in ein dreijähriges Abenteuer voller Tücken gestürzt. Im Juni 1984 haben wir Jean-Marie Lustiger aufgesucht, um ihm unser Vorhaben darzulegen. Dabei diente uns das Buch *Spectateur engagé*, das wir gemeinsam mit Raymond Aron veröffentlicht hatten, als Vorbild. Es ging uns also weder um einen autobiographischen Bericht noch um ein theologisches oder moralisches Exposé, sondern darum, zu zeigen, wie der Lebensweg eines einzelnen in prägnanter Form die bedeutenden geistlichen und geistigen Fragen im Europa des 20. Jahrhunderts zum Ausdruck bringt.

Wir wollten einen Mann des Glaubens mit zwei »aufgeklärten Wissenschaftlern« konfrontieren, die die säkularisierte Gesellschaft und den modernen Rationalismus repräsentieren. Nach einer Phase der Diskussion und des Nachdenkens hat Jean-Marie Lustiger sich bereit erklärt, die Risiken dieser Konfrontation einzugehen. Diese Entscheidung gereicht ihm zur Ehre, gerade weil sich immer weniger Menschen der offenen Diskussion stellen. Unser sogenanntes Zeitalter der Kommunikation zeichnet sich oftmals durch polemische oder unkritische Monologe und eine nicht mehr zu überbietende Taubheit aus. *Le Choix de Dieu* ist für uns auch ein Versuch, den Dialog und die Kontroverse als wesentliche Elemente des geistigen Fortschritts wieder zur Geltung zu bringen.

Zur Vorbereitung auf diese Gespräche haben wir mehrere Bücher über Philosophie, Theologie, Kirchen- und Religionsgeschichte gelesen, uns dabei jedoch immer daran erinnert, daß die Erörterung allzu spezieller Fragen vermieden werden sollte. Wir hatten Gelegenheit, in Rom und in Paris einige Persönlichkeiten des kirchlichen und nichtkirchlichen Lebens zu treffen, unter denen der große französische Theologe Henri de Lubac besonders herausragt. Wir haben uns ganz allgemein wenig mit den Problemen der Institution und mit den inneren Spaltungen in der katholischen Kirche Frankreichs beschäftigt, erstens, weil wir nicht zur »Gemeinde« gehören und über ihr Innenleben nur schlecht informiert sind, vor allem aber, weil unsere Intention eine andere war: Wir wollten auf dem Hintergrund der tragischen Geschichte der letzten fünfzig Jahre die Verflechtungen, ja die gelegentlichen Konflikte zwischen religiösem und geistigem Leben verstehen.

Unsere fachliche Bildung und die Schwerpunkte unseres Interesses erklären, daß Fragen über Gesellschaft, Politik und Geschichte den größten Raum einnehmen. Geisteswissenschaftler, Theologen oder geistliche Schriftsteller hätten den Dialog anders geführt. Doch am Ende des 20. Jahrhunderts wird von der katholischen Kirche ebensosehr eine Stellungnahme zu gesellschaftlichen Fragen wie eine Stärkung des religiösen Empfindens erwartet. Die geistige Bildung von Jean-Marie Lustiger und die zehn Jahre, die er am Centre Richelieu der Sorbonne verbracht hat, haben diesen Dialog gewiß erleichtert. Seine Erfahrung und sein Denken sind – zum Teil – von den zeitgenössischen Humanwissenschaften geprägt. Es wurden auch theologische Themen angesprochen, für die unsere Kompetenz geringer war, die aber für das Verständnis der spirituellen Fragen unerläßlich waren.

Wir tragen die alleinige Verantwortung für die Auswahl der Fragestellungen dieses Buches, das wir in fünf Hauptteile untergliedert haben. Jeder Hauptteil wird von biographischen Fragen eingeleitet, die Hintergrundinformationen über die zeitgeschichtliche Situation und den Lebensweg von Jean-Marie Lustiger liefern. Anschließend wurden bestimmte Themengebiete behandelt:

– der erste Teil beschäftigt sich mit dem Verhältnis zwischen Judentum und Christentum und mit der Entstehungsgeschichte des Antisemitismus;
– der zweite Teil behandelt die Humanwissenschaften und ihr Verhältnis zum Glauben;
– der dritte Teil befaßt sich mit Politik und Gesellschaft;
– der vierte Teil hat die Seelsorge und einige Aspekte der Theologie zum Gegenstand;
– der fünfte Teil beschäftigt sich mit der Öffnung der Kirche zur Welt und mit dem Verhältnis von Menschheitsgeschichte und Heilsgeschichte.

Wir haben Kardinal Lustiger diese Aufteilung der Themen und der Chronologie vorgeschlagen, und er hat sie ohne Einwand akzeptiert. Selbstverständlich wurden die Fragen nicht abgesprochen. Allerdings hat Jean-Marie Lustiger entsprechend einer mit ihm getroffenen Vereinbarung einige seiner Antworten schriftlich überarbeitet.

Die Gespräche fanden im wesentlichen zwischen August und Dezember 1985 statt; die Gesamtdauer der aufgezeichneten Gespräche belief sich auf 65 Stunden, das entspricht einem ursprünglichen Manuskriptumfang von 1800 Seiten. Die Herstellung der endgültigen Textfassung war daher zeitaufwendig und schwierig. Wenn auch die Texteinrichtung nicht im Mittelpunkt unserer Arbeit stand, so konnten wir doch die Zwänge kennenlernen, denen man dabei ausgesetzt ist. Daß dieses Buch trotz der zahlreichen Schwierigkeiten zustande kam, beweist jedoch, daß letztlich die Freiheit des Denkens und der Wunsch nach einem in gegenseitiger Achtung geführten Dialog gesiegt haben.

Dieses Buch legt den Schluß nahe, daß vielleicht ein Zyklus zu Ende geht. Nachdem die katholische Kirche lange Zeit gegen den Rationalismus und den Modernismus Sturm gelaufen ist, bemüht sie sich seit zwei Generationen – zumindest in Europa – um eine Annäherung an die Gesellschaft und eine Anpassung ihrer Botschaft an die siegreichen weltlichen Wertvorstellungen. Das politische Engagement mit seinen Auswüchsen in beiden Extremen hat diese Tendenz veranschaulicht. Die »Öffnung« war oftmals gleichbedeutend mit einer Anpassung an die gerade aktuellen Gesellschaftsideologien. »Modernisierung« der Kirche – wie der Gesellschaft – schien das Schlüsselwort zu sein. Der Weg zum Heil führte über das Engagement in der Welt. Heute betrifft die »Entzauberung« der Welt nicht mehr nur die Religion, sondern auch die weltlichen Wertvorstellungen. Das Problem hat sich grundlegend gewandelt – es bezieht sich mittlerweile auf die Bedingungen für eine spirituelle Erneuerung in weltanschaulich neutralen Gesellschaften, die trotz der Auswüchse der Vernunft nicht bereit sind, diese zugunsten eines Mystizismus aufzugeben.

Obgleich Jean-Marie Lustiger in der katholischen Tradition verankert ist, steht er aufgrund seiner Herkunft und seiner Ausbildung über den Richtungsstreitigkeiten, die den französischen Katholizismus geprägt haben. Aus diesem Grund unterscheiden sich seine Analysen oftmals von den klassischen Deutungen. Er versucht, den Glauben so zu denken, daß er weder in einem Gegensatz- noch in einem Unterordnungsverhältnis zur Vernunft steht. Und er warnt vor der Versuchung, sich die gesellschaftlichen und politischen Wertvorstellungen des Augenblicks zu eigen zu machen und die Religion ins Privatleben verbannen zu wollen. Er ist weder ein Traditionalist noch ein Modernist, weil diese Kategorien sich seiner Meinung nach nicht auf die Religion anwenden lassen. In dieser Hinsicht sind seine Antworten Ausgangspunkt für eine Diskussion, die über den Kreis der Christen und Gläubigen hinaus all jene interessiert, die für das Geistesleben aufgeschlossen sind.

Dieses Buch ist – mit allen Gegensätzen und Meinungsverschiedenheiten – letztlich eine Annäherung an die Religion am Ende des 20. Jahrhunderts. Möge es als schriftliches Protokoll all der stummen und häufig widersprüchlichen Fragen über Gott, die Religion und den Sinn des Lebens betrachtet werden, die sich viele von uns stellen.

Jean-Louis Missika
Dominique Wolton

Erster Teil

Die Wurzeln

I. Die Kindheit (1926–1939)

Ein Wirkwarengeschäft

Jean-Louis Missika: *Beginnen wir, wie üblich, mit der Kindheit. Sie wurden 1926 in Paris geboren ...*
Jean-Marie Lustiger: Ja, im 12. Arrondissement, in der Rothschild-Klinik. Wir wohnten zunächst am Boulevard de Strasbourg, dann auf dem Montmartre, im 18. Arrondissement. Das Geschäft meiner Eltern befand sich damals am unteren Ende der Rue Simart und unsere Wohnung in der Rue Marcadet.
J.-L. M. *Was für ein Geschäft war das?*
J.-M. L. Ein Wirkwarengeschäft. Ich erinnere mich noch genau an meine ersten Jahre in der Grundschule in der Rue Ferdinand-Flocon. Sie liegt etwas weiter oberhalb auf der Anhöhe von Montmartre; ein Gebäude aus rotem Backstein ... Sie steht noch immer dort, ganz unverändert. Ungefähr zwei Jahre zuvor hatte ich zu Hause lesen gelernt.
Dominique Wolton: *Hatten Sie Geschwister?*
J.-M. L. Ich habe eine Schwester, die vier Jahre jünger ist als ich.
D. W. *Wann sind Ihre Eltern nach Paris gekommen?*
J.-M. L. Mein Vater kam um 1918 nach Frankreich. Er hat seine Heimat, das Grenzgebiet zwischen Polen und Schlesien, verlassen, das vor dem Krieg von 1914 zu Rußland gehörte ... Er war einer jener westlich geprägten jungen polnischen Juden, die die Stätten des Elends verlassen wollten, wo sie ständig von Verfolgungen bedroht waren. Meine Großeltern väterlicherseits und mütterlicherseits waren verwandt, sie trugen denselben Namen, wir waren eine große Familie.

J.-L. M. *Ihr Vater und Ihre Mutter trugen denselben Namen, Lustiger?*

J.-M. L. Ja. Die beiden Familien waren sozial fest verwurzelt. Mein Großvater väterlicherseits besaß eine Bäckerei. Mein Vater hat zunächst als Bäckereigehilfe gearbeitet. Er hat uns hin und wieder ein paar Rezepte verraten. Etwa, wie man die Sabbat-Zöpfe zubereitet, sie mit Eiweiß bestreicht und dann im Ofen bräunt...

D. W. *Wie hieß das Dorf?*

J.-M. L. Bendzin... Das ist kein Dorf, sondern eine Stadt.

J.-L. M. *Waren Ihre Großeltern orthodoxe Juden?*

J.-M. L. Ja, nach allem, was meine Eltern von ihrer Kindheit erzählten.

J.-L. M. *Inwieweit war die Auswanderung für Ihren Vater eine Emanzipation von seinen Eltern bzw. von einem recht orthodoxen Milieu, das man fast schon als Getto bezeichnen könnte?*

J.-M. L. Die Stadt Bendzin lag in einem Industriegebiet, wo es rein jüdische Siedlungen gab. Czestochowa (Tschenstochau) ist nicht sehr weit entfernt. Ein Teil meiner Familie lebte in Sosnowitz, ein anderer Teil in Bendzin... Die Namen dieser Orte, die ich in meiner Kindheit hörte, gehörten zu einer imaginären und weit entfernten Landschaft – bis ich vor kurzem entdeckte, daß all diese Orte sich in der Nähe von Auschwitz befinden. Entfernte Verwandte, die aus Warschau stammen, haben sich vor einiger Zeit bei mir gemeldet. Kurz, die große Familie hatte sich zerstreut und zu einem guten Teil auch emanzipiert. Einige waren bereits ausgewandert, andere hatten ein Hochschulstudium absolviert und waren in freien Berufen tätig. Für meinen Vater war es eine Befreiung von familiären Traditionen. Er hat zunächst in verschiedenen Fabriken in Deutschland gearbeitet, bevor er dann nach Lothringen und später nach Paris ging, wo meine Mutter mit ihrem Vater bereits seit Anfang des Jahrhunderts lebte.

D. W. *Warum ist Ihr Vater ausgewandert?*

J.-M. L. Warum? Ich weiß es nicht genau... Eine ganze Generation verließ Rußland, Polen, Osteuropa in Richtung Westeuropa und Amerika. Sie flohen vor dem Elend, vor einer traditionellen

Lebensweise, die ihnen unerträglich erschien, und vor allem vor der Gefahr der Judenverfolgung.

J.-L. M. *Also auch, um dem polnischen Antisemitismus zu entkommen? Sprach Ihr Vater nicht darüber?*

J.-M. L. Doch sicher. Ich erinnere mich beispielsweise, daß sich eine der Erzählungen, die ich von Kindheit an hörte, auf ein christliches Fest bezog – später dachte ich, es müsse wohl Fronleichnam sein –, an dem die Juden sich verstecken mußten, weil die jungen Christen ihre Fensterscheiben einwarfen, sie am Bart zogen und sie schlugen. Ich habe als kleiner Junge auch Erzählungen gehört, in denen das Wort »Pogrom« genügte, um die Beziehung zwischen Juden und »anderen« zu charakterisieren! »Pogrom« ist, wie Sie wissen, ein russisches Wort, das den systematischen Massenmord an Juden durch jene bezeichnet, die für die osteuropäischen Juden »die Christen« waren. Die Berichte meiner Eltern und anderer Juden über Pogrome gehören zu meinen frühesten Erinnerungen. Soweit mein bewußtes Leben zurückreicht, ist mir die Gefahr von Pogromen und Verfolgungen gegenwärtig. Als ich einige Zeit später die Bibel gelesen habe, schien mir diese Gefahr offensichtlich mit dem jüdischen Schicksal verbunden zu sein: die Verfolgung durch den Pharao, die Verschleppung nach Babylon, die Klagen und Drohungen der Propheten, bei Jesaja, Jeremia und im Buch Ester. Der Text der Bibel und der zerstörte Tempel bildeten quasi die Folie für die Leiden und die gegenwärtige Zerstreuung des Volkes. Diese biblische Thematik beschrieb bereits, wie es mir schien, das jüdische Schicksal, wie man es mir erzählt hatte. Es war eine der Grundlagen unserer Identität.

J.-L. M. *Und wie lange war Ihre Mutter schon in Paris?*

J.-M. L. Mein Großvater mütterlicherseits hatte seine Frau verloren. Er war vor dem Krieg von 1914 mit seinen vier Kindern nach Paris gekommen. Meine Mutter hat ihre Geschwister großgezogen. Sie war die Älteste. Mein Großvater mütterlicherseits war in Polen Rabbiner gewesen.

D. W. *Welche Erinnerung haben Sie an ihn behalten?*

J.-M. L. Er war ein orthodoxer Jude, mit Bart, Schläfenlocken und Hut. Und er sprach kein Wort Französisch, nur Jiddisch und Polnisch.

Am Anfang ihrer Ehe haben meine Eltern eine Zeitlang auf Märkten ihre Waren angeboten; ich weiß noch genau, was sie darüber erzählten. Dann haben sie ein Geschäft in Paris erworben. Als ich Bischof wurde, haben mir zahlreiche Leute über diese Zeit ihres Lebens Dinge erzählt, die mich tief bewegten. Eine Frau, die unmittelbar über dem Geschäft in der Rue Simart wohnte, hat mir berichtet, daß Mama abends die Markise ausgerollt ließ – Sie wissen, diese Markisen aus Stoff, die vor Sonne und Regen schützen sollten –, damit die Clochards auf der Schwelle schlafen konnten. Meine Eltern waren bei ihren Nachbarn und Bekannten in sehr guter Erinnerung geblieben. Das ist mir erst sehr viel später, nach dem Krieg, klargeworden, als mein Vater nach dem Tod meiner Mutter seine Tage in seinem Geschäft auf dem Montparnasse verbrachte. Durch seine stille und wohlwollende Aufmerksamkeit war er so etwas wie die Vertrauensperson des Viertels geworden. Meine Schwester hat ihn einmal überrascht, als er gerade dabei war, einen Jungen aus der Straße den Katechismus abzufragen.

J.-L. M. *Und Ihre Mutter?*

J.-M. L. Sie war ein Ausbund an Lebendigkeit, voll Aktivität und Leidenschaft.

J.-L. M. *Hatten Ihre Eltern die französische Staatsangehörigkeit?*

J.-M. L. Sie haben sie erworben. Mein Vater hat sich einbürgern lassen, ich weiß nicht genau, in welchem Jahr, und meine Mutter muß über ihren Vater die französische Staatsangehörigkeit erhalten haben.

D. W. *Und Ihr familiäres Umfeld?*

J.-M. L. Was genau meinen Sie?

J.-L. M. *Wie sah Ihre Erziehung aus?*

J.-M. L. Wir lebten sehr einfach. Schlicht, sehr sparsam und sehr diszipliniert. Ich weiß nicht, wie ich es Ihnen anders beschreiben sollte... Es war eine glückliche, aber auch strenge Kindheit.

D. W. *Sprachen Ihre Eltern häufig mit Ihnen über ihre polnischen und jüdischen Wurzeln?*

J.-M. L. Ja und nein. Wir waren französische Juden, das war die erste unbezweifelbare Gewißheit. Ich erinnere mich noch gut an bestimmte Grundwerte, die mich tief geprägt haben: eine sehr große Achtung vor dem Wissen und eine große Liebe zur Weisheit. Ihnen verdanken wir auch unseren Respekt vor der Wissenschaft, nicht im positivistischen Sinne des Wortes, sondern im Sinne von Erkenntnis, Studium. Das war in den Augen meiner Eltern ein hoher Wert, der in der jüdischen Tradition verankert war. Ebenso die Wertschätzung von Büchern. Und auch die Verpflichtung zu einer sehr strengen moralischen Lebensführung, in der Gut und Böse als unzweifelhafte Maßstäbe galten. Dazu ein fast stolz zu nennendes jüdisches Selbstbewußtsein. Wir sollten, anders als die *Goyim*, die Nicht-Juden, gut handeln, weil Gott uns mit der Verwirklichung der Gerechtigkeit beauftragt hat. Das war auch der Grund für die Ausgrenzung und Verfolgung durch die Heiden: Wir sollten nie unseren Auftrag vergessen.

J.-L. M. *Besuchten Ihre Eltern die Synagoge?*

J.-M. L. Wahrscheinlich nicht. Ich vermute, daß mein Vater von Zeit zu Zeit, etwa zum Yom-Kippur-Fest, in die Synagoge ging. Er war Sekretär einer Vereinigung von Landsleuten, die ebenfalls aus Bendzin stammten, aber das hatte, religiös gesehen, nichts zu bedeuten.

J.-L. M. *Feierten Sie die jüdischen Feste?*

J.-M. L. Daran erinnere ich mich nicht genau. Das einzige, woran ich mich noch sehr lebhaft erinnere, ist, daß meine Mutter uns einmal das Gebet für das Fest der Erstlingsfrüchte (*Bikkurim*) aufsagen ließ und ich sie bat, den Sinn dieser geheimnisvollen Worte zu erklären. Meine Eltern haben uns jedoch sehr detailliert über jüdische Bräuche unterrichtet. Aber sie wollten keineswegs, daß meine Schwester und ich eine andere Sprache als Französisch sprechen.

J.-L. M. *Welcher Sprache bedienten sie sich untereinander?*

J.-M. L. Wenn sie wollten, daß wir sie nicht verstehen, sprachen sie Jiddisch.

J.-L. M. *Die verbotene Sprache. Es muß Sie doch sehr gereizt haben, diese Sprache zu erlernen?*

J.-M. L. Ja. Jedenfalls war das Bewußtsein meiner jüdischen Abstammung sehr stark, und sei es auch nur aufgrund meines Vornamens, Aron, in dem die Erfahrung einer Aussonderung anklingt.

D. W. *Haben Ihre Eltern Sie sehr früh zu einem Studium gedrängt?*

J.-M. L. Sie hatten hochgesteckte Erwartungen an uns.

J.-L. M. *Konkrete Erwartungen?*

J.-M. L. Nein, aber ich wußte schon sehr frühzeitig, was ich machen wollte: Arzt werden. Das ist leicht zu verstehen: Wenn man den Wunsch nach Gerechtigkeit mit der Sorge um das Wohl der Menschen verbindet, bleibt nur die Medizin. Der »Doktor« ist der Mensch, der hilft; er ist der weltliche Hirte. Meine Eltern haben meine Schwester und mich schon sehr früh zum Klavierunterricht geschickt. Damals war es auch nicht ausgeschlossen, daß ich eines Tages Pianist würde. Mein Klavierlehrer sagte: »Er muß gefördert werden, vielleicht könnte er aufs Konservatorium gehen usw.« Und dann ist alles anders gekommen...

J.-L. M. *Diskutierten Ihre Eltern über Politik?*

J.-M. L. Das Leben meiner Eltern war von zwei Grundwerten bestimmt: Gerechtigkeits- und Freiheitsliebe. Aber sie glaubten nicht, daß sich an der Gleichgültigkeit der Politiker etwas ändern ließ.

Jude und Franzose

J.-L. M. *Hin und wieder, wenn man in einer Zeitschrift eine Biographie von Ihnen liest, steht dort: »Lustiger, Sohn des Bundisten*[1] *...«*

J.-M. L. Das ist richtig. Mein Vater war in seiner Jugend Mitglied des *Bund*. Das weiß ich, weil es mir unmöglich gewesen wäre, ein derartiges Wort zu erfinden! Es gehört fest zu meinen kindlichen Erinnerungen, auch wenn mir der genaue Wortlaut der entsprechenden Äußerungen entfallen ist. Ich besitze eine Fotografie von meinem Vater, wo er in einem Turnanzug zu sehen ist; er muß damals 17 oder 18 Jahre alt gewesen sein. Außerdem war er Pfad-

1 Der Bund (Allgemeine Vereinigung der jüdischen Arbeiter Litauens, Polens und Rußlands) war eine sehr aktive revolutionäre jüdische Organisation in Osteuropa zu Anfang dieses Jahrhunderts.

finder und einer jener Jugendlichen, die sich emanzipierten und in sportlichen, kulturellen und politischen Vereinigungen zusammenschlossen. Dieses Foto, das ich nach dem Kriege wiedergefunden habe, wurde in Czestochowa aufgenommen.

J.-L. M. *Trat er aus dem* Bund *aus, nachdem er nach Paris gekommen war?*

J.-M. L. Ich glaube ja, aber ich bin mir nicht sicher. Meine Eltern pflegten enge Kontakte zu den Pariser Juden, unter denen sie viele Freunde hatten... Dieses Judentum meiner Kindheit war eine bestimmte Art der Wahrnehmung, eine eigene Lebensart, ein bestimmtes Milieu mit volkstümlichen Bräuchen und natürlich auch besonderen Küchenrezepten. Es gab Borschtsch, bestimmte Zubereitungsweisen für die *Mazzoth* (ungesäuertes Fladenbrot), ein hebräisches Wort, das die aschkenasischen Juden *Matzes* aussprachen... Wir kannten einige Regeln der koscheren Nahrungsbereitung, hielten uns aber nicht daran.

J.-L. M. *Was hielt man in Ihrer Familie von den französischen Juden?*

J.-M. L. Von den alteingesessenen französischen Juden hielt man nicht viel, denn viele von ihnen schienen sich ihres Judentums zu schämen. Ihr Problem war die Assimilation. Das Wort »assimilieren« hatte eine abwertende Bedeutung: Ein »Assimilierter« war ein Jude, der nicht mehr stolz darauf war, Jude zu sein, der sein Judentum verstecken wollte.

D. W. *Bekamen Sie das in Ihrer Familie zu hören?*

J.-M. L. Ja, sicher. Und zugleich nahmen meine Eltern mit Stolz für sich in Anspruch, Franzosen zu sein. Sie waren Franzosen, und sie wollten Franzosen sein, sie liebten Frankreich, und sie haben mich dieses Land lieben gelehrt. Aber die »Assimilierten« – also die Juden, die ihren Namen wechselten und sich versteckten –, die mochten sie nicht. Sie gingen sehr streng mit jenen französischen Juden ins Gericht, die die »Polaken«, die polnischen Übersiedler, verachteten und nicht solidarisch mit ihnen waren. Ebenso war die Idee einer »Konversion« für sie ein rotes Tuch. Der »Konvertit« war ein Abtrünniger, einer, der aufhört, der zu sein, der er ist – der er die Ehre hat zu sein.

J.-L. M. *Hatten Sie in Ihrer Kindheit, bevor Sie zum Gymnasium gingen, bereits gläubige Juden oder Katholiken kennengelernt?*

J.-M. L. Ich habe mir diese Frage oft gestellt. Alles, was mir dazu einfällt, sind unklare und manchmal seltsame Erinnerungen. Gewiß, ich verdanke meiner Mutter den inneren Sinn für Gott. Mein Vater war diesbezüglich weniger gesprächig, außer daß, seiner Meinung nach, alle diese Geschichten der Rabbiner und Priester »dummes Zeug« waren. Das ist eine Äußerung, die ich oft gehört habe. Ich erinnere mich auch noch an meinen ersten Besuch in einer Kirche. Während eines Spaziergangs mit meinen Eltern waren wir in die Basilika von Sacré-Cœur hineingegangen. Wir benutzten das linke Tor. Im Halbdunkel erkannte ich einen Priester – heute sehe ich die einzelnen Elemente dieses Bildes wieder scharf vor mir. Er trug einen Bart, war mit einer Stola und einem Chorhemd bekleidet und saß in der Nähe eines Beichtstuhles, von wo aus er die vorbeigehenden Menschen betrachtete. Ich war verblüfft und bin auf diesen sonderbaren alten Mann zugegangen, um ihn aus der Nähe zu betrachten... Er sprach mich freundlich an... ich weiß nicht mehr, was er sagte. Ich war ja schließlich erst fünf oder sechs Jahre alt... Jedenfalls hat er mir einen ordentlichen Schrecken eingejagt, und ich bin zurückgelaufen zu meinen Eltern.

Mehrere Jahre später – ich konnte jetzt schon lesen – haben meine Eltern dann einmal den Versuch einer religiösen Unterweisung für mich gemacht. Es ging um die Bar-Mitzwah.[1] Dieser Versuch dauerte allerdings nur wenige Monate. Meine Mutter begann herumzunörgeln. Der Rabbiner-Kandidat, den sie gefunden hatten, sei schmutzig, meinte sie... Und mein Vater behauptete, er spreche nicht mal richtig Französisch und gebe nur Unsinn von sich. So daß meine Mutter ihn schließlich vor die Tür setzte.

D. W. *Wer hatte ihn ausgesucht?*

J.-M. L. Ich weiß nicht, ob es mein Vater oder meine Mutter war. Ich muß sieben Jahre alt gewesen sein.

1 Bar-Mitzwah ist eine religiöse Feier, bei der ein Knabe von 13 Jahren in den Rang eines verantwortlichen »Sohnes des Gottesgebotes« (Mitzwah) erhoben wird. (A. d. Ü.)

J.-L. M. *Aber die Bar-Mitzwah findet doch erst sehr viel später statt.*
J.-M. L. Ja, aber das sollte auch erst der Anfang des Unterrichts sein, in dem es zunächst darum ging, das hebräische Alphabet zu lernen.
J.-L. M. *Könnte man Ihre Eltern als Atheisten bezeichnen?*
J.-M. L. Sicherlich nicht. Ich habe niemals genau ergründen können, in welchem Ausmaß der Glaube meines Vaters von Skeptizismus bestimmt war. Meine Mutter jedenfalls sprach oft von Gott und betete zu ihm. Ich muß damals neun oder zehn Jahre alt gewesen sein. Das hat sich mir tief eingeprägt.

Eine andere, etwas ältere Erinnerung zeigt, wie seltsam das Verhältnis eines kleinen jüdischen Kindes zum Christentum sein kann. Die Szene erscheint mir heute recht sonderbar, denn ich bin nicht in der Lage, den Zusammenhang zu rekonstruieren, der sie erklären könnte. Es war Sommer, und wir verbrachten die Ferien am Meer, in der Bretagne. Meine Mutter hatte uns, meine Schwester und mich, in einer kleinen, stillen Bucht zurückgelassen, an der nur wenige Leute vorbeikamen. Der Sand dort war sehr fein. Ich vertrieb mir die Zeit damit – ich weiß wirklich nicht, warum –, Kruzifixe zu malen, über denen ich in einem Kästchen die Inschrift INRI[1] anbrachte, aber ich wußte nicht, warum! Ich versichere Ihnen, ich wußte wirklich nicht, was diese Zeichen, die ich da in den Sand ritzte, zu bedeuten hatten. Da kam eine Frau mit einem Jungen vorbei, der auf mich zuging, die Zeichnung betrachtete und zu seiner Mutter sagte: »Was hat er da geschrieben? Warum hat er das geschrieben?« Und die Antwort der Frau war eigentümlich absurd: »INRI – nun, er wird Henri heißen.« Was ich dann lange geglaubt habe.

Eine weitere Erinnerung, vielleicht aus dem folgenden Jahr: Wieder verbrachten wir die Ferien am Meer. Und zum ersten Mal wurde ich von dem metaphysischen Gefühl der Kontingenz ergrif-

1 Akronym von Jesus Nazarenus Rex Judaeorum = Jesus von Nazareth, der König der Juden, nach dem Text der von Pilatus diktierten und in Hebräisch, Griechisch und Latein in das Kreuz Christi eingekerbten Inschrift. Viele alte Kreuze trugen diese Initialen.

fen. Das meine ich ganz ernst; ich glaube, daß Kinder schon mit sieben Jahren das metaphysische Alter erreichen, in dem sich die grundlegendsten Fragen stellen. Ich weiß auf jeden Fall, daß ich mich in diesem Alter mit dem Bösen und dem Tod, mit Krankheit und Ungerechtigkeit beschäftigte. Diese Überlegungen wurden von dem lebhaften Eindruck ausgelöst, den ein Naturphänomen auf ein Kind machte, dessen gewohntes Lebensumfeld der Asphalt von Paris war: die Wellen des Meeres, in ihrer Monotonie und ihrer Musik, in ihrem Heranbrausen und Zurückweichen. Die Wellen und die Gezeiten, die meine Kunstwerke aus Sand zerstörten, ließen mich die Zerbrechlichkeit und Vergänglichkeit aller Dinge erkennen. – Übrigens ist es eine ausgemachte Dummheit der Erwachsenen, wenn sie siebenjährige Kinder nicht ernst nehmen. Gerade in diesem Alter stellt man sich die bedeutendsten Fragen. Die Erwachsenen müssen darauf antworten, und sei es auch, indem sie schlicht ihr Unwissen eingestehen. Man sollte niemals zu einem Kind sagen: »Dazu bist du noch zu jung, wenn du älter bist, wirst du es verstehen...«

J.-L. M. *Erinnern Sie sich an irgendwelche antisemitischen Vorfälle in Ihrer Grundschulzeit?*

J.-M. L. Ja, aber sehr undeutlich. Ich sehe mich, wie ich in der Schule in der Rue Ferdinand-Flocon auf dem Montmartre auf dem Schulhof stehe und traurig bin, weil mich jemand geschlagen hatte; vielleicht hatte man mich auch von irgendeinem Spiel ausgeschlossen, und ich war deshalb betrübt, oder ich war verprügelt worden, weil ich Jude war, ich weiß es nicht mehr. Ansonsten ging ich jedoch mit großer Begeisterung zur Schule. Ich habe mich dort eigentlich nie gelangweilt und immer das Gefühl gehabt, neue Kenntnisse zu erwerben. Ich war sehr wißbegierig. Bevor ich in die sechste Klasse des Gymnasiums eintrat, bin ich ein Jahr auf der Volksschule in der Rue Huyghens auf dem Montmartre gewesen. Der »Meister«, wie wir sagten, war ein großartiger freidenkerischer Lehrer, dem ich viel verdanke. Eine kurze Anekdote mag Ihnen das soziale und geistige Klima im Frankreich der Jahre 1935–36 vor Augen führen. »Meine Kinder«, sagte er, »was ich euch heute beibringen werde, weiß sogar unser Staatspräsident.

Ihr werdet also etwas wissen, was er weiß!« Am Gipfel der gesellschaftlichen Pyramide des Wissens stand der Staatspräsident, der Garant des Guten und Wahren, der Gerechtigkeit und der Wissenschaft usw. Ich glaube, das Wertesystem, das unsere Lehrer uns beibrachten, vermittelte uns eine »gewisse Vorstellung von Frankreich« ... und integrierte uns in diese Gesellschaft.

D. W. *Gab es eine Diskrepanz zwischen Ihrer französischen, republikanischen Schulbildung und Ihrem familiären Lebensumfeld?*

J.-M. L. In bezug auf meine Kameraden und Freunde erinnere ich mich dunkel daran, ein starkes Gefühl des Andersseins empfunden zu haben, das zugleich von Unter- und Überlegenheit geprägt war. Mein Unterlegenheitsgefühl rührte daher, daß ich als jüdisches Kind, als Sohn jüdischer Einwanderer, ständig von Verfolgungen bedroht war. Mein Überlegenheitsgefühl andererseits fußte auf dem Bewußtsein eines großen Erbes, einer bedeutenden Geschichte und einer großen Verantwortung: Erinnere dich daran, daß du Jude bist. Ich wußte, was das Zeichen des Bundes, die Beschneidung, bedeutete: Du sollst nicht lügen, du sollst nicht falsch handeln, du sollst Gutes tun; sei nicht so wie die »Heiden«. Das Anderssein wurde zu einer Forderung, ja durch die innere Mahnung zu einer Pflicht. Schon als Kind, das nicht so war »wie die anderen«, wußte ich, daß die Meinung »der anderen« nicht genügt, um das Gute zu definieren und mein Verhalten zu legitimieren. Ich habe erfahren, was es heißt, seinen Überzeugungen treu zu sein – sei es auch um den bitteren Preis der Einsamkeit oder der Ausgrenzung.

Und natürlich spielt auch die jüdische Überlieferung eine Rolle. Ich wußte zum Beispiel, daß man den Namen Gottes nicht aussprechen durfte, weil Sein Name erhaben ist. Ich wußte, daß den Namen Gottes auszusprechen eine Gotteslästerung wäre und ein Mangel an Ehrfurcht.

Ich wußte auch, daß sich die Juden normalerweise aus Gottesfurcht den Kopf bedecken. Schließlich war mein religiöser Sinn wohl viel ausgeprägter, als es die unentschiedene Haltung meiner Eltern und ihre Distanz zu einem in ihren Augen »abergläubischen, altertümlichen Judentum, das die Emanzipation der Juden verhindert«, vermuten lassen würde.

Ich möchte noch eine andere, sehr prägende Kindheitserinnerung erwähnen: Mein Vater erzählte mir die Geschichte der zwölf Stämme. Er erklärte mir, daß sich außer den Söhnen Arons, den Cohens und den Levis, das heißt den Priestern und den Leviten, alle Stämme vermischt hatten. Es handelt sich dabei um eine Tradition, die vom Vater auf den Sohn übergeht; seit der Tempel zerstört ist, haben nur die *Cohanim*, die Priester, und die *Leviyim*, die Leviten, das Recht, während des Gottesdienstes den Segen zu erteilen. Mein Vater sagte mir, daß ich wie er und meine Vorfahren ein Levite sei; und das habe ich nie vergessen. Aus Erzählungen kannte ich zahlreiche volkstümliche Bräuche des Judentums. Die Liebe zum jüdischen Volk und der Stolz, ihm anzugehören, hatten auch dazu geführt, daß ich viele Züge jüdischer Frömmigkeit und Sinnesart angenommen habe.

Erste heimliche Lektüre der Bibel

J.-L. M. *1936 ist ein wichtiges Jahr in Ihrem Leben: Sie entdecken die Bibel ...*

J.-M. L. Ja. Ich habe noch genau den Ort vor Augen: unsere Wohnung in einem alten, seltsamen Gebäude in der Rue Jules-Chapelain auf dem Montparnasse. Es war das Jahr, in dem ich in die sechste Klasse des Lycée Montaigne kam, oder vielleicht auch das Jahr zuvor. In unserem Wohnzimmer, das zugleich mein Schlafzimmer war, stand ein Klavier und gleich daneben ein Bücherschrank. Mein Bett stand zwischen den beiden Fenstern, die nach einem sehr ruhigen Innenhof gingen. Über meinem Bett hing eine große Radierung aus dem 19. Jahrhundert, die Mose darstellte, wie er die Gesetzestafeln trägt. Meine Eltern hatten eine russische Frau engagiert, deren Mann – zweifellos ein ehemaliger General! – Taxifahrer war und die meiner Schwester und mir Klavierunterricht erteilen sollte. Eigentlich sollte ich täglich drei Stunden Klavier spielen. Ganz allein, denn meine Eltern waren ja tagsüber in ihrem Geschäft. Ich fand es jedoch furchtbar langweilig, Tonleitern zu üben. Lesen hingegen war mein großes Steckenpferd. Auch wenn ich mich beim Klavierspielen recht geschickt anstellte, konnte ich meiner Lehrerin doch nichts vormachen. Zwischen uns gab es eine Art geheimes Einverständnis ›auf russische Art‹.

Ich hatte entdeckt, wo meine Eltern den Schlüssel zum Bücherschrank versteckten. In der Zeit, in der meine Eltern arbeiteten und in der ich eigentlich Tonleitern üben sollte, las ich Bücher verschiedenster Autoren, von Abel Hermant bis Emile Zola, dessen Roman *Germinal* mich stark beeindruckt hat. In der fünften Klasse des Lycée Montaigne hatte unser Französischlehrer uns einmal einen Aufsatz über das Leben der Leute auf einem Lastkahn schreiben lassen. Ich lehnte mich dabei eng an Zola an: Der Schiffer kommt betrunken nach Hause, die Teller sind angebrochen, kurz, ein typisch Zolasches Milieu! Und ich erinnere mich auch noch an eine Diskussion in der Klasse, als wir die Arbeiten zurückbekamen. Der Lehrer, der meinen Aufsatz kritisierte, versuchte zu verstehen, was in meinem Kopf vorgegangen war: »Warum in aller Welt muß der Schiffer betrunken sein?« – »Weil das Leben nun einmal so ist!« Ich gab nicht nach: »Ich beschreibe nur die Wirklichkeit.« Er fragte sich, wieso ich mir da so sicher sei ... Ich hätte wohl ein oder zwei Meter der Gelben Reihe von Fayard gelesen!

D. W. *Haben Ihre Eltern viel gelesen?*

J.-M. L. Ja, vor allem mein Vater war ein begeisterter Leser. Meine Eltern verboten mir strikt, Illustrierte zu lesen, weil darin nur »dummes Zeug« stehe. So entstand bei mir die Neigung zur Lektüre »ernster« Bücher. Ich durfte alles lesen mit Ausnahme von Illustrierten. Doch gerade diese reizten mich. Deshalb ging ich auf dem Nachhauseweg vom Lycée Montaigne immer bei demselben Zeitungskiosk in der Rue Notre-Dame-des-Champs vorbei, wo ich das Comicheft *Tintin et Milou* las, das dort ausgehängt war. Manchmal blieb ich eine halbe Stunde, um das Heft genau unter die Lupe zu nehmen, bis es der Verkäuferin zuviel wurde und sie mich verjagte. Meine Eltern schenkten mir schöne gebundene Bücher, die sie in Antiquariaten erstanden hatten, meistens französische Klassiker des 17. Jahrhunderts, aber auch einen Shakespeare, der in Alexandrinern übertragen war ...

Ich erinnere mich dabei noch recht gut, ja bis in die Einzelheiten hinein, an ein Buch, das mich seltsam berührte – ich muß damals in der sechsten Klasse gewesen sein –: die Geschichte englischer katholischer Märtyrer im Zeitalter der Reformation. Menschen, die aufgrund ihres Glaubens verfolgt und eingekerkert wurden. Einerseits verstand ich überhaupt nichts, denn ich hatte damals noch keinerlei geschichtliche Kenntnisse. Ich wußte nichts über England und die Reformation. Ich hatte keine Ahnung, was ein Katholik und was ein Protestant ist, und erst recht nicht, wer Heinrich VIII. war. Das waren alles böhmische Dörfer für mich. Aber ich erkannte darin doch das Martyrium und die Absolutheit Gottes. Um Gott und seinen Forderungen treu zu sein, muß man alles geben. Der Märtyrer opfert sein Leben für seinen Glauben und für das Heil der Menschen. So ähnlich wie der leidende Messias bei Jesaja.

Ich habe dieses Buch unmittelbar nach der Bibel gelesen. Das muß im Jahr meines Eintritts in die sechste Klasse gewesen sein.

J.-L. M. *War das Lesen der Bibel für Sie ein Erlebnis, das Sie tief erschüttert hat?*

J.-M. L. Nein, ich hatte eher das Gefühl, in der Bibel das zu entdecken, was ich bereits wußte. Weil ich es wußte. Ich kannte Abraham, ich kannte Mose. Aron ist mein Name. Mutter hatte mir gesagt: »Er ist der Bruder von Mose.« Sie selbst hieß Giselle-Lea. Man hatte mir erzählt, wer Lea und Rachel waren. Es war also nicht so, als ob ich die Upanischaden gelesen hätte. Viel erstaunter war ich, als ich die griechische Mythologie entdeckte. Mit der Bibel erkundete ich eine Welt, deren Existenz für mich außer Frage stand: Ich betrat eine vertraute Welt, eine Welt, zu der ich gehörte, die ich aber nur in Bruchstücken kannte. Übrigens war es eine protestantische Bibel; ihr Umschlag war grün.

J.-L. M. *Wieso besaßen Ihre Eltern ausgerechnet eine protestantische Bibel?*

J.-M. L. Ich weiß es nicht. Geblieben ist vor allem der Eindruck einer Kontinuität zwischen dem so genannten Alten und Neuen

Testament. Ich habe sie nacheinander gelesen. Von diesem Augenblick an hatte sich das Neue Testament tief in mein jüdisches Bewußtsein eingeprägt. Für mich handelte es sich um die gleiche spirituelle Frage, die gleiche Gnade und das gleiche Versprechen: das Heil der Menschen, die Liebe und Erkenntnis Gottes. Ich bin überzeugt davon, daß ich unmittelbar und intuitiv in dem leidenden Messias das Schicksal des verfolgten jüdischen Volkes erkannte. Andererseits wußte ich aus Erzählungen meiner Eltern von den Verfolgungen seitens der Christen; aber diese Erzählungen bezogen sich auf die Antisemiten und nicht auf die Personen, von denen das Neue Testament berichtet: Jesus und seine Jünger.

J.-L. M. *Was sagten Ihre Eltern über das Christentum?*

J.-M. L. Sie warnten uns – nicht vor dem Christentum als solchem (darüber schwiegen sie sich völlig aus, wenn man von den jüdischen Legenden über Jesus einmal absieht), sondern vor bestimmten »Christen«. Den »Christen« im allgemeinen gegenüber sollte man freundlich sein, aber unter ihnen gebe es Gute und Böse. Man sollte bei allen auf der Hut sein, denn die Guten können zu Bösen werden, die uns dann verfolgen.

D. W. *Sprachen Ihre Eltern über den christlichen Antisemitismus?*

J.-M. L. Christlich oder nicht, darum ging es nicht. Der Antisemitismus war eine historische Konstante. Ich las *La France juive* von Edouard Drumont,[1] das ich heimlich aus dem Bücherschrank meiner Eltern genommen hatte.

D. W. *Aber warum hatten sie dieses Buch gekauft?*

J.-M. L. Ich habe keine Ahnung. Ich habe es zwischen der sechsten und achten Klasse gelesen. Ich wußte also genau, was Antisemitismus bedeutet. *La France juive* lieferte das Anschauungsmaterial zu den Erzählungen meiner Eltern. Mein Vater hatte erst als Erwachsener die französische Staatsbürgerschaft angenommen, und er war folglich mit der französischen Kultur kaum ver-

1 Edouard Drumont war Chefredakteur der antisemitisch-nationalistischen Zeitschrift *Libre Parole*. Sein 1886 erschienenes Buch war einer der größten Bucherfolge des 19. Jahrhunderts. (A. d. Ü.)

traut. Er war in Polen zur Schule gegangen, so daß zwischen ihm und mir ein gewisser Bildungsunterschied bestand. Er sprach nur schlecht Französisch, noch dazu mit einem typischen Akzent. Meine Mutter hingegen sprach akzentfrei, denn sie hatte ja ihre Kindheit in Frankreich verbracht. Die Bildung meines Vaters sah ganz anders aus; er hatte aus anderen Quellen geschöpft. Er las jiddische Romane, während mir die jiddische Kultur verschlossen blieb. Er liebte Dichter, Schriftsteller und Historiker. So entstand eben jener Bildungsunterschied, von dem ich gerade sprach. Und meine Eltern wollten unbedingt, daß wir uns die französische Kultur aneigneten, die für sie nicht nur die Kultur ihrer Wahlheimat war, sondern die Kultur der Freiheit.

J.-L. M. *Sie haben die Bibel also heimlich gelesen?*

J.-M. L. Ja, in der Zeit, in der ich Tonleitern üben sollte!

J.-L. M. *Sie haben nicht gleich mit Ihren Eltern darüber gesprochen?*

J.-M. L. Nein.

D. W. *Aber vielleicht mit Freunden?*

J.-M. L. Freunde, mit denen ich diskutieren konnte, hatte ich erst später auf dem Gymnasium. Vorher, auf der Volksschule, hatte ich gute Kameraden. Etwa den Sohn eines Bistro-Besitzers vom Montparnasse. Wir haben zusammen wohl einige dumme Streiche gemacht. Mit einem anderen Jungen, dessen Vater Ingenieur war, bastelte ich Detektorempfänger für Radios zusammen.

Dagegen hatte ich auf dem Lycée Montaigne innige Freundschaften und mit einigen Kameraden ein tiefes geistiges Einvernehmen. Ich erinnere mich noch besonders an meinen ›besten Freund‹. Seine Familie war protestantisch, und seine Eltern besaßen eine sehr schöne Wohnung auf der Montagne Sainte-Geneviève. Dort verbrachte ich viele Stunden. Er interessierte sich leidenschaftlich für Musik und Klavierspiel; und wir diskutierten endlos über Musik und Literatur. Ich fühlte mich stärker von der Literatur angezogen, er hingegen komponierte Musikstücke. Wir schrieben uns gegenseitig lange, außergewöhnliche Briefe, in denen wir musikalische Themen und Opernentwürfe behandelten. Uns ging es vor allem darum, über Debussy hinaus zu gelangen. Das war kurz vor dem Krieg.

Die Rolle der Lehrer

J.-L. M. *Hat die Religion in Ihren Gesprächen eine große Rolle gespielt?*
J.-M. L. Ich weiß es nicht mehr, aber ich glaube nicht.
J.-L. M. *Das war wohl ein Tabuthema?*
J.-M. L. Für die Schüler untereinander und für meine Freunde, ja. Aber nicht für die Lehrer, die meine Entwicklung entscheidend beeinflußt haben. Ich erinnere mich an den Namen jedes einzelnen. Sie können sich nicht vorstellen, welche Bedeutung sie für mich hatten, jeder auf seine Weise.

Zum Beispiel in der sechsten Klasse unser Geschichtslehrer. Ich habe später erfahren, daß er Jude war. Er gehörte zu den Lehrern, die zehnjährige Knaben schon als junge Herren behandelten. Und er brachte uns bei, wirklich eigenständig zu denken. Auf dem Lehrplan der sechsten Klasse standen alle antiken Kulturen, also auch die Hebräer. Was mich jedoch wirklich ärgerte, war der lächerliche Platz, den der »Malet-Isaac« diesen einräumte – so wenig und noch dazu so schlecht vorgetragen...

Und dann, auch in der Sechsten, unsere erste Deutschstunde. Der Lehrer läßt uns in *seine* Klasse kommen. Seine ersten Worte sind: »Meine Herren, hier wird nicht gelogen.« Ich finde diesen ersten Kontakt mit den Jungen wirklich fabelhaft. Liebe zur Wahrheit, Achtung vor den anderen und vor sich selbst, ohne die man keinen Zugang zu den Werken des Geistes findet... Das sind die grundlegenden Voraussetzungen, um eine lebende Sprache zu erlernen!

Nicht zu vergessen unser Biologielehrer, eine großartige Persönlichkeit. Er war als Schwerbeschädigter aus dem Ersten Weltkrieg zurückgekehrt, in dem er ein Bein verloren hatte, was ihn zum Tragen einer Prothese zwang. Seine asiatischen Gesichtszüge verliehen ihm das Aussehen eines Mongolen. Er war lange als Lehrer in Indochina tätig. Nach dem Studium der Naturwissenschaften hatte er eine Dissertation über die Termiten verfaßt, mit denen er sich nach wie vor im Museum für Naturgeschichte beschäftigte. Er brachte uns den biologischen Lehrstoff auf eine sehr originelle Weise bei, die uns fesselte und begeisterte. Eigentlich hat er uns in drei Jahren, von der Sechsten bis zur Achten, eine Einführung in die Anthropologie gegeben, die ich erst später wirklich verstand. Als vorzüglicher Kenner der Kirchenväter, besonders des heiligen Augustinus, war er ein leidenschaftlicher Anhänger von dessen Lehre. Ein Mann der Frömmigkeit, des Gebets. Aber auch ein Dickkopf. Er erklärte uns, er sei ein gläubiger Anarchist. Heftig forderte er das Recht auf Freiheit. »Wozu haben wir denn die Bastille erstürmt!...« war eine seiner Lieblingsformeln.

Eines Tages habe ich einen Vorfall miterlebt, der meine große Achtung vor der Universität begründete. Ein Schulrat besuchte unsere Klasse und, kaum war eine halbe Stunde verstrichen, kritisierte er auch schon die Unterrichtsmethode unseres Biologielehrers. Auf dem Lehrplan standen Mücke, Mistkäfer, Maikäfer und Frosch. Unser Lehrer hingegen gab uns einen allgemeinen Überblick über die Evolution, einen umfassenden Einblick in größere Zusammenhänge. Der Schulrat machte ihm deswegen Vorhaltungen. Und unser Lehrer antwortete ihm: »Ich habe es nicht nötig, mir von Ihnen vorschreiben zu lassen, wie ich meinen Unterricht zu gestalten habe. Ich bin Doktor der Naturwissenschaften und weiß, was ich meinen Schülern beibringen muß. Verlassen Sie bitte den Raum!« Ich habe, wie gesagt, diesen Vorfall miterlebt. Uns allen war der Schrecken in die Glieder gefahren, wir waren wie gelähmt. Daraufhin sagte er zu uns: »Ich bin Wissenschaftler! Diese Bürokraten können mir gestohlen bleiben!«

Die Bürokraten waren für ihn ein rotes Tuch, ein Hemmschuh des Erkenntnisfortschritts; sie verstanden weder etwas von Erziehung noch von Forschung, noch von geistiger Freiheit. So erfuhr ich immerhin schon mit zehn Jahren, welche Würde die Universität besaß. Keine kleine Lektion für mich.

Ich erinnere mich noch an seine Stunden über die Metamorphose des Gesteins und die ungeheuer fesselnde Entdeckung der menschlichen Urgeschichte. Was den Ursprung des Menschen anlangt, so erklärte er uns, der Mensch sei ein Tier, aber ein außergewöhnliches Tier, da ein Wesen »fähig Gottes«, ein »mystisches Tier«. Ich glaube, diese Formel habe ich von ihm. Er sprach auch über die Bibel, das Alte Testament, und zwar in Worten, die mich im Unterschied zu dem, was ich im Geschichtsunterricht über die Hebräer zu hören bekam, hoch erfreuten.

Er wurde von uns allen geachtet, auch wenn er uns manchmal in seinen Stunden regelrecht terrorisierte, furchtbare Wutanfälle bekam und sogar hin und wieder seine Holzprothese durch das Klassenzimmer schleuderte! Zu seinen Steckenpferden gehörten auch Vorgeschichte und Archäologie, über die er mit Schülern, die sich dafür interessierten, immer gern diskutierte. Auch ich gehörte immer zu jener kleinen Gruppe von Wißbegierigen, die sich nach den Stunden um ihn scharten. Er schilderte uns seine Erlebnisse aus dem Ersten Weltkrieg und dem Fernen Osten und beantwortete unsere Fragen. Er war zugleich schroff und geduldig. Er behandelte uns wirklich als Erwachsene, pädagogisch geschickt und ohne demagogisch zu werden. Auch sprach er oft von seiner geliebten Geburtsstadt Orléans, besonders von der dortigen Kirche Saint-Aignan und deren Krypta, einem präromanischen Kleinod, das er als erster erkundet hatte und das heute ganz freigelegt ist. Er sprach ganz freimütig und versuchte unseren unersättlichen Wissensdurst zu stillen. In unseren Augen war er ein echter Wissenschaftler, und wir achteten ihn, weil er eine durch und durch integre Persönlichkeit war.

D. W. *Sprachen Sie mit ihm auch über religiöse Fragen?*

J.-M. L. Ja, immer im Rahmen dieser Gruppengespräche. Ich wußte, daß er Katholik war, aber es wäre mir nicht möglich gewesen, den Inhalt seines Glaubens zu definieren. Andererseits glaube ich mittlerweile – aber das ist natürlich eine Deutung meinerseits –, daß die besondere Aufmerksamkeit, die er mir entgegenbrachte, weniger auf meine individuelle Begabung als vielmehr auf die Achtung zurückzuführen war, die er für einen Jungen empfand, der den Namen Aron trug, den Namen des Hohepriesters.

J.-L. M. *Wie sahen damals Ihre religiösen Gefühle aus?*
J.-M. L. Wie ich schon sagte, alles vermischte sich. Ich glaube, damals gingen mir, wie jedem Heranwachsenden in diesem Alter, alle möglichen philosophischen und metaphysischen Fragen im Kopf herum. Am Ende stand dann meine erste Lektüre Pascals.
J.-L. M. *In welchem Jahr?*
J.-M. L. Das muß wohl 1940 gewesen sein. Der Zweite Weltkrieg hatte schon begonnen. Es war die Zeit, als wir Paris verließen, um nach Orléans zu gehen. Ich war in der neunten Klasse. Pascal gehörte zu unserer Pflichtlektüre. Zwischen der Sechsten und der Neunten habe ich viel gelesen, u. a. Molière, Corneille (sein gesamtes dramatisches Werk), La Fontaine – mit Ausnahme der *Fabeln*, die ich nicht zur Hand hatte. Außerdem Marivaux und Beaumarchais, der mich begeisterte. Von Corneille und Racine sprachen mich vor allem die religiösen Stücke an.
D. W. *Fühlten Sie sich schon damals durch das Christentum angezogen?*
J.-M. L. Ich weiß es nicht! Ich kann es wirklich nicht sagen. Ich fühlte mich als Jude. Damals, in der Zeit kurz vor dem Krieg, bin ich zweimal nach Deutschland in Ferien gefahren, und was ich dort erlebte, war für mich entscheidend.
D. W. *Bevor wir auf Deutschland zu sprechen kommen ... Erinnern Sie sich an irgendwelche antisemitischen Vorfälle auf dem Gymnasium?*
J.-M. L. Das Lycée Montaigne scheint mir im Rückblick ein eher bürgerliches Gymnasium gewesen zu sein. Von meinen Schulkameraden unterschied ich mich durch meine Kleider, die meine Mutter selbst schneiderte. Im Vergleich zu den anderen war ich schlecht oder vielmehr einfach anders gekleidet. Ich erinnere mich noch genau an zwei Vorfälle: In einer Pause steht eine Gruppe von Schülern beisammen, die sich miteinander unterhalten. Sie wollen gerade zum Religionsunterricht gehen, als ich mich ihnen aus Neugierde und ohne irgendeinen Hintergedanken nähere. Worauf sie mir jedoch energisch zu verstehen geben, daß sie nichts von mir

wissen wollen: »Du bist doch Jude, du hast hier nichts verloren! Hau ab...« Das hat mich tief verletzt. Der zweite Vorfall hatte unverkennbar antisemitische Motive. Ich bin so verprügelt worden, wie nie zuvor; direkt gegenüber dem Lycée Montaigne, in der Rue Auguste-Comte. Ich sehe alles noch genau vor mir. Sie waren zu mehreren, und sie haben mich geschlagen, weil ich Jude war.

D. W. *Hatten Sie keine jüdischen Schulkameraden?*

J.-M. L. Nein, ich erinnere mich nicht daran, auf dem Gymnasium einem anderen Juden begegnet zu sein.

Sommer 1936 in Deutschland

J.-L. M. *Obwohl Hitler 1936 schon an der Macht war, schicken Ihre Eltern Sie in diesem Jahr nach Deutschland, damit Sie dort Deutsch lernen.*

J.-M. L. Ja, sie schickten mich nach Ziegelhausen, einen Ort in der Nähe von Heidelberg, wo ich meine Ferien in einer ihrer Meinung nach völlig sicheren Familie zubringen sollte. Er, ein alter gemütlicher Herr, war Mediziner – seine Frau, eine liebenswürdige alte Dame, ehemalige Volksschullehrerin. Sie hatten keine Kinder. Ich begriff schnell, daß sie Gegner der Nazis waren. Ich weiß nicht, wie mein Vater auf diese Idee kam. Ich hatte im Gymnasium damit begonnen, Deutsch zu lernen, und wahrscheinlich wollte er, daß ich es richtig spreche. Vor Hitler hatte er keine Angst; das war allein eine deutsche Angelegenheit. Meine Eltern dachten, Frankreich sei stark und werde seine Freiheit schon verteidigen. Ihr Vertrauen in Frankreich war unerschütterlich.

J.-L. M. *Sie kommen also nach Deutschland...*

J.-M. L. Ich komme gerade in dieser kritischen Zeit nach Deutschland. Zum ersten Mal erlebe ich Christen unmittelbar in ihrem Alltagsleben. Ich weiß nicht, ob sie Katholiken oder Protestanten waren, auch nicht, ob sie strenggläubig waren. Ich erinnere mich, daß die Kirche von Ziegelhausen in zwei Hälften geteilt war: eine für die Katholiken, die andere für die Protestanten. Ein typisches Phänomen in Dörfern, die die Reformation mitgemacht haben.

Damals wohnten noch weitere Feriengäste in dem Haus, darunter ein junges, ungefähr 18jähriges Schweizer Mädchen. Ich erinnere mich noch genau daran, weil ich unlängst ein Amateurfoto wiedergefunden habe, auf dem vier Pensionsgäste verschiedenen Alters zu sehen sind, von denen ich der jüngste war. Zum ersten Mal kam ich in eine ganz andere Welt: immer wieder diese stille, schlichte Herzlichkeit, die vielleicht das Beste der deutschen Lebensart darstellt – Menschen, festverwurzelt in Moral und christlichem Glauben. Eine Welt des Friedens, und damit das genaue Gegenbild zur Gewalt der Nazis. Hier habe ich die Achtung vor dem anderen gelernt; ich will sagen, vor dem Nächsten, der doch eigentlich mein Feind hätte sein müssen. Vergessen Sie nicht, daß ich von den Gefühlen eines jungen Franzosen in der Zwischenkriegszeit spreche, für den die Deutschen die Erbfeinde waren.

Ich erinnere mich an einen vielsagenden Vorfall: Wir hatten einen Berg erstiegen, und dabei hatte man uns Pflanzen gezeigt, die unter Naturschutz standen und nicht gepflückt werden durften. Sie gefielen mir jedoch so gut, daß ich trotzdem eine pflückte. Die würdevolle Strenge, mit der man mich daraufhin zurechtwies, ging mir viel näher, als es jede Ohrfeige hätte tun können. In diesem Tadel drückte sich nicht nur die Achtung vor dem Gesetz aus, sondern auch die Achtung vor der Natur und Kultur... Ich war durchaus nicht unempfänglich für die geistigen Werte dieser Welt, mochten sie sich auch noch so sehr von den mir aus Paris vertrauten Werten unterscheiden. Meine Gastgeber wußten aufgrund meines Namens, daß ich Jude war. Es ist mir heute noch ein Rätsel, wie mein damaliger Aufenthalt überhaupt möglich war. 1950, als ich meinen Wehrdienst ableistete, habe ich ein halbes Jahr in Berlin verbracht. Nach meiner Entlassung bin ich nach Heidelberg und nach Ziegelhausen zurückgekehrt, um dort meine Erinnerungen an ein friedliches Deutschland wiederzufinden. Und so sah ich meine früheren Gastgeber wieder.

D. W. *Was haben sie gesagt, als sie Sie gesehen haben?*

J.-M. L. Sie waren jetzt schon sehr alt, aber sie hatten alles überlebt! Meine Kindheitserinnerungen wurden bestätigt. Ich war nun fast 25 Jahre alt, und alles war noch genau so, wie ich es als

10jähriger Knabe erlebt hatte. Es waren genau die Menschen, die ich verlassen hatte, und sie lebten noch! Zu meinen Erinnerungen gehörte fraglos der Nazismus, aber auch der Mut dieses Ehepaares. Damals, 1936, konnte ich mir ja nur aus ihren dunklen Andeutungen ein Bild des Nazismus verschaffen. Sie waren in ihren Äußerungen sehr vorsichtig, denn auch sie selbst waren gefährdet. Er war der Prototyp des Mediziners, des traditionellen Heidelberger Akademikers, geistig unabhängig und stolz auf die Narben, die von seiner früheren Mitgliedschaft in einer schlagenden Verbindung zeugten. Kurzum, er verkörperte die besten Seiten des ehrbewußten Deutschen. Und dann las ich ja auch die antisemitischen Zeitungen, die überall in den Straßen und in den Geschäften verkauft wurden. Ich stellte keine Fragen, weil mein Vater mir eingebläut hatte: »Was immer passiert, du schweigst!«

D. W. *Er hatte Sie also doch gewarnt, bevor Sie abgereist sind?*

J.-M. L. O ja, er hatte mich durchaus gewarnt: »Du darfst nicht sagen, daß du Jude bist. Das ist gefährlich, also aufgepaßt und den Mund gehalten!« Er hatte auch zwei Buchstaben meines Vornamens vertauscht, so daß ich in Deutschland »Arno« statt »Aron« hieß.

D. W. *Eine gewagte Sache, Sie mit zehn Jahren nach Deutschland zu schicken!*

J.-M. L. Ja. Daran können Sie ermessen, wie groß das Vertrauen war, das er in seine französische Staatsangehörigkeit und in Frankreich setzte. Was mich in Deutschland jedoch am meisten beeindruckte, war die Begegnung mit einer christlichen Familie.

J.-L. M. *Gingen Sie mit Ihren Gastgebern in die Kirche?*

J.-M. L. Nein. Sie hatten meinen Vater deutlich gefragt, ob er es wünsche. Er hatte nein gesagt, das war alles. Und ich habe nie gemeinsam mit ihnen die Kirche betreten. Einmal aber habe ich das Gebäude besichtigt. Ich glaube, das Schweizer Mädchen hatte mich mitgenommen.

Erst bei meinem zweiten Aufenthalt in Deutschland habe ich den Nationalsozialismus hautnah erlebt. Da meine Eltern mit meinen Schulnoten in Deutsch zufrieden waren, gaben sie mich 1937, also ein Jahr später, erneut für einen Monat in die Obhut eines deutschen Volksschullehrerpaares. Dieses hatte mehrere Kinder, die ungefähr in meinem Alter waren, zu denen sich eine Reihe ausländischer Feriengäste gesellte. Darunter war auch ein englischsprachiger Mauritier, mit dem ich mich ständig herumprügelte. Er behauptete nämlich, die Franzosen könnten nur Wüstengebiete erobern – etwa die Sahara –, während die Engländer sich die fetten Brocken zu verschaffen wüßten... Ich war damals von einem unerbittlichen Nationalismus beseelt und sehr antienglisch eingestellt, was übrigens gut zu meiner Begeisterung für Napoleon paßte. Die Kinder dieser Familie gehörten wie alle ihre Altersgenossen zur *Hitlerjugend (HJ)* oder zum *Bund Deutscher Mädchen (BDM)*. Zu unserer Clique gehörte auch ein Junge, der etwas älter war als ich, so um die dreizehn Jahre. Er sollte sich um mich kümmern. Wir machten zusammen Spaziergänge, auf denen er mir alles erzählte, was in der *HJ* geschah, was man ihm dort beibrachte. Ich glaube, er wußte nicht, daß ich Jude war, während seine Eltern vollauf im Bilde waren.

J.-L. M. *Und was erzählte Ihnen dieser Junge?*

J.-M. L. Eigentlich alles mögliche: Er berichtete über das Johannisfest, über die Sommersonnenwende, über die arischen Traditionen der Germanen... Er zeigte mir sein Messer von der HJ und sagte: »Wir werden die Juden umbringen.« Das war der brutale, grobschlächtige Nazismus eines dreizehnjährigen Jungen, der im Grunde nicht wußte, was er da sagte. Mir war damals klar, daß der Nazismus eine tödliche Gefahr darstellte und daß in ihm der alte Götzendienst der »Heiden«, der *Goyim*, wiederauflebte.

D. W. *Das muß doch in Ihnen furchtbare Ängste ausgelöst haben!*

J.-M. L. Ich glaube nicht. Ich erinnere mich auf jeden Fall nicht an derartige Gefühle. Ich war dagegen gefeit.

J.-L. M. *Sprachen Sie bei Ihrer Rückkehr mit Ihren Eltern darüber?*

J.-M. L. Ganz bestimmt, aber auch hier erinnere ich mich nicht an längere Gespräche über dieses Thema, denn mittlerweile wußten wir alle genau, was mit Hitler und dem Nazismus auf uns zukam.

J.-L. M. *Sie hatten also verstanden, worum es ging.*

J.-M. L. Ja, sicher. Aber für mich war mindestens ebenso wichtig die Tatsache, daß die Christen nicht mit den Antisemiten gleichgesetzt werden konnten, nicht einmal in Deutschland. Es handelte sich um zwei verschiedene Kategorien. Daß man zwischen Christen und Antisemiten einen Unterschied machen konnte, dafür gab mir meine deutsche Gastfamilie den unwillkürlichen und schlagenden Beweis.

J.-L. M. *Bekannte man sich in dieser Familie denn zum Christentum?*

J.-M. L. Mir gegenüber war man sehr zurückhaltend, doch ich vermute, sie waren überzeugte Protestanten. Ich erinnere mich, daß die Eltern entschiedene Gegner der Nazis waren, und folglich waren Christentum und Nazismus zwei Paar Schuhe. Nicht alle gläubigen Christen waren notwendigerweise Nazis, ebensowenig wie die von mir als Christen identifizierten Lehrer auf dem Lycée Montaigne Antisemiten waren.

D. W. *Ist das, historisch gesehen, nicht etwas schönfärberisch?*

J.-M. L. Das galt für die frommen Christen, mit denen ich damals Umgang hatte. Eine Verwechslung war für mich ausgeschlossen. Doch ich versichere Ihnen, ich hatte durchaus ein kritisches Auge und ein empfindliches Ohr. Ich kannte die antisemitischen Themen, aber das, was ich in der Bibel und im Neuen Testament las und was die Menschen sagten, denen ich begegnete, hatte damit nichts zu tun. Nie habe ich bei meinen Gesprächspartnern irgendeine Äußerung über Christus oder über den christlichen Glauben vernommen, die einen antisemitischen Unterton gehabt hätte. Jedenfalls mußte ich mir in Deutschland nie irgendwelche Vorträge über das Christentum anhören. Es gab nur den sozusagen allgemeinen kulturellen Diskurs, oder vielmehr das alltägliche Daseinszeugnis der Menschen, von deren Christentum ich wußte. Und ich erkannte sehr wohl, daß man nicht alle Christen über einen Kamm scheren konnte. Anders als meine Eltern, die wie alle Juden immer nur von *den* Christen sprachen. Auch wenn alle Christen zu den *Goyim*, den »Ungläubigen«, zählten, schien es mir, daß das Wort mehrere Bedeutungen haben konnte...

D. W. *Befürchteten Sie bei Ihrer Rückkehr aus Deutschland*

nicht, daß der Antisemitismus dramatischere Dimensionen annehmen könnte?
J.-M. L. Ich weiß heute nicht mehr, ob ich damals schon in solchen Kategorien denken konnte. Ich habe nicht die geringste Ahnung von dem Bild, das ich mir von der politischen Situation machte. Jedenfalls hatte ich das Gefühl einer tödlichen Bedrohung, einer ständigen Gefahr für uns Juden. Wir mußten unser »Anderssein« nun einmal mutig auf uns nehmen. Dies hatten mich meine Eltern gelehrt.

Verstehen Sie mich recht: Die Kehrseite dieser Haltung war der Stolz, Jude zu sein. Übertrieben gesagt: Nichts von dem, was sich am Horizont abzeichnete, überraschte, erstaunte mich, denn so war es schon zu den Zeiten des Pharaos gewesen. So war es schon seit langem, ja schon immer gewesen. Anders gesagt, ich hatte keine *politische, zeitnahe* Sicht der Ereignisse, durch die ich den Konflikt zwischen den Diktaturen, dem »Faschismus«, dem »Nationalsozialismus« und den Demokratien, der »Republik« auf politische Weise hätte erklären können. Mein Bezugspunkt war die Bibel, und meine Sicht war folglich *historisch und lange Zeiträume umgreifend.* Ich wußte, daß ich Gottes »auserwähltem« Volk angehörte und daß der Anspruch der Nazis eine schwere Usurpation darstellte.

II. Krieg und Konversion (1939–1945)

Flucht nach Orléans

Jean-Louis Missika: *Sprechen wir nun über den Krieg.*
Jean-Marie Lustiger: Nachdem ich im Sommer 37 zum zweitenmal in Deutschland war, sollte ich den Sommer 38 in England verbringen. Meine Eltern wollten, daß ich dort Englisch lerne. Aber der drohende Krieg beunruhigte sie. So verbrachten wir diesen – übrigens sehr langweiligen – Sommer erneut am Meer. Schreckliche Strände und immer die gleichen Sandspiele. Wir wohnten in Berck, einem Kurort für körperbehinderte Kinder. Unwillkürlich wurde dieser Monat dann zu einer Zeit tiefen Nachdenkens über ungerechtes Leiden.

1939, unmittelbar vor Ausbruch des Krieges, entstand in Paris für kurze Zeit eine große Panik. Bei allen Kindern hatte man in der Erziehung die Erinnerung an den Ersten Weltkrieg wachgehalten. Und nun stand ein neuer Krieg mit Deutschland bevor. Mein Vater wird einberufen. Alle Kinder verlassen Paris. Was tun? Wohin gehen? Wohin sich zurückziehen? Bei diesem ersten »Exodus«, unmittelbar vor der Kriegserklärung, sagte ich zu meinen Eltern: »Wir gehen nach Orléans.«
J.-L. M. *Warum ausgerechnet nach Orléans?*
J.-M. L. Wegen meines Biologielehrers. Für mich stand fest: »Wir gehen nach Orléans.«
Dominique Wolton: *Damals zog also Ihre ganze Familie dorthin?*
J.-M. L. Ja. Weshalb nicht eher nach Orléans als an einen anderen Ort? Die Stadt lag südlich von Paris. Mein Vater war bei der Armee. Ich sehe ihn noch vor mir, wie er seine Uniform trägt. Er hatte Heimaturlaub.

J.-L. M. *Das bedeutete doch, daß Ihre Eltern ihr Geschäft schließen mußten?*
J.-M. L. Ja, vorübergehend. Die Koffer wurden rasch gepackt, und ab ging's. Doch unterdessen hatte sich schon eine große Zahl von Flüchtlingen in Orléans eingefunden.
J.-L. M. *Aber Sie kannten dort doch niemanden.*
J.-M. L. Als wir in Orléans ankamen, war es schier unmöglich, den besagten Lehrer zu finden! Meine Eltern organisierten alles, wir übernachteten zunächst einmal in einem Hotel. Sie beschlossen dann, uns Kinder in Orléans zu lassen, während meine Mutter nach Paris zurückkehren sollte, um das Geschäft weiterzuführen. Das war die einzige vernünftige Lösung. Die Kinder mußten in Sicherheit gebracht werden, sagten sie. Im Rathaus von Orléans hatte man einen Empfangsdienst für die Kinder von Flüchtlingen eingerichtet. Das gehörte zu den üblichen Vorkehrungen vor Ausbruch des Krieges. Meine Eltern vertrauten uns einer der Personen an, die sich dort gemeldet hatten. Und so ging ich dann in Orléans in die dritte Klasse des Lycée Pothier.
D. W. *Im September 1939.*
J.-M. L. Im Oktober 1939. Dieser Aufenthalt in Orléans war für mich ein einschneidendes Ereignis. Ich berühre hier Punkte, die sich nur schwer ausdrücken lassen und eigentlich in eine Autobiographie gehören, um die es hier ja nicht geht. Also werde ich nicht alles sagen, was ich aus meiner Erinnerung auf Ihre Fragen antworten könnte.

Die Konversion

J.-M. L. Bezüglich der zeitlichen Abfolge bin ich mir wirklich nicht sicher. Ich habe einen unmittelbaren Zeugen von damals gebeten, meine Erinnerungen zu bestätigen. Er hat mir geantwortet, er sei heute zu alt und sein Gedächtnis lasse ihn im Stich. Ich habe auch keine materiellen Zeugnisse über die damalige Zeit aufbewahrt. Ich wünschte, ich könnte alles überprüfen, was so nur flüchtiger Eindruck oder Ungewißheit ist, um mit Sicherheit sagen zu können, was ich in diesem oder jenem Moment gedacht oder getan habe. Entfallen ist mir die Reihenfolge der Ereignisse, genau erinnern kann ich mich hingegen an meine inneren Erfahrungen.

Zunächst einmal die äußeren Ereignisse: Es war damals gerade die Zeit des »drôle de guerre«,[1] in der unsere Eltern kamen, um uns wieder nach Paris zurückzubringen.

Die unmittelbare Bedrohung schien sich zunächst verringert zu haben, doch im Sommer 1940 setzte dann eine neue Fluchtwelle ein. Unsere Rückkehr nach Paris war also von kurzer Dauer. Auf dem Lycée Montaigne traf ich auch meinen besten Freund wieder. Wir gingen gemeinsam in die neunte Klasse. Unsere Trennung hatte zu einem leidenschaftlichen Briefwechsel zwischen uns geführt, Briefe, die ich lange aufbewahrt habe.

Hing unsere Rückkehr damit zusammen, daß ich meinen Eltern schon meine Absicht mitgeteilt hatte, Christ zu werden? Ich weiß es nicht mehr genau. Jedenfalls waren mein Vater und meine Mutter beide anwesend, als ich ihnen meinen Wunsch eröffnete, getauft zu werden. Somit kann es nicht bei unserer zweiten Flucht gewesen sein, denn mein Vater wurde bei der Kapitulation gefangengenommen. Wann genau in diesem Jahr 1940 trug ich meinen Eltern den Wunsch vor, mich taufen zu lassen und ihre Erlaubnis dafür zu erhalten? Ich weiß es nicht mehr.

Ich erinnere mich jedoch noch genau an den Zeitpunkt, an dem ich mir zum erstenmal wünschte, getauft zu werden. Das war in der Kathedrale von Orléans in der Karwoche, also unmittelbar vor Ostern 1940. Da die Kapitulation Frankreichs im Juni 1940 erfolgte, muß unsere Rückkehr nach Paris zwischen April und Juni stattgefunden haben.

J.-L. M. *Wie kam es dazu?*

J.-M. L. Ich habe den Lebensalltag frommer Christen aus nächster Nähe erlebt. Sie wußten genau, daß wir Juden waren und haben mir gegenüber eine beispielhafte Zurückhaltung geübt.

1 Unter »drôle de guerre« versteht man den nach der französischen Kriegserklärung an das Deutsche Reich (3. 9. 1939) sich einstellenden »Zustand des nichtpraktizierten Krieges«, wie er sich aus der rein defensiven strategischen Grundhaltung der französischen Streitkräfte ergab. (A. d. Ü.)

J.-L. M. *Mit »beispielhafter Zurückhaltung« meinen Sie wohl, daß man Ihnen gegenüber keine Bekehrungsversuche unternahm?*

J.-M. L. Keinen, keinen einzigen. Wie ich früher das christliche Leben in Deutschland kennengelernt hatte, so erlebte ich diesmal von innen her die christliche Welt Frankreichs – ihre Kultur, ihr Denken, ihre Lebensweise. Und hinzu kam die Veränderung meines äußeren Umfeldes, die ein einschneidendes Erlebnis für mich war: Ich war ein Großstadtkind, das das Leben auf dem Land nur aus den Sommerferien kannte. Und nun Orléans, ein riesiger Garten und zugleich Urbild des französischen Landlebens. Neugierig und aufmerksam wie ich war, wollte ich über die außergewöhnlichen Stätten, die ich entdeckte, alles wissen: über Germigny-des-Prés, eine karolingische Kirche; über Cléry, eine gotische Kirche mit dem Grabmahl Ludwig XI.; über die Ufer der Loire; über die Denkmäler und Kirchen von Orléans. Kurz und gut, das alles gehörte zur Physiognomie der Landschaft. Und zugleich wurde mir durch Kultur und Alltagsleben das Wesen des Christentums innerlich immer vertrauter.

Das war zwar nicht das Wichtigste, noch das Ausschlaggebende, aber ich versuche, Ihnen zu erklären, was alles mit zu meiner Entscheidung beigetragen hat. Hier muß ich auch meine Schulkameraden erwähnen, obgleich Religion für uns nie ein Gesprächsthema war.

D. W. *Wußten Ihre Mitschüler in Orléans, daß Sie Jude waren?*

J.-M. L. Sicher. Schließlich war mein Vorname Aron.

J.-L. M. *Gab es auf dem dortigen Gymnasium noch weitere Juden?*

J.-M. L. Ganz bestimmt, aber daran erinnere ich mich nicht mehr. In meiner Klasse war ich der einzige.

J.-L. M. *Hat Ihre Mutter Sie regelmäßig besucht?*

J.-M. L. Ja, jede Woche. Die Kontakte zu meinen Schulkameraden waren also ein weiteres Feld des gedanklichen Austausches mit dem Christentum. Ich glaube jedoch, daß ich erst nach meiner Taufe mit Christen meines Alters vertrauten Umgang hatte. Jedenfalls erinnere ich mich sehr genau daran, daß ich die Frau, die uns aufgenommen hatte, um das Neue Testament bat. Ich begann gleich vorne, mit dem Evangelium nach Matthäus. Zur selben Zeit las ich auch Pascal, den ich regelrecht verschlang. Dann begann ich, das Matthäusevangelium abzuschreiben. Dabei unterstrich ich einige Passagen, die mir sehr nahegingen. Ich besaß eine kleine Ausgabe der Bibel von Crampon, die in einzelnen Heften mit je einem Evangelium erschien. Ich schrieb nicht das gesamte Werk ab, sondern nur einige Kapitel daraus. Das muß um Weihnachten gewesen sein – auf jeden Fall war es im Winter.

Und dann habe ich jeden, der gerade zur Hand war, ob unsere Zimmerwirtin oder jemand anders, über das Christentum ausgefragt.

D. W. *Wohnte Ihre Schwester bei Ihnen?*

J.-M. L. Ja, sie ging in eine Privatschule.

J.-L. M. *Und sprachen Sie mit ihr darüber?*

J.-M. L. Ich glaube nicht. Einige Monate später jedenfalls ging ich eines Tages in die Kathedrale, an der ich täglich auf dem Weg zur Schule vorbeikam. Stellen Sie sich inmitten eines damals noch nicht bebauten, windigen Platzes ein riesiges Gebäude von strenger und nüchterner Schönheit vor, das ständig restauriert wird. Heute weiß ich, daß dieser Tag der Gründonnerstag war. Ich ging bis zum südlichen Querschiff, wo mir eine streng geordnete Fülle von Blumen und Lichtern entgegenleuchtete. Ergriffen von diesem Anblick, hielt ich einige Augenblicke lang inne. Ich wußte nicht, warum ich hier war, noch was in mir vorging. Ich kannte nicht die Bedeutung dessen, was ich sah. Ich wußte nicht, welches Fest man feierte und was die Menschen in dieser Stille taten. Ich ging nach Hause in mein Zimmer und erzählte niemandem etwas davon.

Am nächsten Tag ging ich wieder zur Kathedrale. Ich wollte diesen Ort noch einmal sehen. Die Kirche war leer, leer auch im geistigen Sinne. Und ich ließ diese Leere auf mich wirken: Ich wußte nicht, daß Karfreitag war – ich beschränke mich jetzt auf den äußeren Hergang der Dinge! –, und in diesem Moment dachte ich: Ich will getauft werden. Daraufhin wendete ich mich an die Zimmerwirtin. Das war am einfachsten. Ich wußte, daß sie katholisch war und in die Kirche ging: Ich sah sie regelmäßig, ich wußte, wer sie war.

Sie sagte mir: »Sie müssen Ihre Eltern fragen«, und verwies mich an den Bischof von Orléans, Msgr. Courcoux, einen sehr gebildeten Oratorianer, der mir in Privatstunden Grundkenntnisse über das Christentum vermittelte. Von Anfang an machte er mir Mut, die Erlaubnis meiner Eltern zu erbitten. Ich erinnere mich noch sehr gut an den Tag selbst – leider ist mir der Ablauf der Ereignisse im einzelnen entfallen –, an dem ich meinen Eltern meinen Entschluß mitteilte. Es kam zu einer sehr schmerzlichen, unwürdigen Szene. Doch schließlich lenkten sie ein; aber das ist eine andere Geschichte.

D. W. *Sie haben alle beide abgelehnt?*

J.-M. L. Ja. Mein Vater hatte wohl gerade Fronturlaub. Ich erklärte ihnen, mein Schritt sei keineswegs eine Preisgabe meiner jüdischen Wurzeln, sondern, ganz im Gegenteil, deren Festigung und volle Sinnerfüllung. Ich hatte keineswegs das Gefühl, etwas zu verraten, mich zu verstecken oder irgend etwas aufzugeben, sondern vielmehr das Gefühl, erst jetzt die Tragweite und Bedeutung dessen, was ich von klein auf empfangen hatte, zu verstehen. Das war für sie völlig unverständlich, verrückt und unerträglich, das Schlimmste, was ihnen passieren konnte, der Weltuntergang! Und ich spürte sehr deutlich, was für ein unerhörtes Leid ich ihnen zufügte. Das hat mich tief bekümmert, und ich habe den Schritt wirklich nur aus innerer Notwendigkeit getan. Eine andere Möglichkeit wäre gewesen, alles für mich zu behalten, nichts zu sagen und abzuwarten. Aber das habe ich gar nicht erst in Erwägung gezogen.

Bischof Courcoux war ein Mann, der große Achtung vor dem Nächsten hatte. Ich weiß nicht, ob er sich darüber im klaren war, was dieser Schritt für meine Eltern bedeutete, und ich bin mir rückblickend auch nicht sicher, wie gut er unseren jüdischen Glauben verstand. Er war zwar sehr gebildet und intelligent, doch die Juden, die er kannte, waren ausschließlich liberale französische Intellektuelle vom Schlage Henri Bergsons...

Schließlich willigten meine Eltern ein. Für meine Schwester und für mich.

J.-L. M. *Weil auch Ihre Schwester konvertieren wollte?*

J.-M. L. Sie folgte mir. Aber sie tat dies aus Überzeugung. Wir haben jedoch nie darüber gesprochen.

J.-L. M. *Sie haben also damals in Orléans beide die gleiche Entwicklung durchgemacht?*

J.-M. L. Jedenfalls haben wir beide den Religionsunterricht des Bischofs besucht. Leider habe ich die Unterrichtshefte, die er für ein Kolleg drucken ließ, weggeworfen. Da er Oratorianer war, weiß ich nicht, ob er, vor seiner Ernennung zum Pfarrer von Saint-Eustache (Paris), in Juilly oder in Saint-Martin de Pontoise unterrichtet hatte. Sein Unterricht hatte jedenfalls ein beachtliches Niveau. Er hat mich damals mit großem geschichtlichen Sachverstand mit dem Studium der christlichen Quellen und der Lektüre der ältesten Texte vertraut gemacht; kurzum, meine Einführung in das Christentum hatte eine so hohe intellektuelle und spirituelle Qualität, wie sie einem Jugendlichen nur selten geboten wird. Sie bestätigte auch mein sehr lebhaftes Gefühl einer Kontinuität von Christentum und Judentum. Bischof Courcoux sprach mit mir über viele verschiedene Themen, unter anderem über Teilhard de Chardin und über das Verhältnis zwischen Glaube und Wissen. Das nur, um Ihnen zu zeigen, wie weit der Horizont gespannt war.

D. W. *Sie hatten Glück ...*

J.-M. L. Ja, ich bin damals in dieser Beziehung nur Menschen begegnet, die mir großen Respekt einflößten.

D. W. *Wieso erschien es Ihnen so selbstverständlich, eher zum Christentum zu konvertieren, als sich der jüdischen Religion zuzuwenden?*

J.-M. L. Aber das Christentum ist doch aus dem Judentum hervorgegangen! Um es deutlicher zu sagen: Ich habe an Christus, den Messias Israels, geglaubt. Etwas, das ich schon seit Jahren undeutlich in mir trug und von dem ich niemandem etwas gesagt hatte, nahm nun plötzlich Gestalt an. Ich wußte, daß das Judentum die Hoffnung auf den Messias kannte. Dem Ärgernis des Leidens entsprach die Hoffnung auf die Erlösung der Menschen und auf die Verwirklichung der Verheißungen, die Gott seinem Volk gemacht hatte. Und mit einem Male wurde mir klar, daß Jesus der Messias ist, der Christus, der Gesalbte Gottes.

D. W. *Hatten Sie damals nicht das Gefühl einer Revolte?*

J.-M. L. Nein, denn die Entdeckung des Messias Israels und des Sohnes Gottes war nur eine Bestätigung der Existenz Gottes selbst. Ich war damals noch im ›metaphysischen‹ Alter und zugleich schon im Alter des Zweifels. »Existiert Gott?« – die Frage einer kritischen Vernunft, quälende oder unterschwellige Frage allen Denkens; aufgrund meiner angestammten Kultur und meiner persönlichen Entwicklung hat es fünfzehn, ja zwanzig Jahre gedauert, bis ich mich davon befreien konnte.

J.-L. M. *Hatten Sie diesen Zweifel auch im Augenblick Ihrer Konversion bzw. dieses geistigen Erwachens?*

J.-M. L. Die absolute Gewißheit, daß Gott existiert, und zugleich die radikale Verneinung, die sagt: es gibt keinen Gott: Beide Überzeugungen waren abwechselnd, aber manchmal auch gleichzeitig vorhanden. Aber selbst wenn ich an meinem Glauben zweifelte, war ich im Grunde genommen sicher, daß es Gott gibt, denn ich war Jude.

D. W. *Wie meinen Sie das?*

J.-M. L. Nun, weil es für mich außer Frage stand, daß Gott die Juden auserwählt hatte, um zu zeigen, daß er existiert.

J.-L. M. *Sie legen – was ich durchaus verstehe – besonderen Nachdruck auf die Tatsache, daß es in Ihrem neuen Lebenskreis keinerlei Bekehrungseifer gegeben hat.*

J.-M. L. Ich betone das deshalb so sehr, weil es in einer solchen Situation ja eigentlich das Naheliegendste wäre, an Proselytenmacherei zu denken. Diesen Verdacht haben natürlich auch meine Eltern sofort geäußert.

J.-L. M. *Und ist das denn so falsch: Zeichnet sich ein erfolgreicher Bekehrungsversuch nicht gerade dadurch aus, daß man ihn vergißt?*

J.-M. L. Ich weiß es nicht. Alles, was ich Ihnen sagen kann, ist, daß ich ein unausstehlicher, sehr stolzer Bursche mit einer ausgeprägten Persönlichkeit war. Man durfte mir nicht auf der Nase herumtanzen. Ich gehe davon aus, daß ich – wie jeder Mensch – manipulierbar bin, aber meine damaligen Gesprächspartner waren Männer und Frauen, deren Integrität außer Frage stand. Ich bin ihnen zu Dank verpflichtet, weil sie mir gegenüber kritisch waren und mich nötigenfalls zurechtgewiesen haben.

D. W. *Haben Ihre Eltern Ihnen als Alternative zur Konversion nicht vorgeschlagen, Ihren jüdischen Glauben zu vertiefen?*

J.-M. L. Ja, natürlich. Wir hatten eine Unterredung mit einem berühmten jüdischen Gelehrten, die zwei Stunden gedauert hat. Ich habe ihm »bewiesen«, daß Jesus der Messias ist. Als wir dann gegangen sind, hat er zu meinen Eltern gesagt: »Sie können nichts ändern, lassen sie ihn.«

D. W. *Die Auseinandersetzung mit Ihren Eltern muß sehr heftig gewesen sein. Fanden Sie nicht trotzdem bei Ihrer Mutter oder Ihrem Vater irgendeinen Rückhalt?*

J.-M. L. Das ist sehr schwer zu beantworten. Meine Mutter ist allzu früh gestorben. Sie wurde deportiert und in Auschwitz umgebracht. Eine Entwicklung wie bei meinem Vater war bei ihr also nicht mehr möglich. Darum kann ich Ihre Frage nicht beantworten. Mein Vater war eher wortkarg. Wenn er sprach, dann mit einer ungeheuren, aber gezügelten Kraft. Meine Mutter dagegen war mitteilsamer, lebhafter und ausdrucksvoller.

J.-L. M. *Ihre Eltern hätten angesichts der politischen Situation Ihre Konversion nicht unbedingt als etwas Schlechtes ansehen müssen!*

J.-M. L. Sie haben durchaus diese Überlegung angestellt. Sie haben in meiner Konversion einen Schutz vor den deutschen Besatzern gesehen. Wahrscheinlich haben sie auch deshalb eingewilligt. Ich habe ihnen gesagt: »Das wird nichts nützen.«

J.-L. M. *Und Sie selbst, fühlten Sie sich durch die historischen Umstände nicht beeinträchtigt? Ich will sagen, ist es nicht schwer, das Judentum gerade in dem Augenblick zu verlassen, in dem die Juden verfolgt werden?*

J.-M. L. Ich habe nicht darüber nachgedacht, ob mein Verhalten politisch opportun ist. Keinen einzigen Augenblick lang ging es mir darum, meine jüdische Identität zu verleugnen. Ganz im Gegenteil. Ich erkannte in Christus den Messias Israels, und ich begegnete Christen, die das Judentum achteten.

J.-L. M. *Sind Ihnen nie Christen begegnet, die das Judentum nicht achteten?*

J.-M. L. Für mich waren die Antisemiten keine wahren Christen.
J.-L. M. *Dann gibt es aber in Frankreich nicht viele Christen!*
J.-M. L. Die Antisemiten waren *Goyim*, Heiden, und keine Christen.
J.-L. M. *Sie betrachteten diese Vorgänge aus einem geistigen Blickwinkel, wie sehr aber war Ihnen die historische Wirklichkeit präsent?*
J.-M. L. Die historische Wirklichkeit war selbstverständlich sehr stark zu spüren, aber sie beeinflußte meinen Weg nie in Form politischer Opportunitätserwägungen. Einige Jahre später las ich die im Untergrund zirkulierenden Ausgaben von *Témoignage chrétien*, in denen ich meine eigenen Überzeugungen wiederfand. Theologen wie de Lubac, Fessard und Journet, die im Untergrund über den Widerstand gegen das Heidentum der Nazis und über das Judentum schrieben, haben dort alles Nötige gesagt.

D. W. *Erinnern Sie sich an den Zeitpunkt Ihrer Erstkommunion?*
J.-M. L. Taufe und Erstkommunion fanden am 25. August 1940 statt; und gefirmt wurde ich am 15. September des gleichen Jahres durch den Bischof von Orléans in der Bischofskapelle, in der ich fast vierzig Jahre später meine erste Messe als Bischof zelebrieren sollte.
J.-L. M. *Haben Sie bei dieser Gelegenheit Ihren Vornamen gewechselt?*
J.-M. L. Nein. Ich habe meinen standesamtlichen Vornamen, Aron, behalten, den ich von meinem Großvater väterlicherseits übernommen hatte. Es war so Sitte, daß man beim Tod des Großvaters dessen Namen auf einen Enkel übertrug, und weil es mein Name war und Aron, der Hohepriester, mit Mose im christlichen Kalender erscheint, habe ich ihn als Taufname behalten. Jean und Marie habe ich nur hinzugefügt. Jean war der Vorname meines Paten.

Die Demütigung Frankreichs

D. W. *War bei Ihrer Erstkommunion Frankreich schon von den Deutschen besetzt?*

J.-M. L. Ja. Ich erinnere mich noch sehr gut an die Zäsur, die der Einmarsch der Deutschen darstellte. Ich hielt den Zusammenbruch Frankreichs für unwahrscheinlich. Und dann dieser unerhörte Einschnitt, diese tiefe Wunde und Demütigung. Als ich die Deutschen einmarschieren sah, wußte ich, daß sie die Juden umbringen würden. Anders als meine Eltern hatte ich nicht den geringsten Zweifel daran. Es lag auf der Hand, was jetzt passieren würde. Ich sehe noch die Uniformen der Deutschen Wehrmacht genau vor mir... Ich verstand alles, was sie sagten, denn ich beherrschte ja ihre Sprache. Noch heute sehe ich, wie der erste Soldat in einer Beiwagenmaschine an der Kreuzung der Rue Saint-Marc vorfuhr, wo ich wohnte. Plötzlich war ich mit dem Unvorstellbaren konfrontiert. Ich erinnere mich noch an einen senegalesischen Soldaten, der auf der kleinen Straßenbrücke, die zum Faubourg de Bourgogne führt, getötet wurde. Er war der letzte, der die Brücke verteidigte. Seine Leiche lag neben der Bronzebüste von Péguy. Er war in demselben Haus untergebracht, in dem auch ich wohnte; er sprach fast kein Wort Französisch, lachte immer wie ein großes Kind und fing Mäuse von Hand! Bis zum Schluß hat er die Ehre Frankreichs verteidigt. Ja, ich empfand diese Niederlage wahrhaftig als eine unvorstellbare Demütigung.

Ich sehe noch genau vor mir, wie der Place du Martroi nach den Bombenangriffen von 1940 in Trümmern lag und die deutschen Panzer dort paradierten. Ich konnte mich an diese Szene wieder genau erinnern, als ich als Bischof von Orléans 1980 die Feierlichkeiten zu Ehren von Jeanne d'Arc leitete. Ich wollte der Militärparade beiwohnen, bei der diesmal französische Panzer auffuhren. Nur mit Mühe konnte ich die Tränen zurückhalten, denn plötzlich überlagerten sich in meinem Bewußtsein beide Bilder. Zum zweiten Mal in meinem Leben hatte ich auf dem Place du Martroi eine Panzerparade gesehen, aber diesmal waren es französische Panzer. Und ich begriff, daß das Bild der Demütigung, das in dem zerstörten Place du Martroi und der deutschen Panzerparade lag, bis zu diesem Tag nicht erloschen war. Das mag heute vielleicht befremdlich klingen, aber so war es.

J.-L. M. *Erwachte mit dem Einmarsch der Deutschen in Orléans zum erstenmal Ihr politisches Bewußtsein?*

J.-M. L. Meine damalige Sichtweise der politischen Problematik unterscheidet sich wesentlich von den auch heute noch gängigen Analysen. Wie alle Jugendlichen hatte auch ich vom spanischen Bürgerkrieg, von den Auseinandersetzungen mit der extremen Rechten, von Demonstrationen und politisch motivierten Gewaltakten in Frankreich gehört, kurz, von allem, wovon die Erwachsenen sprachen und womit die Zeitungen voll waren. Aber darüber hinaus sah ich, daß weitaus mehr auf dem Spiel stand: das Recht auf Gerechtigkeit, das Schicksal der Menschheit und, wenn man den Gerüchten Glauben schenkte, unweigerlich auch das Problem der Juden. Dieses Problem stand im Mittelpunkt der politischen Situation, denn in Deutschland gab es den nationalsozialistischen Antisemitismus, in Frankreich einen Antisemitismus, der den sozialistischen Politiker Léon Blum zur Zielscheibe nahm. Das jüdische Problem war folglich eng mit der politischen Wirklichkeit verflochten, und dieses Problem betraf für mich zunächst die Beziehung zum Glauben, zu Gott und zur Frage des Heils.

Ich glaube, es ist keine nachträgliche Umdeutung, wenn ich sage, daß ich die Dinge in diesen Kategorien erfaßte. Ansonsten erging es mir wie allen anderen Franzosen. Wer konnte das begreifen? Eine Welt brach zusammen. Meine Eltern hatten mir Achtung beigebracht vor der Wissenschaft, vor den Lehrern, den Ärzten, den Behörden, den Offizieren, kurz vor allem, was die menschlichen Grundwerte, auf die sich Frankreich stützte, ausmachte. In der Schule hatte man unablässig an Geist, Vernunft und Freiheit appelliert und uns zugleich das Vertrauen in die Menschen und Institutionen, in Recht und Wahrheit gelehrt. Die Niederlage machte das alles zu Makulatur. Eine Welt war zerstört, ihre Werte verhöhnt. Jetzt galt es, dies zu verstehen und seine eigene Verantwortung zu erkennen. Wie konnte man Frankreich gegen die Franzosen treu bleiben? Wo steckten die Verräter? Ich glaube, weil ich

Jude war, war ich in gewisser Weise auf diese Prüfung vorbereitet. Wir wußten, daß oftmals das Recht von den Mächtigen verhöhnt und die Gerechtigkeit von ihren Dienern verraten wurde. Das ist der Lauf der Welt. Die Pflicht, der Wahrheit zu dienen, fordert immer ihren Preis – und sei es den der Einsamkeit. Das ist die (in einem bestimmten Sinne »messianische«) Erfahrung aller jüdischen Kinder meiner Generation, die wissen, was das Wort Verfolgung, Pogrom, bedeutet. Es sind vertraute Worte, die uns im voraus für den Kampf wappnen.

Christliche Unterweisung, antijüdische Verfolgung

J.-L. M. *Wie lange sind Sie in Orléans geblieben?*
J.-M. L. Vom Ende der Tertia bis zur Prima, von 1940 bis 1942. Also zwei Jahre, zwei sehr wichtige Jahre. Es war die Zeit meiner »christlichen Initiation«, meiner Einführung in das Christentum. Das ging völlig reibungslos vor sich. Ich erinnere mich an keine Zudringlichkeit seitens meiner damaligen Bekannten. Direkt nach meinem Eintritt ins Lycée Pothier in Orléans suchte ich Anschluß an katholische Kameraden und trat der *Jeunesse Etudiante Chrétienne* (Katholische Studierende Jugend) bei. In der vorletzten Klasse wurde mir die Betreuung der Jüngeren übertragen. Woran Sie erkennen können, daß es den Verantwortlichen nicht an Mut gefehlt hat, denn immerhin waren die Judengesetze schon verkündet worden und damit in Kraft. Es war tatsächlich allgemein bekannt, daß ich Jude war. Im Gymnasium nannten mich alle Aron, bei der Katholischen Studierenden Jugend Aron-Jean-Marie.

Auch im Rückblick würde ich sagen, daß es sich um ein außerordentlich vielfältiges Milieu handelte, dem ich die Bekanntschaft mit zahlreichen Personen verdanke: darunter Angehörigen der katholischen Jugendverbände von Orléans, der Katholischen Studierenden Jugend, des Kollegiums Saint-Croix, aber auch Seelsorgern und Priestern. In diesem jugendlichen Milieu bin ich niemals Haß oder Verachtung gegen Juden oder Ausländer begegnet. War ich etwa blind?... Diese Frage habe ich mir später gestellt. Doch

Gott weiß, daß ich ein waches Auge und ein empfindliches Ohr habe. Weder habe ich herabsetzende Äußerungen vernommen, noch irgend etwas, was mir hätte Mißtrauen einflößen können. Ich habe mich nicht als exotisches Unikum gefühlt. Und man hat mich nie darum gebeten, meinen Lebensweg zu schildern. Ich hätte es auch nicht getan. Ich war nie gezwungen, mich – freiwillig oder unfreiwillig – zu entblößen.

J.-L. M. *Sind Sie Menschen begegnet, die Ihnen gesagt haben: »Das geschieht den Juden ganz recht...«?*

J.-M. L. Auf dem Gymnasium gab es einige, die so dachten. Aber sie trauten sich nicht, es mir ins Gesicht zu sagen. Die katholischen Kreise, in denen ich verkehrte und die stark zusammenhielten, waren zudem gegen diese Gefahr gefeit. Mehrere Lehrer waren als Katholiken für ihre nazifeindliche Gesinnung bekannt.

J.-L. M. *Die Judengesetze wurden im Oktober 1940 erlassen. Wie haben Sie Ihre Sicherheit gewährleistet?*

J.-M. L. Meine Eltern zögerten ihre Meldung hinaus. Diese Frage, sich melden oder nicht, stellte sich allen französischen Juden. Bischof Courcoux intervenierte beim Kommissar für Judenfragen. Ein israelischer Historiker hat übrigens den Brief von Bischof Courcoux in den in Jerusalem aufbewahrten Archiven wiedergefunden. Er hat mir eine Kopie dieses Briefes und des Antwortschreibens zukommen lassen. Msgr. Courcoux setzte sich dort für meine Eltern ein: »Müssen sie sich melden? Sie sind französische Staatsbürger und ehrbare Leute, die ich persönich kenne.« Worauf der Kommissar antwortete: »Als französische Staatsbürger haben sie nichts zu befürchten. Sie sollen sich ruhig melden, und sie mögen keine Angst haben.« (Ich zitiere hier annäherungsweise, aus dem Gedächtnis.) Bedenkt man den Zeitpunkt und die sich damals abzeichnende Entwicklung, so war das schlicht gelogen. Meine Eltern haben sich schließlich gemeldet. Sie mußten daraufhin den gelben Stern tragen. Ich hingegen blieb davon verschont, obwohl ich doch aufgrund meiner Eltern auch in Paris als Jude gemeldet sein mußte. Jedesmal wenn meine Mutter von Paris nach Orléans fuhr, verbarg sie den Stern, um nicht festgenommen zu werden.

Als sich dann 1941 die Lage verschlechterte, ist mein Vater heimlich in die Freie Zone geflohen, wo er einen Unterschlupf für die ganze Familie suchen sollte. Auf Umwegen gelangte er schließlich nach Decazeville – ja das war damals wirklich eine merkwürdige Zeit. Die Fabrik, in der er Arbeit fand, hatte einen Sonderstatus, das heißt, sie stand nicht unter polizeilicher Überwachung. Hier gewann man nämlich aus Ölschiefer den strategisch wichtigen Grundstoff Bitumen. Es handelte sich um einen kleinen Musterbetrieb eines nordfranzösischen Stahlkonzerns, der sich hier nach Decazeville zurückgezogen hatte. Diesen Konzern gibt es noch immer, allerdings hat man vor kurzem das zugehörige Walzwerk geschlossen und den Hochofen stillgelegt. Vor zwei Jahren bin ich dem Ingenieur begegnet, der damals die Fabrik leitete. Er hat meinen Vater eingestellt, der so relativ sicher war. Hier arbeiteten geflohene spanische Republikaner, Anarchisten jeder Couleur, kurz, man war ein bunt zusammengewürfelter Haufen von Menschen, die alle etwas zu verbergen hatten: ein ganz außergewöhnliches Milieu. Decazeville, das in einer Region liegt, die man nicht umsonst das *Pays noir* nennt, war mitten im Krieg eine noch größere Einöde als sonst. Glücklicherweise wurden die Bewohner aus dem Hinterland mit Lebensmitteln versorgt. Meine Mutter zögerte ihre Abreise aus Paris hinaus, weil sie unser Geschäft trotz der Ernennung eines »arischen« Verwalters nicht aufgeben wollte. Die Zeit drängte aber immer mehr. Meine Eltern hatten folgenden Plan: Mein Vater, der als erster geflohen war, sollte sich erst einmal eine sichere Existenz aufbauen und eine geeignete Unterkunft für die ganze Familie suchen; dann sollten meine Mutter und am Ende des Schuljahres auch wir Kinder nachkommen. In der Zwischenzeit aber war meine Mutter verhaftet und nach Drancy verschleppt worden.
D. W. *Geschah dies im Rahmen einer größeren Razzia?*
J.-M. L. Nein. Ein Nachbar hatte sie denunziert. Sie wurde zu Hause verhaftet. Die ganze Wohnung wurde zuerst völlig leergeräumt, geplündert und dann versiegelt. Meine Eltern hatten einige Gegenstände bei Nachbarn hinterlegt; alles andere wurde einfach gestohlen. Nach dem Krieg kam eines Tages eine kleine alte Frau

zu meinem Vater und sagte zu ihm: »Das gehört Ihnen, ich habe es in Sicherheit bringen können, als man Ihre Wohnung ausgeräumt hat.« Es waren Familienfotos, die uns so zum Teil erhalten geblieben sind.

D. W. *Warum zog Ihre Mutter nicht nach Orléans?*

J.-M. L. Das hätte nichts geändert. Orléans war nicht sicherer als Paris. Und außerdem war unser Geschäft in Paris. Meine Schwester und ich lebten in Orléans mehr oder minder in ständiger Gefahr.

J.-L. M. *Sie selbst wurden nicht denunziert?*

J.-M. L. Auch auf dem Gymnasium in Orléans und in seinem Umfeld gab es Kollaborateure, die mit mir Katz und Maus spielten. Zu einem bestimmten Zeitpunkt sah ich dann ein, daß es besser war, fortzugehen.

J.-L. M. *Wie erfuhren Sie von der Verhaftung Ihrer Mutter?*

J.-M. L. Ich weiß nicht mehr genau, wer uns darüber informierte noch wie es geschah; vielleicht Nachbarn aus Paris. Aus einer nach dem Krieg ausgestellten Personenstandsbescheinigung ging hervor, daß sie am 10. September 1942 verhaftet wurde. Wir erfuhren dann sehr schnell, daß sie sich in Drancy aufhielt. Es war eine schreckliche Zeit, in der wir unablässig mit offiziellen Stellen korrespondierten und mit meiner Mutter – bis zu ihrer Deportation – heimlich Briefe wechselten. Auch wir mußten uns nun aus dem Staube machen. Meine Schwester blieb allerdings in Orléans, weil ihre Sicherheit weniger bedroht zu sein schien als meine.

J.-L. M. *Auch Ihre Schwester hat also den gelben Stern nicht getragen?*

J.-M. L. Nein, auch sie nicht. Mein Vater war in der Freien Zone. Unser einziger Kontakt waren stark verschlüsselte Interzonenpostkarten und äußerst vorsichtig formulierte Briefe, die von Dritten überbracht wurden. So wurde der Entschluß gefaßt, mich aus Sicherheitsgründen nach Paris zu schicken, wo ich in die Oberprima des Knabenseminars von Paris in Conflans ging. Unterdessen hatte ich Bischof Courcoux meinen Wunsch eröffnet, Priester zu werden. Er meinte dazu: »Übereilen Sie nichts, und entscheiden Sie sich später.« In das Seminar ging ich deshalb, weil es ein sicherer Ort war.

J.-L. M. *Gab es dort noch andere Juden, die in einer ähnlichen Situation waren wie Sie?*

J.-M. L. Vielleicht, aber alle hielten sich an den Grundsatz, nichts zu sagen. Soweit ich sah, gab es nur getaufte, katholische Jugendliche. Einige davon stellten sich die Frage, oder hatten sie sich gestellt, ob sie Priester werden wollten.

D. W. *Was dachten die Katholiken, mit denen Sie in Orléans verkehrten, über die Judenverfolgungen?*

J.-M. L. Was Bischof Courcoux anlangt, so erinnere ich mich noch sehr gut an den Tenor unserer Gespräche. Den Beziehungen zwischen Judentum und Christentum kam in seiner theologischen und geistlichen Sicht eine große Bedeutung zu; aber seine Kenntnis des Judentums beruhte vor allem auf der Bibel, weniger auf der unmittelbaren Bekanntschaft mit jüdischen Lebensformen. An seiner Einstellung zu Deutschland und dem Nationalsozialismus konnte es keinen Zweifel geben, und gegenüber Marschall Pétain hatte er seine Vorbehalte.

Aber wir sollten uns die allgemeine Einstellung der Franzosen damals bewußt machen. Und hier muß man klar sagen, daß sie in ihrer Mehrheit die Politik Pétains unterstützten. Zugleich waren alle meine Bekannten, oder doch fast alle, gegen die Deutschen. Einige, darunter auch mehrere Schulkameraden, hatten sich bereits der Résistance angeschlossen. Diejenigen von meinen Bekannten, die im Jahr zuvor das Abitur gemacht hatten, waren nun weiß Gott wo und taten weiß Gott was. Vielleicht im Untergrund, bei der Résistance? Oder beim Arbeitsdienst? Gerade über den Arbeitsdienst wurde viel gesprochen.

Andererseits erinnere ich mich an einen Jungen, der ein Jahr älter war als ich und dessen Vater Volksschullehrer war – ein wirklich aufrechter und idealistischer Charakter, der sich zum allgemeinen Erstaunen als französischer Freiwilliger zur deutschen Ostfront meldete. Er tat es aus Überzeugung, um das christliche Abendland vor dem Kommunismus zu schützen. Eines Tages kam er in deutscher Uniform ins Gymnasium, um seine ehemaligen

Schulkameraden wiederzusehen. Wir waren zwar keine dicken Freunde, aber wir kannten uns. Als ich ihn kommen sah, fuhr ich ihn an: »Mensch, mach daß du verschwindest, versteck dich wenigstens! Was willst du denn hier? Die werden dich umbringen!« Um Schlimmeres zu verhüten, sperrte ich ihn in ein Klassenzimmer. Ich weiß nicht, was aus ihm geworden ist. Vielleicht ist er an der russischen Front gefallen. Sein Vater war durch die Entscheidung seines Sohnes tief erschüttert.

Ich greife hier einzelne Begebenheiten heraus, um Ihnen unsere merkwürdige Situation, unsere Zerrissenheit, zu vergegenwärtigen. Alle meine Bekannten waren jedoch gegen die Deutschen und gegen den Nationalsozialismus.

J.-L. M. *Waren sie eher Anhänger Pétains?*

J.-M. L. Ja, eher. Man sollte sich keine Illusionen machen. Erst durch de Gaulle, 1944, hat in Frankreich die Widerstandsbewegung einen breiten Anhang gefunden. Noch ist der Tag nicht in Sicht, an dem wir Franzosen die Geschichte der damaligen Zeit schreiben und ihr, ohne uns neuerlich zu entzweien, offen ins Gesicht sehen könnten. Möglicherweise müssen noch weitere fünfzig Jahre vergehen!

Frankreich unterstützte die Politik Pétains, was nicht bedeutet, daß es für die Nazis war. Es stand am Abgrund und durchlebte eine furchtbare Prüfung. Dies gilt besonders für meine Generation, die den Zusammenbruch sämtlicher Werte erleben mußte – der Wahrheit, der Gerechtigkeit, des menschlichen Vertrauens. Die Glaubwürdigkeit der Institutionen und der Verantwortlichen war untergraben. Aber mir geht es auch darum, einen solchen Zusammenbruch zu erklären. Es genügt nicht, ein paar Leuten den Prozeß zu machen, einige Sündenböcke zu opfern, wie man es bei der Befreiung getan hat. Gibt es nicht an einer anderen Stelle, irgendwo in der Geschichte unseres Landes, einen Riß, einen tiefen Riß? Wenn ein Haus einstürzt, davon bin ich fest überzeugt, dann hat das immer eine Ursache, es geschieht nie aus heiterem Himmel. Unser Haus war eingestürzt. Was war die Ursache dafür? Eine gewaltige Frage!

Eine geistige Krise

D. W. *Sehen Sie darin eine geistige Krise?*

J.-M. L. Ja. Die Ereignisse von 1940 hatten eine lange Vorgeschichte. Der Zusammenbruch läßt sich nicht allein aus einer Verkettung politischer Fehlentscheidungen erklären. Gewiß, es gibt eine Reihe konkreter Ursachen – man hat es versäumt, rechtzeitig Truppen an den Rhein zu schicken; man hat nichts gegen Hitler unternommen, solange noch Zeit dazu war; man hat zu spät mit der Aufrüstung begonnen – kurz, alle jene taktischen Maßnahmen, die geschickte Politiker hätten ergreifen können, wenn sie den Mut oder die Chance dazu gehabt hätten. Aber ich denke an ein viel tiefergreifendes Phänomen, nämlich den inneren Zusammenbruch unseres Volkes.

Frankreich hat die Kraft zum Widerstand gefehlt; nehmen Sie dagegen Polen, dessen Widerstandsksraft seit über 40 Jahren ungebrochen ist! Warum? Weil Frankreich schon lange zuvor eine geistige Krise erlebt hat, die eine Krise der modernen Gesellschaft war, wie sie bereits im Blutbad des Ersten Weltkriegs zum Vorschein kam. Ich erinnere mich an eine Karikatur, die 1940 wohl in der Zeitung *Le Figaro* erschienen ist. Sie zeigte einen Bauern, der sein Feld umgräbt, und einen Falken mit ledernen Gamaschen und einer Baskenmütze, der eine Streitaxt trägt und zum Bauern sagt: »Das alles habt ihr eurer eifrigen Lektüre von Gide und Konsorten zu verdanken...« Das waren gängige Erklärungen, deren Absurdität der Karikaturist offenlegte. Demnach haben das politische Mißgeschick des Vichy-Regimes und die Kollaboration zur Entwertung jener Werte geführt, die für das Überleben einer Nation unverzichtbar sind und die sich dann später nicht mehr verteidigen ließen.

Das republikanische Motto Freiheit–Gleichheit–Brüderlichkeit wurde durch den Slogan Arbeit–Familie–Vaterland verdrängt. Nach der Befreiung hat man diese drei Werte, die doch immerhin zu den grundlegenden gesellschaftlichen Werten zählen, aufgrund des früheren Mißbrauchs für nahezu fünfzig Jahre aus dem französischen Wortschatz und dem französischen Nationalbewußtsein weitgehend verbannt. So verdankt das Wort Arbeit seine »Rehabilitierung« einzig dem ideologischen Einfluß des Marxismus auf die französischen Eliten. Auch das Wort Familie konnte man nicht mehr unbelastet verwenden. Als es jedoch darum ging, Ersatzwörter zu finden, ging man nur halbherzig zu Werk. Vom Vaterland sprach man in feierlichen Wendungen, doch verdrängte man dabei die beschämenden Erinnerungen. Der so schnell wieder aus der Versenkung emporgetauchte Begriff Vaterland litt nun an unserem verletzten Nationalbewußtsein. Schuld an alledem war meiner Meinung nach das schlechte Gewissen einer Nation, die, von ihren Eliten verraten, besiegt worden war.

Es gibt Dinge und Fakten, die würde man gern vergessen. Folgende zum Beispiel: Einer meiner Freunde (den ich nach dem Krieg kennengelernt habe), ein in Alexandria geborener Jude mit französischer Staatsangehörigkeit, hieß mit Familienname Israel. Er war ein hervorragender Ingenieur und hat in den Jahren 1939–1940 als Offizier in der Armee gedient. 1940, nach dem Waffenstillstand, wurde er dann degradiert, weil ein Jude nicht länger Offizier sein durfte. Er hat sich später geweigert, in seine gefälschten Papiere einen anderen Namen einzutragen. Er sagte: »Israel ist kein Name, den man einfach gegen einen anderen eintauscht.« Was ich gut verstehe. Ihm gelang es, den Massenverhaftungen zu entgehen.

J.-L. M. *Denken Sie an moralische Werte, wenn Sie von einer geistigen Krise sprechen?*

J.-M. L. An die Kultur insgesamt.

J.-L. M. *Glauben Sie, daß es sich um eine Krise der Eliten oder um eine Krise des Volkes insgesamt handelt?*

J.-M. L. Es kann sich nur um eine Krise des gesamten Volkes handeln, und es handelt sich um eine geistige Krise. Das Wort Krise läßt sich auf zwei unterschiedliche Bereiche anwenden: Zunächst einmal auf jene Fragen, mit denen sich die Intellektuellen auseinandersetzen, auf die Entwicklung von Ideen, auf die jeweils gültigen Theorien, was dazu führt, daß alle zehn Jahre, oder manchmal auch in noch kürzeren Zeiträumen, eine bestimme Idee sich durchsetzt und sämtliche Schöngeister sich auf ein bestimmtes

Konzept stürzen, das als Bezugspunkt fungiert, an dem man sich auszurichten hat. Und weil nun die Unbeständigkeit des intellektuellen Geschmacks die früheren Überzeugungen wieder in Frage stellt, beklagt man dann die eine oder andere Krise.

Ich spreche nicht von diesem letztlich normalen Kommen und Gehen der Ideen, das gewiß nicht ohne Einfluß auf eine Kultur ist. Aber es besteht doch eine Diskrepanz zwischen dieser Aktivität der Intellektuellen und der Aneignung ihrer Ideen durch ein Volk oder eine Nation, die mehr Zeit in Anspruch nimmt, denn die »Leute« können mit diesem schnellen Wechsel nicht Schritt halten. Und auch die Intellektuellen selbst halten länger unbeirrbar an ihren ursprünglichen Überzeugungen fest, als es scheint. Sie haben die Fähigkeit, mit Ideen zu spielen, nachzudenken. Das ist ihr Beruf, vielleicht sogar ihre Berufung, aber sie laufen hin und wieder Gefahr, geistige Regsamkeit als Gedankentiefe auszugeben. Die Aufnahme und Aneignung bestimmter Vorstellungen, Ideen, Ansichten und Werte durch eine Gesellschaft geschieht viel langsamer. Und sie ist viel stärker von den konkreten Lebensentscheidungen abhängig. Nur die Intellektuellen können sich ein schizophrenes Dasein erlauben, das heißt, das Böse preisen und zugleich das Gute tun, oder umgekehrt, ein ganz gewöhnliches Leben führen, wie das eines Handwerkers oder, früher einmal, das eines Hufschmieds, und zugleich über den Menschen der Zukunft spekulieren. Im Leben großer Männer findet sich häufig diese Diskrepanz zwischen dem geistig-spekulativen Bereich einerseits und dem Bereich des praktischen Lebens – Kindern, Frau, Beruf, Geld – andererseits.

Ich beziehe den Begriff Krise jedoch vor allem auf das normale Gefüge von sozialen Beziehungen, Verhaltensformen und Werturteilen, die einem Volk Halt geben. Es handelt sich hierbei um die gewöhnlichen Tugenden, die in einer gewöhnlichen Erziehung an die Kinder weitergegeben werden. Das Erbe familiärer und moralischer Tugenden ist ein unermeßlicher Schatz. Dieses durch die Mühe von Generationen zusammengetragene Gut, oder, wenn Sie so wollen, die geistige Kontinuität der Bildung, war unser wertvollster Besitz; aber allzuoft haben wir ihn vernachlässigt, so sehr, daß er schließlich seine moralische Kraft verloren hatte. Das französische Volk hat eine tiefe geistige Krise durchlebt, deren Wurzeln bis ins 18. Jahrhundert und vielleicht noch weiter zurückreichen.

Das hatten schon Männer wie Léon Bloy, Péguy und Bernanos erkannt. Wie anders läßt es sich erklären, daß Frankreich, dessen Bürger doch klar Gut und Böse unterscheiden können – wie unser Volksschullehrer uns 1935 noch gelehrt hatte – plötzlich in Feigheit und Denunziantentum versank?

J.-L. M. *Glauben Sie nicht, daß in Extremsituationen nur eine Minderheit in der Lage ist, Widerstand zu leisten und Lüge und Willkür entgegenzutreten?*

J.-M. L. Man könnte das so ausdrücken, man könnte aber auch sagen, daß das Gefüge, von dem ich vorhin sprach, nicht sehr widerstandsfähig war. Und außerdem: Wie kommt es, daß diese Minderheit ihre geistige Vorreiterrolle nicht erfüllt hat?

J.-L. M. *Vielleicht ist die Haltung der Eliten entscheidend. Die meisten Beamten und Politiker in Frankreich haben es für richtig erachtet, das Inakzeptable zu akzeptieren.*

J.-M. L. Das hat sicher eine Rolle gespielt, aber das allein scheint mir als Erklärung nicht ausreichend. Während der Okkupation wußten in Frankreich viele Menschen einfach nicht mehr, was gut und böse war, was man tun und was man nicht tun sollte. Solch ein Verlust der Wertmaßstäbe als durchgängiges soziales Phänomen entsteht doch nicht in zwei Jahren. Es gab ja auch eine große Zahl von Frauen und Männern, die an den Sittengesetzen festhielten und der Wahrheit treu blieben. Sie sind es gewesen, die, ohne es damals zu wissen, Frankreich »gerettet« haben. Ein bindender gesellschaftlicher Konsens über Wahrheit und Sittlichkeit aber bestand nicht mehr. Erinnern Sie sich nur an den Slogan der Widerstandskämpfer: »Radio-Paris lügt. Radio-Paris lügt. Radio-Paris ist deutsch.«

J.-L. M. *Ist Ihre Mutter längere Zeit in Drancy geblieben, oder ist sie schon gleich nach ihrer Ankunft deportiert worden?*
J.-M. L. Sie ist lange Zeit in Drancy geblieben und erst im Februar 1943 deportiert worden. Daß sie sich dort halten konnte, verdankte sie ihrer Hartnäckigkeit. Wir haben einige Briefe von ihr aufbewahrt, die ein Aufseher herausgeschmuggelt hat, den sie mit viel Geld bestochen hatte. Bis heute habe ich nicht den Mut gefunden, diese heimlichen Briefe wieder zu lesen. Einen einzigen Punkt möchte ich hervorheben: Sie wußte, was auf sie zukommt. Und wenn sie es wußte, dann wußten es die anderen auch. Und wenn wir es wußten, dann weil alle es wußten. Jeder wußte, daß Drancy ein Vorzimmer des Todes war. Ich erinnere mich noch an sehr deutliche Sätze meiner Mutter: »Meine Kinder, es ist eine *tödliche* Krankheit; ihr müßt euch davor schützen.« Man sollte also nicht sagen, die Leute wußten von nichts.
J.-L. M. *Haben Sie versucht, Ihre Mutter in Drancy zu besuchen?*
J.-M. L. Ich bitte Sie, das war unmöglich! Wir mußten äußerst vorsichtig sein, denn die Gefahr war allgegenwärtig. Allein daß wir unseren Namen nicht geändert hatten, war schon leichtsinnig genug. Wir blieben nur deshalb unbehelligt, weil wir von einem Schleier des Schweigens umhüllt waren. Ein sanfter Windstoß hätte genügt, den Schleier zu heben, und unser Schicksal wäre besiegelt gewesen! Ich begreife immer noch nicht, wie wir – meine Eltern und ich – uns damals so unvorsichtig verhalten konnten. Der Hauptgrund dafür war wohl ihr Vertrauen in Frankreich. Sie glaubten noch immer daran, daß Frankreich die Juden nicht im Stich lassen und daß es schließlich vor den Nazis nicht kapitulieren würde. Deshalb brachten sie sich nicht rechtzeitig in Sicherheit. Daß Frankreich den Juden nicht helfen würde, war für sie einfach unvorstellbar, und erst ihre schmerzlichen Erfahrungen haben sie eines Besseren belehrt.
J.-L. M. *Wo haben Sie Ihr Abitur gemacht?*
J.-M. L. Im Knabenseminar, in Paris. Ich mußte mich zwar verstecken, machte das Abitur aber trotzdem unmittelbar vor meiner

Abreise nach Decazeville. Zu meiner Abiturprüfung im Juni 1943, deren mündlicher Teil ausfiel, bin ich unter meinem richtigen Namen angetreten. Das Risiko dabei war minimal.

In der letzten Klasse wurde ich von drei Priestern unterrichtet, die von großer Bedeutung für mich waren: Msgr. Lallier, der Obere, der mich so gütig und herzlich aufgenommen hat. Er wurde später Bischof und lebt heute im Ruhestand in Paris. Vor einiger Zeit hat er mich gefragt, wie ich es geschafft hätte, in der Enge dieses Internates zu überleben. Ich habe ihm geantwortet, daß ich keine negativen Erfahrungen gemacht hätte und mich nur an Gutes erinnerte. Darüber war er ganz erstaunt.

Msgr. Delarue, der mittlerweile gestorben ist, war unser Präfekt. Er wurde später zum ersten Bischof von Nanterre ernannt. Der junge Père Pierre Veuillot schließlich war unser Philosophielehrer. Man hatte ihn mir außerdem als »Spiritual« zugewiesen, das heißt als einen Führer in Fragen des persönlichen Glaubenslebens und des Gebets. Mit ihm, dem späteren Kardinal-Erzbischof von Paris, stand ich bis zu seinem Tod, 1968, in einer sehr vertrauensvollen, von Achtung und Freundschaft geprägten Beziehung. Die außerordentliche Qualität seines Unterrichts, auf den er sich immer sehr sorgfältig vorbereitete, wurde mir erst im nachhinein klar. So besprach er etwa in seinem Überblick über die Geschichte der Philosophie auch geistige Strömungen wie die Freudsche Psychoanalyse und die Phänomenologie, die damals in akademischen Kreisen noch kaum bekannt waren.

J.-L. M. *War die Entdeckung der Philosophie ein einschneidendes Erlebnis für Sie?*

J.-M. L. Besonders beeindruckt hat mich damals der im Vergleich zum literaturgeschichtlichen Unterricht meiner Lehrer in Orléans neue Denkansatz. Die Philosophiegeschichte, ja sogar die Geschichte forderte zum Nachdenken heraus. Zumindest ermöglichte sie es einem, sein geistiges Rüstzeug einzuordnen. Hegel war noch recht unbekannt... Jean Hyppolite hat ja erst nach dem Krieg dessen *Phänomenologie des Geistes* übersetzt.

D. W. *Wußten Sie, was Sie nach dem Abitur machen wollten?*

J.-M. L. Ja, ich wollte Priester werden. Und als Vorbereitung darauf kam für mich nur das Studium der Philosophie in Frage, denn die Philosophie sucht eine Antwort auf die grundlegenden Fragen des Daseins, wie die nach dem Sinn des Lebens, nach dem Grund von Sein und Schein. Die Philosophie erschien mir als ein Vorzimmer jenes Gebäudes, in dessen Innern die Wirklichkeit des Glaubens und der Religion zu Hause ist.

In Conflans habe ich erfahren, was es heißt, in einem Internat zu wohnen: Ein Jahr lang habe ich das Alltagsleben mit Menschen geteilt, die ganz anders waren als ich. Ich werde einen seltsamen Eindruck auf sie gemacht haben, denn ich war wirklich wenig diszipliniert und sehr eigenwillig. Man hat wohl schnell gemerkt, daß ich zwar ein guter Schüler, aber auch ein Querkopf war. Seltsam bin ich ihnen wohl auch deshalb erschienen, weil ich die Verhaltensmaßregeln und Vorschriften nicht kannte. Folglich nahm ich mir Dinge heraus, die den anderen nicht im Traum eingefallen wären. Und umgekehrt. Die meisten Schüler waren im gleichen Alter, mehrere Jahre zuvor, in das Internat eingetreten, während ich ein »Fremdkörper« war. Dennoch erinnere ich mich an keinerlei Zurückweisung – was in einer Institution wie dieser doch nicht verwunderlich gewesen wäre –, auch nicht an Eifersucht, Zudringlichkeit oder irgend etwas Ähnliches.

Ich habe vor allem das christliche Leben in seiner Strenge und Schönheit entdeckt. Schon in Orléans ging ich, soweit ich konnte, fast täglich in die Kirche. Dazu mußte ich allerdings früh aufstehen... sehr zu meinem Leidwesen, denn einen Teil der Nächte verbrachte ich mit heimlicher Lektüre. Jetzt war das schwieriger, denn wir schliefen in einem Schlafsaal. Hier erlebte ich also zum erstenmal ein regelmäßig gestaltetes christliches Leben. Es gab täglich einen Gottesdienst, Zeiten für persönliche Meditationen und gemeinsame Gebete. Jede Woche wurden uns bestimmte Grundlagen einer christlichen Lebensführung vermittelt. Was für einige meiner Kameraden lästige Routine gewesen sein mag, besaß für mich den unvergleichlichen Reiz des Neuen.

D. W. *Hat Ihnen dieses Leben in einem katholischen Internat gefallen?*

J.-M. L. Ja, ohne Einschränkung.

J.-L. M. *Wie erlebten Sie die anderen Internatsschüler, deren Bildungsweg doch so viel klassischer war als der Ihre? Hatten Sie nicht das Gefühl, daß zwischen ihnen eine große Distanz bestand?*
J.-M. L. Ja, aber ich war zu diesem Zeitpunkt noch nicht imstande, die Distanz richtig einzuschätzen. Die Schüler stammten aus verschiedenen sozialen Milieus. Einige waren wie ich Söhne von Einwanderern, die jedoch in einem einfachen katholischen Elternhaus aufgewachsen waren, das sich von meinem familiären Umfeld stark unterschied. Ich war zwar ein aufmerksamer Zuhörer, gab aber selbst keinerlei vertrauliche Informationen über meine persönliche und familiäre Situation preis. Ich kann nicht sagen, welches Bild die anderen von mir hatten. Ich will auch nicht sagen, daß ich mich als ein ganz anderer Mensch fühlte; aber hier kam ich mit Lebensweisen und Typen von Menschen in Berührung, die ich bis dahin nicht gekannt und deren Nähe ich nicht direkt gesucht hatte. Weder auf dem Lycée Montaigne noch im Gymnasium in Orléans wäre es möglich gewesen, Jugendliche wie diese kennenzulernen, mit denen ich zum Teil noch heute in freundschaftlichem Kontakt stehe.
J.-L. M. *Stand in Ihrem Personalausweis der Vermerk »Jude«?*
J.-M. L. Ich war 16 Jahre alt und hatte noch keinen »richtigen« Personalausweis. Gegen Ende des Schuljahres hat mir der Bürgermeister einer kleinen Gemeinde des Loiret einen echten »falschen« Ausweis auf meinen Namen ausgestellt, in dem er allerdings meinen Vornamen Aron durch Jean-Marie ersetzt hat.
D. W. *Wußten Sie, daß Ihre Mutter deportiert worden war?*
J.-M. L. Eines Tages ist uns klargeworden, daß sie nicht mehr in Drancy war. Wir schickten ihr Pakete, die allerdings nicht immer ankamen – wohl deshalb, weil sie unterwegs gestohlen wurden. Ich wußte nicht, wo man sie hingebracht hatte.

Nach der Befreiung haben wir das Rote Kreuz eindringlich um Auskunft gebeten, aber niemand wußte etwas. Wir redeten uns ein, sie werde eines Tages schon zurückkommen. Auf eine vage Information hin war ich davon überzeugt, daß man sie nach Ravensbrück deportiert hatte. Aber wir versuchten vergeblich, Genaueres zu erfahren. Schließlich haben wir eine Deportationsbe-

stätigung des französischen Staates erhalten. Erst die von Robert Badinter 1985 initiierte Gesetzesänderung hat es ermöglicht, daß solche Totenscheine für Deportationsopfer ausgefertigt werden können. In den Personenstandsurkunden tauchte bis dahin immer nur der lapidare Vermerk »vermißt« auf, denn die Deportierten waren ja noch am Leben, als man sie verschleppt hat, und niemand konnte ihren Tod melden. Das genaue Datum ihrer Deportation und den Zielort habe ich erst aus der 1978 erschienenen Dokumentation von Serge Klarsfeld, *Mémorial des Juifs de France*, erfahren. Allerdings habe ich unterdessen den Vermißtenschein wiedergefunden, der meinem Vater am 3. März 1952 ausgehändigt wurde und in dem als Zielort Auschwitzt erwähnt wird.
J.-L. M. *Sie haben also im* Mémorial des Juifs de France *den Namen Ihrer Mutter entdeckt?*
J.-M. L. Ja, ihr Name steht auf der Liste des Transports Nummer 48 vom 13. Februar 1943 nach Auschwitz.

Decazeville – Toulouse

D. W. *Was haben Sie nach Ihrem Abitur gemacht?*
J.-M. L. Ich bin zu meinem Vater nach Decazeville gefahren. Meine Schwester befand sich noch immer in Orléans und ist erst später zu uns gekommen. Die Demarkationslinie habe ich allein und heimlich überschritten. Das einzige, woran ich mich erinnere, ist meine große Angst, gefaßt zu werden. Nachdem ich mit meinem gefälschten Personalausweis die Grenze überschritten hatte, verbrachte ich eine Nacht im Bahnhof von Brive-la-Gaillarde. Ich fürchtete noch immer, erwischt zu werden. Ich schlief in einem Waggon, der auf einem Abstellgleis stand. Am nächsten Morgen bin ich dann mit einem Zug weitergefahren.

In Decazeville wurde ich sofort in derselben Fabrik eingestellt, in der auch mein Vater arbeitete. Da ich das Abitur hatte, übertrug mir der Direktor die »Verantwortung« für das Prüflabor. Mir waren Leute unterstellt, die viel mehr Erfahrung hatten als ich. Mit diesem Arbeiterleben – ich hielt zum ersten Mal in meinem

Leben einen Lohnstreifen in der Hand, und ich hatte das Recht auf einen Bezugsschein für Tabak! – fing für mich das Erwachsenenalter an. Ich begann zu rauchen, weil ich damit meine Illoyalität Marschall Pétain gegenüber zum Ausdruck bringen konnte. Ich wollte meinen Tabak nicht auf dem Schwarzmarkt verkaufen. Am tiefsten berührt hat mich jedoch vor allem der direkte Kontakt mit den Arbeitern und ihrer Lebenswelt. Religiös gesehen war es für mich eine schwere Zeit. Mein Vater hatte mir jede religiöse Betätigung verboten. So mußte ich mich ganz in mich zurückziehen, und ich konnte nur heimlich zum Gottesdienst gehen. Decazeville ist eine sehr kleine Stadt, wo man alles sieht und alles weiß. Es war eine Zeit äußerster Anspannung, eine schwere Zeit.

Das Leben in Decazeville war hart. Unsere dortigen Wohnverhältnisse waren in keiner Weise mit denen zu vergleichen, die ich von Paris her gewohnt war. Als ich vor einigen Monaten nach Decazeville zurückgekehrt bin, um dort eine Predigt zu halten, habe ich die Stätten von früher, darunter auch die Fabrik, fast unverändert vorgefunden. Ich habe mich auch sehr über das Wiedersehen mit einigen meiner damaligen Kumpel gefreut. Das Leben damals war nicht nur für uns Flüchtlinge, sondern auch für die eingesessenen Arbeiterfamilien ein Leben in Armut. Und doch war uns auch ein bescheidener Wohlstand vergönnt, denn wir konnten immer wieder Milch, Butter, Fleisch und Kartoffeln auftreiben. Eine kurze Tour mit dem Fahrrad, und schon war das Nötige besorgt! Natürlich mußte man dafür zahlen, aber finden konnte man immer etwas. Auch Kohle, woran in Decazeville selbstverständlich kein Mangel herrschte.

Ich habe eine kosmopolitische Welt kennengelernt, die ich bis dahin nur auf mehr oder minder abstrakte Weise vom Hörensagen her kannte: spanische Republikaner, Anarchisten, Menschen aller Art. Schillernde Existenzen. Niemand sagte, wer er war; doch die faszinierenden Gespräche, die ich während der Arbeit mitanhörte und die sich um alles mögliche drehten, haben mich sehr geprägt und meinen Horizont erweitert. Jeder ließ dabei schließlich etwas von seinem Vorleben durchblicken. Ich wurde sehr freundlich von ihnen aufgenommen, obwohl ich wirklich noch ein grüner Bengel war und keine Schwielen an den Händen hatte... Ich galt als Intellektueller, war ich doch der einzige, der Abitur hatte.

Damals entdeckte ich, welche große Vielfalt von Menschen es gibt, ja wie unterschiedlich selbst die Arbeiterbauern der Gegend waren. Ich hatte begonnen, mir einige Wörter des provenzalischen Dialekts einzuprägen. Leider habe ich bis auf die Flüche alles vergessen. Ich war in dem Alter, in dem man eben alles wissen will. Zwischen uns herrschte eine Art rauher Brüderlichkeit, bei der es nicht immer nobel zuging. Man kann das verstehen, wenn man bedenkt, daß die individuellen Flucht- und Selbsterhaltungsinstinkte sehr mächtig sind und daß der völlige Altruismus, der bis zur Aufopferung des eigenen Lebens geht, eine seltene Tugend ist. Dennoch ruhte das Zusammenleben von Einheimischen und Flüchtlingen auf einem soliden Fundament. Aber ich war ein Außenseiter unter Außenseitern.

J.-L. M. *Wieso hatten Sie das Gefühl, anders zu sein?*

J.-M. L. Nun, ich war ein Jude, der sich versteckte. Ich weiß nicht genau, wie sich ein spanischer Anarchist gefühlt hat.

J.-L. M. *Warum haben Sie Decazeville verlassen?*

J.-M. L. Weil wir wieder in Gefahr gerieten. Ich wurde auf das Polizeirevier Decazeville bestellt: »Zeigen Sie uns Ihre Papiere und sagen Sie uns die Wahrheit, wir wissen genau, wer Sie sind...« Dann haben sie den Vermerk »Jude« in meinen Personalausweis gestempelt. Da die Situation nun immer brenzliger wurde, sagte ich zu meinem Vater: »Es ist besser, wenn wir weggehen.«

Ich war zwei- oder dreimal in jenem Jahr nach Toulouse gefahren, um mich auf den Rat des Ingenieurs hin, der die Fabrik in Decazeville leitete, an der naturwissenschaftlichen Fakultät einzuschreiben. Bei dieser Gelegenheit habe ich dann gleich verschiedene Kontakte geknüpft. Die Fahrt mit der Eisenbahn von Decazeville nach Toulouse hat damals recht lange gedauert. Wir sind ganz plötzlich, ohne irgend jemandem etwas davon zu sagen, nach Toulouse abgefahren. Mein Vater war mit seinen Nerven am Ende, so daß es zwischen uns zu einer Art »Rollenvertauschung« kam, bei der ich das Kommando übernahm. Ich versteckte ihn in einer von Jesuiten geführten Landwirtschaftsschule, in der man ihn mit gefälschten Papieren als Landarbeiter beschäftigte.

J.-L. M. *In welchem Jahr war das?*

J.-M. L. Im Frühjahr 1944. Auch ich mußte mich verstecken und mir falsche Papiere beschaffen. Ich trat einer Gruppe junger Widerstandskämpfer bei, die zum Umkreis der *Témoignage chrétien* gehörten. Ich schlief auf Stapeln von Zeitungen, die verteilt werden sollten. Dieses Widerstandsnetz, das für meine Sicherheit sorgte, stand in engem Kontakt zu einem Jesuiten, Pater Ponchet, dem Studentenpfarrer von Toulouse, an den ich mich bereits zuvor gewandt hatte.

Daß ich die folgende Zeit überstand, verdanke ich vor allem dem Vikar von Saint-Michel und späteren Militärseelsorger Abbé Bezombes, einer wichtigen Figur des Widerstandes. Nachdem ich in Toulouse ein Versteck für meinen Vater gefunden und mich mit Papieren und Lebensmittelkarten versorgt hatte, mußte ich eine Arbeit für mich finden. Abbé Bezombes schlug mir vor, als Betreuer in einem Ferienlager zu arbeiten, das er für die armen Kinder von Toulouse organisierte. So verbrachte ich die Zeit bis zum Ende der Okkupation in Saint-Sulpice-sur-Lèze, einem malerischen Dorf der Haute-Garonne, wo ich bis zur Befreiung von Toulouse blieb.

J.-L. M. *Sie haben uns gesagt, Sie wußten, daß die Deportation eine Reise in den Tod war, wann aber haben Sie das ganze Ausmaß des Völkermordes erkannt?*

J.-M. L. Erst viel später! Man ahnte nicht im geringsten, was geschehen war. Mein Vater hatte allerdings 1938 ein recht seltsames Vorgefühl. Obgleich er nach seiner Auswanderung nie mehr polnischen Boden betreten hatte, beschloß er plötzlich, seine ganze Familie wiederzusehen. Ich erinnere mich noch sehr gut an alles, was er uns von seiner Reise berichtete. Ein letzter Besuch in einer Welt, die dem Untergang geweiht war.

III. Judentum und Christentum

Die heidnische Versuchung des Christentums

Dominique Wolton: *Sprechen wir doch noch einmal über das, was die Begegnung mit dem Christentum für Sie bedeutete.*
Jean-Marie Lustiger: Es war so, als wüßte ich bereits alles, was ich nun nach und nach entdeckte. Ich spreche nicht von den Bräuchen, Riten und Regeln, sondern vom Inhalt des Christentums, der mir gleichsam im voraus bekannt war. Ich war sogar überrascht, daß ich Dinge verstand, die die anderen nicht verstanden. Das geht mir übrigens heute noch so. Einige Aussagen über das Geheimnis Gottes, über den Sinn der Offenbarung Christi oder über den Anruf Gottes an die Menschheit, an sein Volk, scheinen mir unzweifelhaft zur Logik des Glaubens zu gehören, und mit Verwunderung stelle ich fest, daß manche Gläubige, die im Schoße des Christentums aufgewachsen sind, das nicht begreifen.
D. W. *Können Sie uns ein Beispiel nennen?*
J.-M. L. Oh, jede Menge! Nehmen wir die Eucharistie, die Messe. Obgleich ich keine jüdische Erziehung erfahren hatte, wußte ich doch genug, um darin mit sicherem Gespür das Passah-Ritual zu erkennen. Es ist das Opfer des Lammes, des leidenden Messias; es geht um die Erlösung und das Heil, um die Gnade Gottes. Wenn ich Christen begegne, die diesen symbolischen Bezug nicht mehr sehen und die Eucharistie nicht mehr verstehen, dann denke ich: Sie sind Heiden, sie wissen nicht, was sie sagen oder tun, noch wie sehr sie sich im Widerspruch zu ihrem eigentlichen Glauben befinden.

Ein anderes Beispiel: Ich erinnere mich noch, wie ich 1941 zum ersten Mal die Karwoche mitfeierte. Mit einer Gruppe von Schulkameraden war ich in das Seminar der Oratorianer in Montsoult gegangen. Drei Nachmittage hintereinander haben wir mit der Gemeinschaft die Trauermetten gesungen, die aus Psalmen und Bibellesungen bestehen. Als ich diese Psalmen sang und die Klagelieder des Jeremia hörte, begriff ich, daß die Katholiken jenes Erbe antraten, welches Gott zunächst Israel als seinem erstgeborenen, eingeborenen Sohn vermacht hatte.

D. W. *Bestand für Sie zwischen Judentum und Christentum eine offensichtliche Kontinuität?*

J.-M. L. Nicht nur eine Kontinuität, sondern das Christentum bot auch die Lösung bis dahin unlösbarer Probleme. Ich will damit sagen, daß uns der Schlüssel zum Rätsel in einem neuen Mysterium gegeben wurde. Dieses neue Mysterium ist das Mysterium Christi, des gekreuzigten Messias.

Diese Kontinuität zeigt sich in den Texten der Offenbarung selbst und in der Auslegung der Bibel. In der Kapelle von Montsoult gab es Fenster, auf denen das Verhältnis zwischen den beiden Testamenten sinnbildlich dargestellt war. So wie ich in der Kathedrale von Chartres dem heiligen König David huldigte, so reihte ich mich in der karolingischen Kirche Germigny-des-Prés in die Schar der Engel ein, die auf dem Mosaik der Apsis die Bundeslade verehren.

Das war keine fremde Welt für mich. Ich gehörte ja zu den Erstgeborenen. Und ich begann nun voller Freude jenes Erbe anzutreten, das mir verheißen war. Erst sehr viel später konnte ich mein zunächst bloß intuitives Verstehen genauer in Worte fassen, und mir wurde klar, daß das Problem der Beziehung zu Gott von Heiden und Juden im Mittelpunkt der ganzen Schrift, des Alten wie des Neuen Testaments, steht.

D. W. *Das Verhältnis zwischen Heiden und Juden, ja, aber auch das zwischen Juden und Christen?*

J.-M. L. Aber das ist doch dieselbe Geschichte. Das Problem, mit dem sich Paulus und praktisch alle anderen Autoren des Neuen Testaments befassen, ist das der »Gesalbten«, derer, die dem Messias folgen, der Juden und Heiden, die durch das Wirken des Heiligen Geistes in den Bund eingetreten sind. Einer der Beweise für die Ankunft des Messias ist ja gerade, daß auch die Heiden dem Bund beitreten können, denn auch ihnen wurde der Geist geschenkt, und auch sie können sich durch den Glauben mit dem König Israels vereinigen. »In Christus« (das heißt im Messias), um einen Ausdruck von Paulus aufzugreifen, erfüllen alle Menschen die Zehn Gebote und haben alle teil am Neuen Bund, wo sie kraft des Heiligen Geistes Gott gehorsam sind. Anders gesagt, die Verheißung der Universalität der Gottesherrschaft ist dabei, sich zu verwirklichen.

D. W. *Erfüllt...*

J.-M. L. »Erfüllt« ist ein Wort, das mit Mehrdeutigkeiten aller Art behaftet ist und an dem sich zu viele Kontroversen entzündet haben. Akzeptabel ist es nur im Sinne von »seine Vollendung erreichen« und »das Versprochene in vollem Umfang einlösen«. Aber dazu bedarf es selbstverständlich einer inneren Wandlung und mehrerer Entscheidungen. Die Frage des geschichtlichen Loses Israels und seiner Auserwähltheit, des tatsächlichen Schicksals des jüdischen Volkes hat mich in gewisser Hinsicht bis heute nicht losgelassen. Diese Frage hat eine ganz andere Dimension als etwa die Frage, in welchem Verhältnis die Basken oder Bretonen zur französischen Nation stehen. Es geht dabei um das Heil der gesamten Menschheit. Manch einer wird darin vielleicht einen »jüdischen Größenwahn« sehen – gestatten Sie mir, darauf zu erwidern, daß ich schlicht und einfach ein Gläubiger bin.

D. W. *Haben Sie wirklich den Eindruck, daß alle Christen Ihren Standpunkt teilen?*

J.-M. L. Die Heiden – selbst wenn sie Christen geworden sind – sind ständig versucht, die Sonderheit der Heilsgeschichte und der Auserwählung zu leugnen. Sie neigen dazu, Jesus zur bloßen Projektion des idealen Menschen zu machen, den jede Kultur und jede Zivilisation in sich trägt. Das ist die unverblümte Methode, Gott auf die Gestalt des Menschen zu reduzieren, anders gesagt, sich selbst anzubeten und einem Götzendienst zu huldigen. Jede christlich gewordene heidnische Kultur läuft womöglich Gefahr, aus Jesus ihren Apollo zu machen und ihr eigenes Menschenbild auf ihn zu projizieren, um sich darin selbst zu gefallen.

Christus selbst, die Gestalt Christi in ihrer Wirklichkeit, kann jedes Gesicht der Menschheit annehmen, aber er kann dies nur, weil er vor allem anderen der in Bethlehem in Judäa Geborene ist. Ein Satz aus dem Matthäusevangelium verschafft uns Klarheit: Die Sterndeuter, selbst Heiden, kommen und fragen: »Wo ist der König der Juden?« Sie suchen, und sie finden die Antwort in der Schrift der Juden: »In Bethlehem in Judäa.« Nirgendwo sonst. Er ist es, nicht »ein« Kind, sondern »dieses« Kind. Somit ist die Kontingenz des Absoluten die Grundfigur der Offenbarung.

Grundsätzlich enthält das Mysterium der Menschwerdung Gottes einen nahezu unüberwindlichen Widerspruch... Ein Rationalist kann sagen: Das ist ein Mythos, das läßt sich nicht aufrechterhalten. Ein Gottmensch – was soll das heißen? Demselben Mysterium begegnen wir, wenn Gott und Mose miteinander reden, »wie Menschen miteinander reden« (Ex 33,11), und mehr noch, wenn das Wort Gottes zu Menschenwort und zu Menschenschrift auf den Gesetzestafeln wird. Für unseren Geist ist es nur schwer zu begreifen, daß das Transzendente sich offenbart. Wie kann etwas, das unsere Vorstellungskraft übersteigt, von dem sich der Mensch kein Bild machen kann, sich uns mitteilen? Gewiß, der Mensch kann das Jenseits einer Grenze postulieren, die sein Denken gezogen hat. Er kann sich sagen: Ich habe eine Grenze festgesetzt, und jede Grenze hat ihr Jenseits, das größer ist als jedes Denken, zu groß, um gedacht werden zu können. Aber jene Transzendenz, die sich dem jüdischen Volk in der Geschichte als Person geoffenbart hat, ist die Allmacht, deren Wirkung den menschlichen Geist buchstäblich niederschmettert, indem sie ihm gegenübertritt. Gott ist nicht das Niemandsland, das jenseits der vom Menschen selbst gezogenen Grenze liegt, die wir eines schönen Tages überschreiten werden.

Die Offenbarung Gottes ist die Manifestation der Gegenwärtigkeit eines Wesens, das sich selbst als absolutes Subjekt darstellt, durch das der Mensch sich seinerseits erst als Subjekt konstituiert. Es ist die Offenbarung desjenigen, der Schöpfer und Erlöser zugleich ist; der Unbegreifliche gibt sich einen Namen, Er sagt sich aus und läßt sich erfassen. Das erschüttert die Seinsweise des Menschen, ja vernichtet sie in gewisser Weise: »Du wirst meinen Rükken sehen, sprach Gott zu Mose, aber mein Angesicht kannst du nicht sehen; denn kein Mensch kann mich sehen und am Leben bleiben« (Ex 33,23 und 20); und zugleich unterfängt diese Gegenwart den Menschen, indem sie ihm sagt, wer er ist, und ihn am Sein teilhaben läßt.

Das Mysterium der Inkarnation, des Wortes Gottes, das unser Fleisch annimmt, sich uns mitteilt, sich uns hingibt, ist schon da, als Gott seinen Namen preisgibt und zu Mose wie zu einem Freund spricht. Und daß der Messias, das heißt der ewige Sohn Gottes, Fleisch wird, ist *auch* eine Metonymie (die nicht auf einer Substitutionsbeziehung, sondern auf einer Kontiguitäts- bzw. Inklusionsbeziehung beruht): Er ist Israel. Er ist Der, in dem sich die Sohnschaft des heiligen Volkes verwirklicht. Jesus hat die Gebote, die Mose von Gott für sein Volk Israel erhalten hatte, befolgt und erfüllt. Ohne je schwach zu werden, hat er erfüllt, was dem jüdischen Volk aufgetragen war: zu leben in Heiligkeit, für das Heil aller Völker, für die Erlösung der Kinder Adams, um alles zusammenzufassen und zur Einheit zusammenzuführen, was die göttliche Großmacht im Überfluß über die Erde verteilt hat. Das ist zugleich die Vergebung der Sünden und der Zugang zum Leben.

D. W. *Sind diese Aussagen für alle Christen so selbstverständlich wie für Sie?*

J.-M. L. Es fällt nicht jedem leicht, die jüdische Verwurzelung Jesu anzuerkennen. Manche sagen: Christus hat ein bestimmtes Land, eine bestimmte Zivilisation, eine bestimmte Kultur oder eine bestimmte Sprache gewählt; wir Christen müssen also unsererseits das lieben, was Christus für sein Leben gewählt hat. Aber diese Meinung hat etwas Absurdes an sich, wenn sie stillschweigend davon ausgeht, Christus in seinem menschlichen Dasein und seinem menschlichen Willen habe stärker als ein anderer Mensch über Ort und Zeit seiner Geburt verfügt. Das ewige Wort Gottes wird Fleisch in Maria, der Tochter Israels, weil Gott, sein Vater, schon vorher dieses Volk erwählt und ihm seinen Namen und sein Wort anvertraut hat. Jesus wurde in der Fülle der Zeit gesandt, vom Volk Gottes erwartet, um von ihm erkannt zu werden. Einfacher gesagt: Jesus konnte nicht frei über seinen Geburtsort und sein Geburtsdatum befinden. Nicht aufgrund einer Vorliebe oder eines Zufalls wurde er ausgerechnet in Bethlehem geboren, und nicht in Paris oder Rom. Um als »König der Juden« und Gesandter des einzigen Gottes anerkannt zu werden, mußte er in Bethlehem geboren werden. Daß dieser Titel zwar nicht von der Kirche, aber doch von manchen Christen bzw. manchen Generationen von Christen verkannt, ja abgelehnt wurde, ist Indiz eines Vergessens, einer Gedankenlosigkeit, ja sogar einer Sünde.

Kontinuität und Neuheit

D. W. *Sie sehen im Christentum die Vollendung des Judentums?*
J.-M. L. Sie lassen nicht locker. Das Wort »Vollendung« hat vielfältige Bedeutung. Sicher, die Geschichte der Menschheit ist noch nicht beendet; sie ist der Bibel zufolge die Zeit des Bundes und eine Zeit des Übergangs. Für uns Christen sind das Kommen Christi und das Ostermysterium die Erneuerung des göttlichen Bundes und die Vollendung des Übergangs von Mensch zu Gott. Gott hat mit seinem Messias die Verheißung erfüllt, die er Israel gemacht hat. Und die Schrift spricht auch von Erfüllung, wenn sie die Rückkehr Christi und sein Kommen in Herrlichkeit verkündet. Dies alles ist Vollendung.
D. W. *Aber in der Vergangenheit haben sich die Christen doch häufig dieses Wortes bedient, um das Verhältnis zwischen den beiden Religionen zu definieren.*
J.-M. L. Meiner Ansicht nach genügen chronologische Einteilungen nicht, die Brüche und Kontinuitäten feststellen. Das Kommen des Messias ist für den christlichen Glauben ein angekündigter, verheißener und vorbereiteter Eingriff Gottes. Dieses neue Erscheinen Gottes hebt seine vorausgegangenen Eingriffe nicht etwa auf, sondern bestätigt sie vielmehr und enthüllt deren universale, göttliche Bedeutung. Gott verleugnet sich nicht, wenn er in seinem eigenen Sohn offenbart, was in seinem auserwählten Volk verborgen war, und wenn er in der Auferstehung seines Sohnes Jesus die

Israel verheißene und von allen Söhnen Adams erhoffte immerwährende Erneuerung erscheinen läßt. Es ist vielmehr so, daß der Neue Bund den Ratschluß Gottes und die Verheißungen erfüllt, die im Augenblick ihrer Erfüllung hinfällig werden. Dies entspricht der alten Regel: »Das Neue Testament liegt im Alten verborgen, und das Alte Testament kommt im Neuen zum Vorschein.« Der Mensch wird jedoch zu allen Zeiten vor der Entscheidung stehen, diese göttlichen Selbstbekundungen anzuerkennen und anzunehmen oder zurückzuweisen.

D. W. *Nun gut, dann formuliere ich meine Frage etwas anders. Warum fällt es den meisten Christen so schwer, die natürlichen Bande zwischen Judentum und Christentum – die Ihnen doch so evident erscheinen – zu akzeptieren?*

J.-M. L. In der christlichen Tradition finden sich immer wieder Zeugen und Anhaltspunkte für ein solches Bewußtsein der Kontinuität, das Sie offenbar mir oder der Kirche nach dem Zweiten Vatikanum zuschreiben wollen, wenn Sie es nicht gar für etwas Neues halten. Der Faden ist nie abgerissen, und die Einsicht in die enge Zusammengehörigkeit der beiden Testamente ist nie verlorengegangen.

Ich verweise Sie auf das Werk des Theologen Henri de Lubac über den Sinn der Schrift. Er zeigt unter Heranziehung des reichen Schatzes der Patristik, auf welche verschiedenen Weisen man die Schrift und ihre Aktualität verstehen kann. Gestützt auf eine Fülle von Zitaten antiker und mittelalterlicher Autoren, beweist er vor allem, daß der Gegensatz »fleischlich–geistig« nicht mit der Unterscheidung Altes–Neues Testament zusammenfällt. Eine »fleischliche« Auffassung des Neuen Testaments ist genauso möglich wie ein »geistiges« Verstehen des Alten. Der Messias, Christus, befreit von einer fleischlichen Auffassung und eröffnet den Zugang zu einem geistigen Verstehen, denn er selbst ist die neue, ewige Wahrheit des Bundes und seiner ganzen Ökonomie. Diese theologische Überlieferung ist vielfach belegt, allerdings auch die Gegenposition, denn man hat auch die These vom »gottesmörderischen Volk« und seiner Verwerfung aufgestellt und gelehrt.

Jean-Louis Missika: *Doch die These vom »gottesmörderischen Volk« hat lange Zeit dominiert.*

J.-M. L. Ja, aber man müßte auch den jeweiligen Kontext rekonstruieren. Dazu fehlt mir die historische Kompetenz. Mir scheint, daß die Einstellung zu Israel Rückschlüsse zuläßt auf den Zustand der Theologie und die Entwicklung des christlichen Denkens. Ich glaube beispielsweise, daß Luthers Antisemitismus nicht unschuldig ist und dieser etwas mit seinem Nominalismus zu tun hat.

D. W. *Wenn zu einem bestimmten Zeitpunkt eine Diskontinuität von Altem und Neuem Testament postuliert wird, ist das also ein Zeichen einer unzureichenden Theologie?*

J.-M. L. Es ist ein Zeichen von Entstellungen und Verirrungen.

Die Theologie ist keine neutrale Wissenschaft; sie ist die Weise, in der die Menschen mit Hilfe des kirchlichen Lehramtes die Offenbarung zu denken versuchen; zugleich ist sie eine Quelle des Fortschritts für das menschliche Denken, denn sie setzt sich vorbehaltlos dem Mysterium aus und befruchtet so die philosophische und anthropologische Reflexion. Andererseits verstehen die Theologen die Offenbarung nach Maßgabe ihres Denkens. Dadurch unterwerfen sie ihre Glaubenstreue einer harten Probe.

Wo Sünde und Tod herrschen, gibt es immer eine Diskontinuität; aber die Kontinuität der Heilsgeschichte bezeugt die immer größere Treue Gottes. Kurzum, die christliche Überlieferung bezeugt die Beständigkeit des göttlichen Ratschlusses und Gottes Festhalten an der Erwählung Israels. Aber trotz bedeutender Vorbilder wurde dieses Zeugnis oft verdunkelt. Die Schriften des Augustinus atmen gelegentlich den Geist eines Antisemitismus, den wir heute als aggressiv empfinden, weil wir diese Schriften durch die Brille ihrer Deutung durch Luther sehen; gleichzeitig aber gelangt Augustinus in seinem Werk *De civitate Dei* zu einem erstaunlich tiefen Verständnis der Kontinuität der Heilsgeschichte. Das mag Sie überraschen. Doch gehört es von Anfang an zum christlichen Denken, alles, was den Juden offenbart und geschenkt wurde, als Teil der Heilsgeschichte zu betrachten, die ihnen unwiderruflich offensteht, und es als eine zusätzlich den Christen heidnischen Ursprungs erwiesene Gnade anzusehen, durch das Werk des Messias, des Gottessohnes, und die Gabe des Heiligen Geistes in den Bund und die Erkenntnis Gottes einzutreten.

J.-L. M. *Es waren dennoch die Kirchenväter, die den christlichen Antisemitismus theoretisch untermauerten.*

J.-M. L. Teilweise, ja. Aber Johannes Chrysostomus auf eine Stufe mit *Mein Kampf* zu stellen ist ein völliges Unding! Das wäre ein ungeheurer Anachronismus und läßt sich historisch in keiner Weise rechtfertigen. Lassen Sie mich stärker ins Detail gehen. In der Tradition der Kirchenväter gibt es so manchen, der sich wie Johannes Chrysostomus in einer Weise über die Juden geäußert hat, die von einer unerträglichen Feindseligkeit geprägt ist. Andererseits findet man in der patristischen Überlieferung auch Texte, die in einer so starken theologischen und geistlichen Kontinuität stehen, daß man heute nicht einmal mehr weiß, ob sie christlichen oder jüdischen Ursprungs sind. Und vergessen Sie nicht, daß die Psalmen einen gemeinsamen Gebetsinhalt darstellen.

Es gibt einen Antijudaismus. Aber die traditionelle Polemik gegen die Synagoge war ein Streit um das Erbe, und nicht – wie der moderne Antisemitismus – eine Zurückweisung des Erbes. Was immerhin ein großer Unterschied ist! Die Christen warfen den Juden vor, den Glauben Israels und seine als göttlich anerkannte Tradition verraten zu haben; die Nazis hingegen haßten unterschiedslos Volk, Glaube und Tradition der Juden.

Die Verdunkelung der Zusammengehörigkeit der beiden Testamente und die Verachtung der Juden sind für den Christen, religiös gesehen, immer das Anzeichen einer schweren Verfehlung. Bereits im 2. Jahrhundert wollte eine von Markion angeführte häretische Sekte aus der Schrift jeden Verweis auf das Alte Testament tilgen, sie von jedem Bezug auf das Alte Testament säubern. Heutzutage würde es zwar niemand wagen, sich offen als Markionit zu bekennen, aber dennoch bleibt der Markionismus eine ständig drohende, in Afrika und Asien hin und wieder sogar offen hervortretende Gefahr, vor der uns Kardinal Ratzinger erst unlängst wieder gewarnt hat. Er verweist auf Menschen, die unter dem Vorwand der Enkulturation sagen: »Was gehen uns die Juden an?

Unsere angestammte Kultur ist unser eigenes Altes Testament.« Dann aber läuft man Gefahr, Jesus zu einem schwarzen Apollo oder zu einem asiatischen Herkules zu machen.

D. W. *In der Geschichte der Kirche hat aber doch eher die entgegengesetzte Tendenz vorgeherrscht, die die Diskontinuität und Differenz betonte.*

J.-M. L. Gestatten Sie, daß ich hier wiederspreche, denn wenn Ihre Behauptung geschichtlich und soziologisch gesehen auch richtig sein mag, so ist sie doch vom Standpunkt des Glaubens und der Theologie schlichtweg falsch. Ich vergesse dabei keineswegs, daß im Mittelalter jüdische Gemeinden von Christen verfolgt wurden. Aber man muß die Blickwinkel klar unterscheiden.

So erinnern die Kirchenväter immer wieder daran, daß Mose im Namen Gottes zu Israel sprach; sie warfen den Juden vor, ihrem Auftrag und ihren Schriften untreu geworden zu sein. Die Kirchenväter kannten ihre Bibel von Anfang bis Ende – es gab nie eine christliche Bibel ohne das Alte Testament.

Ich behaupte nicht, daß das christliche Denken keinen Zweifeln oder Anfechtungen ausgesetzt war. Jeder Mensch ist fehlbar. Wo liegen die Wurzeln eines Hegel? Wo die des häufig rationalistischen, gelegentlich auch gnostischen, und damit antijüdischen Denkens, wenn nicht in den Versuchungen des Abendlandes? Diese Versuchungen aber gibt es ebensogut bei den Juden wie bei den Christen. Spinoza ist ein recht bekannter Jude und Marx ein berühmter Hegelianer. Tatsächlich vermischt sich die Geschichte des religiösen Denkens mit der Geschichte der Menschheit, und die Menschen werden immerfort in ihrer Freiheit versucht und auf die Probe gestellt. Da die Geschichte nicht stillsteht, bewährt sich der Glaube in der Freiheit und im Abenteuer des menschlichen Geistes.

D. W. *Wie aber ist es dann zu erklären, daß sich kein großes Konzil mit dieser grundlegenden Frage des Verhältnisses von Altem und Neuem Testament befaßt hat?*

J.-M. L. Ganz einfach, weil dieses Verhältnis nie bestritten wurde. Es gibt vieles, was nie Gegenstand einer konziliaren Definition war, eben weil es nicht angefochten wurde. Dabei handelt es sich

um Wahrheiten, die als selbstverständliches Gemeingut keiner eigenen lehramtlichen Definition bedürfen.
D. W. *Ich erinnere mich aus meiner eigenen Schulzeit noch daran, daß das Alte Testament zwar nicht übergangen, aber dem Neuen doch untergeordnet wurde.*
J.-M. L. Hat man Ihnen denn beigebracht, daß in der Liturgie vom »heiligen Abraham« die Rede ist?
D. W. *Nein, das hat man nicht!*
J.-M. L. Man hat Sie sicher nicht gelehrt, »heiliger Abraham« zu sagen. Im 13. Jahrhundert aber rief man den »heiligen Abraham« an. Ich habe Ihnen diese Frage gestellt, weil ich von vornherein wußte, daß Sie »nein« sagen werden. Tatsächlich gab es seit dem 17. Jahrhundert in der gängigen theologischen Lehre die Tendenz, zuvor als selbstverständlich erachtete Wahrheiten zu verdunkeln. Nehmen Sie die Ikonographie; die Synagoge mit einer Binde über den Augen am Straßburger Münster ist ja nicht die einzige Darstellung dieser Figur, und selbst hier ist ihr die Ecclesia als Schwester beigesellt. Daneben finden sich auch Darstellungen der heiligen Patriarchen, der Wurzel Jesse und aller zusammen mit den Evangelisten als Sprachrohre Gottes verehrten Propheten. In all dem spiegelt sich die konkrete Einstellung der Kirche wider. Die Menschen, die die Kathedralen errichtet haben, waren doch keine Randfiguren! Die Darstellungen, die sich dort finden, sind doch nicht dem Gehirn einiger Sonderlinge oder einiger unbekannter Künstler der Kirche entsprungen. Nein, diese Ikonographie war Ausdruck des »offiziellen« Denkens. Ebenso befaßte sich Thomas von Aquin mit der Frage, ob die Beschneidung ein Sakrament sei und wie man die Lehre von den Sakramenten auf das Alte Testament anwenden könne. Glauben Sie denn, das Zweite Vatikanum als ökumenisches Konzil hätte plötzlich einen Text verabschieden können, der im Widerspruch zu der bis dahin gültigen christlichen Lehre gestanden hätte! Daß dies nicht möglich ist, versteht sich von selbst.

Bleibt also noch die Frage nach den Ursachen jenes Phänomens zu beantworten, das man später, ich glaube vom 19. Jahrhundert an, Antisemitismus nennt.

J.-L. M. *Ja, seit dem 19. Jahrhundert. Für den Zeitraum davor sollte man besser von Antijudaismus sprechen. Aber das Auswechseln der Worte ändert nichts an der inneren Verwandtschaft der beiden Phänomene. Übrigens ist das Wort »Antisemitismus« bar jeder Bedeutung.*

J.-M. L. Genau. Deshalb bedauere ich eine Äußerung wie die Pius' XI., der in bester Absicht sagte: »Wir sind geistige Semiten.« Denn man läßt den Antisemiten zuviel Ehre angedeihen, wenn man sich an ihren Kategorien ausrichtet. Aber das war die Sprache der Zeit und der Versuch, dem Nationalsozialismus entgegenzutreten.

Will man dieses Problem begreifen, muß man meiner Ansicht nach bis ins 18. Jahrhundert zurückgehen, denn damals setzte in Westeuropa mit der Emanzipation der Juden zugleich der moderne Antisemitismus ein. Was für eine Einstellung zu den Juden spricht aus den philosophischen Texten und Traktaten des 18. Jahrhunderts? In beiden finden sich eine stark verkürzte Aufklärungstheologie und zugleich erste Spuren eines Antisemitismus voltairescher Prägung. Weshalb ist Voltaire ein so ausgemachter Antisemit?

D. W. *Was meinen Sie?*

J.-M. L. Nun, ich meine, daß Voltaire kein Christ war. Und ich glaube, daß der Antisemitismus Hitlers aus dem Antisemitismus der Aufklärung, und nicht etwa aus einem christlichen Antisemitismus hervorgegangen ist. Ich weiß nicht, ob die Historiker in ihren Untersuchungen schon bis zu diesem Punkt vorgedrungen sind.

D. W. *Sie glauben also tatsächlich, daß es einen christlichen Antisemitismus nicht geben kann?*

J.-M. L. Felsenfest. Es mag Antagonismen, ja tiefgreifende Konflikte geben. Es mag auch einige Punkte geben (etwa die Bewertung der Person des Messias und des Heils der Völker), in denen katholische Kirche und Judentum unterschiedliche Ansichten vertreten, aber einen Antisemitismus voltairescher Prägung, das heißt eine Intoleranz gegenüber dem Judentum in seiner Substanz, in seiner Kraft der Offenbarung, wird man in ihr nicht finden.

J.-L. M. *Was meinen Sie damit?*

J.-M. L. Die Verneinung der göttlichen Auserwählbarkeit, den Haß auf eine nicht rational verstehbare und folglich unannehmbare singuläre religiöse Existenz. Man darf diesen Antisemitismus eines Voltaire und Diderot nicht einfach unter den Tisch fallen lassen, denn immerhin hat diese Strömung im Deutschland des 18. Jahrhunderts das Bild des »häßlichen Juden« maßgeblich beeinflußt.

D. W. *Sie sprechen also die Christen von jeder Schuld frei?*

J.-M. L. Das habe ich nicht gesagt. Aber man sollte die Dinge doch klar auseinanderhalten. Man muß die Geistesgeschichte der Gesellschaften genau betrachten und zu begreifen suchen, wie diese sich in Abhängigkeit von den jeweils verfolgten Werten verändern.

Die Geistesgeschichte des Abendlandes ist bis ins 18. Jahrhundert aufs engste mit der Geschichte des Christentums verquickt. Im Laufe dieser Geschichte ist das Verhältnis zum Judentum eine Bewährungsprobe für den christlichen Glauben. Die Geschichte des Christentums ist ineins die Geschichte der Treue zu seinem Ursprung und die der Treulosigkeiten christlicher Völker; es ist die Geschichte der Sünden und der Vergebung, die Gott jenen Völkern geschenkt hat, welche die Offenbarung empfangen durften. Selbst in der Geschichte idealer Gemeinschaften, wie etwa der auf dem Ideal der Heiligkeit errichteten religiösen Orden, wechseln sich Sünde und Glaubensgehorsam, Phasen des Verfalls und der Konsolidierung ab.

Meine These lautet, daß der Antisemitismus nur auf dem Hintergrund dieser Geistesgeschichte verstanden werden kann. Das Christentum an sich kann nicht antijudaistisch sein; für den Antisemitismus christlicher Völker hingegen muß man eine Erklärung finden. Man kann übrigens Voltaire – ebenso wie Hegel und Marx – durchaus zu den christlichen Denkern zählen. Sie sind Erben der christlichen Kultur. Ob sie es wollen oder nicht, das Christentum gehört zu ihrem geistigen Fundament. Es sind verirrte, ungehorsame Kinder, aber aus der Welt des christlichen Abendlandes konnten sie nicht heraustreten. Und auch der Faschismus, der eine Ablehnung des Christentums und ein Wiederaufleben des Heidentums bedeutete, entstand bei Völkern, die die Taufe empfangen hatten. Dasselbe gilt für den offiziellen sowjetischen Antisemitismus. Alle diese Formen gehen auf das Konto ein und desselben Rationalismus... und zu viele Christen sind dieser Versuchung erlegen.

D. W. *Dann wäre der Antisemitismus also stärker im Atheismus als im Christentum verwurzelt?*

J.-M. L. Das ist nicht der springende Punkt. Die Erklärung muß umfassend sein. Das Abendland ist ebenso von der jüdischen wie von der christlichen Überlieferung geprägt worden. Warum aber hat es dann die Juden verfolgt? Weil es sich selbst in einer Krise befand, die es auf diese Weise zum Ausdruck brachte. Und wenn ich vorhin einige wichtige Denker des Abendlandes erwähnte, die in die Geschichte des Antisemitismus leider nur selten mit einbezogen werden, so um Ihnen zu zeigen, daß gerade das moderne, rationale und atheistische Denken antisemitisch ist. Viel antisemitischer als das christliche Denken. Der moderne Antisemitismus ist deshalb so radikal, weil er ein Antitheismus ist. Die Kirche hingegen kann, wenn sie sich streng an ihren Glauben hält, als Korrektiv wirken zu den Verhaltensweisen christlicher Völker, zu den aus Neid, Selbstherrlichkeit und Ehrgeiz geborenen gesellschaftlichen Praktiken der Verfolgung und Ausschließung von Minderheiten.

D. W. *Und weshalb sollte der Atheismus das nicht können?*

J.-M. L. Weil der Atheismus es nicht akzeptieren kann, daß der Jude die Symbolgestalt des in einer kontingenten Offenbarung und in der Einzigartigkeit der Geschichte anwesenden Absoluten ist. Wo das Christentum vom gedemütigten Messias spricht, polemisiert ein Maurras, der hier den Boden des Christentums verläßt, gegen das »jüdische Gift«, das die Kirche trotz Rom verbreitet habe. Hitler und die Stalinisten schlagen in dieselbe Kerbe, wenn sie warnen: »Nehmt euch in acht vor den Juden!« Und man könnte hinzufügen: »wie ihr euch vor den Christen in acht nehmen müßt«. Für den Atheismus ist die Vorstellung einer partikularen Gegenwärtigkeit des Absoluten in der Geschichte unerträglich. Ein nicht von Menschenhand geschaffenes Absolutum ist für ihn schlicht ein Unding. Und ein Jude ist in den Augen eines Atheisten nur dann vertrauenswürdig, wenn er sich seinerseits als Atheist bekennt. Andernfalls ist er ein potentieller Verräter.

J.-L. M. *Weshalb sollte das atheistische Denken mehr antisemitisch als antichristlich sein?*

J.-M. L. Weil man versuchen kann, das Christentum für sich zu vereinnahmen und in eine Staatsreligion umzufunktionieren. Man kann versuchen, das Christentum zu säkularisieren, und es dadurch untergraben. Die Juden aber sind gesellschaftliche Außenseiter, nicht »säkularisierbare« und nicht assimilierbare »Fremdkörper«. Gewiß: Am Ende des Jahrhunderts der Aufklärung fand eine begrenzte Säkularisierung der Juden statt. Aber ihre »Andersartigkeit« macht sie auch weiterhin zu Außenseitern. Die Christen hingegen mögen sich vorübergehend in Sicherheit wiegen. Aber sie sollten nie vergessen, daß »jede Verfolgung der Juden das Christentum in seinem Innersten bedroht« – wie Maritain gesagt hat. Man denke nur an die in der modernen Literatur so zahlreichen nihilistischen Invektiven gegen Christus, in dem man eine Gestalt der Feigheit und des Ressentiments, eine Gestalt der Religion der »Schwachen« sieht.

J.-L. M. *Ich möchte hier einen Einwand erheben. Sie ziehen eine Parallele zwischen dem antiken christlichen Antisemitismus und dem heidnischen oder atheistischen Antisemitismus der Aufklärung. Der christliche Antisemitismus geht jedenfalls dem atheistischen zeitlich weit voraus. Das heißt, das gesamte Arsenal antisemitischer Stereotype, alles, was man in 2000 Jahren über die Juden gesagt hat, ist im wesentlichen bereits zwischen dem ersten und dem fünften Jahrhundert erarbeitet worden, und zwar vor allem von den Kirchenvätern: der fleischliche Jude; der Jude, der das Goldene Kalb anbetet; der Dieb; der dämonische Jude; der Schacherer und natürlich die Behauptung, der Jude habe das Blut Christi vergossen. Wenn Voltaire ein Antisemit ist, so klingen doch bei ihm nur jene Themen wieder an, die sich schon in der Polemik gegen die Synagoge finden.*

J.-M. L. Nein, diese Vorwürfe finden sich bereits im heidnischen Antisemitismus, der dem Christentum vorausgeht.

J.-L. M. *Da muß ich Ihnen widersprechen. Die Arbeiten von Jules*

Isaac über die Entstehung des Antisemitismus belegen hinreichend, daß es vor Christus keinen wirklichen Antisemitismus gab.

J.-M. L. Nun, da sind wir eben geteilter Meinung. Wie läßt sich Ihrer Meinung nach denn der heidnische Antisemitismus erklären? Weshalb diese erbitterte Verfolgung durch die Römer?

J.-L. M. *Weil die Juden sich nicht deren Willen beugen wollten.*

J.-M. L. Ja, sie waren die einzigen, die dem antiken Heidentum widerstanden haben, als dieses sich die Gewänder der Macht anzog.

J.-L. M. *Sie haben sich gewehrt – das ist alles.*

J.-M. L. Mehr als das. Lesen Sie einmal Autoren wie Theodor Reinach oder Marcel Simon.

J.-L. M. *Es ist wenig sinnvoll, einzelne Aussagen römischer Autoren über die Juden herauszustellen, ohne sie mit Äußerungen derselben Autoren über andere Völker, etwa die Gallier oder die Griechen, zu vergleichen. Wenn allen Nicht-Römern die gleiche Verachtung entgegengebracht wird, läßt sich wohl kaum von einem spezifischen Antijudaismus in der Antike sprechen.*

J.-M. L. Hier muß man eine klare zeitliche Differenzierung vornehmen. Der antike heidnische Antisemitismus ist erst nach Konstantin in die Kirche eingedrungen. Die Kirche hat damals schlicht und einfach einen Teil dieser Anschauungen übernommen, die übrigens dem Neuen Testament völlig fremd sind. Zwar lassen sich in der Bibel und in den frühen Schriften der Kirchenväter Spuren eines religiösen Konfliktes finden, doch ist dieser ganz anderer Art. Der institutionelle Gegensatz beginnt meiner Ansicht nach mit Konstantin. Unter ihm bahnt sich die grundlegende Wende an. Man muß den geschichtlichen Augenblick, in dem der politische Konflikt zwischen Synagoge und Kirche ausbricht, genau ermitteln – ohne freilich damit das Verhalten der Christen zu entschuldigen. Zwischen römischem Imperium und Kirche entstand eine Interessengemeinschaft, während die jüdische Kirche von Jerusalem vollends verschwand.

J.-L. M. *Nicht zu vergessen die Rivalität zwischen den Religionen.*

J.-M. L. Ja. Im 1. Jahrhundert ist das Christentum noch eine rein jüdische Angelegenheit. Der religiöse Wettstreit zwischen Juden und Christen war sehr heftig. Dann folgt der Konflikt mit Rom und das Problem des Fortbestehens von Israel als Volk. Obwohl es im gesamten Römischen Reich eine jüdische Missionstätigkeit gab, ist dieses Volk damals in seiner physischen Existenz bedroht. Im ersten christlichen Jahrhundert und auch noch im zweiten versteht man unter »den Juden« die Juden der Synagoge und ihre Proselyten, während man die Bezeichnung »Christen« für jene Juden reserviert, die an Christus glauben und die sich in ihren Kirchen mit den zum Evangelium bekehrten Heiden versammeln. Man sollte diese gelegentlich sehr scharfe religiöse Polemik nicht mit jener Auseinandersetzung verwechseln, die im 5. Jahrhundert einsetzte.

J.-L. M. *Sie haben Johannes Chrysostomus erwähnt. Was er sagt, ist interessant, denn es entkräftet die oft vorgebrachte These eines im Volk verbreiteten Antisemitismus, den die Kirchenväter oder zumindest der Klerus jener Zeit in Rechnung stellen mußten. Die Polemik des Johannes Chrysostomus gegen die Synagoge ist ein einziger Versuch, die Christen von dem Besuch der Synagogen abzubringen und sie davon abzuhalten, einen Rabbiner aufzusuchen, um ihm Fragen zur Moral zu stellen. Er bekämpft die Vermischung, den Brückenschlag zwischen Synagoge und Kirche.*

J.-M. L. Ja. Aber vergessen Sie nicht jemanden wie den heiligen Hieronymus, der Hebräisch lernt und Rabbiner konsultiert, um die Bibel ins Lateinische zu übersetzen.

D. W. *Dennoch kristallisieren sich zu dieser Zeit die Leitthemen des Antisemitismus heraus.*

J.-M. L. Teilweise. Ich wehre mich allerdings gegen eine völlig undifferenzierte Betrachtungsweise der Geschichte, die 2000 Jahre christlichen Antijudaismus und atheistischen Antisemitismus in einen Topf wirft. Die jüdische Minderheit ist in ihrer physischen Existenz immer bedroht gewesen, und Tatsache ist auch, daß eine Ideologie der Gegnerschaft erarbeitet worden ist. Aber es ist falsch zu behaupten, diese Ideologie sei vom Jahre 30 bis zum Jahre 1990 in sich homogen gewesen.

J.-L. M. *Trotzdem hat sie sich während des ersten Jahrtausends n. Chr. stabilisiert.*

J.-M. L. Aber es gibt auch Ausnahmen. Es gibt Christen, die das Gegenteil gedacht und gesagt haben. Wie erklären Sie sich Cordoba, wie den ersten polnischen Staat?

J.-L. M. *Zugegeben, es gibt Ausnahmen. Dennoch hat sich im Lauf des 1. Jahrtausends das System der Verachtung und Mißachtung herausgebildet, das für die gesamte spätere Entwicklung richtungweisend war.*

J.-M. L. Ich sage nochmals: Davon bin ich nicht überzeugt. Man müßte die einzelnen Phasen deutlicher voneinander abgrenzen. Mir scheint nämlich das, was Sie sagen, gerade für den Zeitraum vom 18. bis zum 20. Jahrhundert zu gelten, in dem ein ideologischer Antisemitismus auftaucht, der zu unglaublichen Umwälzungen und Verbrechen führt. Ich behaupte nicht, daß es vorher keine antisemitischen Tendenzen gab, angefangen von den Beschuldigungen des Ritualmords und der Hostienschändung über die Ausgrenzungen, die ständigen Verbote und die Vertreibungen, bis hin zur Rückeroberung Spaniens, zu den Zwangstaufen und zu den Marranen.[1]

Aber im 1. Jahrtausend hat das gesamte christliche Europa das Erbe Israels für sich in Anspruch genommen; ja, es wachte mit neiderfülltem Stolz darüber; die christlichen Generationen haben den Juden vorgeworfen, ihre Väter und Propheten verraten zu haben, aber sie haben nie die Biblische Geschichte von Gottes Bund mit Israel in Zweifel gezogen. Man verfälscht die abendländische Geschichte, wenn man die moderne ideologische Radikalisierung eines atheistischen und politischen Antisemitismus auf eine religiöse Vergangenheit projiziert, in der Christen und Juden dasselbe Erbe verehrten. Mit dem Antijudaismus allein lassen sich die Konzentrationslager nicht erklären.

J.-L. M. *Und Sie glauben nicht, daß zwischen beidem ein Zusammenhang besteht?*

J.-M. L. Das genügt nicht. Die Nazis haben auch die Homosexuellen, die körperlich und geistig Behinderten und die Zigeuner

1 Spanische Juden, die im 15. Jahrhundert zwangsweise zum christlichen Glauben übertraten und von denen einige weiterhin heimlich der jüdischen Religion anhingen.

ausrotten wollen. Und auch die Polen sollten in den Konzentrationslagern vernichtet werden. Die Verachtung des Menschen hat sich gegen alle möglichen gesellschaftlichen Gruppen gerichtet. Daß es gerade die Juden waren, an denen sich diese Negation des Menschen und Gottes entzündete, lag an dem Neid auf das »auserwählte Volk«.

J.-L. M. *Würden Sie soweit gehen, zu sagen, daß das atheistische Denken als geistiger Wegbereiter der Konzentrationslager eine größere Rolle gespielt hat als das christliche Denken?*

J.-M. L. Das atheistische Denken ist eine aus dem christlichen Denken erwachsene Versuchung. Atheist kann nur der sein, der mit der Frage nach Gott konfrontiert wurde – also nur ein Jude oder ein Christ. Ein Buddhist kann nicht in gleicher Weise wie wir Atheist sein. Man müßte zudem genau die Quelle dieses Atheismus angeben. Verdanken wir ihn den Christen im allgemeinen? Den Theologen? Den klerikalen politischen Parteien? Und um welche Verantwortungen geht es? Wollen Sie sagen, der Klerus hätte mehr Weitblick besitzen müssen? Das jüdische Volk in seiner Partikularität trägt das Herz der Offenbarung. Es trägt in gewisser Weise die Gestalt Christi, des Messias. An der Art und Weise, wie die Völker bzw. Generationen die Juden behandeln, läßt sich meiner Meinung nach ablesen, was sie mit Christus machen, was sie wirklich von Gott denken. Ihr Verhalten gegenüber den Juden ist ein Zeugnis ihres Umgangs mit Christus; und was gegen die Juden gesagt wird, richtet jene, die es sagen. Das übersteigt wirtschaftliche, soziale oder politische Gesichtspunkte. Wenn es eine eigene, nur die Juden betreffende Verfolgung gibt, so nicht nur, weil die Christen ihnen gegenüber eine spezifische Polemik entwickelt haben, sondern auch weil sie in sich das Heiligste und Unerträglichste tragen: die Bürgschaft der göttlichen Auserwähltheit. Deshalb läßt sich der Antisemitismus nicht restlos mit Rassismus oder Fremdenhaß gleichstellen. Er ist eine der bedeutendsten geistigen Herausforderungen der Geschichte.

D. W. *Wie sehen Sie das Judentum und sein Verhältnis zum Christentum?*

J.-M. L. Ich bin nicht legitimiert, den jüdischen Standpunkt zum Christentum darzulegen.

J.-L. M. *Ich mache Ihnen einen Vorschlag. Nehmen wir eine mittelalterliche Disputation zwischen Kirche und Synagoge. Diese Streitgespräche zwischen katholischen Theologen und Rabbinern drehten sich sehr häufig um die Frage, ob der Messias bereits gekommen sei oder nicht. Und eines der von den Rabbinern vorgebrachten Argumente lautete: »Wie kann in einer Welt, in der die Juden so großes Leid tragen müssen, behauptet werden, der Messias sei schon gekommen?« Was würden Sie heute auf ein solches Argument erwidern?*

J.-M. L. Das Argument der Rabbiner ist durchaus stichhaltig. Ich möchte zunächst auf die Frage eingehen, bevor ich eine Antwort zu geben versuche.

Der Messias ist ein leidender Messias. Für uns Christen ist das Kommen des Messias ein Rätsel, etwas Unbegreifliches, Paradoxes, denn der Messias, an den wir glauben, ist ein erniedrigter und gekreuzigter Messias. Sein Erlösungswerk ist noch verborgen, und die Geschichte ist noch nicht vollendet. Die Rabbiner hingegen verknüpfen die Erwartung des Messias mit der Vollendung der Geschichte. Der Messias, den der Rabbinismus erwartet, ist der Messias der Endzeit. Die chassidische Bewegung in ihrer außerordentlichen Vielfalt hat eine andere Lösung geahnt und den Messias mehr oder weniger mit Israel gleichgesetzt. Auf die Frage: Wie kann man behaupten, daß der Messias gekommen ist, wenn Israel immer noch leidet? geben die Chassidim im 18. Jahrhundert, in dem die Aufklärung beginnt und in ihrem Gefolge die furchtbarste Welle des Antisemitismus und die grausamste Prüfung seit der Zerstörung des Tempels, eine ganz und gar erstaunliche Antwort: Das messianische Subjekt, wie sie es beschreiben, ist das mit dem leidenden Messias identifizierte Israel. So verstehe und interpretiere wenigstens ich ihre Sichtweise.

Der Messias, unser Messias, ist ein erniedrigter und verborgener Messias, dessen Herrlichkeit jetzt noch verhüllt ist, verhüllt auch in seinen Anhängern und seinem Leib. Seine Herrlichkeit ist bei Gott, und noch ist das Ende der Geschichte nicht gekommen. Die Geschichte geht weiter – eine Geschichte, die von der Erwartung des Messias bestimmt ist; und Israel hat darin auch weiterhin eine Aufgabe zu erfüllen, denn das Ende der Menschenzeit ist noch nicht erreicht. Die verborgene Rolle des Messias, an die seine Anhänger, die »Messianiten«, das heißt die Christen, glauben, und die Rolle, die Sendung Israels haben beide etwas Geheimnisvolles. Deshalb habe ich vorhin gesagt, die Antwort der Rabbiner, der Messias werde in Herrlichkeit wiederkommen, habe ihren guten Sinn. Aber warum mußte der Messias leiden, bevor er in Herrlichkeit wiederkehrt? Genau diese Frage hat auch den Aposteln, den ersten Jüngern, großes Kopfzerbrechen bereitet; und hier erfolgte ihre geistige »Heilung«, denn der in ihnen durch die Gabe des Heiligen Geistes gewirkte Glaubensakt heilte ihre Unfähigkeit zu sehen, die Verblendung und Verstocktheit des Herzens, wie es im Evangelium heißt. Die Jünger Christi verstanden schließlich, daß der Messias leiden mußte, bevor er in seiner Herrlichkeit erscheinen konnte, denn seine Leiden sind in den Gliedern seines Leibes noch nicht zu Ende. Die Geschichte mußte fortdauern und durfte keine Geschichte der Verirrung und Verzweiflung sein, sondern eine solche des Mitleids und der Erlösung.

J.-L. M. *Solange der Messias nicht in Herrlichkeit wiederkehrt, hat Israel und mit ihm das Judentum also seine Existenzberechtigung?*

J.-M. L. Israel hat seine Existenzberechtigung bis zum Anbruch des Himmelreichs.

J.-L. M. *Trotz des Christentums?*

J.-M. L. Die Kategorie »Christ« beseitigt nicht die Kategorien »Jude« und »Heide«; die Kirche leugnet die Unterschiede nicht, aber sie relativiert sie, indem sie sie auf Christus bezieht.

J.-L. M. *Wie aber steht es mit einem Juden, dem Christus völlig gleichgültig ist. Befindet er sich Ihrer Meinung nach im Irrtum, oder entspricht seine Einstellung der Wahrheit?*

J.-M. L. Irrtum oder Wahrheit? – diese Frage kann nicht der Mensch, sondern nur Gott beantworten.
D. W. *Formulieren wir die Frage anders: Welchen Sinn sieht ein Christ in der Existenz des Judentums heute?*
J.-M. L. Nun, die Antwort darauf findet sich bei Paulus. Die Juden, das jüdische Volk, existieren, weil Gott sie auserwählt hat. Eine andere Existenzberechtigung gibt es nicht, auch nicht die eines gemeinsamen Nationalbewußtseins. Andernfalls könnte man eine soziohistorische Erklärung geben, indem man das Fortbestehen des jüdischen Volkes auf eine Stufe stellt mit dem Überleben des baskischen oder ungarischen Volkes. Derartige Erklärungsansätze überzeugen mich nicht im mindesten. Die Existenz des auserwählten Volkes betrifft den Ratschluß Gottes über die Menschheit: Israel existiert, weil Gott dieses Volk zum Heil aller Menschen erwählt hat. Aber die Erwählung ist nicht das Vorrecht eines bestimmten Volkes.

Übrigens möchte ich kurz anmerken, daß die Nazis den Begriff des auserwählten Volkes für ihren teuflischen Messianismus sinnverdrehend mißbrauchten. Weil der Nationalsozialismus nicht Gott, sondern dem Übermenschen huldigt und folglich alle Menschen vernichten will, die diesem Ideal nicht entsprechen, setzt er Auserwähltheit mit Beherrschung und einem verabscheuungswürdigen Vorrecht gleich.

Um auf Ihre Frage zurückzukommen: Gott hat Israel seine Gnade geschenkt. ER hat Israel aufgetragen, für das Heil der ganzen Menschheit und für das Kommen des Himmelreiches zu leben. Und es ist in Israel gewesen, wo der Messias in Erfüllung der Verheißung des Alten Bundes als Leidender bereits erschienen ist. Bis zu dem Tag, an dem der Messias in Herrlichkeit wiederkehren wird, bleibt der Jude, und bleibt er als Jude, ob er Christ ist oder nicht.
D. W. *Aber wer Christ ist, anerkennt den Messias, und wer kein Christ ist, lehnt ihn ab.*
J.-M. L. Es ist falsch zu sagen, Israel habe den Messias nicht erkannt, denn die Urkirche war eine jüdische Kirche.
J.-L. M. *Gut, aber darum geht es nicht.*

J.-M. L. Doch, genau darum geht es, denn dies ist eine historische Wahrheit, die lange Zeit nicht erkannt worden ist! Zahlreiche auf den verschiedensten Fachgebieten durchgeführte Studien aus den letzten 50 Jahren haben sie wieder ans Licht gebracht. Zweimal wurde diese jüdische Kirche zerstört, zuerst von den Byzantinern, dann durch den Islam. Die chaldäischen Christen, deren Liturgiesprache Aramäisch ist, behaupten, unmittelbar von den jüdischen Gemeinden am Euphrat abzustammen. Manche sind der Ansicht, auch die melkitischen Christen im Nahen Osten seien Nachfahren dieser semitischen Kirche. Zweimal hat man versucht, sie zu assimilieren, und sie haben dennoch überlebt. Während andere Kirchen die syrische Liturgie mit chaldäischem, syrisch-westlichem oder antiochenischem Ritus bewahrt (die unter dem Druck des kulturellen Umfeldes mehr oder weniger mit byzantinischen oder lateinischen Elementen durchsetzt wurde) und dabei ihre eigene Sprache gesprochen haben, hat diese Kirche den byzantinischen Ritus und zugleich die arabische Sprache übernommen. Die melkitischen Christen sind also vielleicht die letzten noch lebenden Nachfahren der Urkirche.

Warum hat nicht das gesamte jüdische Volk in Jesus den Messias erkannt? Das ist eine schmerzliche und schwierige Frage. Paulus erinnert an die Langmut Gottes, die Sündhaftigkeit der Menschen und ihre Erlösung. Ich möchte eine analoge Frage stellen: »Weshalb haben nicht alle Heiden den von Israel erwarteten Messias erkannt?« Denn auch bei weitem nicht alle Heiden sind dem Bund mit Gott beigetreten.

J.-L. M. *Rein quantitativ gesehen, war die Botschaft Christi trotzdem bei den Heiden erfolgreicher als bei den Juden.*

J.-M. L. Das besagt nicht sehr viel. Von einem gewissen Zeitpunkt an ist ein solcher Vergleich nicht mehr möglich. Im 3. Jahrhundert wird die Kirche der Juden nicht länger als solche anerkannt, ihr fehlt von nun an die Legitimation. Das war Sünde und Tragödie zugleich. Paulus charakterisiert das Verhältnis zwischen Juden und Heiden als »gegenseitige Eifersucht«, die dazu führte, daß die Heiden Israel regierten und daß umgekehrt Israel um seine Identität und sein Vorrecht fürchtete. Diese Furcht, in einem fremden

Volk aufzugehen und zu verschwinden, ist durchaus berechtigt, und das Überleben Israels durch die Treue zu Gott bleibt als Zeugnis unauslöschlich in die Geschichte der göttlichen Gaben und Ermahnungen eingeschrieben. Etwas anderes aber ist die Furcht, anzuerkennen, daß, wie es die Propheten Amos, Hosea, Jesaja und Jeremia verheißen hatten, auch die Heiden die Gnade des Bundes empfangen können. Bei ihnen allen findet sich die Verheißung, daß Heiden aus Ägypten, Assyrien und anderen Ländern kommen werden, um dem lebendigen Gott zu huldigen.

J.-L. M. *Und die Kreuzigung?*

J.-M. L. Immer wieder wird behauptet, nicht die Heiden, sondern die Juden hätten den Messias gekreuzigt. Aber das ist einfach nicht wahr. Nach Paulus wurde er von *allen* Menschen gekreuzigt. Obwohl die Polemik gegen die Synagoge zu der Zeit, da das Neue Testament geschrieben wurde, besonders scharf war, lassen die Evangelien, die Apostelgeschichte und die Berichte von der Passion Christi keinen Zweifel daran, daß alle Menschen, Juden und Heiden, für die Tötung des Messias verantwortlich waren.

Johannes schildert uns in wunderbarer Weise das Zwiegespräch mit Pilatus, das in diesem Zusammenhang so häufig vergessen wird. Man stellt Pilatus als den Statthalter einer Besatzungsmacht hin, der nichts von den Angelegenheiten der Einheimischen verstünde. Das stimmt nicht. Das römische Recht war der Inbegriff höchster Rationalität und Gerechtigkeit, und Pilatus macht sich, formal betrachtet, einer absoluten Rechtsverweigerung schuldig: Es waren die Soldaten Roms, die Jesus gekreuzigt haben. Die Heiden haben immer dann gesündigt, wenn sie behaupteten, gerecht zu sein, so wie die Juden gesündigt haben, als sie den verkannten, zu dessen Erkenntnis sie bestimmt waren. Aber das ist nun einmal der Gang der von Ungerechtigkeit und Treulosigkeit erfüllten menschlichen Geschichte.

Doch kennt die Gnade der Verzeihung und der Barmherzigkeit des Messias kein Maß. Die sich durch ihn vollziehende Offenbarung der Sündhaftigkeit aller soll die Menschen nicht verdammen, sondern erlösen – freilich unter der Bedingung, daß sie dieses Aufleuchten, die Erkenntnis der Sündhaftigkeit, annehmen. Nehmen die Menschen sie nicht an, schließen sie sich in ihre Verblendung ein. Aber dieses Licht ist eine Gnade der Barmherzigkeit, die immer angeboten bleibt. Durch das menschliche Schicksal seines eigenen, einzigen Sohnes, Jesus Christus, hat Gott alle Sünden »auf sich genommen«. Zuvor schon war Israel sein geliebter Sohn und ist es geblieben.

Im Tod Christi klingt eine weitere Frage an, die in ihrer ganzen Tiefe nur von dem erfaßt wird, der von der biblischen Botschaft durchdrungen und geformt ist: Wie kommt es, daß der Gerechte leidet? Das ist der Schrei, der durch das Buch Hiob schallt. Hartnäckig wirft Israel immer wieder diese Frage auf, wobei es durch nichts und niemanden von der Vorstellung abzubringen ist, daß, wer Gott gehorsam ist, sein Glück erreicht. So wahr diese Vorstellung ist, so paradox und mitunter unerträglich ist sie. Denn auch der Gerechte leidet. »Herr, was habe ich denn getan? Doch du weißt es! Warum also versteckst du dich? Warum schweigst du? Warum antwortest du nicht?« Der Gerechte leidet; der Messias leidet; und wir alle sind schuld daran. Jeder Christ bekennt sich zu seiner Verantwortung für den Tod Christi. Tut er dies nicht, ist er kein Christ. Zu sagen: »Nicht ich bin verantwortlich, sondern die anderen«, heißt den Boden des Christentums verlassen. Deshalb ist der Antisemitismus in seiner pseudotheologischen Version, die die Schuld an der Kreuzigung Christi auf die Juden abwälzt, eine Gotteslästerung. Er leugnet die Universalität der Erlösung. In der Gestalt des Gekreuzigten erkennt er nicht den zu Unrecht verfolgten Sohn Israels, nicht die Macht Gottes, der unser aller Sünde offenbart, um uns seine Barmherzigkeit zu erweisen.

D. W. *Was wäre geschehen, wenn alle Juden Jesus als Messias anerkannt hätten?*

J.-M. L. Es ist nicht meine Sache, auszumalen, was uns nicht zusteht, nämlich ein Bild der eschatologischen Zeit.

D. W. *Ist, heilsgeschichtlich gesehen, der Fortbestand Israels der Beweis, daß die Parusie*[1] *noch aussteht?*

1 Wiederkunft Christi in Herrlichkeit.

J.-M. L. Ja, und Israel ist ein Unterpfand für das Kommen der Parusie.

D. W. *Die Existenz des Judentums ist also ein Zeugnis dafür, daß die Geschichte noch nicht vollendet ist?*

J.-M. L. Ja, sofern man Zeugnis nicht im Sinne eines archäologischen Fundstückes versteht.

D. W. *Ist es, einmal abgesehen von einer vollendeten Eschatologie, nicht möglich, daß sich alle Juden zum Christentum bekehren? Was würde geschehen, wenn das Judentum wie durch ein Wunder plötzlich den Messias anerkennen würde?*

J.-M. L. Niemand kann im Namen aller Juden sprechen. Das erinnert mich ein wenig an die Äußerungen der *Chassidim*: Der Messias kommt erst, wenn die Juden der ganzen Welt zu einem bestimmten Zeitpunkt vollkommene Heilige sind.

D. W. *Da haben wir ja noch etwas Zeit!*

J.-M. L. Aus Ihrer Ironie spricht große Skepsis. Sie werden verstehen, daß ich die Dinge anders sehe. Es geht für mich hier um das Werk der Erlösung. Übrigens sagen die *Chassidim*: Die Juden müssen entweder vollkommene Heilige oder völlige Sünder sein. Die Frage bleibt also offen. Sie zu beantworten, ist nicht unsere Aufgabe. Paulus sagt im Römerbrief (Röm 11,15): »Denn wenn schon ihre Verwerfung für die Welt Versöhnung gebracht hat, dann wird ihre Annahme nichts anderes sein als Leben aus dem Tod.« Anders gesagt: Die Juden sind kein Volk, das zu einer unbekannten, noch nicht gemachten Erfahrung aufgerufen würde. Sie sind ein fester, struktureller Bestandteil der Heilsgeschichte; wenn ganz Israel den Messias anerkennen würde, hieße dies, daß auch alle Völker ihn anerkannt hätten.

Christus ist das messianische Subjekt: Christus und seine Brüder. Als messianisches Subjekt besteht er aus allen, die ihm durch Taufe und Glaube zugehören. Und in gewisser Weise – wohlgemerkt in gewisser Weise – gehört hierzu auch das jüdische Volk: »dem Fleische nach«, wie Paulus sagt. Das bedeutet nicht nur »biologisch« oder »in der Abfolge der Generationen«, sondern verweist auf einen immer verheißungsvollen, immer zu kurzen Augenblick der Heilsgeschichte.

Die Lehre vom Zeugenvolk

J.-L. M. *Ich möchte auf einen Punkt zurückkommen, der mir wichtig erscheint: Sie haben eine theologische Lehre aufgegriffen bzw. aktualisiert, die auf Augustinus zurückgeht und die »Lehre vom Zeugenvolk« genannt wird. Die Juden haben diese von ihnen nicht sonderlich geschätzte Lehre meistens abgelehnt, und manche behaupten sogar, sie sei antisemitisch.*

J.-M. L. Mit dem Begriff »Zeugenvolk« habe ich etwas anderes gemeint, nämlich ein Volk, das in der Heilsgeschichte eine wichtige Rolle spielt. Das Judentum ist keine archäologische Ausgrabungsstätte, kein Indianerreservat, das man unterhält, um sagen zu können: »Schaut hin, so lebten sie früher...«

J.-L. M. *»Wie die Sklaven, die hinter ihren Herren hergehen und ihre Bücher tragen, so sind sie unsere Bücherträger geworden«, so lautet ein bekannter Satz des Augustinus.*

J.-M. L. Ja, aber viele andere Aussagen von Augustinus machen die Würde des Volkes, dem das Alte Testament anvertraut wurde, und seinen Auftrag, Zeugnis für die Wahrheit abzulegen, weit besser verständlich.

J.-L. M. *Es gibt ein Zitat von Pascal, das in die gleiche Richtung geht: »Es muß das jüdische Volk zum Zeugnis Christi weiterbestehen als Sein lebendiger Beweis – ins Elend verstoßen, als Strafe für die Kreuzigung.« Dieser Satz erinnert daran, daß die Lehre vom Zeugenvolk sehr häufig von der Vorstellung begleitet ist, die Erniedrigung der Juden sei notwendig, um die Wahrheit des Christentums zu beweisen. Die Juden müssen zwar weiter existieren, aber in einem Zustand des Elends...*

J.-M. L. Was Sie da sagen, gehört zu einem Arsenal von Hirngespinsten, die meiner Meinung nach dem christlichen Glauben unwürdig sind. Derartige Behauptungen, um nicht zu sagen Verdammungen, lassen die Universalität der Sünde und der Erlösung außer acht. Wahr bleibt indes das Rätsel der Aussonderung Israels. Aber eine Aussonderung ist auch eine Aufsparung. Wer aber ausgesondert ist, der ist in Gottes Hand verborgen, um seinem Ratschluß zu dienen.

Trotz seiner Abtrünnigkeit bleibt Israel das geliebte Volk, bis zu jenem Tag, da die menschliche Geschichte, diese Zeit der Tränen, vollendet sein wird, und ganz Israel, »*Kol* Israel«, schließlich die Erlösung in ihrer Vollkommenheit erfahren wird. Ganz Israel, die Lebenden und die Toten. Um diese vergessene Dimension der Geschichte zu verstehen, muß man sich einer religiösen Sicht öffnen, die über eine kulturelle oder rationale Betrachtung hinausgeht. Wie könnte das Heilsgeschehen universal sein, wenn es die Toten – die von uns für tot Gehaltenen – nicht genauso umfaßte wie die Lebenden? Die Menschheit in ihrer Totalität, das ist die Gesamtheit der Menschen, die irgendwo im göttlichen Bewußtsein geborgen sind, im Herzen des Einen, der der Schöpfer und Erlöser aller Menschen ist. Andernfalls sind wir nur ein Schwarm von Mücken, der von der Woge des Werdens und der Zeit verschlungen wird. Wenn die Toten nicht zählen, wenn ihnen keine menschliche Würde, kein menschliches Dasein zusteht, verliert die Religion ihren Sinn. Das menschliche Wesen reduziert sich nicht auf sein biologisches Substrat, das vergänglich, hinfällig und immerfort bedroht ist, dessen Existenz zudem im Individuum weit weniger stabil ist als in der Art. Diese im Grunde materialistische Sicht vermag weder den menschlichen Geist noch die Hoffnung im Menschen zu erklären. Jeder Jude hofft auf die Bekehrung Israels, und diese Bekehrung ist die Rückkehr ganz Israels zu Gott.

D. W. *Könnten Sie diesen Punkt noch etwas genauer erläutern?*

J.-M. L. Wenn Jesus sagt, daß das Leiden, das man einem seiner Brüder antue oder erspare, ihm zugefügtes Leiden sei, so meint er seine Brüder in der Taufe, vielleicht aber auch all jene, die in der Folge der Generationen »dem Fleische nach« an seinem Heilsauftrag teilhaben. Hier besteht eine Verbindung. Aber Israel ist deshalb doch nicht durch sich selbst oder für sich selbst ein substitutives messianisches Subjekt.

J.-L. M. *Es gibt da einen Punkt, den ich nicht recht verstehe ... Ist die Botschaft Christi Ihrer Meinung nach universal? Wenn ja, leben dann nicht alle, die diese Botschaft nicht kennen (wollen), im Irrtum? Denn einerseits sagen Sie: »Sie leben nicht im Irrtum und ihr Weg kann berechtigt sein«, andererseits halten Sie an der Universalität der Botschaft fest.*

J.-M. L. Sie vergessen die Geschichte, oder vielmehr die noch nicht abgeschlossene Zeit. Die Geschichte des Menschen ist noch nicht vollendet. In ihr ist die Kirche für alle Menschen Zeichen und Sakrament des Heils. Die Kirche, das ist die Gemeinde des Messias, der Leib des Messias, jener geistliche Leib, den alle Glieder der Kirche bilden. Und wie die Hefe im Teig wirkt, so wirkt die Kirche Gottes heute in der menschlichen Geschichte.

Sie sagen mir: Als Christ glauben Sie, daß das Christentum *die* Wahrheit für alle Menschen ist. Ich antworte Ihnen: Ja, gewiß. Sie folgern daraus: Dann lebt, wer kein Christ ist, also in der Unwahrheit? Sie haben hier einen anderen Begriff von wahr und falsch. Die Zustimmung zu der Wahrheit, von der die Kirche spricht, ist nicht dasselbe wie die Anerkennung eines mathematischen Prinzips. Diese Wahrheit ist eine Offenbarung und ein Akt der Erlösung des der Sünde verfallenen menschlichen Willens, um ihn in das göttliche Leben aufzunehmen. Die Offenbarung entfaltet sich nach und nach wie das Leben. Jede Teiloffenbarung oder Teilwahrheit ist keine Unwahrheit. Die göttliche Wahrheit, das ist zunächst der uns anrufende und gebietende Gott. Sie ist dem Menschen nur in dem Maße zugänglich, wie er sich von Gott ergreifen läßt und Seinen Befehlen gehorcht, wie er von seiner Verblendung und seiner Sündhaftigkeit befreit wird. Die Wahrheit – das ist das Mysterium des Wortes Gottes, das sich zuerst in der Geschichte des jüdischen Volkes aussagt, um sich dann im Fleisch des Messias zu inkarnieren und sich dadurch den Brüdern des Messias zu schenken.

Wie gelangt man zu einem spirituellen Verständnis der Weltgeschichte? – Jahrhundertelang hat diese Frage immer wieder christliche und jüdische Denker fasziniert. Mit dem Kommen des Messias hat sich diese Frage nicht erübrigt, sondern in einer geradezu schwindelerregenden Weise verschärft. Sein Kommen hat die universale Gültigkeit der biblischen Botschaft, nach der wir alle von ein und demselben Schöpfer und Vater abstammen und alle Menschen Brüder sind, offenbart und bestätigt. Das ist eine ungeheure

Aussage, die mit vielen primitiven Mythologien bricht, nach denen nur »wir« wirkliche Menschen sind, und die »anderen« nicht. In der einen menschlichen Geschichte sind die Christen (diejenigen, die Christus als den Messias anerkennen) nicht die einzigen, die mit Ihm an der Erlösung der Welt arbeiten.

J.-L. M. *Sind Sie also der Meinung, daß auch das Judentum daran mitarbeitet, obschon es den Messias nicht anerkennt?*

J.-M. L. Das jüdische Volk war und *ist* noch heute Erbe und Zeuge der göttlichen Verheißungen und des Glaubens Abrahams. Diese Verheißungen sind unwiderruflich. An sie glauben heißt, bereits am Heilswerk mitwirken.

D. W. *Aber ist der Alte Bund durch den Neuen denn nicht hinfällig geworden?*

J.-M. L. Alter und Neuer Bund annullieren sich nicht gegenseitig!

J.-L. M. *Was für einen Wert aber hätte in diesem Fall das Christentum für die Juden? Ihrer Meinung nach ist es nur für die Völker unverzichtbar.*

J.-M. L. Vielleicht ist es ja für einen Juden wichtig zu wissen, wer der Messias ist, und das Wort Gottes zu vernehmen? Ist es nicht für jeden unerläßlich zu wissen, was er noch hoffen darf?

Warum und wie erkennt einer den Messias? Das ist das Geheimnis Gottes. Der Glaubensakt ist eine Gnade Gottes, die sich unserem freien Willen darbietet, und der Glaube erwacht im Herzen der Menschen durch die Gabe des Heiligen Geistes.

D. W. *Wir möchten Sie gern mit einem Ausspruch von Franz Rosenzweig, dem Verfasser des Buches* Der Stern der Erlösung, *konfrontieren, der Ihren Ansichten über die Beziehung zwischen Judentum und Christentum in einigen Punkten sehr nahe kommt. An der Schwelle zur Konversion macht Rosenzweig halt, den einen noch fehlenden Schritt tut er nicht. Ganz im Gegenteil, er behauptet sein Judentum, und, nach einer dramatischen Nacht, schreibt er: »Es ist nicht möglich, es ist nicht mehr notwendig«, und dann erklärt er, daß das Christentum mit dem Judentum identisch sei …*

J.-M. L. … für die Heiden.

D. W. *Für die Heiden. Was halten Sie von diesem Satz?*

J.-M. L. Er ist überaus zweideutig. Es stimmt, daß für die Heiden das Christentum mit dem Judentum identisch ist, und zwar *in dem Sinne*, daß für den Christen der jüdische Glaube in Christus seine Erfüllung und seinen Lohn empfängt, der in dem neugeschaffenen Zugang der Heiden zu Gott besteht; und die Heiden können nur dann an den Messias glauben, wenn Israel wenigstens zum Teil durch den Glauben seinen eigenen Messias, den Sohn Gottes, anerkannt hat.

Aber in *einem anderen Sinn* ist dieser Satz unannehmbar, und zwar wenn er so aufgefaßt wird, als sei das Christentum ein »Exportgut« minderen Wertes für jene Völker, die dem Götzendienst abgeschworen haben, nun eine gewisse Gerechtigkeit erhalten und an dem Alten Bund Gottes mit Noah, dem Bund des Schöpfers mit seiner Schöpfung aus Fleisch und Blut, teilhaben. Ich brauche wohl nicht die Gründe darzulegen, aus denen ich eine solche Deutung für falsch und gefährlich halte. Sie übersieht das Wesentliche: den Messias und den über alle Söhne Adams ausgegossenen Heiligen Geist.

IV. Der Völkermord

Die katholische Kirche Frankreichs in der Besatzungszeit

Jean-Louis Missika: *Der Hauptvorwurf, den man Rom und der katholischen Kirche Frankreichs wegen ihres Verhaltens im Zweiten Weltkrieg macht, lautet, sie seien den Verfolgungen nur halbherzig und nicht öffentlich entgegengetreten.*

Jean-Marie Lustiger: Ich sehe mich kaum imstande, darauf zu antworten, denn das ist eine Frage der geschichtlichen Bewertung. Serge Klarsfeld sagt in seinem Buch (*Vichy–Auschwitz*, Paris 1983), die Verfolgung der Juden wäre weit schlimmer gewesen, wenn die katholische Geistlichkeit sich nicht so entschlossen eingesetzt und alle katholischen Untergrundorganisationen nicht so effizient gearbeitet hätten. Die Katholiken haben in Frankreich bei der Rettung von nicht wenigen Juden eine entscheidende Rolle gespielt. Darum verdient die katholische Kirche meiner Meinung nach nicht den Vorwurf, gegenüber dem Schicksal der Juden im Zweiten Weltkrieg gleichgültig geblieben zu sein. Das würde nicht meiner Erfahrung als unmittelbarer Zeuge der damaligen Ereignisse entsprechen. Etwas ganz anderes ist die Frage nach dem heimlichen Einverständnis der Kirche mit dem Pétainismus.

J.-L. M. *Wie meinen Sie das?*

J.-M. L. In diesem Land, das von der Action française und einem Antisemitismus geprägt war, dessen Wurzeln bis zu Drumont reichten und der von einem Teil der französischen Rechten mit dem Katholizismus gleichgesetzt wurde, war das Verhalten der katholischen Gläubigen, des Klerus und der Bischöfe im allgemeinen durchaus anerkennenswert und eher hilfreich. Meines Erachtens gibt es kaum einen Juden, der überlebt hat und dem nicht, früher oder später und auf die eine oder andere Weise, von einem Katholiken, einem Priester oder einer mit dem Katholizismus bzw. Protestantismus verbundenen Untergrundorganisation geholfen worden wäre.

Dominique Wolton: *Sie sprechen über private und heimliche Hilfsmaßnahmen, wie aber steht es mit öffentlichen Stellungnahmen? Ich denke hier an die Antijudengesetze von 1940. Bei einem so unerhörten politischen Akt wäre eine offizielle Erklärung des französischen Episkopats durchaus angebracht gewesen.*

J.-M. L. Es hat einige Protestanzeigen gegeben, die an Marschall Pétain gerichtet wurden. Ich bin jedoch kein Historiker und kenne bisher keine sorgfältig recherchierte Studie zu diesem Problem. Ich gebe Ihnen hier nur meinen eigenen Gesamteindruck wieder, den ich als Augenzeuge der Zeit gewonnen habe. Auch ich bin ganz zufällig von einem Kreis in den nächsten gelangt. In den katholischen Milieus, die ich kennenlernte, habe ich aber nur positive Reaktionen erlebt. Selbstverständlich weiß ich, daß man individuelle Erfahrungen nicht verallgemeinern kann. Deshalb beziehe ich mich auf Serge Klarsfeld, der meiner Meinung nach sorgfältig gearbeitet hat. Er gehört zu denen, die sich in der Frage der Deportation der Juden am besten auskennen. Und ich muß sagen, daß sein Buch die Kleriker und Bischöfe in einem eher günstigen Licht erscheinen läßt.

Eine ganz andere Geschichte ist das Verhältnis der Kirche zum Vichy-Regime, das, wie mir scheint, der allgemeinen Einstellung der französischen Bevölkerung zur Regierung Pétain, zur Résistance und zu den Deutschen entsprach. Diese Zeit ist ein dunkles und schmerzliches Kapitel unserer Geschichte; und es bekümmert mich, daß es selbst heute noch von einer Hülle des Schweigens umgeben wird.

D. W. *Hätte man nicht von den Bischöfen erwarten dürfen, daß sie eine andere Einstellung als der Durchschnittsbürger haben? Der offizielle Standpunkt der Bischöfe war »Loyalität ohne Unterwerfung«. Was sollte das heißen? Und: Genügte das?*

J.-M. L. Ich betone noch einmal: Meine persönliche Erfahrung der damaligen Zeit erlaubt es mir nicht, viel dazu zu sagen. Viel deutlicher ist mir der Zustand der französischen Gesellschaft in dieser Epoche unserer Geschichte in Erinnerung.

Ich möchte Ihnen zwei gegensätzliche Zeugnisse zu einem bedeutenden Ereignis, der Befreiung von Paris, erzählen. Es ist erstaunlich, daß zum Angedenken an die Befreiung von Paris in Notre-Dame kein Gottesdienst gefeiert wird. Traditionell bittet die Vereinigung der Veteranen der 2. Panzerdivision, deren Kopf und Seele Marschall Leclerc ist, um eine Messe, die allerdings eine Veteranenmesse und kein offizieller Dankgottesdienst für die Befreiung von Paris ist. Zum 40. Jahrestag dieses Ereignisses wollte ich als Erzbischof von Paris den Gottesdienst in Notre-Dame zelebrieren. Ich lud sämtliche bedeutenden Persönlichkeiten von Staat und Stadt ein, da ich glaubte, eine solche Feier sei ein Akt von historischer Bedeutung, für den ich die Verantwortung übernehmen könnte. Für die Bedeutung, die ich darin sah – die innere Aussöhnung unseres Volkes und die Bezeugung eines gemeinsamen Vermächtnisses aus jener Zeit des Krieges – waren leider nur sehr wenige Personen empfänglich. Es war mir vergönnt, diese Messe gemeinsam mit Kardinal de Lubac zelebrieren zu dürfen, und ich las dabei Texte aus seiner während des Krieges im Untergrund verfaßten Zeitschrift *Témoignage chrétien* vor, die der Kirche zur Ehre gereichen. Diese geistlichen und theologischen Texte, die von der Achtung vor dem Menschen und der Ablehnung des Götzenkultes sprachen, waren zugleich in einem eminenten Sinne politisch. Daß Kardinal de Lubac vierzig Jahre danach in Anwesenheit bedeutender staatlicher Würdenträger diesen Gottesdienst in der Kathedrale von Notre-Dame mit mir konzelebrierte, war schon an sich ein Urteil über die damalige Zeit, und dies erschien mir sehr wichtig.

Frankreich krankt an seiner unbewältigten Geschichte genauso wie die Kirche an ihrer unaufgearbeiteten Verantwortung in bezug auf die deutsche Besetzung. Gewiß, die französischen Bischöfe haben nicht kollaboriert, manche, wie Kardinal Saliège oder Kardinal Gerlier, haben sogar laut protestiert. Die Haltung der überwiegenden Mehrzahl aber spiegelte ziemlich genau die allgemeine Einstellung des französischen Volkes wider. Es gibt Dinge, über die man endlos diskutierten könnte – etwa die Tatsache, daß de Gaulle und wohl mehr noch Bidault den Kopf von ich weiß nicht wieviel französischen Bischöfen forderten.

D. W. *Georges Bidault, Außenminister und Katholik, hat von Papst Pius XII. die Abberufung von 24 Bischöfen, darunter drei Kardinälen, verlangt.*

J.-M. L. Msgr. Roncalli, dem späteren Papst Johannes XXIII., der damals als päpstlicher Nuntius in Paris tätig war, gelang es, die Zahl der Demissionen auf zwei oder drei zu begrenzen.

D. W. *Das vermittelt einen tiefen Einblick in die Lage der Kirche. 24 Bischöfe, das ist immerhin ein Drittel des französischen Episkopats. Haben Sie damals gewußt, daß Bidault, der Vorsitzende des Mouvement Républicain Populaire (M.R.P.), diese Abberufungen verlangte?*

J.-M. L. Von alldem habe ich nichts gewußt. Ich habe die damaligen Ereignisse aus einer ganz anderen Perspektive erlebt.

D. W. *Waren Sie politisch aktiv?*

J.-M. L. Ich war, wie wir damals sagten, »engagiert«. Ich identifizierte mich weitgehend mit der Position der Christdemokraten. Ich war Anhänger der M.R.P., wenn Sie Wert auf ein Etikett legen, und gehörte zu der jungen Generation, die sagte: Nichts wird jemals wieder so sein wie früher. Die Dritte Republik und das Regime Marschall Pétains waren für uns gestorben. Es war für uns unvorstellbar, daß die früheren Politiker wieder auf der Bildfläche erscheinen könnten.

Die Leute meiner Generation haben an die Geschichten geglaubt, die man ihnen in den Medien präsentierte. Den ersten Coup landete de Gaulle, der uns erzählte, Frankreich habe von Anfang an Widerstand gegen die Besatzung geleistet. Wir haben es geglaubt, denn wir hatten ja zu den Jugendlichen gehört, die sich der Widerstandsbewegung angeschlossen hatten. In seiner Rede beschrieb de Gaulle nur unsere eigene Erfahrung.

J.-L. M. *Sie wußten aber doch, daß die Regierung Pétain im französischen Volk auf allgemeine Zustimmung stieß?*

J.-M. L. Ja, aber de Gaulle hat es aus unserem Bewußtsein verdrängt. Gerade wir sind seinen Einflüsterungen leicht erlegen, entsprachen sie doch unserer eigenen Überzeugung.

Den zweiten Coup landete die M.R.P.; die christdemokratische Partei zeichnete in der Öffentlichkeit ein Bild der Katholiken, das uns jäh mit dem finsteren Kapitel der pétainistischen Versuchungen konfrontierte.

D. W. *Es verwundert etwas, daß Sie einerseits nichts von dem Ersuchen Bidaults wußten, andererseits aber in einer Bewegung mitwirkten, die forderte: »Nie wieder!«; Sie müssen als Christ doch irgendwie über die Haltung des französischen Episkopats im Krieg informiert gewesen sein.*

J.-M. L. Wir hatten keine Ahnung. Wir kannten die Botschaft des Erzbischofs von Toulouse, aber ansonsten wußten wir nur Bruchstücke. Für alle unmittelbar Beteiligten war die Lage sehr unübersichtlich, vielleicht hatte Bidault einen besseren Überblick.

D. W. *Aber als die Informationen nach und nach in die Öffentlichkeit gelangten, konnten Sie sich doch eine Meinung bilden.*

J.-M. L. Darüber gelangte nichts an die Öffentlichkeit! Die Christdemokraten haben sich bei den Wahlen zur verfassunggebenden Versammlung in allen Departements sämtliche katholischen Kräfte mit einem Schlag einverleibt. Es gab ein festgefügtes Dreiparteiensystem.

D. W. *Sie erinnern sich also wirklich nicht an diese Zeit?*

J.-M. L. Nein, nicht an den von Ihnen angesprochenen Zeitraum. Die beiden Mediencoups waren gleichsam Schleier des Vergebens, des Vergessens, des Reinwaschens – ich weiß nicht, wie ich sagen soll –, die uns unsere Ehre zurückgaben. Die Wiederherstellung unserer Ehre, genauer: der Ehre Frankreichs, war uns ein ungeheures Bedürfnis. Mir kamen Zweifel, als man uns erklärte, wir hätten Deutschland besiegt. Wir wollten daran glauben, auch wenn es nicht glaubhaft war.

D. W. *Ich verstehe. Aber mit der Zeit ist die Wahrheit doch ans Tageslicht gekommen. Nehmen wir ein anderes Beispiel: Papst Pius XII. hat im Krieg nur eine Enzyklika veröffentlicht, und zwar 1943 »Mystici corporis«. Glauben Sie, daß dieses Verhalten der damaligen Situation angemessen war?*

J.-M. L. Vergessen Sie nicht die jährlichen Rundfunkbotschaften des Papstes zu Weihnachten. Die hatten dasselbe Gewicht. Ich erinnere mich daran, daß diese Texte von Hand zu Hand gingen und ein lebhaftes Echo fanden. Die Weihnachtsbotschaft 1942 verurteilte die Tatsache, daß unschuldige Menschen wegen »Rassenvergehen« verhaftet und deportiert wurden. Jeder wußte, was das bedeutete, und jeder hätte daraus seine Schlüsse ziehen können. Auf einem ganz anderen Blatt steht die Frage, welches historische Gesamturteil heute über diese Zeit zu fällen ist. Das ist alles, was ich Ihnen dazu sagen kann.

Erinnern und Vergessen

J.-L. M. *Betrachten wir die damalige Zeit einmal aus der Distanz von heute. Für die Haltung der Franzosen zu ihrer eigenen Geschichte unter der deutschen Okkupation haben Sie Wörter wie Vergessen, Verschleiern, Verbergen, ja sogar Lüge gebraucht. Halten Sie diese Einstellung für bedenklich? Glauben Sie, daß der Wiederaufbau und der wirtschaftliche Aufschwung nur unter der Bedingung dieses Vergessens möglich waren? Sollte man heute die damalige Zeit aufarbeiten, oder sind Sie der Meinung, wie Sie es gerade angedeutet haben, daß die Zeit die Wunden geheilt hat?*

J.-M. L. Ich glaube, wirkliche Heilung ist nur möglich, wenn man sich erinnert, die Krankheit beim Namen nennt und seine Fehler oder – vorsichtiger formuliert – zumindest die Tatsachen erkennt. Ich meine, dies ist der Preis für den inneren Frieden und die geistige Gesundheit eines Volkes.

Was bei der Befreiung auf die Initiative de Gaulles hin geschah, habe ich als einen Mediencoup bezeichnet. Ich habe nicht von Lüge gesprochen, denn das ist nicht dasselbe! Vielleicht war das einfach ein notwendiges »Betäubungsmittel«, weil der Schmerz der nationalen Schande unerträglich war und die Ehre des Volkes wiederhergestellt werden mußte, die das Vichy-Regime mit Füßen getreten hatte. Wenn Frankreich etwas von seinem alten Selbstbewußtsein zurückgewinnen sollte, mußte man ihm, zumindest für eine gewisse Zeit, ein Betäubungsmittel verabreichen, das das Aufbrechen innerer Zwistigkeiten vermied.

De Gaulle war sich seiner geschichtlichen Rolle wohl bewußt. Vielleicht ist Ihnen aufgefallen, daß seine damaligen Äußerungen über Frankreich so gut wie keine moralische Botschaft enthielten. Seine Redeweise war nahezu tautologisch; fast nach dem Muster »Frankreich, das ist Frankreich«. Ich bin sicher, daß er sich so ausdrückte, weil er nicht mehr sagen konnte. Jedes Wort mehr wäre bei den Franzosen auf taube Ohren gestoßen, weil sie es nicht verkraftet hätten. Alles, was einen Konsens bewirkt und unsere Ehre wiederhergestellt hätte, konnte nicht ausgesprochen werden. Daß die nach London emigrierten Widerstandskämpfer um de Gaulle die Begriffe »Ehre« und »Vaterland«, also die Begriffe Saint-Cyrs, mit neuem Leben erfüllten, daß der Begriff »Ehre« wieder aufgewertet wurde, ja sogar der Begriff »Vaterland« zu neuem Ansehen kam – trotz ihres Mißbrauchs in der pétainistischen Formel »Arbeit–Familie–Vaterland« –, war unzweifelhaft eine sehr bedeutende Leistung. Ich bin mir aber nicht sicher, wie unser Volk später einmal über die Ereignisse am Vortag der Befreiung, die sogenannte »Säuberung«, urteilen wird.

Überaus erstaunlich und ungewöhnlich aber war die strenge Tabuisierung des Judenproblems, über das keiner sprach, keiner sprechen wollte. Der damit verbundene Schmerz war einfach zu groß, zu unfaßlich. Keiner brachte es fertig, darüber zu sprechen.

D. W. *Hat Sie das empört?*

J.-M. L. Auch ich selbst konnte und wollte doch nicht darüber sprechen! Es war unaussprechlich, ein unglaublicher Schmerz, Sie können sich das nicht vorstellen! Ich erinnere mich noch an den letzten Monat vor der Befreiung, ich war damals Betreuer in einem Ferienlager. Eines Abends – ich sitze auf einem Dorfplatz, der in das Licht der untergehenden Sonne getaucht ist, betaste meine Mundwinkel und frage mich: »Wirst du jemals wieder lächeln können?« und ich antwortete mir: »Nie mehr.« Ich sage Ihnen das, damit Sie die abgründige Tragik erkennen, die schon das Leben eines Siebzehnjährigen überschatten kann. Ich dachte nicht an Selbstmord, ich war vielmehr entschlossen, aus meinem Leben das Beste zu machen. Die Frage war nicht, ob ich mich »auslösche«, sondern ob ich irgendwo in meinem Innern die Lebensfreude wiederfinden würde.

Wir brachten es einfach nicht fertig, über diesen Grund, oder besser Ab-Grund zu sprechen. Viele Jahre lang war die Judenfrage, ja sogar das Problem der Deportation, für mich nahezu tabu. Scham erfüllte uns, wenn wir darüber sprachen. Wie hätten wir denn darüber sprechen können? Ich glaube nicht, daß auch nur ein einziger jüdischer Vater dieser Generation seinen Kindern von den Ereignissen berichtet hat – hätte berichten können oder wollen. Solch furchtbare Greuel erzählt man nicht weiter. Man möchte die Überlebenden damit verschonen. Niemand wußte etwas zu den Ereignissen unter der deutschen Besatzung zu sagen. Totschweigen war nicht nur in Deutschland, sondern auch in Frankreich die Regel. Aber der Fall Deutschland liegt anders, weil Deutschland nicht nur zerstört, sondern auch von der internationalen Völkergemeinschaft geächtet war. Hier war man sich einig, daß nicht das deutsche Volk als Ganzes, sondern nur die Nazis schuld an den Verbrechen hatten. Bei Frankreich aber ist das eine andere Geschichte.

D. W. *Wann hat man die Sprache wiedergefunden?*

J.-M. L. Sehr viel später! Man hatte ja in bezug auf die Besetzung und den Widerstand eine offizielle Sprachregelung gefunden, die im wesentlichen auf eine stereotypisierende »Schwarzweißmalerei« hinauslief, mit den Widerstandskämpfern auf der einen und den Nazis auf der anderen Seite.

J.-L. M. *Und kein Sterbenswörtchen über die Rolle, die die Franzosen selbst bei der Deportation gespielt haben?*

J.-M. L. Genau, das wurde einfach vertuscht.

D. W. *Wann haben Sie Ihre Sprache wiedergefunden?*

J.-M. L. Sehr viel später. Ich kann Ihnen keinen genauen Zeitpunkt nennen. Als ich in Israel zum ersten Mal das Mahnmal für die Opfer des Naziregimes, Yad Vashem, sah, war das für mich buchstäblich unerträglich! Diesen Besuch konnte ich nur stumm und in Tränen – Tränen, die ich nicht zeigen durfte – überstehen. Noch heute erweckt die Erinnerung daran dasselbe seelische und körperliche Gefühl. Von da an habe ich begonnen, meine Sprachlosigkeit zu überwinden. Und doch, auch wenn viel Zeit vergangen ist...

Später habe ich Elie Wiesel gelesen. Ich habe große Achtung vor ihm, weil es ihm gelungen ist, in seinem kleinen Werk *La Nuit* das Unsagbare zu sagen. Es umfaßt kaum 100 Seiten – doch die mußten erst einmal geschrieben werden –, eine große Leistung.

Um auf die Erfahrung unseres Volkes zurückzukommen: Ich glaube, wenn man die innere Aussöhnung will, muß man auch den Mut aufbringen, die Wunden und Sünden beim Namen zu nennen und zu heilen.

D. W. *Und wie steht es heute?*

J.-M. L. Als ich zum Erzbischof von Paris ernannt wurde, habe ich in der Aussöhnung eine Pflicht oder jedenfalls eine mögliche Aufgabe gesehen. Das ist auch einer der Gründe, warum ich in Frankreich und Deutschland einige Reden über dieses Thema gehalten habe. Das hat mich viel Überwindung gekostet. Es gibt heute noch Reden, die ich nicht halten oder anhören könnte. Wenn ich im Fernsehen eine Sendung über die Judendeportation sehe, schalte ich sofort aus.

J.-L. M. *Möchten Sie sich auch nicht den Film von Lanzmann,* Shoah, *ansehen?*

J.-M. L. Ich kann ihn nicht sehen! Lanzmann hat mir von dem Film erzählt, nachdem er ihn fertiggestellt hatte. Er hat mich sogar zur Premiere eingeladen... Ich bin nicht hingegangen. Es ist einfach nicht möglich. Ich kann nicht. Und doch habe ich ihm versprochen, mir seinen Film eines Tages anzusehen.

J.-L. M. *War dieser Film notwendig?*

J.-M. L. Lanzmann hat ihn gedreht, und es ist gut, daß jemand diese Arbeit gemacht hat. Ja, ich glaube, jemand mußte es tun. Ich weiß nicht, ob er es gut gemacht hat, ob der Film authentisch oder parteiisch ist. Auch die Arbeit von Serge Klarsfeld war notwendig, die ich übrigens besser kenne.

J.-L. M. *Halten Sie die »Jagd auf Nazis« für legitim?*

J.-M. L. Ich glaube, die Klarsfeld haben recht. Sie handeln nicht aus Rachsucht, sondern aus Liebe zur Wahrheit. Es geht nicht darum, seinen Rachedurst zu stillen, sondern den Menschen ins Gedächtnis zu rufen, wozu Menschen fähig sind und welches Leid Menschen von Menschen erdulden mußten. Was geschehen ist, kann sich wiederholen – ob mit den Juden oder mit anderen. Solange die Menschen nicht imstande sind, ihre Sünden beim Namen zu nennen, solange werden sie immer wieder in ihre alten Sünden zurückfallen. Das Wesen der Sünde besteht ja darin, etwas als gut auszugeben, was eigentlich böse ist, oder – was aufs gleiche hinausläuft – das Böse zu kaschieren. Wenn man will, daß die Menschheit ihre Würde wiedererlangt, muß man die Ursache dieses Leids, den Grund dieser Greuel beim Namen nennen – unbedingt! Wir müssen herausfinden, warum Menschen so etwas getan haben, wie sie so etwas tun konnten. Wir müssen das unbedingt herausfinden.

J.-L. M. *Hat Sie dann diese völlige Unfähigkeit der Nazis, ihre Verbrechen einzusehen, nicht besonders erschüttert? Das zieht sich ja wie ein roter Faden durch alle Naziprozesse – angefangen von Nürnberg über Eichmann bis hin zu Barbie.*

J.-L. M. Nein, darüber wundere ich mich nicht. Diese Menschen sind armselige Marionetten eines absoluten Bösen, das über sie hinausragt. Sie sind Opfer ihrer eigenen Niedertracht. Die Erklärung, diese Menschen seien Sadisten, ist unzureichend. Ein Sadist, der über ungeheure Machtmittel verfügt, über Leben und Tod entscheiden kann, ist eigentlich nur eine erbärmliche Figur, mit der sich das Geschehene nicht erklären läßt. Solch ein »erbärmlicher Mensch« ist wirklich nichts als eine Marionette, denn das Gesicht, das sich hinter seinem eigenen verbirgt, ist das Gesicht Satans. Das Gesicht des Bösen in der Welt, der Macht des Bösen, die unvorstellbar groß ist. Sie alle sind nur armselige Akteure. Aber sie sind nicht unbekannt, und deshalb müssen sie unumwunden beim Namen genannt werden. Sicher, sie sind einzelne Menschen, die Verantwortung für ihr Tun tragen, aber das Böse, das aus ihnen hervorbricht, geht unendlich über sie hinaus. Und das gilt für jeden Sünder und für jedes Verbrechen. Hier aber geht es nicht nur um das Verbrechen eines einzelnen, hier geht es um einen geschichtlichen Vorgang – das Wort »kollektiv« mißfällt mir, weil es gefährlich ist –, ein geschichtliches Verbrechen, das indessen alle Staaten, Völker, Kulturen und Gewissen angeht.

Wie läßt sich erklären, daß eine Kultur, die Vernunft und Gerechtigkeit anstrebt, plötzlich in das Gegenteil verfällt und in Vernichtung und absoluter Sinnlosigkeit versinkt? Als ich zwanzig Jahre alt war, meinte ich, der Nationalsozialismus sei eine singuläre geschichtliche Erfahrung. Die Verkörperung des Teufels! Lange Zeit konnte ich kein Foto von Hitler sehen, ohne innerlich zusammenzufahren. Und auch beim Anblick von deutschen Uniformen und von Abbildungen des Hakenkreuzes überkamen mich Flucht- und Angstgefühle. Es hat einige Zeit gedauert, bis ich meinen Fluchtimpuls im Griff hatte. Damals war ich also überzeugt, daß der Nationalsozialismus das absolute Böse sei. Erst später, als ich von den Greueln des Gulag, den Wahnsinnstaten von Pol Pot in Kambodscha und anderen ähnlichen Dingen hörte, wurde mir klar, daß es sich um dasselbe Phänomen handelt, das sich auf verschiedene Weise wiederholen kann! Es ist zwar mit dem Problem des Judentums verknüpft, betrifft aber die ganze Menschheit. Die Shoah der Juden ist vielleicht ein beispielhafter Höhepunkt der geistigen Krise der zivilisierten Völker des 20. und des beginnenden 21. Jahrhunderts.

Das absolute Böse

J.-L. M. *Ich möchte Ihnen eine vielleicht etwas heikle Frage stellen: Können Sie einen Gläubigen verstehen, der sich nach der Shoah von Gott lossagt oder glaubt, daß Gott die Menschen verlassen hat?*
J.-M. L. Ja, das kann ich verstehen. Ich habe solche Menschen gekannt. Ich verstehe das sehr gut.
J.-L. M. *Sie selbst sind aber nicht der Ansicht, Gott habe die Menschen verlassen?*
J.-M. L. Nein. Außer es handelt sich um ein unerträgliches Leid. Das verkrafte ich nur im Bewußtsein, daß dieses Leid im Geheimnis des leidenden Messias und seines Mitleids aufgehoben ist. Das ist für mich die einzige Möglichkeit, es auszuhalten.

D. W. *Und wie steht es mit denen, die nicht an den leidenden Messias glauben?*
J.-M. L. Ich weiß es nicht. Wie könnte ich für sie sprechen? Ich kann Ihnen nur sagen, wie ich das Leiden zu ertragen vermag. Das Buch von Serge Klarsfeld, *Le Mémorial des Juifs de France*, enthält 70 000 Namen: Alle diese Namen habe ich fünf- oder sechsmal gelesen. Verstehen Sie, alle Namen – weil ich mich einfach nicht davon lösen konnte. Was haben diese Menschen getan? Wer sind sie? Ich glaube, daß das jüdische und damit das christliche Bewußtsein, das Bewußtsein des leidenden Messias, das Geheimnis des menschlichen Schicksals zu begreifen oder doch zumindest auf eine andere Weise darin einzudringen vermag als etwa das Mitleid buddhistischen Zuschnitts, das eigentlich nur Indifferenz ist. Den Grund des Grauens zu berühren heißt vielleicht, in Liebe zu den Menschen einen Ausgang daraus zu finden. Die Frage, die ich mir stellte: »Werde ich jemals wieder lachen können?« bedeutete eigentlich: »Welch ein Karfreitag, welch eine Gottverlassenheit ist über uns gekommen!« Ich wußte, daß Gott die Menschen liebt, aber ich konnte die Tragik nicht leugnen, ich wollte sie auf mich nehmen. Gemeinplätze, dumme Redensarten wie »die Zeit heilt alle Wunden«, »auf Regen folgt Sonnenschein« oder »jedem Winter folgt ein Frühling« halfen hier nicht weiter.

Geistlich und theologisch gesehen, konnte ich erst wieder lachen, als ich begriff, daß diese Vernichtung kein Endsieg des Bösen über den Menschen bedeutete. Nein, Gott hat gesiegt in der Auferstehung, die dem Messias geschenkt wurde. Zu glauben, daß der leidende Christus der Messias ist, heißt nicht nur glauben, daß das Opfer der Erlöser ist, sondern auch, daß das Opfer letztlich über seinen Henker triumphiert.
D. W. *Das hat Ihnen also das Lachen wiedergegeben?*
J.-M. L. Ich glaube, ja. Was ich sage, mag in Ihren Ohren als fixe Idee eines Mannes klingen, der zutiefst von der Geschichte seiner Generation geprägt worden ist. Aber diese Tragik ermöglicht es, einen wirklichen Zugang zum Verständnis der menschlichen Geschichte in ihrer Universalität zu finden. Um es ganz deutlich zu sagen: Dieses ungeheure Geschehen besiegelte das Ende der Auf-

klärung in den Herzen der Menschen. Es ist das Ende der falschen Hoffnungen des Rationalismus, das Ende einer rein vernunftgeleiteten Erklärung des Menschen. Ja man muß sogar entschieden kämpfen gegen diese Illusion, diese Versuchung der menschlichen Vernunft, die da sagt, mit dem Beginn des naturwissenschaftlichen Zeitalters sei der Weg zu einer völligen Beseitigung des Bösen in der Welt geebnet. Die Bibel weiß, daß das Böse in der Welt zunächst als Sünde in das Gewissen und die sittliche Freiheit eingesenkt ist.

J.-L. M. *Die rationalistischen oder atheistischen Philosophen erklären dieses Phänomen auf eine andere Weise: Sie sprechen von einem »Versagen« der Vernunft.*

J.-M. L. Für sie ist die Vernunft ein Absolutum, eine Gnosis. Wer aber wird die Vernunft entsühnen?

D. W. *Die Menschen.*

J.-M. L. Das würde ich gern erleben. Aber das ist eine Illusion. Denn heute wissen wir, wozu der Mensch fähig ist. Und wir wissen auch, daß die Vernunft nichts verhindert hat.

J.-L. M. *Aber diese Philosophen sagen doch genau dasselbe.*

J.-M. L. Dann sollen sie mir doch bitte einmal sagen, weshalb »die Menschen guten Willens« Selbstmord begehen und die Menschen bösen Willens triumphieren. Wie erklären sie die Tatsache, daß die deutschen Intellektuellen der 30er Jahre reihenweise umgefallen sind?

J.-L. M. *Und Sie begnügen sich damit, die Ursache der Ereignisse im Wirken des Satans zu sehen. Finden Sie, daß das eine zufriedenstellende Erklärung ist?*

J.-M. L. Nein, ich will damit lediglich auf das Mysterium des Bösen hinweisen, das in der menschlichen Freiheit, der menschlichen Natur am Werk ist. Wir haben einen Kampf mit dem Bösen zu bestehen, in dem die Mittel einer technizistischen Vernunft bei weitem nicht ausreichen. Das Böse ist immer mit dem Tod verbunden, den man gibt, den man empfängt, in dem man sich gegenseitig vernichtet. Das läßt sich an tausend Beispielen demonstrieren, in denen ebensoviel versteckte Gewalt zum Ausdruck kommt wie in Drogensucht, Raserei und Alkoholismus.

D. W. *Hier sind Sie nicht weit von einer psychoanalytischen Erklärung entfernt. Man könnte beispielsweise auf den Todestrieb verweisen, ohne dabei den Satan ins Spiel zu bringen.*
J.-L. M. Wirklich? Nun, um so besser! Lassen Sie sich bloß nicht von einer so heißen Spur abbringen ...!
D. W. *Das gleiche könnte ich zu Ihnen sagen.*
J.-M. L. Nein, denn wir haben doch schon gesehen, wohin eine sich selbst überlassene Vernunft führt.
D. W. *Sie übertreiben. Die Vernunft heute ist nicht mehr die triumphierende Vernunft eines militanten Atheismus.*
J.-M. L. Jeder hat die Freiheit, zu denken, was er will. Ich versuche nicht, den Menschen um jeden Preis ihre Illusionen zu rauben.
D. W. *Das Wort »Illusion« scheint mir unangemessen, Sie würden besser von einem System von Überzeugungen sprechen.*
J.-M. L. Nein, denn für mich ist die Vorstellung, die Vernunft könne sich selbst erlösen, eine glatte Illusion.
D. W. *Das ist die Antwort eines Christen, und doch wissen auch Sie – wir haben schon früher darüber gesprochen –, daß die im Namen der Vernunft begangenen Untaten nicht die Erinnerung an jene Untaten auslöschen können, die im Namen des Glaubens begangen wurden.*
J.-M. L. Wer glaubt, die Vernunft könne sich selbst erlösen, muß, sobald er einsieht, daß die Vernunft selbst verlassen ist, in völlige Verzweiflung geraten.
J.-L. M. *Sie behaupten, das absolute Böse sei am Werk. Wie aber lassen sich dann sozialwissenschaftliche und theologische Deutung miteinander vereinbaren? Für den Erfolg des Nationalsozialismus oder die Ausbreitung des Kommunismus gibt es geschichtliche Erklärungen, die wirtschaftliche, politische, soziale und kulturelle Faktoren in Anschlag bringen. Diese Studien kommen zu einleuchtenden Ergebnissen. Wie bringen Sie Ihre eigene Deutung mit diesen Arbeiten in Einklang? Wenn das Böse am Werk ist, dann ist alles von vornherein festgelegt, und es gibt nichts, was wir tun oder sagen könnten.*
J.-M. L. Nein. Nicht jeder Machtmechanismus ist zwangsläufig korrumpiert. Nicht jeder Konflikt, nicht jedes Herrschaftsverhält-

nis und nicht jede wirtschaftliche Liberalisierung wirken notgedrungen zerstörerisch. In jedem geschichtlichen Phänomen ist Gutes und Böses enthalten, aber kein Mensch, sei er Zeitgenosse oder Historiker, vermag ein endgültiges Urteil darüber zu fällen. Die Geschichte entfaltet sich mit ihren Mechanismen und ihren Widersprüchen, weil das menschliche Leben in der Zeit verläuft, und wir versuchen mit den Mitteln unserer Vernunft, etwas davon zu verstehen.

Plötzlich aber tun sich unter unseren Füßen, im Innern der Konflikte und Zeitläufte, Abgründe auf, die in keinem Verhältnis zu den Ursachen und Einsätzen stehen, unvermittelte Wendungen zum Irrationalen. Ursachen und Wirkungen sind nicht mehr aufeinander abgestimmt, und unsere Vernunft kann die aufbrechenden Kräfte nicht meistern. Die Kausalkette ist aufgesprengt. Wahnsinn, so meint man zunächst, habe die Menschen ergriffen. Der Sündenbockmechanismus tritt in Erscheinung; man beschuldigt die Juden oder die Freimaurer... Die Gesellschaften müssen sich irrationale Erklärungen zusammenbasteln, um das begreifen zu können, was ein kausales Denken übersteigt.

D. W. *Dasselbe gilt, wenn Sie vom absoluten Bösen sprechen.*

J.-M. L. Ich versuche nicht, irgend etwas zu rechtfertigen oder zu beweisen! In der menschlichen Erfahrung gibt es eine dramatische Tiefe des Bösen, eine Art Abgrund. Ich behaupte nicht, meine Generation sei die einzige gewesen, die diesen Abgrund berührt hat. Es ist durchaus möglich, daß die Generation, die den Krieg um Algerien miterlebt hat, Dinge der gleichen Tragweite und der gleichen Bedeutung erfahren hat. Wer könnte eine Erfahrung mit einer anderen vergleichen? Aber wie es eine Erfahrung der Freiheit gibt, so eine der Verletzung der Freiheit, des Bösen, dessen der Mensch fähig ist und dessen Tiefe von keiner menschlichen Vernunft ausgelotet werden kann. Wenn Ihnen das Wort »Teufel« mißfällt, dann können wir statt dessen auch von Lüge sprechen. Das ändert nichts daran, daß wir in bezug auf den rationalen Diskurs einen qualitativen Sprung machen müssen, weil die Kohärenz der Ereignisse und des Lebens so stark herabgesetzt ist, daß die Vernunft sie nicht mehr bewältigen kann. Versucht sie es dennoch, läuft sie Gefahr, nichts als Mechanismen der Verdrängung, der Übertragung oder Ersatzbildung aufzudecken. Einige Juden meiner Generation haben die Vergangenheit dadurch zu vergessen versucht, daß sie sich dem Aufbau des Staates Israel widmeten; manche Franzosen konnten vergessen, indem sie alles daran setzten, die nationale Ehre wiederzuerlangen oder einem Wohlstand nach amerikanischem Muster nachzujagen. Als Gläubiger kann ich diese Vorstellung einer tragischen Dimension des Daseins voll annehmen. Ich erhoffe das Höchste von den Menschen, bin aber zugleich auf das Niedrigste gefaßt.

D. W. *Auch auf das Ärgste?*

J.-M. L. Auch darauf. Das bedeutet nicht, am Menschen zu verzweifeln, sondern zu wissen, daß es jederzeit zum Schlimmsten kommen kann. Erst dann kann man der Geschichte beherzt ins Auge sehen. Gewiß, wir schämen uns; aber sich schämen heißt nicht, die Schmach weit von sich weisen, es heißt, Mitleid, grenzenlose Barmherzigkeit haben und das unendliche Verlangen nach Heilung spüren, ohne sich dabei irgendwelche Illusionen über die allgegenwärtigen Risiken zu machen. Wir müssen das Böse, dessen der Mensch fähig ist, an dem Guten messen, zu dem er aufgerufen ist. Es gibt nicht – ein für allemal – hier die Bösen und dort die Guten, vielmehr kann der schlimmste Bösewicht zum größten Heiligen werden, denn solange Gott nicht verdammt hat, gibt es keine Verdammung. All dies glauben heißt, den manichäischen Dualismus verwerfen und an die menschliche Freiheit glauben. Eine naiv optimistische Betrachtungsweise scheint mir hier nicht möglich.

J.-L. M. *Manche Rationalisten sehen durchaus die Tragik der Geschichte.*

J.-M. L. Und sie sind nicht verzweifelt?

J.-L. M. *Nein, nicht notwendigerweise.*

J.-M. L. Dann sind sie Stoiker und Skeptiker.

J.-L. M. *Sie gehen in Ihrer Interpretation von der Wirksamkeit des Bösen in der Welt aus – eine andere Erklärung sieht darin eine Strafe Gottes. Einige Juden etwa haben in diesem Zusammenhang von den ...*

J.-M. L. ... Sünden Israels gesprochen.

J.-L. M. *Ja, und noch bei Solschenizyn begegnet man leitmotivisch der Behauptung, Rußland sei mit dem Kommunismus gestraft worden, weil es nicht christlich genug gewesen sei.*

J.-M. L. Derartigen Vorstellungen begegne ich mit äußerster Zurückhaltung, denn hier kann man viel Unsinn in die Welt setzen. Wir sollten uns nicht anmaßen, das Urteil Gottes über die Sünden der Geschichte zu antizipieren. Richtig ist: Böse Taten bringen neue böse Taten hervor; mag die spirituelle Verantwortung auch Sache eines jeden einzelnen sein, so ist doch keine menschliche Freiheit allein auf der Welt. Wie es eine Solidarität im Guten gibt, so auch eine im Bösen, und das aus dem menschlichen Handeln entspringende Böse pflanzt sich immer auf irgendeine Weise fort. Dem Segen, den man Kindern und Kindeskindern spendet, entspricht als Gegensatz der Fluch, den man gegen Kinder und Kindeskinder aussprechen kann. Segen und Fluch sind keine magischen Formeln, aber sie wirken und bezeugen damit die geistliche Solidarität der Menschen untereinander. Eine individualistische Sicht des Guten und Bösen scheint mir notwendigerweise unzureichend zu sein; es gibt eine Solidarität im Guten wie eine Verbundenheit im Bösen, was freilich nicht gleichzusetzen ist mit Kollektivschuld. Ich lehne es ab, mich auf die Bewertungen, die Sie heranziehen, einzulassen.

D. W. *Dennoch hat ein Teil der katholischen Kirche Frankreichs die Niederlage von 1940 auf ähnliche Weise beurteilt.*

J.-M. L. Ich weiß, ich erinnere mich daran.

J.-L. M. *Schuld waren Atheismus, Republik, Freimaurer...*

J.-M. L. Ich erinnere mich sehr gut an dergleichen Argumentationen. Ich habe Ihnen ja die Karikatur des Bauern beschrieben, der zuviel Gide gelesen hatte. Sie zeigt, wie vorsichtig man mit solchen Schuldzuweisungen sein muß.

D. W. *Aber wenn Sie sagen, daß die politischen, wirtschaftlichen oder sozialen Erklärungen des sittlichen Verfalls Frankreichs im Jahre 1940 unzureichend sind, sind Sie dann nicht selbst einer solchen Interpretation sehr nahe?*

J.-M. L. Ich habe von Sünde gesprochen – nicht von einer Strafe Gottes. Wer sich auf die Sünde und das Mysterium des Bösen bezieht, stellt sich seiner Verantwortung Gott gegenüber. Er empfängt das Licht Gottes, und dieses Licht wird ihm zuteil in der Gnade der Vergebung. Wer sich für endgültig verdammt erklärte, würde zweifellos in die Irre gehen. Das Blendwerk des Wahnsinns hätte ihn umfangen, und es würde ihm an Gottvertrauen ermangeln. Wer von uns könnte eine letzte Verdammung aussprechen?

J.-L. M. *Aber folgt die Behauptung: Wenn man sich zu sehr von Gott entfernt und sich zu sehr auf die Vernunft verläßt, läuft man Gefahr, dem Bösen anheimzufallen, nicht einem ähnlichen Argumentationsmuster?*

J.-M. L. Nein. Das soll einfach heißen: Wenn man mit zweihundert Sachen über die Autobahn rast, hat man gute Aussichten, in Zukunft überhaupt nicht mehr zu fahren – sei es, weil man gegen einen Baum knallt, sei es, weil man in eine Schlucht stürzt!

Die geistliche Berufung

D. W. *Wie haben sich die historischen Ereignisse auf Ihre Berufung ausgewirkt? Haben Sie daran gedacht, nicht mehr Priester zu werden, vielleicht sogar wieder zum Judentum zurückzukehren?*

J.-M. L. Die Gewißheit, von Gott berufen zu sein, hat mich nie verlassen, auch wenn ich mich nicht würdig fühlte.

D. W. *Waren Sie sich nicht sicher, ob Sie die Befähigung zum Priestertum mitbringen?*

J.-M. L. Nein, ganz einfach, ob ich es überhaupt anstreben sollte. Die Frage, ob ich dazu befähigt bin oder nicht, wäre sinnlos gewesen, wenn Gott es von mir verlangte. Mir stellte sich die Frage, ob es das war, wozu Gott mich gerufen hatte. Das ist die Zeit der Prüfung im Seminar, das ist etwas anderes.

D. W. *Unsere Frage zielt auf den Einfluß der tragischen Ereignisse der Geschichte auf Ihre geistliche Berufung. Haben die Greuel der Geschichte Ihren geistlichen Werdegang nicht verändert?*

J.-M. L. Nein, sie haben ihn befestigt, bekräftigt. Was ich Ihnen erzählt habe, läßt sich natürlich psychoanalytisch deuten und nach verschiedenen Schemata rekonstruieren. Aber das Wesentliche bleibt die Gewißheit und Überzeugung, zum priesterlichen Dienst berufen zu sein, das heißt zu einer völligen Hingabe meines Lebens an Christus.

1944 in Toulouse lebte ich im Untergrund. Wie schon gesagt, hatte ich engen Kontakt zu Untergrundbewegungen, die der *Témoignage chrétien* nahestanden, das heißt also zum geistigen Widerstand. Zwischen meiner Reaktion auf die geschichtlichen Ereignisse und meinen geistlichen Entscheidungen bestand also keinerlei Diskrepanz. Wir durchlebten eine Zeit, in der Ungeheures auf dem Spiel stand und die deshalb von scharfen Polemiken geprägt war. Polemik, das hieß damals Aufruf zum Krieg! Zum Bürger- und Völkerkrieg. Die anonymen Mitarbeiter von *Témoignage chrétien* zeichneten sich durch eine Liebe zur Wahrheit und Gerechtigkeit, ein tiefes Verständnis der damaligen Ereignisse und eine Achtung vor dem Menschen aus, die ich für bewundernswürdig hielt. Die *Témoignage chrétien* verzichtete auf jedes Aufpeitschen von Emotionen, jede unberechtigte Hetze. Nicht umsonst lautete der Untertitel: *Wahrheit um jeden Preis*; es galt die Wahrheit ehrlich zu bekennen – koste es, was es wolle – denn die Wahrheit war nicht auf der Seite irgendeiner Partei. Liest man diese Texte heute, ist man erstaunt über ihre meisterliche und kraftvolle Sprache.

J.-L. M. *Wer waren die wichtigsten Mitarbeiter?*

J.-M. L. Eine Gruppe aus Lyon, in erster Linie Jesuiten, unter anderem Pater Chaillet, der Kopf des Projekts, Pater de Lubac, der viele Artikel beigesteuert hat, und Pater Fessard. Auch mehrere Hochschullehrer, etwa Mandouze und Marrou. Daneben, unter einem leicht zu durchschauenden Pseudonym, der Schweizer Charles Journet, der später von Paul VI. zum Kardinal ernannt wurde. Ich erinnere mich an eine Ausgabe der *Témoignage chrétien* über den Antisemitismus, die nichts an Klarheit und Eindeutigkeit der Aussage zu wünschen übrig ließ und in der Artikel von Journet und de Lubac enthalten waren.

J.-L. M. *Welche Positionen vertraten diese »geistlichen Widerstandskämpfer«?*

J.-M. L. Um es kurz zu machen: Der Sieg des Nazismus war für sie nicht nur ein militärischer Sieg der Deutschen, sondern der Triumph einer teuflischen Ideologie, eines abgründig Bösen. Wenn wir diese Ideologie nicht in uns selbst besiegen, dann werden wir geistig unterliegen, auch wenn die Alliierten militärisch den Sieg davontragen. Zunächst muß daher jedes stillschweigende Einverständnis mit der totalitären und rassistischen Ideologie der Nazis aufs schärfste verurteilt werden, denn ohne diese Verurteilung wäre ein Sieg sinnlos. Das heißt, jedem heimlichen Liebäugeln im Denken, Urteilen und Handeln mit einem Wertsystem, das uns dem Bösen ausliefert, indem es uns unsere Seele raubt, muß radikal ein Ende gesetzt werden. Pater Gaston Fessard hat in dem Titel eines seiner Bücher diesen Gedanken sehr schön zusammengefaßt: *Frankreich, nimm dich in acht, daß du deine Seele nicht verlierst.*

Zweiter Teil

Glaube und Wissen

I. Student und Seminarist (1945–1954)

Die Wirren des Kriegsendes

Dominique Wolton: *Sie wohnten in Toulouse, als der Krieg zu Ende ging. Wie war die Atmosphäre, und wie haben Sie die damaligen Ereignisse erlebt?*

Jean-Marie Lustiger: Ich habe tatsächlich erst damals ein politisches Bewußtsein entwickelt. Was mich betroffen, ja bestürzt hat, war das Umschlagen der Gewalt. Eine gewaltige Last war von uns abgefallen, wir hatten unsere Freiheit wiedergewonnen, kurz: das Untier war besiegt! Aber gerade in diesem Moment kam es zu unerhörten Gewalttätigkeiten. Ich habe gesehen, wie man Frauen kahlgeschoren, geschlagen und über den Boden geschleift hat. Man sagte, sie hätten mit den Deutschen kollaboriert, seien mit ihnen ins Bett gestiegen. Ich habe Männer gesehen, blutüberströmt, mit verstümmeltem Körper, die, festgebunden auf den Motorhauben von Autos, die mit französischen Fahnen geschmückt waren, durch die Straßen von Toulouse gefahren wurden ... Es seien Kollaborateure, sagte man. Dieser Anblick erfüllte mit mich tiefem Ekel; ich sagte mir: »Nein, das ist nicht Frankreich, nicht *dafür* sind deine Freunde gestorben, nicht um *das* zu sehen, sind wir am Leben geblieben, haben wir überlebt.« Ich hatte den Eindruck, wir gerieten in unsere eigene Falle; wir taten genau das, was zu bekämpfen wir uns vorgenommen hatten. Aber das war, wie gesagt, meine persönliche Erfahrung ... Ich will hier nicht die Praxis der unumgänglichen Säuberung bewerten, sondern nur an unkontrollierte Gewalttätigkeiten erinnern, an Straßenszenen, deren Zeuge ich war und die mich jäh mit einer schweren Frage konfrontierten: Wie läßt sich Gewalt bekämpfen, ohne auf Gewalt zurückzugreifen?

Einige Wochen später versammelten sich auf Initiative von Erzbischof Saliège die Katholiken von Toulouse auf der Place du Capitole. Dem Franziskanerpater und Paläontologen Bergougnoux, einem begnadeten Redner und bekannten Widerstandskämpfer, gelang es, in dieser allgemeinen Raserei einer christlichen Stimme Gehör zu verschaffen. Zu dieser Zeit hatten in Toulouse die Kommunisten das Sagen, die eine unabhängige Parteibasis aufbauen wollten. Dieses Bild des seine Stimme erhebenden Christen verwies symbolisch auf die neue Rolle der Kirche im Staat. Hier wurde zum erstenmal die christdemokratische These einer Versöhnung von Staat und Kirche in die französische Öffentlichkeit getragen, in der sie dank dem Einsatz einiger berühmter Persönlichkeiten des geistigen Widerstandes – deren Galionsfigur Erzbischof Saliège war und zu denen alle meine Toulouser Freunde gehörten – immer mehr Gestalt gewann.

Wie soll man die Geschichte beurteilen?

D. W. *Hatten Sie das Gefühl, daß zwischen den geschichtlichen Ereignissen und der geistlichen Suche ein Zusammenhang bestand?*

J.-M. L. Ja, sogar ein sehr enger; dieser Krieg war kein »gewöhnlicher« Krieg, der sich bruchlos in die Linie der Kriege von 1870 und 1914, des Hundert- oder Dreißigjährigen Krieges oder der Napoleonischen Kriege einfügte. Dies war kein Krieg »wie alle anderen«. Ich hatte das Gefühl, daß wir in einem höllischen Abgrund, einer monströsen Ungerechtigkeit versunken waren. Denn bei diesem Krieg ging es vor allem um Sieg oder Niederlage einer Ideologie. Im Mittelpunkt dieser Ideologie stand die Vernichtung des auserwählten Volkes, weil Volkes Gottes, der Juden. Schon bei meinem Aufenthalt in Deutschland, als Jugendlicher, hatte ich begriffen, daß der Nazismus mehr war als nur eine prometheisch-satanische Versuchung. Seine Feindschaft gegenüber dem Christentum war grundsätzlich. Er konnte die Kirche nicht offen angreifen, denn sie stellte eine Macht dar, mit der die Nazis behutsam umgehen mußten. Die Juden aber waren der Wucht der Verfolgung schutzlos ausgeliefert. Dieser Krieg entfesselte die niedrigsten Leidenschaften und die schlimmste Niedertracht. Zugleich aber führte er gerade bei gewöhnlichen Leuten auch zu bewundernswerten Taten des Heroismus und der Großmut, die heute längst vergessen sind. Einzig das Mysterium des leidenden Messias und der Erlösung (sowie des Kampfes, den sie voraussetzt) gibt diesem verheerenden Konflikt seinen Sinn. Hier ging es nicht mehr in erster Linie um einen Krieg zwischen Völkern. Ich erinnere mich an eine – scheinbar unbedeutende – Begebenheit, die veranschaulicht, was ich damit meine: Es war in Orléans. Auf dem Weg zur Kirche stieß ich auf einen deutschen Soldaten.

D. W. *Was für ein Gefühl war das für Sie?*

J.-M. L. Ein sehr gemischtes. Aber seine bloße Anwesenheit zwang mich zu einer Differenzierung. Ich konnte nicht einfach von »den Deutschen« sprechen; ich mußte zwischen Deutschen und Nazis unterscheiden. Was mir in Heidelberg 1936 noch leichtgefallen war, war mir in Orléans nahezu unmöglich. Damals habe ich die geistige Dimension der Ereignisse erfahren. Mein neuer Glaube hat mir nicht so sehr die Gewißheit gegeben, daß ich überleben werde, sondern eher das Gefühl vermittelt, mit Zuversicht, ja ohne Angst, meinen Weg fortsetzen zu können, kurz: Er hat innerlich mein Vertrauen befestigt, keine Angst vor dem Tod zu haben. Oder vielmehr: Ich habe mich vor dem Sterben gefürchtet. Aber dann sagte ich mir, daß mein Tod, sollte es dazu kommen, von Gott gewollt wäre und sich auf irgendeine Weise in die Logik der menschlichen Geschichte einfügen würde. Das war keineswegs stoische Resignation, sondern Vertrauen in die Güte Gottes.

Jean-Louis Missika: *Aber ist der Tod nicht sinnlos?*

J.-M. L. Nein.

J.-L. M. *Auch nicht im Krieg?*

J.-M. L. Immer wieder hat mich folgende Frage beschäftigt: Wie viele Menschen haben im Lauf der Jahrhunderte hier, auf diesem Stück Erde, auf dem ich stehe, auf diesem Quadratmeter Boden, auf den ich gerade meinen Fuß setze, gelebt, wie viele sind hier gestorben – Menschen, an die sich niemand mehr erinnert? Wer waren sie? Während unsere ganze Kultur auf dem namentlichen Angedenken großer Helden erbaut ist, entfaltete sich in dem universitären Bildungssystem, wie ich es kennenlernte, doch häufig nichts anderes als ein unerträglicher Gelehrtenfleiß, der berühmte Persönlichkeiten zum Gegenstand hatte. Und alle anderen? Liegt darin etwa der Lebenssinn eines Menschen? Kann der akademische Diskurs das letzte Wort sein? Und was ist mit denen, die er außer Betracht läßt? Den ewig Unbekannten? Allein Gott kennt sie. Hat das Leben einen Sinn? Aus dem Glauben antworte ich: Mein Leben ist in Gottes Hand. Und ich lege es zurück in seine Hand. Niemand kann mir mein Leben nehmen, auch nicht, wenn er mich tötet, denn mein Leben gehört Gott.

J.-L. M. *Auf die Frage nach dem Sinn des Lebens zu antworten: »Gott kennt ihn« ist für einen Gläubigen tröstlicher als für einen Nichtgläubigen.*

J.-M. L. Ja, aber eigentlich geht es um den Wunsch zu leben.

D. W. *Ist das Leben nicht schwieriger, wenn man nicht an Gott glaubt, als wenn man an ihn glaubt?*

J.-M. L. Vielleicht... Und wie die Neostoiker nach dem Krieg, etwa Camus, wird manch einer sogar sagen: »An Gott zu glauben ist feige, viel mutiger ist es, nicht an ihn zu glauben.«

D. W. *Nein, nein, ich habe nicht das Wort »Mut« gebraucht... Ich habe von »Schwierigkeit« gesprochen.*

J.-M. L. Der Glaube an Gott gibt Kraft zu leben; der Glaube enthüllt die Pflicht zu leben. Gott ist kein Prinzip, keine feste Mauer, an der man wie an einem Haken seine Kleider oder einen Strick aufhängen könnte. Vor dem Gläubigen entbirgt sich ein Gesprächspartner, der erst dann, wenn man seine Gegenwart annimmt, die unvordenklichen Orte erahnen läßt, zu denen er uns hinführen will. Er fordert nur in dem Maß, wie er gibt. Macht er nun das Leben leichter oder schwerer? Ich weiß es nicht! Wer die Worte Christi liest – der hier seinerseits Jesaja zitiert – »der Menschensohn ist nicht gekommen, daß man ihm diene, sondern um selber zu dienen und sein Leben für die Menschen hinzugeben«, ohne ihren Sinn zu verstehen, den müssen sie verstören und erschrecken; er wird versessen nach einer natürlichen Erklärung dieser Worte suchen. Aber sie sind und bleiben unerträglich und sinnlos für alle, die das Licht dieser Worte nicht empfangen und sie nicht in der Nachfolge Christi zu leben beginnen. Es gibt eine Art von Theismus, der die Kohärenz der Welt und der menschlichen Handlungen verbürgt. Alle Gesellschaften kennen derartige an sich einleuchtende Repräsentationsformen des Lebens und des Todes; mit ihrer Hilfe vermag der Mensch die Angst vor dem Leben zu überwinden und sich an den Bau des gemeinsamen Hauses zu machen. Löst sich das gesellschaftlich anerkannte Repräsentationssystem auf, ist die Gesellschaft in ihrer Existenz bedroht. So gesehen haben Maurras und Hitler recht gehabt, als sie in der Bibel eine Bedrohung des inneren Zusammenhalts der Gesellschaften und deren Vorstellungen vom Göttlichen oder Heiligen sahen.

Die »rationalistische« Kritik daran beginnt schon bei den Propheten (z. B. Jesaja) und in den Weisheitsbüchern. Und diese Polemik steht in nichts einem Diderot nach.

D. W. *Man merkt, daß Sie die französischen Autoren des 18. Jahrhunderts nicht leiden können ...*

J.-M. L. Ich liebe Beaumarchais ...

D. W. *Glauben Sie nicht, daß Sie die Dinge aus dem Lot rücken, wenn Sie dem rationalistischen Geist alles in die Schuhe schieben, was Ihnen nicht gefällt?*

J.-M. L. Ich bitte Sie, ich bin schließlich kein Duodez-Fürst aus dem 18. Jahrhundert! Ich bin ein Kind des 20. Jahrhunderts! Der bärtige Marx, Doktor Freud, Einstein und einige andere haben uns doch beigebracht, daß sich das nicht aufrechterhalten läßt. Wir haben es mit unseren eigenen Augen gesehen, an unserem eigenen Leib erfahren, warum das eine fromme Illusion war!

D. W. *Was? Die Religion oder die Vernunft?*

J.-M. L. Diese wahnhafte Idealisierung der Vernunft, einer »selbstgefälligen« Vernunft, die ihre Grenzen nicht kennt. Sie und ihre Autorität kann man nur retten, wenn man ihrem anmaßenden Anspruch auf Alleinherrschaft entgegentritt.

J.-L. M. *Was die Methode betrifft, so glaube ich nicht, daß man zwischen der Rationalität, deren Grundlagen ja schon lange vor der Aufklärung gelegt wurden, und Freud einen Bruch ansetzen kann, denn die Rationalität entstand nicht erst im 18. Jahrhundert.*

J.-M. L. Treffen wir eine einfache Unterscheidung. Es gibt einerseits Regeln, mit denen sich die Gültigkeit vernünftiger Aussagen überprüfen läßt, dies sind die logischen Gesetze. Und andererseits gibt es die Theorie der Vernunft. Das ist nicht dasselbe. Sie postulieren die Kontinuität zwischen den Meistern der Vernunftkritik und dem Rationalismus. Diese Kontinuität besteht allein im wissenschaftlichen Gebrauch der Vernunft, aber Marx und Freud, die beide der Wissenschaft treu bleiben wollten, haben gezeigt, daß die Arbeit der Vernunft einen blinden Fleck verdeckt. Ich bin weder Marxist noch Freudianer, aber die Tatsachen zeigen eindeutig: Die Vernunft wurde hinters Licht geführt, und ihr Diskurs muß gedeutet werden.

J.-L. M. *Ja, aber die Stärke der wissenschaftlichen Vernunft besteht gerade darin, Hypothesen aufzustellen, die falsifiziert werden können …*

J.-M. L. Und doch hat die Aufklärung mit der Vergottung der menschlichen Vernunft, die jede Kritik zurückweist, einen totalitären Anspruch erhoben. Es tut mir leid, aber Ihr Argument …

D. W. *Behaupten Sie etwa, daß letztlich das Zeitalter der Aufklärung den Totalitarismus hervorgebracht hat?*

J.-M. L. Das ist eine vereinfachende Darstellung … aber sie läßt sich durchaus begründen.

D. W. *Das mag eine Vereinfachung sein, aber Ihrer Darstellung kann man sofort ein historisches Argument entgegenhalten: Die Aufklärung war eine Gegenreaktion gegen die furchtbaren Verirrungen, in die die Kirche als weltliche Macht in den zwei bzw. drei vorangehenden Jahrhunderten geraten war; zumindest kann man sagen, daß sich in den Veränderungen im 17. und 18. Jahrhundert der Wille widerspiegelt, eine menschliche Vernunft zu schaffen, die sich nicht auf Gott beruft, und dieser Wille läßt sich nur verstehen, wenn man die Greuel berücksichtigt, die die Kirche als weltliche Macht in den vorausgehenden Jahrhunderten begangen hatte. Ihre Argumentation läßt sich also ohne weiteres umkeh-*

ren. Heute die Abdankung der Vernunft zu fordern scheint mir nicht berechtigter zu sein, als im 18. Jahrhundert die Verabschiedung Gottes zu fordern. Die seit 150 Jahren im Namen der Vernunft begangenen Irrtümer können die atheistische Erklärung nicht völlig entkräften.

J.-M. L. Die Krisis der Aufklärung war virtuell schon zuvor in der Geschichte nicht nur der Kirche, wie Sie meinen, sondern, genauer, des gesamten europäischen Abendlandes angelegt. Die Krisis des Abendlandes, des abendländischen Denkens, beginnt nicht erst im 18. Jahrhundert, die Weichen dafür wurden schon lange zuvor gestellt.

D. W. *In der Reformation?*

J.-M. L. Ja ... Im Zeitalter der Reformation und sogar noch früher. Es handelt sich hier um eine innere Krise, die nur langfristig erkannt und verstanden werden kann.

D. W. *Aber die Inquisition war ja auch nicht gerade ein Austausch von Zärtlichkeiten.*

J.-M. L. Nein, aber über den Ursprung und die religiösen oder politischen Ursachen der Inquisition muß man diskutieren. Die Inquisition ist eine typische Methode der »Reconquista« (Vertreibung der Araber aus Teilen Frankreichs und aus Spanien). Zwischen der ursprünglichen Absicht des heiligen Dominikus und ihrer Umsetzung durch die Adligen Nordfrankreichs, die sich die Länder Südfrankreichs einverleiben wollten, klafft allerdings eine große Lücke. Der allgemeinen Logik der Macht, der die Fürsten, Völker und Königreiche gehorchten, konnten sich auch die Männer der Kirche nicht entziehen.

D. W. *Die Kirche war vielmehr eine der treibenden Kräfte und lange Zeit ein sehr gewichtiger Machtfaktor.*

J.-M. L. Ja. Aber nicht ohne innere Diskussionen und inneren Widerstand. Die Männer der Kirche waren damals genauso Kinder ihrer Zeit, wie wir Kinder unserer Zeit sind.

D. W. *Vorhin haben Sie dasselbe über die Haltung der französischen Bischöfe während des Zweiten Weltkriegs gesagt. Gewiß: Die Männer der Kirche sind auch nur Menschen – aber kann man von einer Elite nicht erwarten, daß sie sich etwas anders verhält als die übrigen Menschen, besonders wenn es sich um den Klerus handelt, der doch sonst immer die Moral hochhält?*

J.-M.L. Wie kann man einer anachronistischen Sichtweise entkommen? Wie kann man behaupten, die Menschen des 16. Jahrhunderts hätten genauso denken müssen wie die Menschen des 19. oder 20. Jahrhunderts? Die einzige Epoche, die wir nicht kritisieren, ist die, in der wir gerade leben, denn wir erachten sie als das Selbstverständliche. Wir orientieren uns immer an dem, was *wir* für wahr und richtig erachten; aber schon eine Spanne von 50 oder 100 Jahren reicht hin, uns die Relativität aller Standpunkte vor Augen zu führen, mögen sie für den Moment auch als unübertrefflich vernünftig erscheinen. Es ist ein Anachronismus, wenn man eine Gesellschaft in einer früheren geschichtlichen Epoche unter dem Gesichtspunkt beurteilt, den man heute als »wahr« ansieht. Der Historiker versucht in seiner Arbeit, eine vergangene Epoche zu betrachten, oder, sagen wir besser, sie sich vorzustellen. Eine »Rekonstruktion der Vergangenheit« aber ist nur möglich, wenn man alle anderen Epochen zum Vergleich heranzieht und ihre Unterschiede erkennt.

Ein führender Repräsentant unseres Staates sagte mir einmal über die Bibel: »Wie soll man an eine Welt glauben, die so barbarisch und blutrünstig ist? Hat Gott denn gewollt, daß die Kanaaniter niedergemetzelt werden, ein ganzes Volk ausgerottet wird? Ist das vorstellbar?« Ich habe versucht, darzulegen, was diese Geschichte bei aller unbezweifelbaren Verschiedenartigkeit der Kulturen besagt und an Offenbarungswert besitzt. Dachte er denn auch daran, daß in unserer Zeit weitaus grausamere und »rationellere« Metzeleien stattfinden? Dürfen wir unsere heutigen Wertmaßstäbe einfach der Vergangenheit überstülpen, so, als ob wir selbst außerhalb der Geschichte stünden und zu Richtern der Gewissen und der Geschichte berufen wären? Will der Historiker die Geschehnisse der Vergangenheit verstehen, muß er sich bemühen, einheitliche Felder abzustecken und Unterschiede innerhalb derselben zu erkennen. Aber so wie der Historiker über den Stoff der Geschichte arbeitet, so arbeitet er zugleich über sich. Denn die Geschichte ist die Beziehung der Gegenwart zur Vergangenheit.

J.-L. M. *Dennoch gibt es heute einen Konflikt der Interpretationen. Dominique Wolton hat gerade darauf hingewiesen, daß Sie bezüglich des Verhaltens der katholischen Kirche im Zweiten Weltkrieg und in der Zeit der Inquisition auf ganz ähnliche Weise argumentieren. Wenn man sich keines Anachronismus schuldig machen will, muß man sich jedoch daran erinnern, daß die Kirche im Zeitalter der Inquisition über eine ungeheure Machtfülle verfügte, und wenn Sie sagen: »die Männer der Kirche gerieten in den Sog der weltlichen Politik«, so scheinen Sie zu vergessen, daß die Fürsten – ganz im Gegensatz zu Hitler oder Marschall Pétain – ihrerseits von der Religion, von Gott beherrscht wurden.*

J.-M. L. In den meisten Ländern Europas war die Bischofswürde noch bis vor kurzem entweder käuflich gewesen oder von den Mächtigen der Welt usurpiert und zweckentfremdet worden. Dies war jahrhundertelang (und ist heute immer noch) der Hauptstreitpunkt zwischen den Trägern der Staatsmacht und dem Papst, dessen Unabhängigkeit die Freiheit der Kirche garantiert. Einer meiner Vorgänger als Erzbischof von Paris war Kardinal de Retz. Nach der flüchtigen Lektüre seiner Memoiren muß ich leider sagen: Sein schriftstellerisches Talent erfüllt mich nicht gerade mit bischöflichem Stolz! Wie läßt sich erklären, daß die katholische Kirche Frankreichs an der Wende vom 16. zum 17. Jahrhundert eine so klägliche Figur abgegeben hat? Aber vergessen wir nicht, daß zur gleichen Zeit große Männer der Kirche die vom Trienter Konzil verabschiedeten Reformen in die Tat umzusetzen begannen. Wer ist »mehr« Katholik? Der Heilige Vinzenz von Paul oder Ludwig XIV.? Wer den Zustand der Kirche in einer bestimmten Epoche beurteilen wollte, müßte eine historische Arbeit leisten, der oft genug noch die elementarsten Grundlagen fehlen. Aber schon immer war der Zustand der Kirche Anlaß für heftige Polemiken. Die Geschichte wurde allzuoft für ideologische Auseinandersetzungen mißbraucht, statt Gegenstand zwar nicht »objektiver« (das gibt es nicht), aber doch immerhin unvoreingenommener Recherchen zu sein, durch die sich das Geschehen der Vergangenheit erkennen und verstehen ließe. Erst dann könnte man Fragen beantworten wie etwa: Wie haben sich Menschen und Kulturen, die wir heute barbarisch schimpfen, unter dem Einfluß des Christentums verändert? Und um welchen Preis?

J.-L. M. *Das gilt aber auch für Ihre Argumentation. Wenn Sie behaupten, die Philosophen der Aufklärung hätten die Grundlagen gelegt für die totalitären Systeme der Neuzeit, benutzen Sie selbst ein polemisches Argument.*

J.-M. L. Das ist eine verkürzende Aussage. Ich wende mich vor allem gegen Klischeevorstellungen: *die* Inquisition, *die* Borgia, *der* kirchliche Obskurantismus und so fort. Ich verlange ein Mindestmaß an Hinterfragung, vor allem aber an intellektueller Redlichkeit sowie an methodischer Strenge, um zu verhindern, daß man die Geschichte kurzerhand ideologisch umdeutet. Zweitens: Wenn ich feststelle, daß der geistige und sittliche Zustand der christlichen Völker auch vom jeweiligen Zeitgeist mitgeprägt wird, will ich damit keineswegs die Möglichkeit einer moralischen und auch geistlichen Beurteilung ausschließen. Das zu tun, ist aber nicht Sache der Historiker, sondern der Männer und Frauen, die die Kirche Heilige nennt – ob sie nun kanonisiert sind oder nicht. Diese Männer und Frauen, die den unverstelltesten und klarsten Blick für ihre Zeit haben, kritisieren im Namen des Glaubens die Entstellungen des Glaubens. Die Kirche war in ihrer ganzen Geschichte immer wieder mit Bewegungen konfrontiert, die, obschon zahlenmäßig meist in der Minderheit, zu radikaler innerer Umkehr aufriefen. Sie bezeugen, daß die Fronten der geistlichen Auseinandersetzung mitten durch die Kirche verlaufen und alle jene betreffen, die sich auf die eine oder andere Weise auf die überlieferte Botschaft, die gelebte geistliche Erfahrung, die Riten und Sakramente beziehen.

Die Kirche erneuert sich aus eigener Kraft. Ich wende mich gegen eine vereinfachende Sichtweise, die an der Oberfläche bleibt und meist auf das Konto des Antiklerikalismus der Aufklärung geht. Im Namen der Vernunft und der geistigen Redlichkeit plädiere ich für eine differenzierte Sicht der Geschichte. Ich bitte darum, nicht nur die innere Größe der Heiligkeit anzuerkennen, sondern auch, was aufs selbe hinausläuft, das Bekenntnis der Sünde und ihre Vergebung gebührend zu würdigen. Unter dieser Voraussetzung ist es möglich, Feigheit und Sünde offen beim Namen zu nennen. Ja, es ist furchtbar, daß ein christlicher Fürst Juden niedermetzeln ließ! Ja, es ist furchtbar, daß man nichts gegen die Verbreitung antisemitischer Vorurteile unternommen hat! Ja, es ist furchtbar, daß Unschuldige verfolgt und getötet wurden! Ja, es ist furchtbar, daß man die Religion so mißbrauchen konnte! Ja, es ist furchtbar, daß man Menschen religiöse Verhaltensweisen aufzwingen wollte, die nur in personaler Freiheit empfangen werden können! Ja, es ist furchtbar, daß Männer der Kirche mitteilen, der Rückgriff auf politische Gewalt ermögliche ihnen, das selbstgesteckte Ziel allgemeiner Evangelisierung zu erreichen! Ja, es ist furchtbar, daß die Menschen Sünder sind!

Der Eintritt in die Sorbonne

D. W. *Kommen wir zurück auf Ihre Biographie, denn ich glaube kaum, daß wir uns in der Beurteilung der geschichtlichen Rolle der Kirche einigen werden. Sie kehrten im Herbst 1944 nach Paris zurück. Was für eine Atmosphäre herrschte dort? Was waren Ihre Gefühle, Ihre Reaktionen?*

J.-M. L. Keinerlei Nachrichten von meiner Mutter. Als ich mit meinem Vater nach Paris zurückkehre, ist unsere alte Wohnung besetzt. Man hatte sie leergeräumt...

D. W. *Wer hat das getan?*

J.-M. L. Irgendwelche Fremden. Unser Geschäft war konfisziert worden, wir standen vor dem Nichts. Keine Nachricht von meiner Mutter, absolut nichts. Wir ziehen in eine kleine möblierte Wohnung im 14. Arrondissement, hinter der Place Denfert-Rochereau. Dort bleiben wir mindestens ein Jahr, vielleicht zwei, ich weiß es nicht mehr genau. Meine Schwester ist weiterhin in Orléans. Es wäre unter diesen Umständen sinnlos gewesen, sie nach Paris zu holen.

Wir mußten uns irgendwie über Wasser halten, überleben. Irgend etwas mußte geschehen... Es gibt Dinge, über die kann man einfach nicht sprechen... Ich weiß nicht, wie ich es Ihnen erklären soll ... Irgendwann hat dann das Rote Kreuz – das sich damals um die Aufklärung von Vermißtenmeldungen bemühte – oder das Ministerium für Kriegsgefangene, ich weiß nicht mehr genau ... schließlich hat man uns gesagt ... Zwei Jahre nach dem Krieg, 1946, wurde uns eine Vermißtenurkunde meiner Mutter überreicht. Über die Familie meines Vaters wagten wir kein Wort zu verlieren. Fast alle waren ermordet worden.

J.-L. M. *Warum dauerte es so lange, bis Sie Ihre Wohnung zurückbekamen?*

J.-M. L. Ich weiß nicht mehr ... Ich glaube, wir mußten prozessieren.

J.-L. M. *Bedeutet das, daß die Leute, die dort wohnten, Ihnen das Recht abstritten ...*

J.-M. L. Nein, aber sie wohnten nun einmal dort. So mußten wir ein Gerichtsverfahren anstrengen, das länger als ein Jahr gedauert hat, bevor wir wieder in unsere Wohnung ziehen konnten.

D. W. *Wer waren diese Menschen? Erinnern Sie sich noch daran?*

J.-M. L. Nein, ich weiß es nicht mehr. Wir haben ein Jahr lang in einem möblierten Zimmer in der Rue Brézin gewohnt. Irgendwann im Verlauf des folgenden Studienjahres sind wir dann wieder in unsere Wohnung eingezogen. Mein Vater hat auch sein Geschäft zurückbekommen, und er fing wieder an zu arbeiten. Wir trugen ein paar verstreute Möbelstücke zusammen, einige andere Gebrauchsgegenstände, nichts Großes. Wir bewegten uns in einer leeren Wohnung ... Und immer die bange Frage: Kommt meine Mutter zurück? Wir wußten im tiefsten unseres Herzens, daß sie nicht zurückkommen würde, aber es fehlte uns die letzte Gewißheit ... Um die geraubten Möbel zu ersetzen – meine Eltern hatten sich sehr geschmackvoll eingerichtet, weil sie Wert auf eine schöne Wohnung legten –, hatten die Behörden ein Lager organisiert, in dem alles zu finden war, was die Deutschen nicht mitgenommen hatten. Leute wie wir bekamen dort Möbel, die von weiß Gott woher stammten! Ich erinnere mich an einen scheußlichen, mit dunkelbrauner Beize überzogenen Servierwagen aus Tannenholz ... Jedenfalls brachten wir allerhand Trödelkram mit nach Hause: mehrere Kasserollen, eine Matratze, ein Bett, einen Tisch und einiges mehr, um unsere Wohnung einzurichten. Als uns beiden, meinem Vater und mir, inmitten dieser notdürftigen Behausung unsere Situation bewußt wurde... es war nur ein kurzer Moment... Was blieb uns übrig, wir mußten weiterleben, so brach keiner von uns das Schweigen. Aber das läßt Sie erahnen, wie tief die Verbitterung saß, von der wir uns läutern mußten... Ein Jahr später ungefähr kam meine Schwester, die den ersten Teil ihres Abiturs in Orléans abgelegt hatte, zurück nach Paris, um hier die restlichen Prüfungen zu absolvieren. Sie nahm jetzt die Führung unseres Haushalts in die Hände.

Wir hatten damals wirklich sehr wenig Geld. Ich verdingte mich in meiner ehemaligen Schule, dem Lycée Montaigne, als Betreuer der Externen. Hier lernte ich das mitunter recht seltsame Leben eines Aufsehers kennen. Unmittelbar nach dem Krieg diese Bengel in den Speisesälen des Lycée Montaigne zu beaufsichtigen stellte mich auf eine harte Probe. Die Speisesäle in Conflans waren nichts im Vergleich mit der heillosen Unordnung, der Aggressivität, ja Brutalität, der ich hier begegnete... Und zudem gab es kaum etwas zu essen.

Ich hatte mich im Oktober 1944 an der Sorbonne immatrikuliert. Sie können sich nicht vorstellen, welch eine unerhörte Begeisterung mich erfüllte, als ich zum erstenmal meinen Fuß über die Schwelle der Universität setzte. Doch zunächst ein paar Worte über Paris! Ich habe diese Stadt neu entdeckt, nein ich muß sagen: Jetzt erst habe ich sie wirklich entdeckt, denn alles, was ich mit ihr verband, waren Kindheitserinnerungen gewesen. Als Erwachsener konnte ich mich jetzt frei in der Stadt bewegen. Mit Liebe, Leidenschaft, aber auch mit sehnsüchtigem Verlangen entdeckte ich Paris zum zweitenmal. Unermüdlich, Tag und Nacht, durchstreifte ich die Stadt. Ich zog durch die Straßen, betrachtete Häuser und Menschen – tief erstaunt darüber, daß der Krieg so wenig Spuren hinterlassen hatte.

Und dann die Sorbonne! Sie, die Sie im Mai 1968 dort den Ausbruch der Studentenunruhen miterlebt haben, können sich nicht vorstellen, welche Freude und Ehrfurcht ich empfand, als ich zum erstenmal den Innenhof der Sorbonne betrat! Endlich stand ich in diesem Tempel des Wissens und der Erkenntnis.

J.-L. M. *Wurden Ihre Erwartungen enttäuscht?*

J.-M. L. Ja und nein. Ich bin nie enttäuscht, weil ich jede Erfahrung als lehrreich erachte...

D. W. *Welche Schwerpunkte hatte Ihre geisteswissenschaftliche Bildung an der Sorbonne?*

J.-M. L. Ich studierte zunächst klassische Philologie, obwohl ich kein Schöngeist bin. Nach zwei Jahren wechselte ich für zwei weitere Jahre, während derer ich keinen Fuß in die Sorbonne setzte, an die Philosophische Fakultät des Institut Catholique. Nachdem ich einige Scheine gemacht hatte, ging ich für ein weiteres Jahr an die Sorbonne, um hier mein Philosophie-Studium abzurunden.

Ich erinnere mich an ein Seminar, dessen Bedeutung ich damals nicht sogleich erkannte. Es ist mir sehr lebhaft in Erinnerung geblieben und hat meinen weiteren geistigen Bildungsgang nicht unerheblich beeinflußt. Auf dem Programm des Seminares über französische Literatur stand auch das *Rolandslied*. Seine Lektüre hat mich offen gesagt nicht begeistert. Der springende Punkt aber war die methodische Fragestellung. Wer hatte den Text verfaßt, und wann? Die folkloristische Schule hatte versucht, unter Heranziehung historischer Hypothesen über die Textentstehung verschiedene Textschichten zu unterscheiden. Diese im 19. Jahrhundert in Deutschland entwickelte Methode, die vom romantischen Gedanken des sich in Heldendichtungen aussprechenden Volksgeistes geprägt war, fand in diesem Werk ein besonders geeignetes Arbeitsfeld. Das in mehrere Untertexte zerlegte *Rolandslied* wurde so zu einem sinnlosen Mosaik, das zu einem Gesamtbild zu fügen unmöglich wurde. Und zudem ließ sich aus dem Gebäude widersprüchlicher Hypothesen, das die Gelehrten errichtet hatten, keine einzige zuverlässige Schlußfolgerung ziehen. All dies will scheinbar nicht viel besagen, und doch: Als ich einige Jahre später im Rahmen meiner theologischen Ausbildung Bibelexegese betrieb, stieß ich überraschenderweise auf die gleichen Probleme. Denn damals stand diese Disziplin noch unter der geistigen Vormundschaft der Deutschen Schule und deren folkloristischen bzw. Hegelschen Wurzeln. Erst mit der Wende zu den 70er Jahren hat sie sich davon befreit.

Als ich zum erstenmal meine Füße in die Bibliothek der Sorbonne setzte, hielt ich den Atem an. Und erst die Bibliothek von Sainte-Geneviève und, später, die Nationalbibliothek! Diese Unmenge von Büchern und all die konzentriert lesenden Menschen ... Von nun an standen mir die Pforten des Wissens offen ... Wie besessen stürzte ich mich auf die Lektüre von Schriftstellern und Dichtern, wobei ich mich fast ausschließlich auf das 19. und 20. Jahrhundert beschränkte.

Die Entdeckung der Kunst

J.-M. L. Eben zu dieser Zeit entdeckte ich auch die Malerei, die bis dahin noch ein unbeschriebenes Blatt für mich war. Ein Maler, der etwas älter war als ich, führte mich durch mehrere Museen ... Er hat mir die Malerei des beginnenden 20. Jahrhunderts nahegebracht und mich eine neue Weise des Sehens gelehrt. Meine Vertrautheit mit den Schriften Max Jacobs und der Freunde des Bateau-Lavoir sowie der Surrealisten hatte mich darauf vorbereitet. Ich lernte, mich von dem dargestellten Gegenstand als solchem zu lösen, um mich von dem reinen Bild, der bemalten Fläche, faszinieren zu lassen. Das konnte zweierlei bedeuten: einerseits eine rein sensualistische, irrationale Hingabe, andererseits ein Versuch, zu verstehen, inwiefern diese Einstellung in der Natur der Sache selbst lag. Bald eine formale Logik, die der Verstand diktiert – bald eine Logik, die sich aus der Farbe selbst ergab. Dies unterscheidet sich grundlegend von der akademischen Betrachtungsweise, die dem Kunstwerk ihre eigenen Kategorien unterschiebt, während bei dieser Einstellung das Objekt, das Bild selbst sich zum Betrachter hin öffnet. Ich hatte es mit einem Maler zu tun, nicht mit einem Philosophen, der über Kunst in allgemeinen Begriffen gesprochen hätte. Er ermunterte mich dazu, bei der Anschauung des Bildes ganz auf meine sinnliche Wahrnehmung zu vertrauen, was wahrscheinlich die bestmögliche Zugangsweise darstellt: »Schau es dir genau an, überlaß dich ganz dem Reiz der Farbe, öffne deine Augen!« Das war außerordentlich wichtig. In

diesem Augenblick begriff ich, daß die Malerei, wie übrigens auch die Musik, eine geistliche Erfahrung und daher doppeldeutig ist.
D. W. *Doppeldeutig?*
J.-M. L. Fähig zum Guten wie zum Bösen, das heißt: Hier kommen die Kategorien des Guten und des Bösen zum Tragen.
J.-L. M. *Sind Sie der Meinung, daß das ästhetische Urteil von moralischen Kategorien mitbestimmt werden kann?*
J.-M. L. Lassen Sie mich zwei Begebenheiten erzählen. Als ich noch studierte, verbrachte ich einmal einen Sommer in einer Familienpension in der Schweiz, ganz in der Nähe von Gruyères. Ich hatte mit einem älteren Herrn (zumindest hielt ich ihn aufgrund meiner eigenen Jugend für einen solchen) Bekanntschaft geschlossen, der von einer ebenfalls älteren Dame, seiner Gattin, begleitet wurde. Er hieß Ossiasson und ist ein bekannter Vertreter der abstrakten Malerei. Er ist vor einigen Jahren gestorben. In Odessa als Sohn russischer Juden geboren, war er zu Beginn des Jahrhunderts nach Frankreich übergesiedelt. Hier hatte er Bühnendekorationen für Diaghilev entworfen. Nach einem kurzen Zwischenspiel als Universitätslehrer hatte er sich dann ganz seiner künstlerischen Tätigkeit gewidmet. Seine Gelehrsamkeit in allen Fragen der Kunst und Literatur war schier unerschöpflich. So kamen wir den ganzen Sommer nie in die Verlegenheit, daß uns der Gesprächsstoff ausgehen könnte. Er hatte eine freundschaftliche Zuneigung zu mir gefaßt, die ich meinerseits erwiderte. Zwei seiner Äußerungen sind mir lebhaft in Erinnerung geblieben.

Die erste bezog sich auf Picasso: »Er ist ein Teufel. Er ist außerordentlich begabt, aber seine Bilder sind böse. Er rächt sich. Er ist von einem bösen Geist besessen. Er ist ein Genie, aber er ist schlecht, böse.« Für ihn war somit der Wille, die Freiheit, ein bestimmender Faktor des künstlerischen Aktes. Die zweite Erinnerung an meine Gespräche mit Ossiasson betrifft den Malakt als solchen, der letztlich eine geistige, mystische Handlung ist. Er kam auf die Suche nach dem Absoluten zu sprechen, auf die nahezu unmögliche Erkundung jenes Bereiches, der das Selbst übersteigt, auf die Gebärde des schöpferischen Menschen, dem sich im schöpferischen Akt gerade das verschließt, was er ergreifen will: das andere seiner selbst... An dieser Stelle spreche ich das Wort »Gott« aus. Ossiasson, kreidebleich, fährt mich an: »Erwähnen Sie nie mehr diesen Namen!« Er wußte genau, daß ich Christ bin. »Nie mehr!« Es war so, als ob für ihn Gott nicht Gott genannt werden durfte. Er dachte dabei an die sogenannte figurative religiöse Malerei Italiens, Spaniens und auch Frankreichs, der er vorwarf, Gott in einer Weise sinnlich »einzufangen«, die das Mysterium Gottes profanierte. Er glaubte, nicht zu glauben. Er glaubte nicht. Auf eine tragische Weise, so als müßte es Gott geben und es gelänge ihm nicht, ihn zu sehen. Was man als Gott ausgab, konnte in seinen Augen nicht Gott sein. Den Sinn seiner abstrakten künstlerischen Experimente drückte er einmal folgendermaßen aus: »Soll ich Menschen etwa so malen, als wollte ich sie abfotografieren?... Das kann doch nicht unsere Aufgabe sein. Wir müssen jene andere, verborgene und sich entziehende Wirklichkeit suchen, die nicht auszusprechen ich Sie gerade gebeten habe.« Die Malerei kann ein geistiges Abenteuer sein. Wenn man die moderne Malerei seit der Jahrhundertwende überblickt, sieht man, daß die Maler die eigentlichen kulturellen Seismographen waren. Sie haben die eintretenden Umwälzungen vorausgeahnt, ja sie haben sie selber betrieben. Umwälzungen von zweideutigem Charakter – bald, wie bei Picasso, diabolisch, bald, wie bei so vielen anderen, von dem verzweifelten Wunsch beseelt, das unnennbare Gute zu finden. Ich erinnere mich: Als ich in New York im Museum of Modern Art vor den Bildern Picassos stand, war ich fasziniert, berauscht von ihrer wunderlichen Schönheit – doch zugleich fragte ich mich, was für ein Geist aus ihnen spricht.

J.-L. M. *Das hat aber doch nichts mit Moral zu tun...*

J.-M. L. Doch, auch.

J.-L. M. *Inwiefern?*

J.-M. L. Weil die Wahl der richtigen Farbe eine gute, richtige Handlung ist... Genau das ist der springende Punkt, und nicht, ob man eine nackte Frau darstellt oder sich ein Thema auswählt, das...

J.-L. M. *Mit guten Gefühlen schreibt man schlechte Bücher... Es muß auch eine schlechte Malerei geben...*

J.-M. L. Nein, da sind Sie völlig auf dem Holzweg. Mirò schreibt darüber in seinem Tagebuch. Malen ist für einen Künstler immer Suche nach dem Absoluten, ein spiritueller Akt. Aber die bildenden Künstler sprechen heute keine gemeinsame Sprache mehr. Sie sind verzweifelte Einzelkämpfer, und ihre Kunst hat außerhalb der Galerien keinerlei soziale Bedeutung mehr.

J.-L. M. *Aber ihre Kunst hat für sie selbst eine Bedeutung...*

J.-M. L. Ja, aber lediglich die Bedeutung eines persönlichen Abenteuers, das nicht mehr von der ganzen Gesellschaft mitgetragen wird, sondern nur noch von einigen Kunsthändlern. Die Malerei ist zu einer Konfektionskunst verkommen, deren einziges Kriterium ist, ob das Werk sich verkauft oder nicht oder ob es in ein Museum, das heißt in eine Nekropole, kommt.

D. W. *Weshalb hat sich die Kirche heute aus dem Bereich der Kunst allgemein und speziell der Malerei, der Skulptur, der Musik und sogar der Architektur weitgehend zurückgezogen, wo sie doch in der Vergangenheit hier eine so aktive Rolle gespielt hat und die verschiedenen Kunststile ihr viel verdanken? Weshalb dieser Rückzug, und weshalb ist die Kirche nur noch Zeuge der Vergangenheit?*

J.-M. L. Es gibt dafür vermutlich unterschiedliche Ursachen, solche, die in der inneren Krise der modernen Kunst, und solche, die in der Kirche liegen. Wenn es in der Ästhetik zu einem Bruch mit dem Modell der Mimesis und Figuration kam, so deutet das auch auf eine geistige Krise in der Kirche selbst, in den christlichen Kulturen bzw. Völkern hin. Das ist ein sicheres Symptom. An der Entfremdung zwischen Ästhetik und christlicher Spiritualität läßt sich das Ausmaß einer Krise ablesen, die sich seit längerer Zeit ankündigt. Die volkstümliche religiöse Kunst des 19. Jahrhunderts war von einer starken Nostalgie erfüllt, die sich in einem falschen Mittelalter, einer falschen Romanik und schließlich in einem falschen neobyzantinischen Stil niederschlug. Diese seit zwei Jahrhunderten deutlich erkennbare Neigung, im nostalgischen Rückblick zu leben, ist das Vorzeichen einer großen Krise, die sich stärker im Innern des christlichen Lebens als in einer sozialen Organisation abspielt.

D. W. *Aber heute hat sich mit der abstrakten Kunst doch eine ganz neue Situation ergeben.*

J.-M. L. Die Kunst im allgemeinen und die religiöse Kunst im besonderen haben nicht mehr die gleiche gesellschaftliche Funktion wie früher. Früher hat man bei neuen Kunstschöpfungen immer auf das tradierte Symbolgut zurückgegriffen, heute begnügt man sich damit, die Vergangenheit zu kopieren. Die zeitgenössische Kunst ist durch eine tiefe Krise gegangen, die ihre gesellschaftliche Funktion in Frage stellte. Die Ablehnung der Figuration steht in engem Zusammenhang mit der atheistischen Verneinung oder doch zumindest mit einer gewissen Entfernung von Gott. Heute hat die Kunst einen Punkt erreicht, wo die Künstler wieder vorsichtig auf die figurative Darstellung zurückkommen. Darin sehe ich ein untrügliches Vorzeichen dafür, daß sich jenseits von Hyperrealismus und Collagen aller Art eine neue Epoche anzukündigen beginnt. Sollten sich die Künstler einer neuen mystischen Inspiration öffnen, dann wird es auch wieder große schöpferische Leistungen geben. Die Kirche kann dabei zwei verschiedene Funktionen erfüllen: Sie kann entweder Geldgeber oder Aussteller sein, dann aber erfüllt sie nur noch die Aufgaben eines Mäzens. Im Grunde genommen müssen die Künstler selbst vom gemeinschaftlichen Glauben beseelt sein und diesen auf ihre unverwechselbare und ureigenste Art zum Ausdruck bringen. Das ist dann etwas ganz anderes. Im 19. Jahrhundert spielte die Kirche wie der bürgerliche Staat auch die Rolle eines Mäzens. Doch was kam dabei heraus: Der Staat hatte seine unfähigen Hofmaler und die Kirche die schwülstige Malerei im Stil von Saint-Sulpice. Geld allein macht noch keine Genies!

D. W. *Gut, aber es ist sehr lange her, daß die Kirche Künstler in ihre Obhut genommen hat. Früher war sie zumindest Mäzen.*

J.-M. L. Schon bei meinen ersten Begegnungen mit Malern und Bildhauern, die sich als »Handwerker« verstanden und von denen einige die Bezeichnung »Künstler« für sich ablehnten, bemerkte ich, daß die religiöse Frage sie faszinierte. Das, was die heutige Konfektions- und Ausstellungskunst bietet, ist nur noch ein Zerrbild der ästhetischen Funktion, das von einem gesellschaftlichen Bedeutungsverlust des Künstlers begleitet wird, deren Folgen wir alle zu tragen haben. Ja, es gab diese schöne Zeit, als die Kirche den Malern Decken und Wände und den Bildhauern Kirchenräume für ihre Arbeit zur Verfügung stellen konnte. Damals erfüllte die Kunst noch eine gesellschaftliche Funktion.

D. W. *Aber was hält die Kirche davon ab, heute dasselbe zu tun?*

J.-M. L. Eigentlich nichts, außer vielleicht die innere Krise, von der ich soeben sprach ... und das fehlende Geld! Heute hat nur noch der Staat die nötigen Mittel. Und die Kunst ist zu einem Spekulationsobjekt verkommen, das Wechselkursen und Marktgesetzen unterliegt.

D. W. *Schön, aber diese innere Krise scheint kein Ende nehmen zu wollen, dauert sie doch schon ganze drei Jahrhunderte! In unserer rationalen und wissenschaftlichen Gesellschaft hätte die Kirche als Sachwalter der nichtrationalen Dimension der Wirklichkeit auftreten oder wieder auftreten und so die Suche nach einer neuen Geistigkeit fördern können. Offensichtlich hat sie das nicht getan.*

J.-M. L. Zwischen dem Schönen und dem Wahren besteht nicht der gleiche Gegensatz wie zwischen dem Nicht-Rationalen und dem Rationalen. Das meinte die klassische Philosophie, wenn sie erklärte, die drei Transzendentalien, das Wahre, das Schöne und das Gute, bildeten eine Wesenseinheit und könnten eines für das andere stehen. Ich meine, ein ästhetischer Zugang zur Wahrheit ist für die Grundlegung der theologischen Methode außerordentlich wichtig. Diese heute übereinstimmend von Intellektuellen und Theologen erhobene Forderung ist meiner Ansicht nach das Vorzeichen eines neuen Frühlings für Gesellschaft und Kirche.

D. W. *Was meinen Sie mit Ihrer Aussage: »Die moderne Kunst versinnbildlicht die Entzweiung einer Gesellschaft mit sich selbst«?*

J.-M. L. Die moderne Kunst ist eine geschlossene, in sich selbst gefangene Welt, die glaubt, nur in einem Akt der Zerstörung aus sich ausbrechen zu können. Und dieser Akt besteht in der Negativierung oder zumindest Negierung aller Normen, in die sie bisher eingeschlossen war.

J.-L. M. *Was ich nicht verstehe, ist die Verbindung, die Sie zwischen der Geschichte der Ästhetik bzw. Kultur und dem gesellschaftlichen Status des Künstlers bzw. Kunstmarktes herstellen.*

J.-M. L. Der künstlerische Akt ist ein geistiger Akt, der in jedem

Fall von den geistigen Werten getragen wird, die in einer bestimmten Gesellschaft vorherrschen. Mag der Künstler noch so individuell und abseitig sein, er bleibt doch immer in das gesellschaftliche Wertesystem eingebettet. Nun aber kann der Fall eintreten, daß eine Gesellschaft gleichsam geistig abstirbt, daß zumindest ein Bruch entsteht zwischen dem Bereich originärer Geistigkeit und dem Feld ästhetischer Abenteuer. Wie anders ließe sich etwa erklären, daß eine so bedeutende Mystikerin wie die heilige Therese vom Kinde Jesu, die dem geistlichen Leben so viele neue Impulse gab und von unglaublicher Modernität war, uns in ihren Gedichten und Bildern ästhetisch so enttäuscht. Das ist das Signum einer Epoche der Entzweiung und des Bruchs.

J.-L. M. *Ein Künstler lebt aber doch nie in völliger Harmonie mit der Gesellschaft, wie immer diese Gesellschaft aussehen mag.*

J.-M. L. Zweifellos gehört es zum Wesen eines Künstlers, »asozial« und unabhängig zu sein. Gut! Aber das gilt auch für den Mystiker! Und doch gab es Zeiten und Gesellschaften, in denen der Akt der Auftragserteilung und der Akt des Malens eng miteinander verbunden waren. Nehmen Sie etwa Fra Angelico. Die Aufträge, die er erhielt, entsprachen völlig seinem eigenen künstlerischen Anliegen. Wenn aber der Maler allein vor der Leinwand steht und sich fragt: »Was soll ich bloß malen?« ...

D. W. *Stellt sich diese Frage aber nicht jedem Maler in jeder geschichtlichen Epoche?*

J.-M. L. Sicher. Aber heutzutage hat sich aufgrund der Infragestellung der Kunst und aufgrund ihres Warencharakters die ästhetische Krise verschärft. Verstehen Sie mich recht: Ich bin keineswegs für eine von der Kirche ideologisch bevormundete Kunst. Ich sage lediglich: Das ästhetische Abenteuer, auf das sich die Künstler zu Beginn unseres Jahrhunderts einließen, indem sie alle Ketten sprengen wollten, hat sie zu blinden Sehern gemacht.

D. W. *Sprach man an der Sorbonne in studentischen Kreisen über Religion, und welche Rolle spielte sie Ihrer Meinung nach in diesem ganz und gar weltlichen Umfeld?*
J.-M. L. Es war dies für das apostolische Zeugnis eine sehr brisante Zeit: einerseits ungemein fruchtbar, andererseits voller innerer und äußerer Zerwürfnisse. Als ich nach Paris kam und mich an der Sorbonne einschrieb, suchte ich sogleich den für diese Sektion der Katholischen Studierenden Jugend (J.E.C.) zuständigen Hochschulseelsorger, den Jesuitenpater Jean Daniélou, auf. Er war ein geistig agiler Mann von lebhaftem Temperament, mit dem mich von dieser Zeit an eine Freundschaft voll gegenseitiger Achtung und Wertschätzung verband. Mit Beginn des Studienjahres 1944/45 trat ich dieser katholischen Gruppe bei, die politisch-religiöse Zielsetzungen verfolgte. Ihre Mitglieder wollten den christlichen Auftrag in einem soziopolitischen Engagement verwirklichen, indem sie sich dem studentischen Syndikalismus anschlossen oder eine der vielen anderen Möglichkeiten zum sozialen Engagement ergriffen. Die uns beschäftigende theoretische Frage dabei lautete: Inwiefern kann dieses Engagement als eine Tätigkeit mit religiösem Anspruch aufgefaßt werden? Handelt es sich dabei um eine apostolische Tat? Wenn ja, in welchem Sinn? Welche Beziehung besteht zwischen einem solchen Tun und dessen ureigener religiöser Finalität: der Erfüllung des Willens Gottes und der Heraufkunft seines Reiches? Heute, vierzig Jahre danach, sind diese Fragen noch immer nicht beantwortet! Damals aber wurden sie erstmals in dieser Form gestellt.

Die Katholische Studentenschaft sprach sich für eine Lösung nach dem Vorbild anderer Institutionen aus. Ich selbst habe mich sofort in der Bewegung engagiert, die sich gerade als »studentischer Syndikalismus« zu etablieren begann.

Damals gab es an der Sorbonne zwei Fakultäten: die geisteswissenschaftliche und die naturwissenschaftliche. Ebenso zwei Sektionen der Katholischen Studentenschaft, zwei katholische Gruppierungen. Zum seelsorgerischen Betreuer der katholischen

Gruppierung der geisteswissenschaftlichen Fakultät hatte Kardinal Suhard den Vikar von Saint-Etienne-du-Mont, Abbé Charles, ernannt.

Abbé Charles, der damals junge Leute zwischen 18 und 25 Jahren vor sich hatte, darunter einige ehemalige Widerstandskämpfer, legte uns von Anfang an seine Karten offen auf den Tisch. Er lud die Verantwortlichen dieser verschiedenen Organisationen zu gemeinsamen Treffen ein und sagte uns in einer Art Vorahnung: »Ich werde euch in einem Konzil (er hat dieses Wort gebraucht) zusammenführen, damit ihr euch in gemeinsamer Verantwortung an den Aufbau der Kirche an der Sorbonne macht.« Es gelang ihm auch, einen kleinen Raum an der Place de la Sorbonne anzumieten, wo sich alle trafen. Dieser Zusammenschluß katholischer Organisationen nannte sich zum Gedenken an den Kardinal, der die Sorbonne gegründet hatte, »Centre Richelieu« – was allerdings auch eine gewisse Provokation darstellte. Schon bald nach seiner Gründung hat das Centre Richelieu zu einer spürbaren Stärkung der Präsenz der Katholiken an der geisteswissenschaftlichen und später auch an der naturwissenschaftlichen Fakultät geführt: Es war ein sichtbares Zeugnis für die Existenz der Kirche unter den Studenten. Später wurde dann pro Jahr und Fakultät ein »Konzil einberufen«, dessen Sitzungsdauer 15 Tage betrug. Alle, die sich im abgelaufenen Jahr an den Aktivitäten des Centre beteiligt hatten, zogen jetzt Bilanz und organisierten das kommende Jahr.

D. W. *Kam es nicht zu Richtungskämpfen, etwa zwischen Fortschrittlichen und Konservativen?*

J.-M. L. Doch, es gab, grob gesehen, zwei Positionen, die ich Ihnen näher erläutern will. Das tatsächliche Meinungsspektrum war freilich differenzierter. Die eine Richtung vertrat die Ansicht, das Reich Gottes bedürfe zu seiner Verwirklichung nur des Strebens nach Gerechtigkeit, jedes Streben nach Gerechtigkeit sei folglich ein Streben nach dem Reich Gottes. Es genüge also, sich politisch für das Gute und Wahre einzusetzen, um unmittelbar für Gott zu wirken. Jede andere Form des Engagements war damit überflüssig oder sogar ausgeschlossen.

Die Vertreter der anderen Position bestanden darauf, es gebe unterschiedliche Ordnungen. Die Ordnung der Offenbarung, der Treue zu Gott, des Richters aller Dinge, erhelle alles und zeige allein den richtigen Weg; sie beschränke sich keinesfalls auf irgendwelche weltlichen Tätigkeiten, in denen der Mensch Verantwortung übernehme. Zudem sei allein Gott, und nicht der Mensch, für die Errichtung des Reiches Gottes zuständig, auch wenn dieser darauf hinarbeiten müsse, die Erde gerechter und seinen Begriffen von Gut und Böse entsprechender zu machen. Wir Menschen sind nicht in der Lage, mit einer nur Gott eigenen Gerechtigkeit über die tiefe Aufrichtigkeit und innere Redlichkeit der Gewissen und Herzen zu urteilen. Wir kennen weder das letzte Geheimnis des Guten und Bösen noch die letzte Bestimmung der Menschen.

Ich selbst teilte den Standpunkt dieser zweiten Gruppe, denn von der Sakralisierung der Politik ist es nur noch ein kleiner Schritt bis zur Ausrufung des »Heiligen Kriegs« und zu allen möglichen Formen des Totalitarismus. Angesichts der Erfahrungen mit dem Hitlerfaschismus zweifelte ich nicht im geringsten daran, daß dies der falsche Weg gewesen wäre. Die Geschichte des Kommunismus ist eine andere Sache. Wir werden sicher noch darauf zurückkommen, denn die Versuchung des Kommunismus …

D. W. *Fühlten Sie sich vom Kommunismus angezogen?*

J.-M. L. Ja, er war wohl für unsere ganze Generation eine gewisse Versuchung. Aber ich bin dieser Versuchung nicht erlegen. Ich erinnere mich noch daran, wie ich einmal einen älteren Priester in seinen Ausführungen unterbrach, um ihm entgegenzuhalten: »Und was ist mit der Erbsünde?« Obwohl meine theologischen Kenntnisse damals noch recht lückenhaft waren, hatte ich den alles entscheidenden Punkt getroffen: Gäbe es in der Welt nicht die Sünde, ließe sich in der Tat ein idealer Staat vorstellen, wo der Mensch keines Erlösers und damit auch nicht Gottes bedürfte, um sein Heil zu erwirken.

Auf der gleichen theologischen Linie lag übrigens, bis zu ihrem Richtungswechsel einige Jahre später, auch die Schriftenreihe *Témoignage chrétien*. Ihre Herausgeber – Chaillet ebenso wie de Lubac oder Fessard – wußten, wie notwendig ein, wie man es damals nannte, »weltlicher Einsatz« war, und sie sprachen offen über die christliche Bedeutung und die christlichen Grundlagen eines solchen Dienstes. Sie waren aufgeschlossen für alle Ideen, die die Verteidigung des Menschen zum Ziel hatten und antitotalitär waren. Im Hintergrund stand die Haltung von Maritain und der großen liberalen Persönlichkeiten der Vorkriegszeit. Zugleich aber unterstrichen sie, daß der politischen Ordnung kein totalisierender Zugriff auf das menschliche Dasein erlaubt werden dürfe, und das hieß: Sie durfte weder die religiöse Dimension an sich reißen noch die Ordnung des Glaubens bestimmen. Das menschliche Leben in seiner Ganzheit kann sich nicht im weltlichen Staat, »im Gemeinwesen«, wie man auch sagt, erfüllen. Wir wähnten uns in einer glücklichen Zeit, denn endlich schienen die Katholiken in Staat und Politik ihren Platz zu finden. Wir waren dabei, Jahrhunderte voller Konflikte und Ausgrenzungen, die Zeiten des Klerikalismus und Antiklerikalismus, alle Auseinandersetzungen der Vorkriegs- und Kriegszeit hinter uns zu lassen.

J.-L. M. *Hing das aber nicht auch damit zusammen, daß der rechte Katholizismus sich nicht mehr zu Wort melden durfte? Die Kollaborateure waren zwar geächtet, aber keineswegs wie durch einen Zauberspruch von der Bildfläche verschwunden.*

J.-M. L. Sicher nicht. Aber eine Fraktion der katholischen Rechten hatte sich in der Widerstandsbewegung engagiert.

J.-L. M. *Und die andere Fraktion wurde einfach zum Schweigen gebracht?*

J.-M. L. Ja. Aber zugleich kommt es in Frankreich zu einer großartigen Renaissance des katholischen Denkens. Einige der Gründungsväter der *Témoignage chrétien* gehörten zu den Wegbereitern der patristischen Erneuerung und arbeiteten mit an der Herausgabe der Reihe »Sources chrétiennes«, einem Unternehmen, das damals begann.

Seit 1945 gaben Moré und Daniélou die Zeitschrift *Dieu vivant* heraus. Mit einer für die damalige Zeit erstaunlichen ökumenischen Offenheit wirkte sie richtungsweisend für die Erneuerung des christlichen Denkens und dessen biblischen und patristischen Kategorien. Man besann sich wieder auf die ältesten christlichen

Autoren und versuchte mit der Betonung der Transzendenz Gottes der Problematik der Moderne gerecht zu werden. Die Zeitschrift *Dieu vivant* wollte die Probleme des Katholizismus und des modernen Denkens aufgreifen, nicht um diesen politische Kategorien überzustülpen – die letztlich immer grob vereinfachend sind –, sondern um sie in Bezug zu setzen zu dem Sinn der Geschichte überhaupt. *Dieu vivant* lehnte eine Überinterpretation nach dem Muster der »Progressiven« ab, die darauf hinauslief, zu sagen: »Wir sind die Progressiven, und alle, die nicht progressiv sind wie wir, sind Reaktionäre.« Wenn man dieses Schwarzweiß-Schema einmal akzeptiert hat, bleibt nur noch der Kampf der einen gegen die anderen.

J.-L. M. *Sie haben uns noch nicht die Frage beantwortet, welchen Stellenwert die Religion unter den Studenten hatte.*

J.-M. L. Ich bin als Konvertit nicht der richtige Adressat für diese Frage. Meine Sicht der Dinge ist und bleibt eine andere. Das wird mir klar, wenn ich an die zahlreichen, sich immer wieder ergebenden Situationen, Meinungsverschiedenheiten und Diskussionen zurückdenke, an denen ich passiv oder aktiv teilnahm. Was mir selbstverständlich erschien, war es für die anderen nicht und umgekehrt. Vielen meiner Kameraden muteten manche meiner unumstößlichsten Überzeugungen recht altertümlich an, geprägt von einer Art Traditionalismus. Im Gegensatz zu mir hegten einige von ihnen den Wunsch, sich von der als Ballast empfundenen traditionellen Bildung zu befreien.

J.-L. M. *Sich quasi vom geistigen Erbe abzukoppeln.*

J.-M. L. Einem Erbe, das man als Zwang empfindet und das man zurückweisen muß, um sich selbst verwirklichen zu können. Für mich gab es keinen Zweifel, daß dieses Erbe kein Zwang, sondern im Gegenteil ein Geschenk war, ein verborgener Schatz, dessen unermeßliche Fülle ich mehr und mehr entdeckte. Wie konnte man bloß, ohne zu wissen, was man tut, eine Tradition verwerfen, in der kein Joch, sondern die Quelle der Freiheit lag.

D. W. *Ihre Ansichten über das geistige Erbe gingen also weit auseinander.*

J.-M. L. Die Menschen, mit denen ich mich immer am wohlsten

fühlte, lassen sich in zwei Gruppen einteilen. Da sind zunächst die Ungläubigen. Ihre Sicht des Katholizismus »von außen« konnte ich sehr gut nachvollziehen: Ich war von daher gekommen. Ich mußte als Jugendlicher nie in die Kirche gehen, man hatte mich nie zur Beichte gezwungen, nie nachgeprüft, ob ich zur Kommunion ging, und nie ein oberflächliches religiöses Getue von mir verlangt. Nie wurde mir im Laufe meiner Erziehung unter Androhung von Strafe irgendeine ethische oder moralische Forderung auferlegt. Belehrung durch meine Eltern – ja; Aufklärung über die uns als »auserwähltes Volk« traditionell zukommende Pflicht und Ehre – ja; Zwang – nein! Nie hat man mir »verboten«, zu Ungläubigen zu gehen oder mit den Nachbarn zu sprechen... Ich hatte nie das Bedürfnis nach einer großen Abrechnung mit meiner Erziehung.

D. W. *Zu welcher anderen Gruppe von Menschen fühlten Sie sich noch hingezogen?*

J.-M. L. Zu den Konvertiten. Es waren viele.

D. W. *Viele?*

J.-M. L. O ja, Menschen jeden Schlags, aus allen Lagern. Es war mehr oder minder die Fortsetzung der Vorkriegszeit. Ein bunt gemischter Haufen, in dem es außer mir noch andere Juden gab.

D. W. *Hatten Sie also im Vergleich zu Ihrer Erfahrung in Orléans und im Krieg nicht mehr das Gefühl, mit Ihrem Schicksal ein Einzelfall zu sein?*

J.-M. L. Ich war kein seltsamer Vogel, jedenfalls kein Paradiesvogel. Es gab Leute wie mich, wenn nicht als Gruppe, so gab es doch die Kategorie.

Eine Generation linker Christen?

D. W. *Was für eine Einstellung hatten Sie damals zur Politik? Wie sah Ihr Engagement aus?*

J.-M. L. Ich war Vorsitzender der F. G. E. L. (Fédération des Groupes d'Etudes de Lettres de Sorbonne) und mußte in dieser Funktion auch über die Charta von Grenoble abstimmen. Ich war einer der Führer der »jecistischen« Partei (von Jeunesse Etudiante

Chrétienne), die gemeinsam mit den verbündeten Kommunisten und gegen den Widerstand der von uns als »Reaktionäre« betrachteten »Corpos« die Definition von Studenten als »jungen Geistesarbeitern« durchsetzte. Was auf nationaler politischer Bühne ablief, habe ich kaum verfolgt. Unsere ganze Generation »engagierte sich«, wie man damals sagte. Wir hielten uns für die Baumeister eines neuen Frankreich, das dem alten in nichts gleichen und endlich die Verwirklichung des Traumes von einer gerechten Gesellschaft ermöglichen sollte, für die wir, die Jugend, die Vorreiter waren. Später ist man unter dem Einfluß einer gewissen Ernüchterung von diesen Vorstellungen wieder etwas abgerückt.

Jedenfalls waren die theoretischen Aspekte des politischen Handelns eng mit dem Marxismus verknüpft. Sie drehten sich um die Frage: Hat die Geschichte einen Sinn? Der Marxismus hat uns deshalb so angezogen, weil wir von seiner Wirksamkeit, inneren Stimmigkeit und Fähigkeit zur Interpretation der Wirklichkeit überzeugt waren. Konnte sich der Katholizismus denn nicht eine Scheibe vom Kommunismus abschneiden, konnte er nicht zumindest ein vergleichbares begriffliches Instrumentarium entwickeln? Diese Frage, die bis zu einem bestimmten Punkt auch das Anliegen der fortschrittlichen Christen zum Ausdruck brachte, stellte ich im theologischen Seminar zur Diskussion. 1948 organisierten wir bei einem unserer Kameraden ein Treffen, an dem sechs bis acht Mitglieder unserer Gruppe teilnahmen und zu dem wir Raymond Aron eingeladen hatten, der freundlicherweise unserer Einladung folgte. Eine der Fragen, die uns beschäftigten, lautete: Hat die Geschichte einen Sinn, ja oder nein? Hier bot sich uns die Gelegenheit, diese Frage im direkten geistigen Austausch mit einem bedeutenden Denker zu erörtern. An die Einzelheiten kann ich mich nicht mehr erinnern, aber obgleich Raymond Aron sich überaus verbindlich gab, verstand er es doch, »lästige« Fragen gezielt abzubiegen. Das hat uns zu denken gegeben. Am brennendsten interessierte uns die Frage des Engagements. Engagement – das war damals der höchste Wert. Die Folie dazu bildete der Existentialismus. Ein Engagement existentialistisch-marxistischen Zuschnitts – daraus ersehen Sie, in was für einer geistigen Atmosphäre wir lebten.

J.-L. M. *Hat sich für Sie jemals die Frage gestellt, ob Sie der Kommunistischen Partei beitreten sollten?*

J.-M. L. Nein, niemals. Denn ich ahnte, daß der Kommunismus eine Art »Religion mit umgekehrtem Vorzeichen« war, die ihre vollgültige Form im Stalinismus erhielt, wie er später von Annie Kriegel beschrieben wurde.

D. W. *Wer waren die anderen, die sehr viel stärker als Sie der Versuchung ausgesetzt waren, den Marxismus als analytisches Instrument zu gebrauchen, ja seine politischen Grundanschauungen zu übernehmen?*

J.-M. L. Es waren vor allem sogenannte »fortschrittliche« Christen, »fortschrittlich« im rein technischen Sinne allerdings, auch ehemalige Weggefährten, ja sogar Mitglieder der K. P. Sie vertraten den Standpunkt, entweder sollten die Christen der K. P. beitreten oder die K. P. sollte in die Reihe christlicher Organisationen aufgenommen werden. Einige christliche Gruppen setzten sich vehement für dieses Vorhaben ein. Christliches Handeln, seelsorgerische Praxis, die Situation der Priester unter besonderer Berücksichtigung ihrer beruflichen Arbeit und ihres Verhältnisses zu den Gewerkschaften und zu den politischen Parteien – all dies wurde auf »dialektische Weise« beschrieben und ausgeführt. Die Hierarchie war damals recht blauäugig und einfach überfordert. Ihre Vertreter gaben zwar dem auf sie ausgeübten Druck nicht nach, aber gerade weil sie für den Fortbestand des christlichen Erbes eintreten sollten, waren sie in sich selbst gespalten, hin und her gerissen und nicht imstande, mit letzter Konsequenz Positionen zu vertreten, die in sich einen realen Widerspruch trugen.

Ich selbst – das war klar – gehörte zur »Partei des Fortschritts«. In jeder Hinsicht, ob in bezug auf die Erneuerung des Glaubens oder die Zukunft allgemein, verstand ich mich als »fortschrittlich«. Nie hätte ich es geduldet, als »Konservativer« bezeichnet zu werden. Wenn ich mich politisch hätte einordnen müssen, hätte ich mich als einen Linken bezeichnet. Ich hätte mich nie und nimmer als einen Rechten betrachtet. So wie ich mich sah, sahen sich auch viele meiner Zeitgenossen! All unsere Hoffnung auf Veränderung, auf Erneuerung zielte in die gleiche Richtung. Der Titel einer

Zeitschrift, *Jeunesse de l'Eglise,* (Jugend der Kirche) war bezeichnend. Ihre erste Nummer, die ganz der Programmatik gewidmet war, erschien 1942 in Lyon. An ihrer späteren Richtungsänderung – und ihrer Einstellung um 1950 – läßt sich genau die geistige Entwicklung ablesen, die ein Teil des französischen Katholizismus durchgemacht hat. Unsere ganze Generation war davon überzeugt, daß die kirchlichen Riten in Leblosigkeit erstarrt, der Klerikalismus verschlissen und die Religion überhaupt von Altersschwäche gezeichnet war – unser eigenes Tun erschien uns demgegenüber als lebendig, jugendlich, innovativ, einfallsreich, kurz: »kreativ«, wie man später dazu sagen wird. Unser Verhältnis zum Marxismus war in diesem Zusammenhang recht zwiespältig, denn wir waren uns unschlüssig, ob wir die mittels der marxistischen Methode gewonnenen (scheinbaren) Erkenntnisse in das Christentum einbringen konnten. Bedenken Sie: Das alles fand nicht nur vor dem Beginn des Kalten Krieges statt, sondern auch noch in einer Zeit, in der man sich der wirklichen Folgen des Leninismus in der Sowjetunion noch nicht bewußt war. Ersten direkten Kontakt mit Sowjetrussen hatte ich dann 1950 in Berlin. Ich hatte zwar das Buch *Retour d'U. R. S. S.* von André Gide gelesen, aber damals konnte, wagte noch niemand etwas zu sagen – vor allem nicht gegen die K. P., die »Partei der Exekutierten« …

J.-L. M. *Es hatte schon lange vor dem Krieg einzelne warnende Stimmen gegeben – denken Sie nur an Souvarine – aber niemand wollte sie hören!*

J.-M. L. Ja, es hat einzelne Mahner gegeben, aber man hörte nicht auf sie, ihre Stimme war nicht zu hören. Gerade von den »religiösen« (damit zweifelhaftesten) Aspekten des Marxismus: seiner Eschatologie, seiner Geschichtsphilosophie, seinem totalitären bzw. totalisierenden Geltungsanspruch, seiner engen Verknüpfung von ethischen und rechtlichen Normen mit einem praktischen Realismus ging eine große Faszination aus.

Ich habe erlebt, wie mit mir befreundete Christen, die mit geistlichen Argumenten den Katholizismus als Insitution rundweg ablehnten, sich immer stärker mit den marxistischen Idealen identifizierten und schließlich zu »Klerikalmarxisten« wurden, die sich von der K. P. disziplinarische Zwänge gefallen ließen, die sie sich von der Kirche nie gefallen lassen hätten.

D. W. *Warum war der Marxismus für viele Christen, und vor allem für die Katholiken, eine so große Versuchung? Hing das etwa damit zusammen, daß das Christentum nicht imstande war, ein eigenes begriffliches Instrumentarium zur Analyse der gesellschaftlichen Wirklichkeit zu erarbeiten?*

J.-M. L. Ja, vermutlich. Aber ich möchte noch einmal auf die Frage zurückkommen, die mich im Jahre 1948 und 1949 beschäftigt hat. Ich sah folgende Alternative: Entweder haben die »fortschrittlichen Christen« recht, und dann sollte man nicht wie sie auf halbem Wege stehenbleiben, sondern konsequent den Weg zu Ende gehen und der K. P. F. beitreten, ohne sich länger Christ zu nennen; oder sie haben nicht recht, und dann sollte man das beweisen und die Fehler aufdecken. Auf keinen Fall aber sollte man auf halbem Wege haltmachen. Wenn man schon nicht umkehrte, sollte man wenigstens einen anderen Weg einschlagen, das heißt an die Probleme andere Kategorien anlegen.

Das war damals meine persönliche Überzeugung – daß sie von vielen geteilt wurde, glaube ich allerdings nicht. Im Rückblick bin ich sowohl meinen Lehrern am Institut Catholique, darunter Daniélou und Bouyer, als auch den Verfassern der Bücher, die ich damals las, etwa de Lubac, Fessard, Raymond Aron, Henri Marrou und vielen anderen, sehr dankbar ... Nicht nur ich, sondern auch einige meiner Altersgenossen haben hier ein geistiges Rüstzeug gefunden, das uns zwar nicht unbedingt die stringente Formulierung einer neuen Position erlaubte, aber uns doch immerhin ermöglichte, uns aus der »Verstrickung« in die Probleme der unmittelbaren Nachkriegszeit zu lösen und die Verwirrungen über die endlos wiedergekäute Frage nach dem »Sinn der Geschichte« klarzustellen.

D. W. *Sie haben 1946 den Entschluß gefaßt, in das Priesterseminar einzutreten. Warum haben sie diese Entscheidung so spät, und nicht schon im Jahre 1944 getroffen?*
J.-M. L. Warum so spät? Ich würde eher fragen: »Weshalb schon so früh?« Denn ich war noch sehr jung – gerade 18 Jahre alt – und hatte eine schwere familiäre Belastungsprobe zu bestehen, wie sie keineswegs selbstverständlich war. Ich hatte beschlossen, erst nach Erreichung der Volljährigkeit in das Priesterseminar einzutreten. Die Beziehung zu meinem Vater war zu diesem Zeitpunkt sehr gespannt; Abbé Veuillot, den ich weiterhin besuchte, hatte zu mir gesagt: »Machen Sie erst einmal Ihren Magister, dann sehen Sie weiter.« Verwunderlich ist, daß ich bereits vor Abschluß meines Philologiestudiums ins Priesterseminar eintrat.

Nach zwei Jahren spürte ich, daß die Zeit reif war, daß es mir nichts bringen würde, noch länger zu warten: Ich mußte mich entscheiden. Das lag für mich klar auf der Hand, standen mir doch mindestens noch zwei Jahre Philosophie- und vier weitere Jahre Theologiestudium bevor, zusammen also sechs Jahre, dazu ein Jahr Wehrdienst. Alles, was ich Ihnen sagen kann, ist, daß ich entschlossen war, einzutreten. Mit meinem Vater kam es darüber erneut zu einer außerordentlich heftigen Auseinandersetzung, einer sehr bitteren Szene, in deren Verlauf es auch zu Tätlichkeiten seinerseits kam. Er stellte sofort sämtliche finanzielle und sonstige Unterstützung ein – das ging sogar soweit, daß er mir Lebensmittelkarten verweigerte... Es war ein äußerst schmerzliches Zerwürfnis. Ganze zwei Jahre hat es gedauert, bis sich die Wogen wieder glätteten. In dieser Zeit habe ich meinen Vater kein einziges Mal gesehen, war ich also ganz auf mich allein gestellt.
D. W. *Welche Lehrer bzw. geistigen Strömungen haben Sie besonders geprägt?*
J.-M. L. Philosophie- und Theologiestudium waren zwei sehr verschiedene Perioden meines Lebens, die von ganz unterschiedlichen Persönlichkeiten geprägt waren. Meine Beurteilung wird daher in beiden Fällen anders aussehen.

Ein weiterer wichtiger Faktor waren die Kameraden, die ich im Seminar kennenlernte. Wir waren mehr als sechzig, und jeder hatte zuvor bereits ein anderes Fach studiert. In einer Atmosphäre gedanklicher und kommunikativer Freiheit, die für die damalige Zeit ungewöhnlich gewesen sein mag, mir aber selbstverständlich erschien, begegnete ich so unterschiedlichen Persönlichkeiten wie Marc Oraison und dem späteren Abt von Nantes, dessen heutige Position zu einem Bruch mit der katholischen Kirche geführt hat. Dieses brodelnde, faszinierende, überaus lebendige und kontrastreiche Umfeld war weit entfernt von jeder Mittelmäßigkeit.

D. W. *Wie sah der Unterricht denn nun genau aus?*

J.-M. L. Ich möchte zunächst auf eine ungemein spannende und erkenntnisreiche theologische Vorlesung eingehen, die Pater Louis Bouyer hielt und deren Besuch uns der Rektor des Seminars sehr ans Herz gelegt hatte. Das Vorlesungsmanuskript erschien später unter dem Titel *La Bible et l'Evangile* als Buch. Bouyer beschrieb den Zustand der Bibelkritik, wie sie damals an der Universität rezipiert worden war, und plädierte für ein religiöses und theologisches Verständnis der Bibel. Seine Sicht entsprach meiner eigenen, die sich bisher jedoch nur auf meine naive Lektüre der Bibel stützen konnte. Er legte auf die historische Kontinuität von Judentum und Christentum ebenso Wert wie auf die geistliche Neuheit des Evangeliums. In seinem Buch *La Bible et l'Evangile* findet sich ein Anhang, in dem er – damals schon! – den Zusammenhang von Abendmahlfeier und Passahfest erörterte.

Auch der philosophische Unterricht war von hervorragender Qualität. Der Wissenschaftsphilosoph Pater Dominique Dubarle, ein Aristoteliker, Thomist und ausgezeichneter Hegel-Kenner, hielt eine Vorlesung über Kosmologie, die in das metaphysische Denken einführte. Er verglich dabei die aristotelischen Kategorien mit denen der modernen Naturwissenschaft. Nicht nur seine Betrachtungen über die Wissenschaft, sondern auch seine philosophischen Reflexionen hatten ein sehr hohes Niveau. Ich hatte in keinster Weise das Gefühl, eine Welt des Obskurantismus zu betreten, sondern ganz im Gegenteil den Eindruck, die allerneuesten Problemstellungen in aktuellster Form präsentiert zu bekommen.

J.-L. M. *Unterschied sich der Unterricht am Seminar wesentlich von dem an der Sorbonne?*

J.-M. L. Ja, zwei Jahre lang fühlte ich mich zwischen zwei Welten hin und her gerissen: zwischen den zeitgenössischen Geistesströmungen, von denen ich herkam – Marxismus und Existentialismus – und der Philosophie meiner Lehrer, dem Neothomismus. Damals las ich Maritain, Gilson und die Geschichte der Philosophie aus der Sicht des Thomismus. Aber ich fragte mich, ob der Thomismus eine eigene Philosophie sei oder vielmehr eine durch Elemente einer Philosophie angereicherte Theologie. Es ging mir einfach nicht in den Kopf, wie man, nach den Herausforderungen des 18. und 19. Jahrhunderts, im 20. Jahrhundert noch versuchen konnte, eine Philosophie zu konstruieren, die offensichtlich auf einer theologischen Synthese beruhte.

Ein Neuscholastiker bin ich also nicht geworden. Das Ausmaß rationaler Beweisführung schien mir übertrieben. Und zudem konnte dieser Denkansatz meiner Ansicht nach die Geschichte nicht hinreichend erklären, die in der jüdischen und christlichen Erfahrung doch einen so hohen Stellenwert hat. Die Bejahung der Eigentümlichkeit und Selbständigkeit der Natur konnte, wenn man sie auf die Spitze trieb, dazu führen, die Gottesbezogenheit als überflüssig, ja als entfremdend zu erachten. Das ist keineswegs nur eine eingebildete Gefahr. Verbreitete sich etwa nicht seit dem 14. Jahrhundert im gesamten christlichen Abendland das Gefühl, Gott sei der Rivale des Menschen (in dem Sinne von: was ich Gott gebe, raube ich dem Menschen)? Ich weiß sehr wohl, daß das nicht die Position eines Thomas von Aquin war, ja daß er diese nominalistische These sogar bekämpfte. Aber wie viele Scholastiker (sogar Thomisten) waren Nominalisten! Wenn Sie mir ein »Etikett« anhängen wollen, dann würde ich sagen, daß ich der Position nahestehe, die Henri de Lubac in seinen Schriften vertritt.

J.-L. M. *Sind Sie während Ihrer Zeit im Priesterseminar an die Sorbonne zurückgekehrt?*

J.-M. L. Ja, 1948–49 habe ich dort ein weiteres Jahr Philosophie studiert. Damals gab es weder Psychologie noch Soziologie als eigenständige, von der Philosophie abgetrennte Fächer. Das ist bedeutsam, wenn man an die Entwicklung denkt, die seither eingetreten ist. Alle Disziplinen, die man heute unter dem Begriff »Humanwissenschaften« zusammenfaßt, gab es vor vierzig Jahren in Frankreich noch nicht. Trotzdem gab es zahlreiche interessante Lehrveranstaltungen. Leider schreckten viele Professoren unter Berufung auf ihre wissenschaftliche »Neutralität« und »Objektivität« davor zurück, Position zu beziehen – oder sie versteckten sich hinter dem Denken anderer Autoren.

D. W. *Ja, das hätte gegen das traditionelle Selbstverständnis des Akademikers verstoßen.*

J.-M. L. Genau.

J.-L. M. *Hatten Sie das Gefühl, daß der Philosophieunterricht an der Sorbonne rückständig war?*

J.-M. L. Ja. Ich gehörte ausgerechnet zu jenen Jahrgängen von Philosophiestudenten, die – noch vor der Zeit des großen Vermittlers von Hegel in Frankreich, Jean Hyppolite, studierend – sich ausschließlich von klassischer französischer Philosophie nähren mußten. Diese wurde jedoch so aufbereitet und vermittelt, daß wir nicht den geringsten Geschmack daran finden konnten. Wir empfanden, ehrlich gesagt, nichts als Verachtung dafür; eine andere Speise aber wurde uns nicht geboten. Damals tauchten am geistigen Horizont Camus und Sartre auf, und man käute Marx wieder, ohne ihn auch nur ansatzweise zu verstehen, denn einerseits gab es die reine Lehre der Kommunistischen Partei, andererseits war die Hegelsche Philosophie weithin unbekannt. Die Studenten, die nach uns kamen, haben sich auf Hegel und Heidegger gestürzt, während wir diese nur vom Hörensagen kannten.

D. W. *Ist Ihnen der Wechsel von der Philosophie zur Theologie leichtgefallen?*

J.-M. L. Ich habe länger als ein Jahr gebraucht, um zu verstehen, worum es in der Theologie geht: Was ist ihr Gegenstand? Was ihre Methode?

Die Methode, die man damals anwandte, um die unveräußerlichen Glaubensgewißheiten zu bestimmen, war zunächst eine historische. Man unternahm ungeheure kritische Anstrengungen, um mittels äußerer und innerer Kriterien die Herkunft, die Echtheit und den Zeugniswert von Schriften der Bibel, der Konzile, der Kirchenväter und von anerkannten Theologien festzustellen. Für einen philosophisch ausgerichteten Geist wie mich war diese Arbeit enttäuschend. Die hier angewandte Methode unterschied sich scheinbar kaum von den Quellenstudien, die ich während meines Literaturstudiums an der Universität kennengelernt hatte, aber die Denkweise erschien mir irgendwie »verklemmt«. Eigentlich ging es darum, auf eine philosophische Herangehensweise zu verzichten und sich in die Tatsache hineinzufinden, daß dieses Studium, das doch ein streng rationales Instrumentarium einsetzte, seine alleinige Quelle im Akt des Glaubens hat. Die Erkenntniskraft muß sich Regeln unterwerfen, die ihr nicht von einem menschlichen Maß gesetzt sind, sondern aus der personalen und zugleich gemeinschaftlichen Beziehung zu Gott erwachsen, deren Garant die Kirche ist. Bevor ich den Innenraum der Theologie betreten konnte, mußte ich also eine geistige »Konversion« durchmachen. Dabei hat mir Pater Guy de Broglie geholfen. Wenn, wie Pater Chenu im Anschluß an Thomas von Aquin lehrte, die Theologie eine Wissenschaft ist, so nur in einem analogen Sinne.

Die theologische Erkenntnisweise ist eine aus dem Glauben erwachsende. Die in ihr zum Vorschein kommende Wahrheit ist keine spekulative, vielmehr eine in der Kontingenz, im Konkreten, in der Einzigartigkeit der Geschichte sich entfaltende. Schon als Kind wußte ich, daß Gott zu Abraham gesprochen hat. Die absolute Transzendenz ist mit dem Menschen in Verbindung getreten. Wenn Gott sich aussagt und zum Gegenstand menschlichen Denkens macht, kann das nur so erfolgen, daß Er in seiner Offenbarung jedem menschlichen Zugriff entzogen bleibt. Abraham hat den Glauben an Gott angenommen – einen Gott, der sich ihm unter konkreten historischen Umständen und unter Bedingungen offenbarte, die Er allein bestimmte. Gott hat in Christus, seinem auserwählten Sohn, zu den Menschen gesprochen. In ihm offenbart er sich auch heute noch. Die Zeugnisse des Glaubens sind keine toten, ein für allemal abgelegten Akten, sondern lebendige Urkunden, die uns auch heute noch ergreifen. Die Kirche, der Leib Christi, die selbst von Gott eingesetzt wurde, ist der Ort, wo das fleischgewordene Wort Gottes sich durch seinen Geist aussagt, ja sie ist der Zeuge und Garant dieses Geschehens. Die Kirche ist keine Akademie, die durch ihre normsetzende Funktion der Freiheit und dem schöpferischen Geist Zügel anlegen würde. Die Norm der Theologie entspringt nicht menschlicher Geistestätigkeit, sie enthüllt sich vielmehr im Glauben der Kirche, die in der Schrift und ihrer Überlieferung die Offenbarung Gottes erkennt. Für den Theologen ist die Schrift heilig; sie wird von der Kirche anerkannt und ausgelegt.

Nach dem Wesen der Theologie und ihrer Methode zu fragen heißt, zugleich nach der Geschichte und der Christologie, nach dem Glauben und der Kirche zu fragen. Und es heißt auch, das genuine Arbeitsfeld des Theologen abzustecken.

J.-L. M. *Sie sagen, die Theologie übersteige die Grenzen der Vernunft, oder sie behaupten doch zumindest, man müsse in ihr im Vergleich zu einer klassischen rationalen Wissenschaft einen geistigen »Sprung« vollziehen. Reiht sich die Theologie dann aber nicht in jene Wissenschaften ein, in denen es um die Unterscheidung von Autorisiertem und Nichtautorisiertem geht; mit anderen Worten: Wird sie nicht zu einer im wesentlichen normativen Disziplin?*

J.-M. L. Ja und nein. Die Theologie hat sich in ihrer Geschichte nicht nur mit dem Studium geoffenbarter Dokumente und deren offiziell genehmigter Auslegung befaßt, sondern eine ungeheure Fülle verschiedenartigster Gedanken und Werke – Untersuchungen, Spekulationen, Entdeckungen – hervorgebracht. So hat das theologische Denken mit großer Mühe und zu einem hohen Preis scheinbar unvereinbare Begriffe, wie die von Person und Natur, erarbeitet, die heute fest zum geistigen Gemeingut gehören. Auch die teleologische Konzeption der Geschichte ist aus der Offenbarung hervorgegangen. Um die Aussagen der biblischen Offenbarung begreiflich zu machen, war der menschliche Geist gezwungen, nützliche und fruchtbare metaphysische Begriffe neu zu definieren und so über den Rahmen der antiken Philosophie hinauszugehen.

Die Theologie hat mehr getan, als nur Begriffe zu produzieren;

sie hat die großen Projekte der Rationalität im 19. Jahrhundert angeregt. Hegel etwa bemüht sich um die Säkularisierung und rationale Rückführung der geschichtlichen Erscheinungsformen des Christentums. Er versucht, die geschichtliche Kontingenz in ein vom Menschen erdachtes Vernunftsystem aufzunehmen und allein durch Denken alles anzueignen, was der Geschichte Sinn verleiht. Das aber ist gemäß der Offenbarung genau das, was der Geschichte entgleitet, nämlich der Geist Gottes. Hegel wollte den Ursprung und die absolute Norm des Sinns in die Geschichte und die Freiheit des menschlichen Subjekts zurückverlegen. Sein prometheisches Unterfangen hat theologische Wurzeln. Das zeigt sich noch in der von ihm verwendeten Begrifflichkeit.

Die Entfaltung der empirischen Wissenschaften beruht unter anderem auf der Bejahung des Begriffs der Schöpfung. Alles unterliegt der Bedingung der Geschöpflichkeit. Nichts von dem, was der Mensch erreichen kann, entgeht seiner Beherrschung. Anders gesagt: Die menschliche Erkenntniskraft herrscht unumschränkt und mit der Ermächtigung, diese Welt zu verstehen. Der Neugier des menschlichen Geistes, seinem Wunsch zu begreifen, ist damit von vornherein gestattet, jedes Tabu aufzuheben.

D. W. *Glauben Sie, daß die Theologie umgekehrt Anregungen durch das zeitgenössische Denken bekommt?*

J.-M. L. Die theologische Methode ist nicht hinreichend definiert, wenn man sie nur als eine auf die Offenbarung gerichtete Tätigkeit der Vernunft betrachtet. Die empirische Methode besteht darin, der menschlichen Vernunft Objekte und religiöse Aussagen gegenüberzustellen; sie verkürzt die Theologie auf Objekte oder auf Aussagen, die der menschlichen Erkenntniskraft unterliegen. Der Schlüssel zur Fruchtbarkeit des theologischen Denkens hingegen liegt darin, daß es sich dem Subjekt gegenüberstellt, das es befragt und von dem es doch zuerst befragt wird, nämlich Gott. Die Theologie verkümmert, wenn sie vergißt, daß Gott ihr Gegenüber ist, wenn sie nicht länger glaubt, daß Gott der Lebendige ist. Das ist eine ungeheure Askese, und – nach diesem scheinbaren Umweg – möchte ich jetzt auf die Anregungen durch das moderne Denken zurückkommen.

J.-L. M. *Kann man ein guter Theologe sein, ohne zu glauben?*
J.-M. L. Das kommt darauf an, was man unter Theologie versteht. Wenn man darunter, wie ich, die unter Einsatz aller Mittel der Vernunft, aller Mittel des menschlichen Daseins und der göttlichen Gnade betriebene Suche nach Gott versteht, so kann die Antwort nur lauten: »Nein, einen Theologen, der nicht glaubt, kann es nicht geben.« Natürlich mag es Menschen geben, die auf der Suche nach Gott sind, gleichsam Theologen »avant la lettre« und vielleicht sogar gegen ihren Willen. Dementsprechend kann Theologe nur werden, wer bereit ist, den Auftrag zu erfüllen, der ihm aus der direkten Begegnung mit Gott erwächst; nur der kann Theologe sein. Wer sich nicht in diese Beziehung einfügt, betreibt »Religionswissenschaft«. Diese läßt sich genausowenig mit der Theologie gleichsetzen wie die Literaturwissenschaft mit der Dichtkunst und die Kunstgeschichte mit der Ästhetik.
J.-L. M. *Aber in dem Wortgefüge »Theologie« steckt doch auch das Glied »logie« ...*
J.-M. L. Ja, aber um was für einen Logos, um was für ein Wort handelt es sich dabei, und wer hat es ausgesprochen? Ich komme auf die Frage zurück, die Sie gerade gestellt haben: »Hat das zeitgenössische Denken der Theologie irgendwelche Anregungen gegeben?« Ja! selbstverständlich. Die meisten Konzepte des zeitgenössischen Denkens entstammen der Theologie und kommen nun in profanierter Form wieder zu ihr zurück. Will man sie wieder aufnehmen, muß man sie allerdings zunächst »exorzieren«.
D. W. *Exorzieren – etwa weil sie Teufelswerk sind, Ausfluß eines atheistischen Denkens?*
J.-M. L. Nein, aber da sieht man einmal, wie groß Ihre Angst vor dem Teufel ist! Nehmen wir das Beispiel der historischen Kritik. Sie ist ein wichtiges Instrument für die Beurteilung von Dokumenten. Die Offenbarung hat sich als Ereignis präsentiert, das in die Geschichte eingeschrieben ist. In diesem Sinn hat das biblische und christliche Denken die Geschichte als rationale Wissenschaft begründet. Diese hat sich dann als kritische und »überinterpretierende« Methode gegen die Religion zurückgewandt. Heute fügt sich die theologische Arbeit in jene Strömung des modernen Denkens

ein, die im Namen eines Fortschritts der hermeneutischen Reflexion die Kritik der Kritik in Angriff nimmt. Zu viele Menschen sind bei der positivistischen Lehre stehengeblieben! Sie ist die »Vulgata« des abendländischen Denkens, die zum festen Bestand des allgemeinen Wissens gehört. Das ist sehr traurig, denn diese allgemeine Verbreitung macht eine ganze Generation zum Gefangenen bereits veralteter Denkkategorien. Oder nehmen Sie die Soziologie oder die Psychoanalyse: Mir drängt sich einfach der Gedanke auf, daß deren begriffliches Instrumentarium sich von theologischen Grundlagen herleitet, die der Bibel entnommen sind. Freud war ein strenger Szientist. Trotzdem hat er aufgrund seiner klinischen Erfahrungen vermutet, daß die klare und geordnete Vernunft nicht die höchste Norm darstellt. Er hat das gesamte symbolische Denken, die Idee der Auslegung, die Einschreibung der Vernunft wie des Begehrens in die Zeit und ihre Beziehung zu den Anfängen wieder zur Geltung gebracht...

D. W. *Versuchen Sie eine Analogie zur Offenbarung herzustellen?*

J.-L. M. *Zuvor müßten Sie dann allerdings aus der Psychoanalyse die bösen Geister der Sexualität exorzieren...*

J.-M. L. Wenn Sie glauben, in der Offenbarung stehe nichts über Sexualität, dann sollten Sie die ersten beiden Kapitel der Bibel lesen... *Der Mann Moses und die monotheistische Religion* ist das Buch, das man als erstes einer Psychoanalyse unterziehen müßte. Es ist ein bewundernswertes Buch, das zeigt, wie gut sich die Psychoanalyse dazu eignet, Freud selbst zu analysieren.

D. W. *Inwiefern?*

J.-M. L. Nun weil er dort mit dem Judentum und seinem Vater abrechnet.

D. W. *Gibt es für Sie eine Analogie zwischen seinen Ausführungen über den Urvater und seiner Beziehung zu seinem eigenen Vater?*

J.-M. L. Ja, und eine Analogie mit dem Judentum, das ist offensichtlich.

J.-L. M. *Und wie ist es mit* Die Zukunft einer Illusion?

J.-M. L. Das ist dasselbe.

D. W. *Wir werden später über die Psychoanalyse sprechen. Kom-*

men wir jetzt noch einmal auf Ihr Theologiestudium zurück. Welche bedeutenden geistigen Strömungen hat es damals gegeben?

J.-M. L. Wir hatten mit den Nachwehen des Modernismus zu kämpfen. Im 19. Jahrhundert haben Exegeten und Dogmengeschichtler die Methoden der jungen historischen Kritik auf die christlichen Dokumente der Vergangenheit angewandt, um die Kirche an die moderne Gesellschaft anzupassen. Sie wollten die Entwicklung der christlichen Botschaft und der christlichen Institutionen nachzeichnen. Manche, um beides zu verteidigen, andere, um alles auszuscheiden, was – in ihren Augen – vor dem Tribunal der Vernunft nicht bestehen konnte. Ausgelöst wurde diese Bewegung von den Protestanten in Deutschland; einige von ihnen gingen sogar so weit, den Glaubensaussagen jeden historischen Wert und jeden Realitätsanspruch zu verweigern. Das ist das Drama des liberalen Protestantismus, der pietistische bzw. fundamentalistische Gegenreaktionen ausgelöst hat. Auch Karl Barth ist diesem Modernismus entschieden entgegengetreten.

Die katholische Kirche hat vehement protestiert und die Dogmen des Glaubens energisch verteidigt. Aber eine ganze Generation fühlte sich hin und her gerissen zwischen der kirchlichen Lehrautorität, die eine bestimmte theologische Denkweise vorschrieb (und die nicht zögerte, disziplinarische und sogar religiöse Sanktionen zu verhängen), und den Gewißheiten der kritischen, historischen, ja selbst der spekulativen Vernunft. Menschen, die weiterhin mehr oder minder gläubig waren, wurden »gezwungen«, Aussagen zu bejahen, denen sie nicht wirklich zustimmen konnten. Infolgedessen entwickelten einige Intellektuelle eine zweideutige Haltung gegenüber dem Glauben. Die Gemeinschaft der Gläubigen orientierte sich weiterhin an der offiziellen Lehre – ihre Verteidiger aber stimmten nicht wirklich mit ihr überein.

Manche haben sich mit einer Art Fideismus aus der Affäre zu ziehen versucht; ihre Glaubensart indes blieb dunkel, sie lebten und bekannten sich zu einem Widerspruch zwischen Glaube und Vernunft. Andere spielten – was schon bedenklicher war – ein doppeltes Spiel; ihre Sprache war doppelzüngig: Das für vernünftig Gehaltene vermischte sich mit dem aus Klugheit Verschwiegenen, das doch zwischen den Zeilen, als bewußte Anspielung, einfloß.

D. W. *Was hielten Sie persönlich vom Modernismus, der sich Ende des 19. Jahrhunderts als Gegenbewegung zur Scholastik entwickelte? Dieser Antagonismus hat ja bis heute bedeutende intellektuelle Nachwirkungen gehabt.*

J.-M. L. Meine Reaktion war jeweils eine andere, je nachdem ob sie sich auf den Modernismus, auf die Verfechter des Fideismus oder auf jene bezog, die ein doppeltes Spiel spielten.

Für Renan und Loisy hatte ich nie viel Sympathie. Sie waren entschieden zu klerikal, als daß man ihnen hätte Vertrauen schenken können. Den Studenten meiner Generation schien diese geistige Strömung des beginnenden 20. Jahrhunderts so weit weg zu sein wie den heutigen Studenten der letzte Krieg. Viele Lehrer waren von ihr geprägt worden, uns aber begeisterten und beeinflußten andere geistige Größen. Nur indirekt, aus der kritischen Exegese, aus den Untersuchungen über die Ursprünge des Christentums und aus dem philosophischen Rationalismus erfuhren wir etwas von den Infragestellungen des Glaubens durch den Modernismus. Genau dieselben Lehrer, die mir geholfen hatten, die geistliche Tragweite des Krieges zu erfassen, der Verlockung des Marxismus zu widerstehen und die Frage nach Gegenstand und Methode der Theologie zu lösen, lieferten uns nun das für die Kritik der Prinzipien des Modernismus und eine positive Würdigung der Moderne unabdingbare geistige Rüstzeug. Wir verdankten es den Initiatoren der biblischen, patristischen und liturgischen Bewegung, daß uns der reiche Schatz antiken Schriftguts wieder zugänglich gemacht wurde. Wir studierten diese Schriften ohne Scheuklappen, ohne zu zögern, eine strenge kritische Methode anzuwenden. Diese neue christliche Strömung enthüllte uns einen Teil jenes Schatzes, der unentdeckt im Erbe des Glaubens lag, verschleiert von dem anmaßenden Absolutheitsanspruch der menschlichen Vernunft, den die Aufklärung erhoben hatte. Zugleich zeigte sie uns, was die Vernunft an Positivem in sich trug. Das Heil der Vernunft lag in ihrem richtigen, sich ihrer Grenzen bewußten Gebrauch. Diese neu gewonnene Erkenntnis bewahrte uns vor dem Modernismus und dem Fideismus. Unsere Haltung gegenüber den Verfechtern des Fideismus war von Bewunderung und Mitleid geprägt: »Wie schade, daß die Leute dieser Generation nicht über das intellektuelle Rüstzeug verfügten, das es ihnen ermöglicht hätte, die Grundsätze ihrer vermeintlichen Rationalität zu kritisieren.« Andererseits bewunderten wir diese Männer des Glaubens, wie zum Beispiel den Regens des Priesterseminars, die diese Widersprüche in Treue auf sich nahmen. Ich verstehe, daß einige diese Prüfung nicht bestanden haben.

Meine Einstellung gegenüber denen, die ich für doppelzüngig hielt, bei denen zwischen Denken und Reden oder auch Denken und Verhalten eine Lücke klaffte, war sehr viel strenger. Ich fragte mich, ob sie überhaupt noch glaubten. Ich war zutiefst entrüstet. Entweder etwas ist wahr, und man spricht es offen aus. Oder man glaubt sich zu irren und gibt offen zu, daß man sich irrt. Jeder hat das Recht, nicht zu glauben, aber wenn einer nicht glaubt, muß er es auch sagen. Übrigens: Auch wer glaubt, muß Gründe für seinen Glauben finden können. Die Finsternis der Gottverlassenheit, in der der Glaube auf die Probe gestellt wird, ist kein Hirngespinst. Der Glaube kann gewiß die radikalsten Infragestellungen mit sich bringen, denn nicht umsonst rührt man in ihm an das Absolute, das die Vernunft manchmal verwirren und aus der Fassung bringen kann.

Allmählich hat sich bei mir ein Eindruck bestätigt: In der Welt der Kirche, sei es im Bereich des geistigen Lebens, sei es in der Organisation der Kirche, wurden die Grundlagen des Glaubens allzuoft als etwas »Gegebenes« betrachtet, in das man »verpflichtet« ist sich einzuordnen, auf das man eigentlich nicht verzichten will, dem man aber widersprechen muß, wenn man »modern« sein will. So als müßte man mit dieser sozialen Gegebenheit rechnen, um sie von innen heraus zu verändern, wie man etwa eine Gewerkschaft infiltriert und verändert. Das hat mich immer sehr bedrückt. Ich sah keinerlei Veranlassung, mich in diesem gesellschaftlichen Ganzen mit irgend jemandem zu streiten, dem ich mich nicht zugehörig fühlte. Sinn hatte dies nur, wenn der andere selbst annahm, was er vertrat: das Absolute und die Wahrheit des

Glaubens. Nicht irgendein empirisch greifbares Milieu gibt der Kirche ihren Sinn und Wert, sondern umgekehrt, die Kirche verleiht einer gesellschaftlichen Wirklichkeit den Sinn, dessen Ort und Zeuge sie ist. Sie ist als Institution nur so lange sinnvoll, wie sie ihre Rolle als prophetischer Zeuge erfüllt. Und die Menschen können sich nur in dem Maß auf sie berufen, als sie dieser Sendung treu sind.

Als Offizier in Berlin

D. W. *Haben Sie Ihren Wehrdienst abgeleistet?*

J.-M. L. Ja, 1950, mit 24 Jahren. Zunächst habe ich in Rastatt bei einem Jägerbataillon meine Grundausbildung erhalten. Die meisten meiner Kameraden kamen aus Nordfrankreich, und einige von ihnen sprachen kaum ein Wort Französisch. Damals wurde mir bewußt, daß Frankreich ein Gefüge verschiedenartigster Volksgruppen war, zwischen denen große kulturelle Unterschiede bestanden. Diese drei Monate waren eine schöne Zeit. Es hatte sich in Windeseile herumgesprochen, daß ich Seminarist bin, und ich war erstaunt, bei meinen Kameraden eine zwar äußerlich unbeholfene, aber innerlich reiche und vertrauensvolle Beziehung zur Religion zu entdecken. Dann besuchte ich die Schule für Reserveoffiziere in Saint-Maixent. Als Seminarist legte ich keinen großen Wert auf eine solche Ausbildung, aber angesichts der dringenden Notwendigkeit, den Offiziersmangel in der Armee zu beheben, habe ich mich schließlich dazu überreden lassen. In Saint-Maixent waren wir vier- bis fünfhundert junge Leute, und zwar ein Drittel Volksschullehrer, ein Drittel Seminaristen und ein Drittel Studenten der verschiedensten Fachrichtungen. Wir alle gehörten zur Kriegsgeneration, die die tiefen Einschnitte, Enttäuschungen und die Verletzung unseres Nationalgefühls erlebt hatte. Wenn auch die meisten von uns, dem damaligen Zeitgeist entsprechend, politisch eher links orientiert waren, so waren wir andererseits doch bereit, eine positive, nationale Einstellung zur Armee zu entwikkeln. Daran änderte auch der Ausbruch des Indochinakrieges nichts. Die Offiziere und Unteroffiziere erzählten uns von ihren Heldentaten beim Italienfeldzug; unser Denken und Fühlen aber wurde noch immer von der nationalen Demütigung durch die Deutschen bestimmt.

Nachdem ich Saint-Maixent als Offizieranwärter verlassen hatte, konnte ich mir einen Posten in Berlin auswählen. Das war 1950, vor dem Bau der Mauer und nach der Blockade. Die französischen Truppen waren in der ehemaligen Hermann-Göring-Kaserne untergebracht, die wir auf den würdevollen Namen »Camp Napoléon« umtauften.

J.-L. M. *Weshalb ausgerechnet Berlin?*

J.-M. L. Das war eine einzigartige Gelegenheit, um Deutschland wiederzusehen! Ich kam als französischer Soldat, als Sieger, nicht wahr? Und dann: nach Berlin zu kommen, vor den Toren Osteuropas zu stehen, das war doch eine einmalige Chance!

J.-L. M. *Einige Menschen Ihrer Generation haben sich geschworen, nie mehr ihren Fuß auf deutschen Boden zu setzen.*

J.-M. L. Ja, ich weiß. Aber ich trug damals die Uniform der Sieger. Diese Frage stellte ich mir später und in anderer Form.

Die materiellen Verhältnisse waren gut. Als Offiziere waren wir in der Stadt in Privatquartieren untergebracht und hielten uns nur während des Dienstes in der Kaserne auf. Damals konnte man sich noch ungehindert zwischen den einzelnen Sektoren der Stadt, den sowjetischen eingeschlossen, bewegen. Auch die Deutschen aus der Ostzone hatten freien Zugang zum sowjetischen Sektor von Berlin; man konnte ihnen auf Schritt und Tritt begegnen. Ich erlebte hier zum ersten Mal – nicht den Marxismus, sondern die Kommunisten an der Macht. Ich habe den realen Kommunismus gesehen. Hätte ich Schuppen auf den Augen gehabt (was nicht der Fall war), so wären sie spätestens jetzt gefallen. Um Ostdeutsche kennenzulernen, mußte ich mich katholischer Kontaktpersonen bedienen. Dennoch mißtrauten sie mir. Sie fragten sich, wer ich wohl sei, und wagten nicht zu sprechen. Es hat einige Zeit gedauert, bis ich das Eis zwischen uns brechen konnte. So wurde ich bis in die Einzelheiten des Alltags hinein mit einer Situation vertraut, die in ihren Grundzügen heute jedem bekannt ist.

D.W. *Können Sie beschreiben, was Sie damals empfunden haben?*

J.-M. L. Berlin war damals ein Trümmerfeld, das, vor allem im sowjetischen Sektor, in seiner fürchterlichen Zerstörung erstarrt war. Ich empfand tiefes Mitleid mit diesen Menschen: Der Schrekken, der von ihnen ausgegangen war, war nun auf sie selbst zurückgefallen.

Die sowjetischen Besatzer führten im Vergleich zu den Westalliierten bis zum Ende des Krieges ein ungemein brutales Regiment, das sich auch in der Nachkriegszeit kaum lockerte. Am Anfang habe ich mich gefragt, ob das nicht die gewöhnliche Folge jeder militärischen Besetzung ist. Mußte das Verhalten der Russen nicht als Vergeltung des Siegers an einem erbarmungslosen Feind gedeutet werden? Aber später habe ich begriffen, daß dies mit dem System zusammenhing. Ideologische Gleichschaltung, polizeiliche Zwangsmaßnahmen und militärische Besetzung traten an die Stelle eines wirklichen politischen Lebens. Die rücksichtslose Vereinnahmung religiöser Symbolik diente zur Stabilisierung der Ideologie. Die Russen hatten ein Mahnmal zum Gedenken an die Rote Armee errichtet. Eine gewaltige Allee von mindestens einem Kilometer Länge, gesäumt von großen mit Flachreliefs und Inschriften geschmückten Felsblöcken, führte zu einem kleinen Mausoleum im byzantinischen Stil, einer Rotunde, die mit Mosaiken sowjetischer Helden verziert war. Eines Sonntags habe ich mich in Zivil unter die große Menschenmenge gemischt, die das Mausoleum besichtigte. Bestürzt sah ich, wie Männer und Frauen sich beim Betreten des Raumes unwillkürlich bekreuzigten. Symbolik und Stil des Gebäudes waren derart, daß man schon ganz genau hinschauen mußte, um zu erkennen, daß man keine Heiligenbilder, sondern Darstellungen siegreicher Helden der Roten Armee vor sich hatte. Und die Deutschen marschierten! Im Ostsektor zeigte man nur die »historischen« Filme der stalinistischen Epoche. Schon allein wegen ihrer phantastischen Mythologie lohnte es sich, sie anzuschauen! Stalin war Gottvater, heiter und friedliebend, der im voraus Stätten und Zeiten von Kampf und Sieg bestimmte... Christliche Themen wurden ganz und gar in den

Dienst der stalinistischen Mythologie gestellt. Es war großartig. Das Seltsamste aber war, zu sehen, wie die Deutschen sich in diesem Saal drängten. Ich konnte nicht herausfinden, was in ihren Köpfen vorging. Ein großer Teil der ehemaligen Kader der Nazis war vom kommunistischen System gleich weiterbeschäftigt worden – ganz unverfroren. Alle, mit denen ich sprechen konnte, haben mir bestätigt: »Sie haben die Nazis wieder eingestellt, um die Maschine in Gang zu bringen. Man hat ihnen einen halbwegs neuen Anstrich verpaßt, und schon waren sie wieder einsatzfähig.« Das System der Nazi-Zeit wurde nicht einmal zerschlagen, sondern buchstäblich in fliegendem Wechsel aufgegriffen, durch eine simple Umdeklarierung in Beschlag genommen, um den Interessen der Partei zu dienen.

J.-L. M. *Sind Sie auch Christen begegnet?*

J.-M. L. Aus den Gesprächen, die ich mit Christen führen konnte, gewann ich den Eindruck, daß man mit fürchterlichen polizeistaatlichen Methoden zu Werke ging. Jeder erkennbare Mangel an Linientreue bedrohte die Sicherheit von Personen und Gütern. Die Menschen waren systematisch gezwungen, sich einer doppelten Sprache zu bedienen; sie sprachen von einer innerlich gespaltenen Generation, die, um zu überleben, nach außen hin der marxistischen Sprachregelung folgen mußte und nur im Innern, zur Bewahrung ihres Glaubens, die christliche Sprache gebrauchen konnte. So blieb als einzige Zuflucht die Familie. Wiederum. Ich erkannte das Nazi-Deutschland der Jahre 1936–37 wieder, nur daß an die Stelle seiner Überheblichkeit jetzt Elend, politischer und wirtschaftlicher Zusammenbruch, Hungersnot und Armut getreten waren. Die katholische Kirche, der im Osten nur eine Minderheit angehörte, hatte großen Zulauf von Flüchtlingen aus dem ehemals zu Deutschland gehörenden Westteil Polens, aber auch von Vertriebenen aus Schlesien und den Sudeten.

Diese Kirche schien feste Positionen und einen kraftvollen Glauben zu besitzen. Sie war ein Sammelbecken des geistigen Widerstandes, auch für die Protestanten. Die gleiche Logik hat sich – mutatis mutandis – in jüngster Vergangenheit in Polen gezeigt. Das einzige Mittel, einem totalitären politischen System entgegenzutreten, ist der geistige Widerstand.

D. W. *Läßt sich dieses Urteil verallgemeinern?*

J.-M. L. Mit den Worten Péguys zu sprechen: Die größte politische Kraft ist die Mystik. Die Mystik kann zu einem politischen Machtinstrument verkommen. Wenn aber Politik zu totalitärer Gewaltherrschaft absinkt, vermag allein die Mystik der Unterjochung der Bürger entgegenzuwirken. Meine Worte erinnern Sie vielleicht an die Theorien über die revolutionäre Rolle aktiver Minderheiten. Es ist jedoch meine feste Überzeugung, daß der Totalitarismus nur dann wirklich gesiegt hat, wenn ihm die völlige Knechtung des Geistes gelungen ist. Vor einer rein militärischen Diktatur muß man sich letztlich nicht fürchten, denn sie bricht früher oder später zusammen, weil keine Macht ihr Monopol dauerhaft verteidigen kann. So weit wir auch in der Geschichte der Menschheit zurückgehen, es findet sich kein einziges Beispiel einer unsterblichen weltlichen Macht. Immer geht sie von selbst zugrunde. Die einzig wirkliche Versklavung ist die Versklavung des Geistes – die sich im Kopf des Sklaven ereignet. Das steht schwarz auf weiß in der Bibel: Die wirkliche Gefahr beim Auszug der Israeliten aus Ägypten waren nicht die Ägypter, sondern das Bild von Ägypten, das die Israeliten in ihren Köpfen trugen. Um sich davon zu befreien, mußten sie es schaffen, Ägypten nicht nachzutrauern, sondern einzig und allein Gott zu vertrauen. Die politische Aufgabe der Mystik liegt also darin, wahrhafte Mystik zu sein, denn nur dann kann sie die Wirklichkeit der staatlichen Macht erkennen und benennen.

Ganz anders verhält es sich mit der staatlichen Macht in den Demokratien, in denen es Meinungsvielfalt, Interessengegensätze und vielfältige Konflikte gibt. In der Geschichte der Menschheit hat die Politik jedoch immer wieder den gesamten Bereich des Sakralen an sich gerissen. Das ist der Totalitarismus. Die Entsakralisierung des Politischen weist diesem seinen wahren menschlichen, praktischen und kontingenten Rang zu, wo es mit den Zufällen der Geschichte und den Kalkülen der Vernunft in ständigem Kampf steht. Aber wenn die Politik auch das Heilige für sich vereinnahmt, so gehört sie doch selbst nicht zu dieser Ordnung; denn das einzig wahrhaftig Heilige ist Gott.

J.-L. M. *Haben Sie persönlich miterlebt, daß es zu Geplänkeln zwischen Sowjets und Westalliierten kam?*
J.-M. L. Ja, vor allem zu Pfingsten 1950, als die Kommunistische Partei einen Marsch der Jugend nach Berlin organisiert hatte. Die Westallierten befürchteten, daß die »friedliche« Besetzung Westberlins nur Vorwand einer handstreichartigen Eroberung von ganz Berlin sein sollte. Die alliierten Streitkräfte wurden mobilisiert, die Amerikaner waren auf kriegerische Auseinandersetzungen gefaßt, und die Geheimdienste arbeiteten auf vollen Touren.

Eine alptraumhafte Szene ist mir in Erinnerung geblieben: Junge Kommunisten defilieren stundenlang in Reihen von 16 oder 20 Personen durch breite, von Ruinen gesäumte Straßen und gehen dabei immer wieder an einer mehrere Meter hohen, großen Tribüne vorbei, auf der ein sowjetischer Marschall thront; sie marschieren im Gänsemarsch, und jeder schultert eine Schaufel oder eine Kreuzhacke! Ich traue meinen Augen nicht und frage mich: Wo sind wir eigentlich? In Nazi-Deutschland? Im Marschrhythmus klatschten die jungen Leute in die Hände und skandierten: Freundschaft! Freundschaft! Freundschaft! Es war ein erschreckendes Bild.

Erste Reise ins Heilige Land

J.-L. M. *Sie haben zahlreiche Pilgerfahrten ins Heilige Land unternommen. Wann sind Sie zum erstenmal dort gewesen?*
J.-M. L. Im Sommer 1951. Während meiner Zeit im Priesterseminar. Diese erste Reise hat eine sehr wichtige Rolle in meinem Leben gespielt. Abbé Charles hatte mich gebeten, diese Pilgerfahrt für die Studenten der Sorbonne zu organisieren. Wir hatten nicht viel Geld, und die Lage war außerordentlich gespannt. Es war die Zeit unmittelbar vor dem ersten israelisch-arabischen Krieg. Unsere Rundreise führte uns zunächst nach einem kurzen Zwischenaufenthalt in Griechenland und Zypern nach Beirut. Von dort aus sind wir dann über den Libanon, Syrien und Jordanien nach Jerusalem gefahren.

Diese Reise hat mich außergewöhnlich tief berührt, sowohl gefühlsmäßig als auch geistig, denn ich stand zum ersten Mal auf dem Boden Israels, auf dem Boden des Landes, das Abraham verheißen war: dem Heiligen Land. Wenn man, an seinem Schreibtisch sitzend, die Bibel studiert, kann man endlos über ihren Inhalt spekulieren und dabei Fragen nach der Wirklichkeit des Ereignisses selbst und der unmittelbaren Betroffenheit allzusehr ausklammern. Hier, im Heiligen Land, traf mich die Frage nach der Wahrheit mit voller Wucht. Sie stellte sich mir in Form der Geschichte, die sich selbst in der Geographie mit heftiger, unabweisbarer Objektivität zum Ausdruck brachte. Der Boden selbst, das Heilige Land und seine Bewohner ergriffen mich mit so unbändiger Gewalt, daß eine Entscheidung unausweichlich wurde. Ich konnte mich der Frage nicht länger entziehen.

D. W. *Welcher Frage?*

J.-M. L. Der Frage, ob ich die Wirklichkeit des göttlichen Geschenks uneingeschränkt annehmen würde. Ich wußte, daß es noch eine ganze Reihe offener Fragen gab – Fragen, die sich etwa auf die Rationalität, die innere Widerspruchsfreiheit und die Übereinstimmung von Vernunft und Glaube bezogen.

Die letzte Etappe dieses Weges war der Besuch des Heiligen Grabes. Ich betrat die finstere Basilika, die damals ziemlich verfallen und noch nicht wieder aufgebaut war. Man muß sich bücken, wenn man durch die schmale Eingangstür des Grabmals geht. Ein Mönch paßt auf, daß man nicht mit dem Kopf gegen die Oberschwelle stößt. Er hält eine kleine Kerze in der Hand, um den Eintretenden zu leuchten. Kurz, von mystischer Stimmung keine Spur. Es war sehr heiß. Ich ging vor und berührte plötzlich die Marmorplatte, die den Felsen bedeckt. Ich tastete sie ab und legte dann mein Gesicht auf den kühlen Stein. In diesem Moment durchfuhr es mich: »So wahr dieser Stein hier liegt, so wahr du ihn berührst und so wahr er deinen Händen und deinem Gesicht widersteht und sich deinen Sinnen als wirklich aufdrängt, so wahr mußt du dich entscheiden, ob du dem auferstandenen Christus, Gott, dem Erlöser, und dem Anruf Gottes an sein Volk zum Heil der Welt mit ganzem Herzen anhängen willst oder nicht.« Und das

Licht, das mir in diesem Augenblick geschenkt wurde, das innere Ereignis, das ich jetzt erlebte, läßt sich nur so umschreiben: Es gibt Gründe dafür und dagegen, Gründe von unterschiedlichem Gewicht, die aber zu keiner Lösung führen. Das hingegen, worauf es allein ankommt, ist meine persönliche Beziehung zu Dem, den ich als Gott anerkenne, der mich geschaffen, angerufen, erlöst, geliebt und durch dieses Geschenk dazu befähigt hat, Zeugnis abzulegen über Seine Gnade, die mir widerfahren ist. So lauteten Frage und Antwort. Der ganze Monat danach bedeutete für mich ein ständiges Wechselbad von Freude und Schmerz.

Es erfüllte mich mit Stolz, das Land meiner Vorfahren und auch den Staat Israel kennenzulernen.

J.-L. M. *Sie sprechen von Stolz. War das ein geschichtlicher oder ein religiöser Stolz?*

J.-M. L. Beides! Stolz und zugleich auch Frage. Ich erinnere mich an eine Diskussion mit einem alten aus Rußland gebürtigen Mann, der eine Landwirtschaftsschule in der Nähe von Nazareth leitete. Die ganze Diskussion, die übrigens eine Nacht lang dauerte, dreht sich um den Grundsatz der Trennung von Kirche und Staat. Er vertrat den Standpunkt des säkularen Zionismus, dem ich entgegenhielt: »Ihr seid dabei, die geistigen Reserven des traditionellen Judentums aufzubrauchen, das ihr ablehnt. Aus welchen Gründen aber sollten eure Kinder dann für dieses Land kämpfen und arbeiten? Was wird sie daran hindern, fortzugehen, wenn ihr nichts von dem geistigen Erbe Israels bewahrt und es wieder mit Sinn und Leben erfüllt? Ihr glaubt, eine ideale Gesellschaft aufzubauen – und rennt doch nur einer europäischen Utopie hinterher.« Diese Fragen schienen mir von grundlegender Bedeutung zu sein, und ich brannte darauf, seine Antworten zu hören.

D. W. *Und wie hat er geantwortet?*

J.-M. L. Er wich aus. Er sagte zu mir: »Ben Gurion fängt wieder an zu beten. Unsere Generation beginnt die geistige Frage nach Gott wieder zu entdecken.« Aber vor allem sagte er: »Ihr müßt uns vertrauen, wir sind dabei einen Staat aufzubauen. Wir müssen doch zunächst einmal dafür sorgen, daß jeder Bürger einen Beruf erlernt und ein Dach über dem Kopf hat, daß hier eine Demokratie entsteht.«

J.-L. M. *Ich finde es seltsam, daß Sie dem Nationalbewußtsein, dem Bekenntnis zu den demokratischen Idealen und der Kultur so wenig Vertrauen entgegenbrachten und der Meinung sind, ein Volk müsse untergehen, sobald es sich von Gott abwendet.*

J.-M. L. Wir sprechen hier über Israel.

J.-L. M. *Das ändert nichts! Weshalb sollte das für Israel mehr gelten als für andere Völker? Das ist eine Deutung des Begriffs »Auserwählung«, den ich für fragwürdig halte.*

J.-M. L. Vielleicht, aber hinter dieser unfaßbaren Herausforderung, die der Staat Israel darstellt, liegt – gleichsam als unsichtbarer Teil des Eisbergs – eine viertausendjährige Geschichte von Glauben und Opfern. Diese lange Geschichte macht es schlicht unmöglich, aus Israel einfach einen sozialistischen oder kleinbürgerlichen Staat zu machen.

J.-L. M. *Aus welchem Grund? Weshalb schließen Sie eine weltliche Erklärung der geschichtlichen Vorgänge aus? Viele Juden, vor allem die aus Osteuropa stammenden, hatten schon genug unter religiösen Deutungen ihres Lebens gelitten und suchten nun einfach nach einem Ausweg daraus. Es mag ja eine religiöse oder sakrale Interpretation dieses Ereignisses geben, aber vielleicht sollte man die Israelis einfach in Ruhe lassen.*

J.-M. L. Sie in Ruhe lassen, ja! Aber wie sollen sie denn weiterleben, wenn sie vergessen, wer sie sind?

II. Die Humanwissenschaften

Anziehung und Abstoßung

Dominique Wolton: *Wie erklären Sie sich die Tatsache, daß der Klerus am Ende des Krieges mit sehr großem Interesse die Entwicklung in den Human- und Sozialwissenschaften verfolgte: zunächst in der Geschichte – darüber haben wir bereits ausführlich gesprochen –, dann aber auch in der Psychologie und Soziologie? Man hat den Eindruck, die Kirche habe sich regelrecht auf die Humanwissenschaften gestürzt.*

Jean-Marie Lustiger: Es fällt mir schwer, eine ausgewogene Antwort darauf zu finden. Vielleicht haben wir einfach noch nicht den nötigen Abstand. Was die Psychologie anlangt, so hat die Kirche gerade aufgrund der Entwicklung der christlichen Anthropologie ihr immer ein besonderes Interesse entgegengebracht. Der Fall der Soziologie liegt anders. Ihre religiösen Wurzeln sind nicht so deutlich zu erkennen. Der Gegenstand der Soziologie, wie ihn Durkheim definiert hat, schien ein gänzlich neuer zu sein. Außerdem war die Kirche ein faszinierender Forschungsgegenstand für die Soziologen!

D. W. *Mitunter war sie aber auch ihre »Feindin«!*

J.-M. L. Die Frage nach dem Heiligen steht im Mittelpunkt der Soziologie. Der christliche Glaube stellt sich nicht nur als ein System von Glaubenssätzen und Anschauungen dar, sondern auch als ein System von Handlungsweisen, das ihm eine gesellschaftliche Bedeutung verleiht. Anders gesagt: Das 19. Jahrhundert war versucht, den Glauben durch die Verwirklichung der Trennung von Kirche und Staat zu einer Privatangelegenheit, zu etwas Subjektivem machen. Die Theologen einerseits und die Praktiker, ob Priester oder Laien, andererseits waren somit gezwungen, wieder stärker den sozialen Aspekt der Kirche zu unterstreichen. *Die sozialen Aspekte des Dogmas*, so lautet der Untertitel eines Buches von Henri de Lubac, das Epoche gemacht hat: *Der Katholizismus*. De Lubac hat es immer verstanden, die richtigen Fragen zum richtigen Zeitpunkt zu stellen. Angesichts der Versuchung einer Privatisierung und Individualisierung des Glaubens zu einer Zeit, da die mitunter von antireligiösen Tönen erfüllte weltliche Kultur zu einer Übersteigerung des Kollektiven und Sozialen neigte, wandten sich einige Christen der Soziologie zu. Dahinter stand eine Art unwillkürlicher Verteidigungsreaktion: Man wollte die Privatisierung der religiösen Erfahrung nicht hinnehmen, den Faktor Gesellschaft als bestimmende Größe der Religion wiederentdecken und zugleich die Notwendigkeit praktischen Handelns begründen. Es erscheint mir ganz normal, daß man sich für die Arbeit der Soziologie interessierte. Zumal sich diese ursprünglich vorgenommen hatte, das Religiöse zu deuten und zu verstehen.

D. W. *Wie würden Sie in diesem Zusammenhang die Definition der Religion von Durkheim bewerten: »Religion ist ein konsistentes System von Überzeugungen und Praktiken, die sich auf heilige, d. h. abgesonderte und verbotene Dinge beziehen, Überzeugungen und Praktiken, die in einer moralischen Gemeinschaft, die man Kirche nennt, alle untereinander vereinen, die ihr angehören und an sie glauben.«*

J.-M. L. Das mag eine gute Beschreibung des Faktums Religion sein; offensichtlich sagt sie nichts über ihren Inhalt und ihre Bedeutung aus. Wenn diese Beschreibung von einem Irokesen stammen würde – denn, theoretisch betrachtet, gleicht der Soziologe einem Irokesen, der einen fremden Stamm aufsucht und versucht, die Verhaltensweisen der Stammesmitglieder aus einem anderen Blickwinkel zu betrachten als diese selbst –, hätte dieser Irokese den fremden Stamm sehr genau beobachtet. Es wäre nicht schwer, nacheinander jedes Element der Definition herauszugreifen und zu zeigen, daß es einer anderen Betrachtungsweise, einer anderen Deutung fähig ist. Was in dieser Definition fehlt, ist Gott, der Glaube, sein Inhalt und Zweck, sowie der Begriff der Geschichte. Kurzum: Es handelt sich um eine formale Beschreibung der Funktionsweise

der Religion, die grundsätzlich auf alle Religionen angewandt werden könnte – obwohl ich mir da nicht ganz sicher bin! Ich sehe in der Definition Durkheims keine Herausforderung, sondern ein interessantes Werkzeug, das aber keinesfalls als Schlüssel zu einem wahren Verständnis der Religion betrachtet werden kann.
Jean-Louis Missika: *Sie haben das Phänomen der Zurückdrängung der Religion ins Private angesprochen. Im allgemeinen macht man die Säkularisierung dafür verantwortlich, das heißt die Tatsache, daß in einer säkularen Gesellschaft die Religion nicht länger die Grundlage des gesellschaftlichen Zusammenhalts bildet und somit zu einer Privatangelegenheit wird. Teilen Sie diese Sicht der Dinge?*
J.-M. L. Auf die Fragen, die mich in meiner Jugend beschäftigten, würde ich heute antworten, daß das Heilige den gesellschaftlichen Zusammenhalt nicht nur garantiert, sondern sogar fundiert. Die Definition des Heiligen erschöpft sich nicht in der Vorstellung der Absonderung, sondern umfaßt noch weitere Begriffe. Und zwar zunächst einmal den des symbolischen Erbes als der Gesamtheit der im gesellschaftlichen Bewußtsein symbolisierten Tatsachen, über die jedes Mitglied einer bestimmten Gesellschaft verfügt und die zugleich die Seele einer Kultur ausmachen. Des weiteren auch die Begriffe des historischen Gedenkens und der Hoffnung auf eine gemeinsame Zukunft. So gesehen ist das Heilige nicht unbedingt gleichbedeutend mit Religion, im technisch-engen Sinne des Wortes, sowenig wie jedes Heilige und jede Religion in dem einen und wahren Gott ihren Urheber hat. Aber auch wenn mich die Vorstellung einer Säkularisierung (im Sinne der Theologien der Säkularisierung bzw. der Gott-ist-tot-Theologien, wie sie vor kaum 20 Jahren in den Vereinigten Staaten und in Europa im Schwange waren) einen kurzen Augenblick lang etwas verwirrt hat, so scheint sie mir doch vom soziologischen Standpunkt aus betrachtet ausgesprochen naiv zu sein. Sie läuft darauf hinaus, den »heiligen« Charakter des gesellschaftlichen Zusammenhalts und der Gesellschaft als eines Faktums zu leugnen, die grundlegendsten Dimensionen des gesellschaftlichen und menschlichen Lebens in Abrede zu stellen.

Dann müßte man sich erneut den (vergangenen und gegenwärtigen) Ereignissen »unserer« abendländischen Gesellschaft zuwenden. Diese lassen sich nicht mit allgemeinen und abstrakten Begriffen analysieren. Zum Beispiel: Die Säkularisierung in Frankreich und deren Krise läßt sich nur unter Berücksichtigung der Französischen Revolution und der Geschichte des Antiklerikalismus und Klerikalismus verstehen. In der angelsächsischen Welt hat die gleiche Ausgangslage nicht die gleichen Folgen gezeitigt. Wer hat in den Vereinigten Staaten die katholische Kirche aufgebaut? Die Arbeiter, zuerst irische und italienische, später polnische Arbeiter, die Armen also. Die katholische Kirche trat dort als Kirche der Armen auf. Und wenn man das Ruhrgebiet oder auch einige Gebiete Nordfrankreichs betrachtet, so zeigt sich, daß die hochfahrenden frankomarxistischen Thesen über die Kirche, die angeblich die Arbeiterklasse verloren habe, und über die Dechristianisierung-im-Gefolge-der-Industrialisierung die Wirklchkeit nicht hinreichend erklären können. Im Ruhrgebiet hat sich ein sozialer, volksnaher Katholizismus für die Arbeiter eingesetzt. Noch vor zwanzig Jahren war die Glaubenspraxis hier lebendiger als in den katholischsten Gebieten Frankreichs.

D. W. *Weshalb ist Frankreich dann ein Sonderfall?*

J.-M. L. Es gibt alle möglichen Arbeitshypothesen. Man müßte jedenfalls mit simplifizierenden Darstellungen aufhören und in eine sorgfältige historische Bestandsaufnahme einwilligen. Ich erinnere mich an eine Dissertation, die ich nur grob überflogen habe, die die Entstehung des städtischen Proletariats in einigen Gebieten Nordfrankreichs untersucht. Dieses Proletariat bestand aus Bauern, die in die Industriezentren abwanderten, um hier Arbeit und bessere Lebensbedingungen zu finden. Der Autor unterschied jedoch sorgsam zwischen ländlichen Bevölkerungsgruppen mit und ohne Schulbildung. Letzte wurden unmittelbar proletarisiert, denn ihre Kultur beruhte ausschließlich auf Mündlichkeit und Brauchtum, mochte es ihr dabei auch an Kohärenz nicht fehlen. Ihrem angestammten Umfeld mit seinen existenzsichernden Institutionen entrissen, wurden diese Bauern innerhalb einer Generation zu Proletariern. Die Bauern mit Schulbildung hingegen, die eine Schriftkultur besaßen, entwickelten sich zu einem anderen Typus von Arbeitern und bildeten in der Stadt auch andere religiöse und gesellschaftliche

Verhaltensweisen aus. Das sogenannte »dechristianisierte Proletariat« bestand zweifellos aus einem Bauernstand, der nie eine Schulbildung genossen und nie christianisiert worden war.
D. W. *Haben denn die christianisierten und gebildeten Schichten mehr Widerstandskraft besessen?*
J.-M. L. Sie konnten einige Werte in ihren neuen, harten und konfliktreichen Lebensraum hinüberretten und sie als eigenständige Ausdrucksform und Kultur bewahren.

Die irdischen Wirklichkeiten

D. W. *Was halten Sie von der in der Zwischenkriegszeit entstandenen theologischen Bewegung, die aus Opposition gegen die offiziellen Positionen der Kirche sich allmählich den gesellschaftlichen Gegebenheiten annähern wollte, um eine, wie man es damals nannte, »Theologie der irdischen Wirklichkeiten« ins Leben zu rufen? Es gab Theologien des Leibes, Theologien der Arbeit, Theologien der Gesellschaft. Lassen Theologie und Humanwissenschaften sich auf diese Weise miteinander verknüpfen?*
J.-M. L. Die »Theologie der irdischen Wirklichkeiten« lehnte sich nicht unmittelbar an die Humanwissenschaften an.
D. W. *Kann man denn eine Theologie des Leibes, der Arbeit, der Stadt und der Gesellschaft formulieren, ohne Erkenntnisse der Geschichtswissenschaft, der Soziologie und der Psychologie zu berücksichtigen?*
J.-M. L. Man könnte hier gewisse Namen nennen, denn hinter den Titeln, die Sie gerade angeführt haben und die sich geradezu wie Buchtitel anhören, stehen ja bestimmte Autoren, Überschwenglichkeiten und Polemiken. Betrachten wir die Dinge doch mit dem nötigen Abstand und analysieren wir in aller Ruhe die Elemente.
D. W. *Offen gestanden war ich recht verblüfft, als ich entdeckte, daß es Ansätze zu einer Theologie der irdischen Wirklichkeiten gegeben hatte. Ich hätte wirklich nicht gedacht, daß dies zu den Aufgaben der Theologen gehört, aber schließlich …*

J.-M. L. Heute würde man von christlicher Anthropologie sprechen, um die Frage zu beantworten, auf welche Weise das Bild vom Menschen von der Offenbarung seiner Beziehung zu Gott abhängt. Denn man sollte den Theologien keine ideologische Funktion aufbürden. Will man das christliche Symbolgut, seinen sakralen Charakter und seine Funktion innerhalb der Kirche mit dem Ziel deuten, darauf einen kosmologischen oder anthropologischen Diskurs aufzubauen, muß man aufpassen, daß man nicht unbemerkt das Register wechselt.

Noch eine Bemerkung: Damals ging es vor allem darum, auf die sich von Nietzsche herleitende Beschuldigung zu antworten, die Religion habe dem Menschen seine Substanz entzogen, ihn seines »Lebenssaftes beraubt«. So ähnlich lautete übrigens der Titel des zweiten Heftes der *Jeunesse de l'Eglise*: »Hat das Christentum dem Menschen seine Kraft geraubt?« Das war 1943. Der Zwerg Hitler hatte sich die Stiefel Nietzsches angezogen, die ihm ein paar Nummern zu groß waren. Man mußte sich selbst etwas beweisen und seine Widersacher davon überzeugen. Denken Sie an die Nazi-Schriftsteller und die ganzen Angriffe aus dieser Ecke; ein Katholik konnte nicht sportlich sein, denn er verachtete ja den Leib. Erinnern Sie sich an Montherlant! Das gleiche galt für die Liebe, die Musik, für alle irdischen Güter. De Lubac hatte bereits 1937 mit seinem Buch *Das Drama des Humanismus ohne Gott* darauf geantwortet. Damals mußten jedoch diese Verdächtigungen endgültig aus der Welt geschafft, ungerechtfertigter Zerrbilder zurechtgerückt und Beschränktheiten jansenistischen Strickmusters angeprangert werden. Vergessen wir nicht, daß noch das 19. Jahrhundert sich mit dem Jansenismus herumgeschlagen hat. Man glaubt nicht, welche tiefen Spuren der Jansenismus in der klerikalen und christlichen Erziehung in Frankreich hinterlassen hat. Als Reaktion auf die jansenistischen Verdächtigungen wollte man die positiven Aspekte der christlichen Anthropologie herausstellen.

Drittens: Es kam zu einer Verinnerlichung der Kritik. Manche Christen fühlten sich durch die Vorwürfe selbst angegriffen. Sie verinnerlichten die Kritik, die sie eigentlich widerlegen wollten. Einige Autoren, die die Anschuldigungen zu entkräften suchten, dachten vielleicht selbst – mehr oder minder bewußt –, Gott entziehe dem Menschen seine Lebenskraft: »Obgleich wir uns auch weiterhin gehorsam dem Willen Gottes beugen (denn wir glauben an Ihn), sollten wir versuchen, unsere Lage angenehmer zu machen, indem wir die Schranken soweit zurückschieben, daß wir dem Menschen ein wenig Freiraum, ein wenig Luft zum Atmen verschaffen.« In dem Maße aber, wie dieses insgeheim dialektische Denken auf ideologische Weise einen nominalistischen Naturbegriff ins Spiel brachte, nahm die Versuchung zu, eine Art christlichen Säkularismus, ja sogar christlichen Heidentums zu schaffen. Der Satz des Tartuffe: »Denn bin ich auch fromm, so bleib ich doch Mensch« gewann neue, furchtbare Aktualität.

D. W. *Im Gegensatz zu dieser soziopolitischen Verwurzelung der Theologie der Zwischenkriegszeit, die bis in die jüngste Vergangenheit hinein gedauert hat, begegnet man mit Claudel, Bourget, Bernanos, Mauriac und Gilson einer christlichen Literatur, die sich für sehr viel geistlichere Themen, wie etwa Sünde, Geist und Fleisch, interessiert. Es ist seltsam, daß das gleiche christliche Anliegen einerseits zu einer Art soziopolitischer Abweichung, ja sogar Säkularisierung der Theologie führte und andererseits eine Literatur hervorbrachte, die diese Bewegung nicht mitmachte und sehr viel stärker den traditionellen religiösen Quellen verbunden blieb.*

J.-M. L. Die von Ihnen genannten Autoren lassen sich nicht alle über einen Kamm scheren, sie haben jedoch alle ein gemeinsames Merkmal. Wollte man die großen katholischen Schrifsteller aufzählen, die zum Erbe der zeitgenössischen französischen Literatur gehören, wen müßte man da nicht noch nennen? Rimbaud und Verlaine, Léon Bloy und Huysmans. Man müßte den Dichter Francis Jammes nennen, dann die von Ihnen erwähnten Namen Péguy, Bernanos, Claudel, Mauriac, sowie einige Autoren neueren Datums, wie Stanislas Fumet, Pierre Emmanuel, Julien Green, usf. Wir haben es hier mit unterschiedlichen Temperamenten zu tun, denen jedoch ein gewisser Wesenszug gemein ist. Vergessen wir nicht Maritain und Max Jacob, ja mindestens noch ein Dutzend andere, an die ich mich im Moment nicht erinnere. Cocteau gehörte eine Zeitlang zu dieser Gruppe, und viele andere mehr. All diese

Schriftsteller zeichnen sich durch ein gemeinsames Merkmal aus: Sie sind häufig Konvertiten, die die Absolutheit Gottes erkannt haben und deshalb die gesellschaftliche Anpassung der – mit Bernanos zu sprechen – »Wohlgesinnten« anprangern. Und dieselben Männer haben fast alle das strahlende Licht des Glaubens über ihre Zeit und deren politische Konflikte ausgegossen.
D. W. *Kommen wir zurück auf die »irdischen Wirklichkeiten«. Ich habe mehrere Texte gelesen, in denen steht, man wolle die Bedeutung des Evangeliums in Politik, gesellschaftlichem Handeln und Klassenkampf wiederfinden. Man hat die Armen des Evangeliums mit der Arbeiterklasse gleichgesetzt, um in den Auseinandersetzungen des Jahrhunderts Position beziehen zu können.*
J.-M. L. Das war die »Versuchung des Marxismus«, wie der Titel eines heißdiskutierten Buches lautete, das in den 50er Jahren Epoche machte. Man lief Gefahr, das Christentum im Hinblick auf gesellschaftliche Zielsetzungen als bloße Ideologie abzutun. Um das Christentum interessant, aktuell und zugkräftig zu machen, paßt man es kurzerhand dem an, was die Leute interessiert, nämlich dem Klassenkampf. Dazu muß man das Christentum so uminterpretieren, daß es mit diesem Kampf vereinbar wird. Unter dem Vorwand, Religion sei »Opium fürs Volk«, macht man kurzen Prozeß mit ihr. Daher die einseitige Aufwertung des »Alltagslebens«. Es gibt keinen erhebenderen klerikalen Ausdruck als den des »Alltagslebens«, von dem wir einen geradezu inflationären Gebrauch machen! Zumal eine einfache, dem Soziologen vertraute Beobachtung zeigt: Was unser Dasein prägt, ist gerade nicht das »Alltagsleben«, sondern das, was amerikanische Soziologen als *breaking points* bezeichnen, Bruchstellen in der Kontinuität und Vertrautheit der Gesten, Verhaltensgewohnheiten und Vorstellungen, an denen ein unerwartetes Ereignis in das Leben einbricht: Tod, Liebe, Leid, Krieg, die Unwägbarkeiten der Freiheit, und so weiter. Der Alltag selbst kann nur quantitativ-seriellen Analysen unterzogen werden. Er spiegelt die Zwänge und Determiniertheiten wider, denen sich die meisten Menschen hilflos ausgeliefert fühlen.
D. W. *Glauben Sie, daß man mit dem Marxismus gebrochen bzw. sich von ihm gelöst hat?*

J.-M. L. Zwei Faktoren haben hier zu einer Ernüchterung beigetragen: Zum einen das kulturelle Umfeld, denn das Verhalten der Christen unterschied sich nicht von dem der überwältigenden Mehrheit der französischen Intellektuellen. Es genügte eine Veränderung im »Zeitgeist«, um die Schar der Anhänger eine andere Richtung einschlagen und sie unter dem Eindruck einer vernünftigeren Kritik die Tatsachen akzeptieren zu lassen. Der Augenblick, wo der Bruch endgültig vollzogen wird bzw. zum Abschluß kommt, ist meiner Ansicht nach – im Unterschied zu dem, was einige andere gedacht haben – das Jahr 1968. Die Generation der 68er hat es schließlich gewagt, dem Idol ins Gesicht zu spucken. Mit meinen eigenen Augen habe ich gesehen, mit meinen eigenen Ohren gehört, wie Cohn-Bendit auf der Place de la Sorbonne Aragon als »stalinistischen Schurken« beschimpfte. Es war großartig! In diesem leuchtenden Meer roter und schwarzer Fahnen, auf dem Höhepunkt der marxistisch-revolutionären Mythologie! Ich dachte: Heute ist der Anfang vom Ende. 68, dann Solschenizyn und Polen. Das neue Manna, von dem sich die französischen Intellektuellen seit 1917 im magischen »Zauber« einer neuen Religion und einer neuen Eschatologie ernährt hatten, war verzehrt. Die Welt war »entzaubert« und Stalin endgültig tot.

Die zweite Ursache hatte mit der Kirche selbst zu tun. Es war letztlich die Sehnsucht nach Gott. Denn die Gemeinschaft der Katholiken ist schließlich keine gewöhnliche Vereinigung, die Kirche ist auch der Tempel Gottes. Es ist ganz normal, daß in ihrem Schoß Früchte der Heiligkeit und der Fähigkeit gedeihen, Gott zu erkennen, ihm zu folgen und ihn zu lieben. Immer drängender mahnte im Innern die Stimme Gottes, immer heftiger wurden Hunger und Durst nach dem, was Leben spendet, während die Früchte des Marxismus nur den Tod brachten. Die Enttäuschung des Marxismus erfolgte übrigens zu einem Zeitpunkt, wo das öffentliche Eintreten der Kirche für den Schutz des Menschen seine volle Kraft und Bedeutung entfaltete. Nicht umsonst reist der Papst zur Ehre Gottes in alle Länder der Welt. Sein bestimmtes, energisches und beherztes, weil immer besonnenes und, häufiger als man glaubt, einsames Eintreten für menschliche Anliegen entspringt der Anerkenntnis Gottes und Seiner Anbetung im Geist und in der Wahrheit. In dem Augenblick, wo die Kirche von diesen ideologischen Tendenzen befreit wird und mit ihrer inneren Kraft ihre Bewegungsfreiheit zurückgewinnt, verkündet und verbreitet sie eine neue, positive Botschaft.

D. W. *Besteht zwischen den Sozialwissenschaften und der Religion nicht eine Art »Konkurrenz«?*

J.-M. L. Betrachen Sie die Entstehung der verschiedenen wissenschaftlichen Disziplinen zwischen dem 18. und 20. Jahrhundert. Die meisten hatten am Anfang einen Totalitätsanspruch, als ob zur Erfassung eines Gegenstandes der Zugriff auf alle anderen und als ob zur Demonstration einer Methode die Verdrängung aller anderen erforderlich sei. Jedesmal haben Männer der Kirche diesen Anspruch kritisiert. Sie werden mir entgegnen, die Religion habe sich nur deshalb von diesen totalitären Absichten bedroht gefühlt, weil sie selbst den Anspruch auf Totalität erhebe. Dazu habe ich mich bereits geäußert: Der Glaube ist die einzige ganzheitliche Integration, die nicht totalitär sein kann, unter der Voraussetzung, daß er daran festhält, daß Gott allein Gott und folglich der Mensch nur ein Mensch ist. Jede Wissenschaft entwickelte sich aus derartigen systematischen und globalen Projekten. Es ist normal, daß die Kirche dagegen in Verteidigungsstellung ging. Und es ist verständlich, daß Durkheim, der Vater der Soziologie, als Gegner betrachtet wurde. Aber diese Einstellung war keineswegs obskurantistisch, im Gegenteil! Der Gedanke, daß man dieses neue Wissensgebiet erforschen müsse, wurde von vielen geteilt.

D. W. *Wie aber ist es heute? In bezug auf Sinnstiftung machen die Sozialwissenschaften der Religion doch nach wie vor Konkurrenz.*

J.-M. L. Ich habe eher den Eindruck, daß die Sozialwissenschaften versuchen einen Schatz zu erobern, über den sie bislang noch keine Übersicht gewinnen konnten und dessen Gehalt sie noch nicht ausschöpften. Dieser Schatz ist das symbolische Denken im Sinne Freuds bzw. der Ethnologie, aber auch das Heilige, das, was den Kern unserer Erinnerung und Hoffnung ausmacht. Indem sich aber die jungen Rivalen des Schatzes bemächtigen wollten, haben sie dem alten Erben zu einer genaueren Erkenntnis dessen verholfen, was er in Händen hielt. Andererseits könnte ein erheblicher Teil der theologischen Reflexionen den Humanwissenschaften wichtige Anregungen vermitteln. Ich denke etwa an Paul Ricœur, der Philosoph und Christ zugleich ist. Aber auch an das Werk *Exégèse médiévale* von Henri de Lubac, das einen reichen Gehalt an bedeutenden hermeneutischen Reflexionen über Sinnbildung und -auslegung enthält. Das Denken der größten Theologen, wie etwa Hans Urs von Balthasar, trägt zwar nicht unmittelbar zum Fortschritt der einzelnen Fachwissenschaften bei, gibt aber nützliche, ja fruchtbare Anstöße für die Geistesgeschichte. Ich war verblüfft, wie nahe sich Hannah Arendt und Gaston Fessard in ihren Überlegungen über die Zwecke der Gesellschaft sind. Auch Raymond Aron achtete und schätzte Fessard. Die Originalität seines politischen Denkens bestand darin, daß er das geistliche Erbe in die politische und gesellschaftliche Analyse mit einbezog. Schließlich müßte man hier noch Mircea Eliade und Georges Dumézil nennen. Es wäre völlig ungerechtfertigt, zwischen Religion und Sozialwissenschaften nur Gegensätzlichkeiten zu statuieren. Denn es gibt auch eine wechselseitige Befruchtung.

Die religiösen Wurzeln der Psychoanalyse

D. W. *Die Psychoanalyse hat die Religion einer rücksichtslosen Kritik unterzogen. Das beginnt schon mit Freud, der im Vorwort zur 3. Abhandlung von* Der Mann Moses und die monotheistische Religion *schreibt: »Wenn unsere Arbeit uns zu einem Ergebnis führt, das die Religion auf eine Menschheitsneurose reduziert und ihre großartige Macht in der gleichen Weise aufklärt wie den neurotischen Zwang bei den einzelnen unserer Patienten, so sind wir sicher, den stärksten Unwillen der bei uns herrschenden Mächte auf uns zu ziehen.«*

J.-M. L. Freud behauptet, die Religion sei eine Neurose. Man hat von ihr auch gesagt, sie sei »Opium des Volkes«, ein Mittel gesellschaftlicher Entfremdung. Letztlich handelt sich hierbei um eine Wiederholung der Vorwürfe von Feuerbach und Marx. Ich verweise Sie auf Paul Ricœur und auf die umfassende Distanzierung von den »Meistern der Entlarvung«.

Das alles ist paradox. Mir scheint, die wichtigste Anregung, die verborgene Quelle des Freudschen Denkens findet sich in der biblischen Überlieferung und in der geistlichen Erfahrung von Gebet und Meditation. Manche glaubten in den Schriften Freuds einen direkten rabbinischen Einfluß zu erkennen. Über diese Frage sind unlängst mehrere Bücher geschrieben worden.

J.-L. M. *Man hat sogar zwei spezifische Aspekte der analytischen Methode auf diese Weise gedeutet: Die Tatsache, daß der Patient den Analytiker nicht sieht, spiegele das Bildverbot in der jüdischen Überlieferung wider, und das Prinzip des Zuhörens verweise auf das alttestamentliche »Höre, Israel«!*

J.-M. L. Man könnte ebenso die geistlichen Übungen in der katholischen Tradition anführen. In den monastischen Traditionen oder auch in den *Geistlichen Exerzitien* des Ignatius von Loyola finden sich Vorschriften und Regeln, die manchen Anweisungen in der psychoanalytischen Behandlung vergleichbar sind, insbesondere was die Beziehung von Analytiker und Analysand betrifft. Freud gebraucht das ihm zur Verfügung stehende Instrumentarium empirischer Untersuchung, bezieht sich aber zugleich auf ein Erbe, das er immer wieder zu verleugnen versucht ist und mit dem er sich in seinen Phantasieproduktionen *Totem und Tabu* und *Der Mann Moses und die monotheistische Religion* auseinandersetzt. Diese Werke unterscheiden sich von seinen übrigen Schriften; in ihnen verläßt er den Bereich des Empirischen. Mit seinem wissenschaftlichen Rüstzeug hat er etwas wiederentdeckt, dessen Existenz der Positivismus bestritt. Und genau das ist der Widerspruch, unter dem der Unglückliche litt! Er, der doch nur Arzt sein will, wird von den Ärzten nicht anerkannt, er, der Wissenschaftler sein will, wird von den Wissenschaftlern abgelehnt, er, der doch Atheist sein will, muß erleben, daß man ihm sein Judentum vorhält. Ein größerer, vollständigerer Widerspruch läßt sich nicht denken: Er ist Märtyrer seiner selbst! Das Werk Freuds hat – wie übrigens auch sein Tod – etwas Dramatisches an sich. Im Grunde genommen hat er dem zeitgenössischen säkularen Denken und

Erkennen eine Dimension zurückgegeben, um die sie sich selbst gebracht hatten. Er hat das abendländische Denken wieder an die ganze unerschöpfliche Fülle der Geschichte und die Vorstellung erinnert, daß die Rede und das Unausgesprochene uns immer vor das Problem der richtigen Deutung stellen und daß die hierzu notwendige Hermeneutik von der Vernunft gefordert wird. Er zeigt, daß das menschliche Bewußtsein in eine Region hineinreicht, die es selbst übersteigt, und daß es geschichtlich ist, denn es begreift sich nur aus seiner Abhängigkeit von Vater und Mutter. Was mich betrifft, der ich am Ende des 20. Jahrhunderts Gott zu erkennen suche, so hat die Lektüre Freuds mir zusätzliche Klarheit über meinen Weg verschafft.

J.-L. M. *Sind Sie der Meinung, daß die Psychoanalyse und, allgemeiner betrachtet, die Psychologie ihre Wurzeln in der jüdisch-christlichen Kultur haben?*

J.-M. L. Die Abhängigkeit von der jüdischen Überlieferung habe ich bereits erwähnt. Ich möchte Sie aber auch auf die christliche Tradition hinweisen, in der sich eine reiche anthropologische Reflexion entfaltet hat. Ihre moderne Form, die insbesondere seit dem 16. Jahrhundert auftritt, ist die Ethik und die dort vorgenommene Analyse willkürlicher und unwillkürlicher Handlungen. Man wollte die in die menschlichen Handlungen eingesenkte moralische Verantwortlichkeit in bezug auf das Gesetz Gottes bestimmen. Die katholische Tradition hat sich um eine umfassende Erweiterung dieser Kenntnisse bemüht, und bereits das 17. Jahrhundert verfügte über ein beträchtliches empirisches Wissen, das bei der Anwendung des Sakraments der Buße und der geistlichen Führung eingesetzt wurde. Übrigens waren sämtliche spirituellen Traditionen der Kirche mit einer Erforschung des menschlichen Bewußtseins und einer Erkundung der innersten Seelenregungen verbunden; in dieser Hinsicht nehmen sich die Wiederentdeckungen des 19. Jahrhunderts häufig als eine auf positivistischer Grundlage vorgenommene Neuformulierung und Kodifizierung von Erfahrungen und Konflikten aus, die zuvor schon die geistlichen Lehrmeister alle erkannt hatten. Die in den *Geistlichen Exerzitien* des hl. Ignatius niedergelegte Lehre von den Bewegungen der Geister in der Seele ist ein großartiges Beispiel dafür. Ohne bewußte Erinnerung an die eigene Vergangenheit und Deutung der Erfahrungen sind diese geistlichen Übungen nicht denkbar. Der Gedanke, eine Stimmung oder innere Regung könne einen verborgenen Sinn haben, findet sich von den ersten Einsiedlern und den Kirchenvätern an bei allen Männern der Kirche. Ich möchte diesen Punkt, der von den Humanwissenschaften so leichtfertig verkannt wird, besonders hervorheben. Diese haben schließlich begonnen, die mystischen Schriften für sich zu entdecken. Darunter gibt es Werke, deren Geist die Humanwissenschaften nie völlig ausschöpfen werden und die ein Wissen enthalten, das man schlichtweg vergessen hatte. Kann der abendländische Mensch hier für das Verstehen seiner selbst nicht ebenso interessante Anregungen finden wie im Zen-Buddhismus?

J.-L. M. *Ermöglicht die Psychoanalyse eine fruchtbare, weltliche Deutung der Bibel? Kann man heilige Texte, die von Vater, Mutter und Sohn sprechen, psychoanalytisch entschlüsseln?*

J.-M. L. Die Bibel spricht von Beziehungen zwischen zwei Subjekten, und sie erzählt einzigartige Geschichten. Es mag einzelne Anknüpfungspunkte geben, die transzendente Dimension aber entgleitet der psychoanalytischen Deutung genauso wie die Alltagsgeschichte eines Volkes.

D. W. *Man hat die Rolle des Analytikers in unseren entchristlichten Gesellschaften häufig mit der eines Beichtvaters verglichen. Was halten Sie von diesem Vergleich?*

J.-M. L. Die Arbeit des Psychoanalytikers ist furchtbar. Die Psychoanalyse, das ist die Hölle; ich will sagen: ein Feuer, eine Säure. Ja dieser Beruf grenzt geradezu an das Unmögliche. Die Psychoanalytiker organisieren sich in Standesvereinigungen, und sie sind gezwungen, zu streiten, einfach um zu überleben und um die ganze Negativität zu ertragen, die auf ihnen abgeladen wird. Denn das, was sie sich anhören müssen, zehrt sie auf. Manche der Psychoanalytiker, mit denen ich befreundet bin, behaupten sogar, sie wüßten nicht, ob auch nur eine Behandlung wirklich jemals abgeschlossen worden sei. Erfahrene Analytiker zögern nicht, von der reinen Lehre abzuweichen, und stellen die Fähigkeit, jemandem zu helfen und beizustehen, in den Vordergrund. In dieser Hinsicht hat

die Figur des Analytikers etwas von einem Priester an sich. Ich erinnere mich mit großer Freude an das Buch *La Forteresse vide* von Bruno Bettelheim. Man hat dieses Buch angegriffen, ihm Fehler vorgeworfen, ich aber erkannte darin die Gestalt der »Kenosis« des Messias. Bettelheim steigt in den Abgrund hinab, um das verirrte Kind dort aufzusuchen, wo es sich versteckt hält. Was für eine ungeheure Kraft der Liebe ist dazu nötig! Und was für eine Güte des Herzens: Zeit, Zuwendung, Liebe zu den Menschen, zu den verzweifeltsten unter ihnen! Wieviel Verständnis, Wissen und Rücksichtnahme auf den anderen verlangt ein solches therapeutisches Unterfangen! Das ist um so ergreifender, als diese Arbeit nicht die Befriedigung gewährt, die ein Chirurg nach gelungenem Eingriff empfindet. Es ist in der Tat der Beruf eines weltlichen Erlösers.
J.-L. M. *Schon seit sehr langer Zeit gibt es in der Kirche einen Diskurs über die Sexualität. Die Kirche hat den Menschen ins Gewissen geredet, sie dazu angehalten, ihre Begierden zu beherrschen, ihre Triebe zu kontrollieren. Sie hat bestimmte Sexualpraktiken aufs schärfste verurteilt. Die Psychoanalyse ist keine Theorie der Triebbefreiung, aber sie hat darauf hingewiesen, daß eine allzu gewaltsame, von einer äußeren Institution auferlegte Verdrängung katastrophale Folgen für die menschliche Psyche haben kann. Ist das für die Kirche eine unannehmbare Behauptung?*
J.-M. L. So wenig die Psychoanalyse eine Methode der gänzlichen Aufhebung der Verdrängung ist, so wenig ist die katholische Moral eine Methode der Verdrängung. Vor recht langer Zeit benachrichtigte mich einmal ein befreundeter Psychoanalytiker über die Ankunft einer Person in Paris, die er an mich mit der Bitte verwies, ihr geistlich beizustehen. Ich bat diesen Analytiker, mir einen Rat zu geben, mit dem ich seinem Patienten helfen könnte. Er sagte zu mir: »Erwecke Schuldgefühle in ihm!« Und das von einem orthodoxen Psychoanalytiker! Er war einfach der Meinung, man müsse diesem Menschen unbedingt helfen, sich zu strukturieren, und er setzte keineswegs die analytische Behandlung mit einer Aufhebung der Verdrängung gleich.

Es gibt eine unaufhebbare Differenz zwischen Psychoanalyse und Religion. Die menschliche Psyche zu erforschen und zu heilen ist eine Sache, sittliche Freiheit und Verantwortlichkeit zu fördern eine andere. Es handelt sich um zwei verschiedene Ebenen des menschlichen Tuns und Seins. Wenn die Psychoanalyse sich anmaßt, eine moralische Bewertung zu ersetzen oder eine Norm verantwortlichen Handelns aufzustellen, dann geht das zu weit.

Wie läßt sich die Frage der Schuld angehen und zugleich der geistigen Freiheit und der sittlichen Beurteilung der Handlungen zu ihrem Recht verhelfen? Da liegt der wahre Konflikt. Dem menschlichen Handeln erwächst in der Spiritualität und im sittlichen Gebot eine fruchtbare Quelle, die auch therapeutisch wirken kann. Aufs ganze gesehen aber kann der therapeutische Bereich keine sittliche Bedeutung haben, und die Moral darf nicht an die Stelle der Therapie treten.

Die Therapie zielt grundsätzlich auf die Psyche und kann als solche keine sittliche Entwicklung bewirken; ebensowenig kann die sittliche Beurteilung die Analyse und Therapie psychischer Konflikte überflüssig machen. Aber das menschliche Handeln verfügt im sittlichen Gebot und in der Spiritualität über Orientierungshilfen, die, gleichsam als Nebeneffekt, therapeutische Wirkung entfalten können.

III. Vernunft, Wissenschaft und Glaube

Die Gottesbeweise

Jean-Louis Missika: *Kann die menschliche Vernunft die Existenz Gottes beweisen?*
Jean-Marie Lustiger: Die Frage läßt sich schnell beantworten, war sie doch Gegenstand einer großen Diskussion im 19. Jahrhundert. Das Erste Vatikanische Konzil hat die Frage bejaht. Weshalb? Weil Gott den Menschen als sein Abbild, als ihm ähnlich schuf. Gott gab dem Menschen die geistige Kraft zur Erkenntnis der Wahrheit, und diese muß es ihm ermöglichen, Zugang zur höchsten Wahrheit, das heißt zu Gott, zu finden. Andernfalls wäre der Mensch nicht wirklich frei und wäre er Gott gegenüber für sein Leben nicht wirklich verantwortlich. Gott wäre nicht Gott, sondern ein Tyrann, ein Götze. Anders gesagt: Der rationale Existenzbeweis muß möglich sein...
J.-L. M. *»Muß möglich sein« oder »ist möglich«?*
J.-M. L. In diesem Zusammenhang eröffnet sich eine Frage, auf die ich gleich eingehen werde. Zunächst aber möchte ich die Tragweite einer solchen Behauptung aufzeigen. Diese Aussage ist von einer außerordentlichen, »antiobskurantistischen« Kühnheit, denn sie zieht die äußerste Konsequenz aus der Vorstellung eines guten und weltschaffenden Gottes. Die Vorstellung eines »Mysteriums«, das heißt eines das menschliche Begriffsvermögen übersteigenden Sachverhaltes, darf nicht mit der Vorstellung eines »Tabus«, also eines verbotenen Wissens, verwechselt werden. Von dem Augenblick an, da der Mensch für Gott geschaffen ist und da Gott dem Menschen Vernunft, Freiheit und Erkenntniskraft schenkt, gibt er dem Menschen auch die Fähig-

keit, ihn zu erkennen. Gerade im Namen des Glaubens soll der Mensch die Kraft der menschlichen Vernunft bejahen. Das ist außergewöhnlich! Diese Umkehrung, dieses Paradox erstaunt mich immer wieder. Das begründet den anthropologischen Optimismus der geoffenbarten Überlieferung. Diese Lehre bewegt sich auf der gleichen Linie wie die sogenannten ontologischen Gottesbeweise von Augustin, Anselm von Canterbury und Thomas von Aquin.

Wir wissen, daß es Gott gibt, auch wenn wir nicht erkennen können, was bzw. wer Er ist. So ist schon die Bibel von dem Gedanken bestimmt – der später von den Philosophen fortgeführt wird –, daß die einzige Definition Gottes gerade im Verzicht auf jede mögliche Definition seines Wesens besteht. Nach Ansicht dieser »negativen Theologie« sind alle Aussagen über Gott nur Aussagen über das, was er *nicht* ist.

Wir müssen übrigens die Vernunft in ihrem wirklichen Vollzug, das heißt in der menschlichen Geschichte, betrachten. Die Offenbarung bekräftigt die grundlegend optimistische Sicht des Intellekts als Werkzeug einer gültigen Erkenntnis, sie zeigt aber auch, daß die Menschen in ihrer Freiheit, ihrem Gewissen und ihrer Vernunft faktisch eingeschränkt sind. »Die Toren sagen in ihrem Herzen: Es gibt keinen Gott« (Ps 14,1 u. 53,2). Die Vernunft wollte sich zur unumschränkten Herrscherin aufwerfen; sie wollte sich ihre Maßstäbe selbst setzen, während sie aufgerufen bleibt, ihre Maßstäbe in Achtung vor einer vorgegebenen Objektivität und einer ursprünglichen Zweckbestimmtheit zu empfangen. Die Vernunft existiert nicht losgelöst von unseren Willensregungen, Begierden und Entscheidungen. Die Gottesbeweise werden den Menschen nur dann überzeugen, wenn seine geläuterte und geordnete Vernunft sich überzeugen lassen will. Die Anstrengung der Vernunft, die Existenz Gottes zu erkennen, empfängt ihre ganze Überzeugungskraft erst im Akt des Glaubens, der selbst auf einer Heilung durch Gott, seiner Gnade, beruht.

Kann dann aber die Vernunft ihre eigentümliche Kraft entfalten, wenn sie noch nicht von Gott geheilt wurde? Hier liegt die

Grenze – oder das Bündnis – zwischen Vernunft und Glaube. Eine für den Gläubigen wie den Ungläubigen »ärgerliche Grenze«. Der Gläubige kann nicht auf die Vernunft verzichten, und zugleich erkennt er im Glauben ein die Vernunft Übersteigendes. Eine Weisheit oder ein Licht, das ihn transzendiert und ihm über den Zugang zu Gott den Weg zu sich selbst ebnet.

Dominique Wolton: *Was bedeutet Ihre Konzeption einer letztlich in den Händen Gottes liegenden Vernunft für einen Ungläubigen oder einen Agnostiker?*

J.-M. L. Je nach seiner Situation könnte sie für ihn eine Demütigung sein. Denn die Vernunft muß etwas zugeben, was ihr nur möglich ist, wenn sie zuvor geläutert und sich selbst gegeben wurde. Die Vernunft muß gleichsam zuerst entsagen, um die überaus vernünftige Tatsache anzuerkennen, daß Gott existiert. Tatsächlich ist die Vernunft nicht dazu aufgerufen, sich zu verleugnen, sondern sich selbst zu entmächtigen, um ihre ursprünglichste Wahrheit zu gewinnen. Und die Quelle der Gewißheit entzieht sich ihrem Zugriff.

D. W. *Um diese Schwelle zu überschreiten, bedarf es, wie ich annehme, der Gnade?*

J.-M. L. In der Praxis, ja. Ich habe diesbezüglich von »Heilung« gesprochen.

D. W. *Um aber von einer rationalen Beweisführung zu einer umfassenderen Sichtweise zu gelangen, muß man eine Dimension einführen, die etwas mit Gnade zu tun hat.*

J.-M. L. Man kann, wenn Sie unbedingt wollen, von »Gnade« sprechen, aber das ist ein theologischer Terminus technicus.

D. W. *»Heilung« ist auch nicht viel besser, denn es setzt eine Krankheit voraus.*

J.-L. M. *Sind Sie denn der Meinung, die Vernunft sei die Krankheit des Menschen?*

J.-M. L. Nein, erst die Unfähigkeit, die Wahrheit zu empfangen, ist die Krankheit der Vernunft. Der Mensch ist verwundet.

D. W. *Verwundet von der triumphierenden Vernunft?*

J.-M. L. Nein, verwundet durch seine Sünde und durch sein bis in die Vernunft hinein gespaltenes Wesen. »Der Mensch ist ein gefallener Gott, der sich des Himmelsreichs erinnert« – diesen romantischen Vers, der die Demütigung der Vernunft oder vielleicht der menschlichen Natur ausspricht, werden Sie vermutlich nicht sonderlich mögen.

J.-L. M. *Ihre Argumentation ist paradox, ja widersprüchlich. Sie läuft darauf hinaus, daß man gläubig sein muß, um die Existenz Gottes rational beweisen zu können. Wäre es nicht einfacher zu sagen, daß man zwar offensichtlich auf rationale Weise über die Existenz Gott diskutieren kann, daß es aber unmöglich ist, seine Existenz rational zu beweisen? So erhielte man eine klare Abgrenzung zwischen Vernunft und Glaube. Warum wollen Sie um jeden Preis die Vernunft ins Spiel bringen?*

J.-M. L. In dieser Diskussion geht es um zwei wichtige Dinge. Erstens um den Status der Vernunft im neuzeitlichen Denken. In unserer heutigen Zeit wird die Vernunft meistens als instrumentelle Vernunft definiert. Diese instrumentelle Vernunft ist in allen Bereichen außerordentlich wirkungsvoll und leistungsfähig, aber zugleich fehlt es ihr an Weisheit, an dem Geschmack der Wahrheit und der Freude am Guten. Die Kirche kann dieses Modell einer operativen Vernunft nicht einfach unter dem Vorwand übernehmen, daß es unsere heutige Kultur beherrsche. Die Kirche bleibt Hüterin und Zeugin einer menschlichen Erkenntniskraft, die sich von der Wahrheit und deren geistiger Aneignung nährt. Diese anthropologische Konzeption ist ihrerseits zurückgebunden an die Offenbarung Gottes, Seines Wortes und Seines Geistes.

Der zweite Punkt, um den es geht, ist theologischer Natur. Der Mensch ist in seiner Würde verwundet worden, und doch müssen wir weiterhin unsere Hoffnung auf ihn setzen. Das ist das Paradoxe. Der Glaubensakt vermittelt uns gleichzeitig die Überzeugung, daß das ursprüngliche Gutsein der Schöpfung zum Wesenskern des Menschen gehört, und die Einsicht, daß dies dem Menschen nur dann zugute kommt, wenn ihm in seiner konkreten Geschichte eine Loslösung und Befreiung gelingt. Um die ursprüngliche Weisheit und Güte zu erreichen, bedarf der Mensch des göttlichen Heils. Wenn es für die Gläubigen einen Dienst gibt, den sie der ganzen Menschheit zu erweisen verpflichtet sind, so besteht er darin, diesen Schatz zu hüten, den die Menschen so leicht vergessen. Gegen die heimliche Verzweiflung, die unser Jahrhundert erfüllt und für die Hiroshima und der Gulag stehen, bewahren wir den Glauben und die ursprüngliche Bejahung der Schöpfung: »Und es ist gut!«

D. W. *Was ist gut?*

J.-M. L. Ich zitiere hier die Übersetzung einer Stelle aus dem 1. Kapitel des Buches Genesis. Dort heißt es von Gott, der seine Schöpfung betrachtet: »Gott sah, daß es gut war, und es war der erste Tag.« Hier wird das ureigenste Problem der Theodizee angesprochen: Es gibt Übel und Böses in der Welt, und Gott ist gut. Das ist das Ärgernis des Hiob und die Einsicht Kohelets in die Nichtigkeit alles Irdischen. Und doch verharrt die Kirche in der Hoffnung. Noch in der schlimmsten Tragödie und dem dunkelsten Wahnsinn hält sie an ihrer Überzeugung fest, daß die Existenz Gottes von allen erkannt werden kann und daß diese Behauptung vernünftig ist. Weshalb gibt sie niemals ihren Anspruch auf universale Wahrheit auf? Weshalb flüchtet sie sich angesichts des menschlichen Leidens nicht in einen mystischen Subjektivismus, in den beliebigen, aber tröstlichen Glauben der schönen Seele? Ganz einfach deshalb, weil Gott, wie es in der Bibel heißt, nicht nur der Gott der von ihm Auserwählten, sondern der Gott und Erlöser aller Menschen ist.

D. W. *Bietet ein atheistischer Humanismus denn keine solide Grundlage für einen Glauben an den Menschen?*

J.-M. L. Ich sage keineswegs: »Seht die Verkommenheit der Atheisten und die Größe der Gläubigen.« Einige meiner atheistischen Freunde, die ich schon seit langem kenne, besitzen einen hartnäkkigen und – in meinen Augen – verzweifelten Optimismus. Möglicherweise sehen sie auch mich in einer verzweifelten Position. Sie stehen jedenfalls felsenfest zu ihrer Überzeugung, die sie sich im erbitterten Kampf gegen alle Formen des Lebensekels und der Entmutigung erworben haben. Die Fragen, die wir hier anschneiden, sind von universaler Bedeutung. Jeder wird früher oder später einmal damit konfrontiert. Aber die meiste Zeit über haben die Menschen etwas anderes zu tun, leben sie unbedacht vor sich hin.

Niemand aber entgeht diesen grundlegenden Fragen. Und die verschiedenen konkreten Antworten darauf prägen das Gesicht einer Gesellschaft und einer Kultur. Manche Gesellschaften verüben regelrecht Selbstmord, verfallen in Dekadenz oder verrennen sich »in gutem Glauben« in Verhaltensweisen, die den Menschen zerstören.

D. W. *Mitunter waren es sehr christliche Gesellschaften, die einem solchen Wahnsinn verfielen.*

J.-M. L. Was verstehen Sie unter christlichen Gesellschaften? Verfügen Sie denn über die richtigen Anhaltspunkte, um dies beurteilen zu können? Zudem immunisiert der Glaube an Gott doch nicht wie ein Impfstoff gegen Tollwut oder Typhus.

D. W. *Dann verstehe ich aber Ihre Argumentation nicht. Sie behaupten, dieser Gefahr unterlägen jene Menschen und Gesellschaften, die den Himmel als leer betrachten, und doch ist die Gefahr in den christlichen Gesellschaften genauso groß.*

J.-M. L. Gerade in den Gesellschaften, denen Gott die Gnade des Glaubens gewährt hat, sind die Gefahren am größten. Denn die am weitesten entwickelten Gesellschaften sind zugleich die bedrohtesten. Sie sind das Gegenstück der archaischen Gesellschaften, sie haben die berückende Macht einer Vernunft erfahren, die in sich mehr entdeckt hat, als sie selbst ist. Die schlimmsten Laster führen eben jene Völker und Kulturen in Versuchung, die den Schatz des göttlichen Lichtes empfangen haben. Worauf Sie erwidern könnten: Dann wäre es doch wohl besser, diesen Schatz gar nicht erst zu kennen. So wie Hiob sagt: »Verflucht sei der Tag meiner Geburt, verwünscht sei der Tag, an dem meine Mutter mich empfangen hat...« Nein, diese Versuchung darf nicht dazu führen, das Leben schlichtweg abzulehnen.

D. W. *Aber gerade die christlichen Gesellschaften haben doch die fürchterlichsten Metzelein begangen.*

J.-M. L. Unsere abendländische Gesellschaft! Ob es einem paßt oder nicht, die atheistische Gesellschaft ist eine christliche Gesellschaft. Es handelt sich dabei um einen ganz spezifischen Atheismus, der nicht im Sturz von Göttern, sondern in der Verneinung Gottes besteht. Dieser Atheismus verstößt nicht bloß irgendwelche

Götter, die mitunter in großer Zahl und Stärke zurückkommen, um sich zu rächen. Die Begegnung mit dem wahren Gott hat der modernen Kultur ihr unauslöschliches Gepräge gegeben. Dadurch kam die menschliche Erkenntniskraft mit dem Absoluten in Berührung, und daraus erwuchs dem Menschen die prometheische Versuchung.

Freiheit und Gnade

J.-L. M. *Determiniert der göttliche Wille den Menschen, so daß dieser weder Freiheit noch Verantwortung hat?*
J.-M. L. Der göttliche Wille gewährt dem Menschen seine Freiheit, denn der Mensch müht sich vergeblich, der Sklaverei zu entkommen, solange ihn Gott nicht angenommen hat.

Der Mensch stellt sich die göttliche Allmacht allzuschnell nach dem Muster der Allmacht eines menschlichen Tyrannen vor. Altes und Neues Testament warnen davor, Gott so aufzufassen, als sei er nur ein Bestandteil der Welt oder ein Partner, den man sich einfach zulegen könne. Wenn Gott einen Menschen schafft, schafft er sich ein Gegenüber. Dieses menschliche Gegenüber muß, um wahrhaft es selbst sein zu können, frei sein vor Gott. Frei sein vor Gott heißt, sich als Geschöpf erkennen und als ein in Gnade Angenommener Gott dienen. Gott dienen heißt herrschen. Wenn wir uns Gott unterwerfen, erniedrigen wir uns nicht, sondern empfangen unser Selbst von ihm, der Quelle unserer Freiheit. Jesus sagt: »Die Wahrheit wird euch befreien« (Joh 8,32).
J.-L. M. *Sie sagen, die Freiheit werde uns von Gott geschenkt. Damit haben Sie meine Frage aber noch nicht beantwortet. Wie steht es mit dem göttlichen Eingriff in die menschlichen Angelegenheiten und der Frage der Gnade, wie sie etwa Augustinus begreift?*
J.-M. L. Um die Verbindung zwischen der glaubenden, liebenden menschlichen Freiheit und Gott zu verstehen, muß man sich Psalm 119 vergegenwärtigen. Diesen Psalm über das Gesetz Gottes nannte Pascal »die Treppe zur göttlichen Liebe«. Im römischen

Recht bedeutet das Gesetz immer auch Unterwerfung des Menschen: *dura lex, sed lex.* Der Psalmist jedoch preist es als die Verbindung von zwei Freiheiten: Es ist meine Freude, meine Nahrung, mein Licht; ich liebe es. Der Mensch empfängt seine Freiheit, indem er Gott gehorcht. Er gehorcht, wie der Sohn dem Vater, die Ehefrau dem Ehemann, der Freund dem Freunde gehorcht. Jesus sagt zu seinen Jüngern: »Ich nenne euch nicht mehr Knechte, sondern Freunde« (Joh 15,15). Die poetische Sprache der Bibel gebraucht alle diese Beziehungsmetaphern, um zu zeigen, wie die menschliche Freiheit gerade in jenem Augenblick das höchste Maß ihrer Vollkommenheit erreicht, wo sie akzeptiert, das Geschenk einer Macht zu sein, die größer ist als sie selbst und aus der sie hervorgegangen ist.

J.-L. M. *Schließen Christi Worte am Kreuz: »Vater, verzeih' ihnen, denn sie wissen nicht, was sie tun«, menschliche Verantwortung und Freiheit denn nicht aus? Wer nicht weiß, was er tut, ist für sein Verhalten auch nicht verantwortlich.*

J.-M. L. Damit die Menschen, alle Menschen, voll und ganz verantwortlich werden können, müssen sie von Christus, der seine Mission als leidender Diener erfüllt, mit der Offenbarung ihrer Sünden zugleich deren Vergebung annehmen. Der Sünder erkennt das Ausmaß seiner Sünde erst nach der Vergebung, die ihm dafür zuteil wird. Davor ist er seiner Sünde ausgeliefert: Sein Blick ist »getrübt«, sein »Herz ist verstockt«, wie die Schrift sagt. Wenn der Sünder sich anschickt, um Vergebung zu bitten, hat ihn die Vergebung schon erreicht: Sein steinernes Herz ist schon zerbrochen und zermalmt. Aber der Prophet kündigt auch die allumfassende Vergebung des Neuen Bundes an: »Ich nehme das Herz von Stein aus eurer Brust und gebe euch ein Herz von Fleisch. Ich lege meinen Geist in euch und bewirke, daß ihr meinen Gesetzen folgt und auf meine Gebote achtet und sie erfüllt« (Ez 36,26–27; vgl. Jer 31,33). Die Vergebung ist das Geschenk der wiedergefundenen Unschuld. Wenn Pascal in seinem Mémorial schreibt, er habe gehört, wie Christus zu ihm sprach: »Diesen Tropfen Blut habe ich für dich vergossen«, dann möchte ich darauf antworten: »Nun gut, du hast dies in jener Nacht geschrieben; Gott segne dich, das war deine

Erleuchtung.« Ich aber höre eher: »Mein ganzes Blut, mein ganzes Leben habe ich für dich hingegeben.« Jeder Mensch, wer es auch sei, hat ein Anrecht auf das Ganze. In dieser Befreiung, Auge in Auge, Herz an Herz mit dem gekreuzigten Messias, bekennen wir die Offenbarung der höchsten Gerechtigkeit Gottes in dem Gekreuzigten-Knecht, der als König Israels und damit aller Völker anerkannt ist. Der gedemütigte, als König bestätigte Messias gibt dem Menschen sein Königtum, seine Würde und seine Verantwortung zurück.

Nur ein Glaubender kann so sprechen, das gebe ich Ihnen gern zu.

Die Wege des Herrn

J.-L. M. *Kann man sich bewußt für den Glauben entscheiden, oder ist der Glaube eine Kraft, die sich dem Menschen auch gegen seinen Willen auferlegt?*

J.-M. L. Wer nicht weiß, ob er glauben oder abwarten soll, bis ihn die Stimme Gottes trifft, gleicht einem Menschen, der in einem dunklen Raum nach einem unbekannten Gesprächspartner sucht und in einer unerträglichen Situation gefangen ist. Warum bleibt der, den er anruft, stumm? Wer mich in einer solchen Lage fragt, was er tun solle, dem rate ich, hin und wieder zu beten: »Du, Gott, den ich suche oder fliehe, ich weiß nicht, ob es dich gibt, aber gib mir, dir zu begegnen und dich zu erkennen.« Denn wer in dieses Gespräch eingetreten ist, steht schon in einer Beziehung zu Gott, auch wenn er nicht weiß, was noch in ihm reifen muß. »Du würdest mich nicht suchen, wenn du mich nicht schon gefunden hättest.« Dieser Satz von Pascal bringt recht gut die Situation desjenigen zum Audruck, der vor Gott zögert. Anders verhält es sich mit einem Glaubenden, der eine Phase des Zweifels oder des Dunkels durchlebt. Wer in seinem Glauben schon etwas vom göttlichen Licht empfangen hat, kann erkennen, daß das Sich-Entziehen seiner Vernunft mehr ist als eine bloße Schwäche des Denkens, ein Schwindelgefühl des Herzens ist. Er ist hinreichend gewarnt, um die Schliche des Geistes zu erkennen, der sich vor Gott verbirgt, einer Vernunft, die ihre Grenzen nicht akzeptiert, einer Freiheit, die auf die eine oder andere Weise in Versuchung geführt wird. Er vermag es, sich selbst zu mißtrauen und in der Dunkelheit den Akt des Glaubens zu vollbringen, in dem er sagt: Ich will Gott vertrauen, der mich nie im Stich gelassen, mich nie verraten hat. Als der heilige Polykarp von seinen Peinigern aufgefordert wurde, Christus zu verhöhnen, wenn ihm sein Leben lieb sei, sagte er: »Nun diene ich ihm schon 80 Jahre, und nie hat er mir Schlechtes zugefügt. Weshalb also sollte ich meinen König und Erlöser beschimpfen?«

J.-L. M. *Haben Sie persönlich auch Momente des Zweifels oder der Unsicherheit erlebt?*

J.-M. L. Ja, sicher. Es gab in meinem Leben durchaus solche Phasen. Die Gründe, die für den Glauben sprachen, erschienen mir manchmal zwingend, mitunter aber auch als bloße Wahrscheinlichkeiten, die je nach meiner Unkenntnis und Schwäche erschüttert wurden. Der Glaube ist eine unbedingte Beziehung zu Gott, die unvermeidlich auf die Probe gestellt wird – sei es durch Fragen, auf die es keine Antwort gibt, sei es durch Fragen, die unseren geistigen Horizont überschreiten. In diesen inneren Zwiegesprächen sind wir wie im Leben vielerlei Anfechtungen ausgesetzt, angefangen von der historischen Kritik bis zur Psychoanalyse. Niemand vermag da ohne Schmerzen durchzukommen. Und niemand vermag alle Fragen mit der gleichen Sachkompetenz zu beantworten. Der Märtyrer ist ein Mensch, der Zeugnis ablegt für Gott in einer Situation, in der er den Tod auf sich nehmen muß, wenn er Gott nicht untreu werden will. Das Buch der *Makkabäer* berichtet vom Tod eines alten Mannes, den man aufgefordert hatte: »Opfere den Göttern des Königs und dem König, dann wirst du dein Leben retten.« Doch der alte Mann antwortet: »Gott war mir immer treu, weshalb sollte ich ihn verraten?« Es gibt eine Form des Martyriums, die darin besteht, sich auf Gott zu verlassen, weil Gott allein der wahre Gott ist, und auf diese Weise die Dunkelheit der Vernunft zu überwinden.

J.-L. M. *Die andere, fast schon zum Klischee gewordene Möglichkeit, den Glauben zu entdecken, ist die Erleuchtung.*

J.-M. L. Viele Mönche und Mystiker haben den Beginn ihrer Beziehung zu Gott als eine Erleuchtung beschrieben, die ihr Leben von Grund auf verändert habe. Sie berichten, die Allmacht Gottes habe Besitz von ihrem Bewußtsein ergriffen und es mit ihren Gaben der Gnade, Liebe, Vergebung, Freude und des Lichts erfüllt. Diese Einwirkung ermöglicht dem Menschen in seinem Leben viel mehr zu geben, als er es sich zuvor erträumt hätte. Die erhaltenen Zeugnisse über diese Erfahrung sind nur ein Bruchteil dessen, was wirklich geschieht. Mein einziger Vorbehalt besteht darin, daß die Berichte, die am meisten Beachtung finden, leider phantastische, außergewöhnliche Phänomene enthalten. Es drängt sich geradezu auf, sie als Formen physischer Ekstase oder als übersinnliche bzw. außerkörperliche Phänomene zu deuten. Viele Psychologen haben sich zu Beginn dieses Jahrhunderts mit der sogenannten Psychologie mystischer Zustände befaßt. Einige von ihnen haben sich gefragt, ob nicht der mystischen Erkenntnis eine spezifische Eigenart zukomme; Bergson hat das mehr oder weniger behauptet. Einige Theologen haben das mystische Leben als eine Art der Erkenntnis beschrieben, die zu den anderen Stufen des Wissens hinzukommt. Man hat gleichsam eine Landkarte mystischer Zustände entworfen, was gewiß seine Berechtigung hat, denn es gibt Orientierungspunkte, verschiedene Wege, und man braucht einen Führer. Aber diese Überlegungen und Erzählungen können zu falschen Vorstellungen führen und das Wesentliche der Mystik verdecken, nämlich die lebendige Verbindung mit dem Mysterium Gottes im Glauben. Mystische »Zustände« sind im Leben des Glaubens alltäglicher und häufiger, als man gemeinhin denkt. Nun sollte sich aber nicht gleich jeder, der beim Gebet zu Gott einmal große Freude empfindet, mit Teresa von Avila vergleichen! Und auch nicht jede Glaubensanfechtung ist unbedingt die »dunkle Nacht« des Johannes vom Kreuz!

J.-L. M. *Pascal riet den Freigeistern, die religiösen Regeln zu befolgen, um dadurch zum Glauben zu gelangen. Ist das Ihrer Meinung nach ein ernsthafter Vorschlag oder bloß Ironie?*

J.-M. L. Das ist nicht ironisch gemeint. Zwischen dem sittlichen Betragen und der Entdeckung Gottes, dem Guten und dem Wahren besteht ein enger Zusammenhang. Ich bin Männern und Frauen begegnet, die kurz davor standen, Gott zu finden, und ich habe ihnen diesen Satz Pascals oder etwas Ähnliches gesagt: »Ich weiß nicht, bis an welchen Punkt eure Gewißheit heute reichen wird, aber ihr könnt von jetzt an versuchen, euer Leben in Einklang zu bringen mit dem, was ihr für das Gute haltet.« Denn das sittliche Betragen des Menschen und seine Fähigkeit, die Wahrheit zu empfangen, sind eng miteinander verbunden. Wenn Pascal zu den Freigeistern sagt: »Kniet nieder und ihr werdet glauben ...«, so ist das als Scherz gemeint. Vielleicht ist es eine Geste der Verzweiflung vor ihrem Hochmut, ihrem ausschweifenden Lebenswandel oder ihrer geistigen Vermessenheit. Ich sehe darin aber auch einen Weg der Umkehr, der, mit Pascal zu sprechen, durch eine sittliche Erneuerung führt. Ich erinnere mich an eine vertrauliche Begegnung, bei der ich meinen Gesprächspartner fragte: »Wie beurteilen Sie heute ihr Leben? Was ist gut? Was ist schlecht? Sind Sie in der Lage, nach den Prinzipien zu handeln, die Ihnen heute als gut erscheinen? Wenn ja, dann versuchen Sie es. Vielleicht ist es Gott, der dies von Ihnen verlangt. Wenn Sie das Gute tun, dann ändert sich Ihre Einstellung zu Dem, der die Quelle des Guten ist, und Ihre Beziehung zu Ihm gewinnt eine neue Qualität.« Diese Sätze sind recht banal ...

J.-L. M. *Sie widerprechen ein bißchen Ihren früheren Aussagen. »Werke« tun, das Gute tun, ist keine Garantie dafür, daß man erlöst wird oder Zugang zu Gott findet.*

J.-M. L. Werke zu tun und das Gute zu verwirklichen sind dann Wege des Heils, wenn sie als Antwort auf Gottes Geschenk und seine Barmherzigkeit erfolgen. Die Theologie sagt: Unsere Handlungen sind dann verdienstlich, wenn Gott sie annimmt ...

D. W. *Was heißt: »Wenn Gott sie annimmt«?*

J.-M. L. Das heißt, daß der Mensch seiner sittlichen Einstellung keinen prometheischen Inhalt geben, daß er nicht selbst seine Statue meißeln sollte. Manche wollen das Gute tun, indem sie ihrem Verhalten den Wert einer Selbstbestätigung geben. Gewiß: Das Gute ist und bleibt gut, und es ist besser, man verhält sich sittlich korrekt! Aber bis zur Ausbildung eines Gewissens und einer Beziehung zu Gott ist es noch ein riesiger Schritt. Es genügt nicht, moralischen Geboten – und seien es die christlichen – Folge zu leisten, die angestrebte Vollkommenheit muß sich vielmehr in die Liebe zu Demjenigen einfügen, der die Quelle jeglicher Vollkommenheit ist. ER ist die Quelle der guten Taten, die wir vollbringen. Seine Vergebung gibt dem Sünder die Fähigkeit zurück, das Gute zu tun. Ihn verleugnen heißt, sich in seine eigene – beschränkte und unbeständige – Tugend einschließen. Der Mensch muß das Gute mit der Gnade Gottes tun. Aber auch wenn er alles in seiner Macht stehende Gute getan hätte, bliebe noch immer ein höchster Akt zu tun, aus dem alle anderen hervorgehen: Er müßte die geheime »innere Zuflucht« öffnen, die er versiegelt und verschlossen hält und in der er sich selbstgefällig in seinem Spiegel betrachtet, und er müßte die radikale Einsamkeit des Hochmutes verlassen und bereit sein, in Gemeinschaft mit dem Wesen zu treten, das sein Gegenüber, sein Ursprung und seine Seligkeit ist.

Der Rang der Wissenschaft

J.-L. M. *Die Behauptung, die Wissenschaft nehme in der abendländischen Gesellschaft den Platz ein, der früher von der Religion besetzt gewesen sei, ist mittlerweile eine weitverbreitete Ansicht. Teilen Sie diese Meinung?*

J.-M. L. Mit Sicherheit nicht. Wenn sie es tut, dann weil sie aufgehört hat, Wissenschaft zu sein, und zu einer ideologischen Repräsentation von Wissenschaft geworden ist, die an die Stelle einer sakralen oder religiösen Idee getreten ist.

J.-L. M. *Selbstverständlich sprechen wir von Repräsentationen. Ist das für Sie etwas Schlechtes?*

J.-M. L. Daß der Mench sich Bilder macht, ist fast so unvermeidlich wie die Regenzeit in den Tropen. Dieses Phänomen gehört zu den fortwährenden Versuchungen der menschlichen Gesellschaften. Immer wieder kämpft der Mensch gegen Götzen und Götter, die er sich selbst geformt hat. Jede Glaubenserfahrung zielt darauf ab, die Welt zu entzaubern, während der Mensch immer aufs neue versucht ist, mit seinen Werkzeugen Götzen zu schaffen

J.-L. M. *Hat sich denn umgekehrt die Religion in einer bestimmten Epoche nicht von der naturwissenschaftlichen Methode bedroht gefühlt? Ich denke an den Prozeß gegen Galilei oder auch an das Verbot, Leichen zu sezieren.*

J.-M. L. Das kann nur behaupten, wer die Geschichte der Wissenschaften polemisch und antiklerikal deutet.

J.-L. M. *Sie haben recht, aber dennoch haben sich Dinge ereignet...*

J.-M. L. Ja, aber es passierte auch anderes. So geht etwa die Entwicklung der Experimentalwissenschaften auf die Initiative kirchlicher Kreise zurück. Das beweisen Untersuchungen wie die von Duhem. Ich will auf Ihre Beispiele zurückkommen: Die Leichenöffnung warf eine Reihe ernstzunehmender Fragen auf. Tut sie das heute nicht mehr? Und die Affäre Galilei haben die Historiker besonders herausgestellt. Neuere Werke zu dieser Frage zeigen, daß die Sache weniger klar ist, als es den Anschein hatte.

Auch die wissenschaftliche Vernunft wollte die Religion als Illusion und Aberglauben abtun. Ich halte es mit Cyrano de Bergerac, der über seine Nase gesagt hat: »Ich mache mich selbst schon genug darüber lustig, da verbitte ich es mir, daß andere ihren Spaß damit treiben.« Wir haben als Gläubige das Recht, uns zu fragen, weshalb die Durchsetzung der wissenschaftlichen Erkenntnismethode überall Widerstand ausgelöst hat, sowohl bei den Gelehrten als auch bei den Männern der Kirche – wobei die Männer der Kirche mitunter Gelehrte waren und die Gelehrten manchmal Männer der Kirche –, aber auch, weshalb diese Erkenntnismethode sich zum Widersacher der Religion aufwarf!

D. W. *Gab es nicht – von einem bestimmten Augenblick an – einen unüberwindbaren Gegensatz? Die Kirche hatte Bestimmungen erlassen, die den wissenschaftlichen Fortschritt behinderten.*

J.-M. L. Pascal war ein guter Mathematiker, und er hat die Rechenmaschine erfunden.

D. W. *Religion und Wissenschaft waren vom 13. bis zum 17. Jahrhundert eng miteinander verknüpft, und oftmals betätigten sich Mönche auch als Wissenschaftler. Mit der wissenschaftlichen Revolution im 19. Jahrhundert kam es jedoch zu einem*

Bruch. Die Kirche mischt sich nicht länger in wissenschaftliche Angelegenheiten ein, weil sie von einer Trennung der beiden Sphären ausgeht. Heute konzentriert sich ihre Einflußnahme auf den Bereich der Moral.

J.-M. L. Als Pascal sich mit Wahrscheinlichkeitsrechnung beschäftigte oder die Physiker den Luftdruck studierten, hat die Kirche sich keineswegs autoritär in die wissenschaftlichen Angelegenheiten eingemischt. Aber in den Anfängen der Experimentalwissenschaft, zwischen dem 13. und 17. Jahrhundert, war die von der Wissenschaft aufgeworfene Fragestellung philosophischer (kosmologischer, anthropologischer) Natur und aufs engste mit theologischen Vorstellungen verbunden. Naturwissenschaftliches und philosophisches Denken bemühten sich beide um eine einheitliche Sicht des menschlichen Wissens und der Stellung des Menschen im Universum. Im 16. Jahrhundert mag es zwischen Wissenschaft und Glaube zu Auseinandersetzungen und Streitigkeiten gekommen sein, zu einem Bruch kam es nicht. Die Jesuiten gehen nach China und betreiben dort Astronomie und Mathematik. Weshalb hat sich von einem bestimmten Augenblick an diese Entwicklung in einen Antagonismus verwandelt? Woher kam die Aggression? Weshalb wurde der Atheismus zum Angelpunkt der Naturwissenschaft? Sie werden mir nicht weismachen wollen, daß es sich notwendig aus dem Wesen der Experimentalwissenschaften herleitete, daß ein hübsches Pariser Mädchen in Notre-Dame auf den Thron gesetzt und als Göttin Vernunft verehrt wurde.

J.-L. M. *Das ist etwas anderes; es handelte sich um ein politisches, nicht um ein wissenschaftliches Ereignis ...*

J.-M. L. Genau. Es stand etwas auf dem Spiel, was über die Wissenschaft hinausging. Es ist absurd, diese Krise auf einen Konflikt zwischen Religion und Naturwissenschaft reduzieren zu wollen. Im Verlauf des 19. Jahrhunderts, nach den revolutionären Umwälzungen, die sich nicht auf die Naturwissenschaften, sondern auf andere Bereiche auswirkten, kam es zu einer »geistigen Krise des Abendlandes«, bei der es um die Einlösung der atheistischen Utopie ging: die Selbsterlösung der Menschheit und die Schaffung einer von der menschlichen Vernunft erhellten Gesellschaft. Die

Wissenschaft hatte nicht nur eine wissenschaftliche Zielsetzung, sondern auch einen gesellschaftlichen Anspruch, der sich in einer sozialen Utopie niederschlug. Heute sagen die Naturwissenschaftler: »Wir arbeiten in unseren Labors, wir befassen uns nur mit wissenschaftlichen Fragen, politische Probleme gehen uns nichts an.« Können wir denn einfach vergessen, daß das ganze Unternehmen Wissenschaft zunächst von Zwecken bestimmt war, die mit der Wissenschaft selbst nichts zu tun hatten? Man lese einmal die Enzyklopädisten, um sich davon zu überzeugen. Die Aufklärung hatte keinen geringeren Ehrgeiz, als die Menschheit zu erlösen! Auf diesem Feld spielte sich der eigentliche Konflikt ab.

Und er dauert heute noch an, aber das 20. Jahrhundert war gezwungen, das Problem der Grenzen der Vernunft neu zu durchdenken, und zwar auf zwei Ebenen. Zum einen in bezug auf die Ziele der Menschheit. Was ist gemeint, wenn man von einer glücklichen Menschheit spricht? In diesem Jahrhundert kam es zu den größten Katastrophen und zu den bedeutendsten Entdeckungen. Allmählich wird uns bewußt – um welchen Preis! –, daß die Vernunft lernen muß, besonnen zu werden. Zum zweiten in bezug auf die Methodologie. Jede Wissenschaft mußte lernen, über sich nachzudenken und ihre eigenen Grenzen zu bestimmen, sowohl in der Festlegung ihres Gegenstandes als in der Systematisierung ihrer Ergebnisse. Unser Jahrhundert mußte erst einmal die wahre erkenntnistheoretische und hermeneutische Tragweite des menschlichen Wissens erkennen. Die Zeiten des Comteschen »Baum des Wissens« gehen ihrem Ende entgegen. Naturwissenschaft und Religion treten jetzt in die Phase gegenseitiger Anerkennung.

Seit dem Ende des Zweiten Weltkriegs ist einiges in Bewegung gekommen. Von der geistigen Erschütterung haben nachfolgende Generationen profitiert, die erkenntnistheoretische Fragen zu stellen begannen. Und gerade uns kommt heute diese Verwirrung zugute. Aber ich bin nicht sicher, ob diese neue Entwicklung allgemein bekannt ist.

J.-L. M. *Seit einigen Jahren gibt es sehr kontroverse Diskussionen über künstliche Befruchtung, Genmanipulation und Gentechnik. Auf die Initiative von Wissenschaftlern hin wurden in den Vereinigten Staaten und Frankreich Ethikkommissionen eingesetzt. Sind Sie der Meinung, daß auch Theologen in diesen Kommissionen mitwirken sollten?*

J.-M. L. Das Problem ist so schwerwiegend, daß es die bisherigen Normen der Medizin in Frage stellt, die nun ihrerseits an die Gesellschaft appelliert, eine Regelung zu finden, die sie nicht länger gewährleisten kann. Der medizinische Erkenntniswille kennt keine Grenzen, weil er sich sagt, daß, was immer dem wissenschaftlichen Fortschritt diene, zugleich den Fortschritt der Menschheit befördere. An welchen ethischen Leitlinien aber soll der Praktiker oder Forscher sich orientieren, wenn er es mit Menschen zu tun hat? Die Antwort, die die Ärzte früher darauf gaben, stützte sich auf den hippokratischen Eid und eine bestimmte, als allgemein anerkannt vorausgesetzte Vorstellung vom Menschen, seiner Unversehrtheit und seinen Rechten. Das gegenwärtige Bedürfnis nach Ethikkommissionen zeigt, daß dieser Bezugsrahmen nicht mehr ausreicht. Das kann daran liegen, daß die Forschung in Bereiche jenseits ihres traditionellen Arbeitsgebietes vorgedrungen ist oder daß eine Gesellschaft, die ihrer Wertvorstellungen und ihrer Einmütigkeit nicht mehr so sicher ist, innerlich aus dem Gleichgewicht gerät. Dennoch ist die ärztliche Ethik mitunter so eng mit dem technischen Aspekt der medizinischen Behandlung verbunden, daß nur Fachleute, die über ein sicheres Menschenbild und ein gefestigtes moralisches Urteilsvermögen verfügen, imstande sind, geeignete Verhaltensrichtlinien zu erarbeiten. Aber auch Juristen, Richter und Moralphilosophen ohne medizinische Kenntnisse sollten an der Willensbildung mitwirken und ihre Meinungen beisteuern. Allerdings müssen die offenen Fragen genau abgegrenzt, die Sachverhalte definiert und das moralische Problem klar formuliert werden.

Deshalb bin ich grundsätzlich für ethische Beratungskommissionen. Allerdings sollte eine Reihe von Bedingungen erfüllt sein. Erstens sollten sich die Mitglieder durch Sachverstand und persönliche Integrität auszeichnen. Ob die Katholiken von Theologen oder Laien vertreten werden, ist dann relativ unwichtig, vorausgesetzt, es handelt sich um überzeugte Katholiken, die hinreichend mit der Materie vertraut sind und den Standpunkt des katholischen Glaubens auf überzeugende Weise vertreten können. Andernfalls sage man nicht: »Die Katholiken sind vertreten.«

D. W. *Aber ist es überhaupt sinnvoll, in dieser Angelegenheit das Prinzip der Vertretung anzuwenden? Wer vertritt hier was?*

J.-M. L. Zu einigen Fragen besteht unter den Katholiken kein Konsens. Deshalb sollte sichergestellt werden, daß der katholische Standpunkt in höchster Achtung vor der katholischen Lehre formuliert wird. Die zweite Bedingung besteht darin, daß diese Kommissionen sich nicht anmaßen sollten, dem einzelnen Gewissensentscheidungen abzunehmen oder einen Betroffenen von seiner Verantwortung zu entbinden: weder den Arzt noch den Politiker, noch den einzelnen Bürger. Drittens (da der Gegensatz der Standpunkte leider unvermeidlich ist) kann das politische Prinzip der Mehrheitsentscheidung nicht auf ethische Diskussionen übertragen werden. Bei einem ethischen Problem können Wahrheit und Falschheit nicht mit der Meinung der Mehrheit bzw. Minderheit gleichgesetzt werden. Wird bei einer ethischen Frage Einvernehmen erzielt, so sollte man dies klar aussprechen. Bleiben Meinungsverschiedenheiten bestehen, so sollten auch diese öffentlich bekanntgemacht werden. Kommt es zu Diskussionen, so sollte man deren Wortlaut veröffentlichen. Ebenso können die Ethikkommissionen keine politischen Entscheidungsorgane sein. Sie können Ratschläge geben, die Tragweite der Probleme verdeutlichen. Aber das nimmt weder den Politikern noch den Bürgern ihre eigene Verantwortung ab.

Da es hier um Fragen von eminenter Bedeutung geht und nicht länger ein allgemeiner Konsens über das Wesen des Menschen und dessen individuelle und gesellschaftliche Rechte besteht, kann eine Diskussion nur dann vernünftig geführt werden, wenn sie auf jede Polemik, Hexenjagd und Manipulation verzichtet. Die Ethikkommissionen dürfen keine Säuberungsorgane werden. Ein Mehrheitsentscheid sagt nichts aus über den moralischen Wert des Beschlusses. Hätte man 1939 in Deutschland Ethikkommissionen mit sorgfältig ausgesuchten Mitgliedern eingesetzt, kann nicht ausgeschlossen werden, daß diese für die Vernichtung körperlich Behinderter votiert hätten. Eine echte ethische Diskussion ist immer von gegenseitiger Achtung geprägt. Sie will keine Entscheidung erzwingen, sondern zum Nachdenken anregen. Sie beeinträchtigt weder die Freiheit noch die Fähigkeit zur gedanklichen Auseinandersetzung, sondern ergründet eine bislang unentdeckt gebliebene Fragestelltung.

J.-L. M. *Welche Bedeutung hat Ihrer Meinung nach diese Diskussion?*

J.-M. L. Die Naturwissenschaften haben im Laufe ihrer Entwicklung immer mehr Objekte auf immer wirkungsvollere Weise zu beherrschen gelernt. Ich bin ein großer Bewunderer der Medizin. Ich halte die bald ausgeklügelten, bald sinnreichen Erfindungen in Praxis und Forschung für eine großartige Sache. Der mit Ultraschall arbeitende Nierensteinzertrümmerer, der chirurgische Eingriffe überflüssig macht, ist ein verdammt raffinierter Apparat. Oder denken Sie an Lasergeräte, mit denen man Augenoperationen ausführen kann – einfach sagenhaft! Und doch ist der Preis für diesen Fortschritt die zunehmende Vergegenständlichung des menschlichen Körpers. Da der Körper auch eine gegenständliche Dimension hat, weist die Tätigkeit des Chirurgen Ähnlichkeiten mit der des Schreiners, des Schneiders und mitunter sogar des Mechanikers auf.

Schon seit langem hat der Mensch die Fortpflanzungsmechanismen von Pflanzen- und Tierarten untersucht, die er nun seit einigen Jahren beherrscht. Das Neue daran ist die Tatsache, daß er das bislang auf Pflanzen und Tiere angewandte Know-how auf den Menschen anzuwenden wagte – zunächst zu therapeutischen Zwecken, dann auch um Frauen zu helfen, die an Unfruchtbarkeit leiden. Damit ist eine sehr heikle Frage aufgeworfen: Worin besteht das typische Menschliche des Menschen in der Beziehung zu seinem Körper? Bis zur Mitte dieses Jahrhunderts gab es zwar verschiedene Menschenbilder, doch gleichzeitig auch einen grundlegenden Konsens darüber, was ein Mensch sei und welches Verhalten die Achtung seiner körperlichen Unversehrtheit gebiete. Heute scheint die Macht der Technik die Wesensbestimmung des Menschen zu transzendieren, denn die Technik sagt uns: »Um In-vitro-Befruchtungen vornehmen zu können, müssen wir eine Vielzahl von Embryonen erzeugen, die wir einfrieren. Was machen wir aber mit denen, die wir nicht gebraucht haben?« Das sittliche Verantwortungsbewußtsein der Wissenschaftler war immerhin so stark, daß sie öffentlich zugaben, die Entscheidung nicht allein treffen zu können.

Was also sind diese eingefrorenen Embryonen? Sind es menschliche Wesen? Die Frage ist nicht neu. Man findet bei antiken und mittelalterlichen Autoren ausführliche Erörterungen über die Frage, von welchem Moment an ein menschlicher Embryo als menschliches Wesen mit einer Seele betrachtet werden kann. Die Ausführungen dieser Autoren entsprachen natürlich ihrem jeweiligen Wissensstand. Heute hat die Anhäufung von Erkenntnissen über die Entstehung des Menschen uns gerade in diesem Punkt immer stärker verunsichert. Ich gehe dabei von einem streng empirischen Standpunkt aus. Die Forschungen und Experimente, die den Fortschritt der Naturwissenschaft kennzeichnen, bestätigen immer mehr die Annahme, daß der Embryo nicht nur ein namen- und bedeutungsloser Fleischklumpen ist, sondern bereits erste Ansätze von Individualität und menschlichem Dasein zeigt: »Dieses Etwas« ist möglicherweise ein Mensch. Ich sage ja nur: Es besteht die Möglichkeit. Und diese Möglichkeit verpflichtet mich zu unbedingter Achtung. Man darf keinerlei Kompromißbereitschaft zeigen, wenn es um die Achtung vor dem menschlichen Leben geht, selbst wenn man dadurch den Wissenschaftlern Umwege aufbürdet, die vielleicht immer mehr Geld, Energie, Zeit und Nachdenken erfordern.

D. W. *Glauben Sie, daß man die naturwissenschaftliche Forschung auf die eine oder andere Weise reglementieren muß, um die Würde des Menschen zu bewahren?*

J.-M. L. Ja, man muß sich absolut unnachgiebig zeigen, sobald es um die Würde der menschlichen Person geht. Und das gilt in allen Bereichen. Denn wenn wir diese Probleme ansprechen, stehen uns allen die rassistischen und eugenischen Wahnvorstellungen vor Augen, die vor fünfzig Jahren Europa ins Unglück stürzten. Ich denke dabei an die Erfahrungen von Auschwitz und nicht nur an Mengele. Dieser Wahn, dieser Rausch der Vernunft hat die Science-fiction-Autoren inspiriert, heute aber stehen wir kurz davor, das Denkbare und Mögliche zu verwirklichen. Es ist nicht ausgeschlossen, daß wir einmal »alles« machen können.

J.-L. M. *Soweit sind wir jedenfalls nicht nicht.*

J.-M. L. Nein, aber es ist nicht ausgeschlossen, daß einmal der Tag kommt, an dem wir vielleicht nicht alles, aber doch sehr viel machen können.

J.-L. M. *Die Biologen sind da anderer Meinung.*

J.-M. L. Dann wenden wir uns doch einmal konkreten Fragen zu, wie zum Beispiel der Bestimmung des Geschlechts von Kindern. Weder die Biologen noch die Bevölkerungsstatistiker haben bis heute erklärt, weshalb aufs Ganze gesehen ein statistisches Gleichgewicht zwischen Männern und Frauen existiert. Wir können uns nun durchaus eine Gesellschaft vorstellen, die sich als Wunschbild bald stärker dem Mann, bald stärker der Frau zuneigt. Dadurch würden Mißverhältnisse entstehen, die ebenso absurd sind wie die ökonomischen und landwirtschaftlichen Ungleichgewichte eines Systems, das über die Subsistenzwirtschaft hinausgeht. Ein unglaubliches Chaos könnte die Folge sein, das man vielleicht nicht mehr unter Kontrolle halten kann. Sollte etwa ein Computer diese Frage entscheiden? Sollte man Quoten festsetzen? Oder würde man gar eugenische Maßnahmen ergreifen?

J.-L. M. *Sie vermischen die Probleme ...*

J.-M. L. Vielleicht habe ich Kultur und Genetik in einen Topf geworfen, die entscheidende Frage aber lautet: In welchem Augenblick muß man »nein« sagen? Wenn man erst einmal in der Verteidigung der menschlichen Unversehrtheit nachgegeben hat, ist man bereit, auch in allen anderen Fragen nachzugeben. Man muß also unerbittlich an einer Position festhalten, die zum Nachdenken auffordert: Genau das hat der Heilige Stuhl mit der Instruktion *Do-*

num vitae getan. Mit Überraschung habe ich festgestellt, daß die Psychoanalytiker sich entschieden gegen sogenannte Leihmütter ausgesprochen haben. Nicht, daß sie unbedingt die gleiche Linie wie die Kirche vertreten, aber...

D. W. *Das ist eine in der Sache liegende Gemeinsamkeit.*

J.-M. L. Ja, ganz und gar in der Sache liegend! Der Psychoanalyse kommt das Verdienst zu, die menschliche Natur in ihrer geschichtlichen Entfaltung dargestellt zu haben. Deshalb kann sie zeigen, daß die technische Rationalität Gefahr läuft, ein bestimmendes Element der menschlichen Natur zu zerstören.

Verstehen Sie mich recht. Ich bin kein Gegner der Naturwissenschaften. Ich verlange von ihr lediglich, die Technik nicht von moralischen Verpflichtungen freizusprechen. Bis jetzt hat die ärztliche Ethik in all ihren Aspekten diese Aufgabe aufs Ganze gesehen erfüllen können. Den Forschern hingegen, die die vormenschliche unbelebte und belebte Natur studierten, stellten sich diese Probleme nicht; bei der Medizin steht die Wissenschaft im Dienst der Heilkunst, das macht ihre Würde aus und zieht ihr zugleich Grenzen. Die ethische Verpflichtung wird der Naturwissenschaft gleichsam als Preis dafür auferlegt, daß sie die biologische Natur des Menschen zu beherrschen lernt. Das ist für die Wissenschaft eine Quelle wahren Fortschritts.

Mag sein, daß ich eine allzu humanistische Bildung genossen habe, doch ich glaube, daß Beschränkungen eine Quelle von Freiheit und größerer Schönheit sind. Wenn ein Maler nicht mehr durch seine Leinwand oder eine bestimmte Oberfläche in seinem Tun eingeschränkt ist, dann bringt er nichts mehr zustande. Ebenso der Bildhauer: Er muß die Eiche oder den Stein buchstäblich »achten«, wenn er ein Kunstwerk daraus schaffen will. Wo keine Beschränkung mehr existiert, kann nur wertloses Zeug entstehen. Beispiel: der Eisenbeton! Sie können damit machen, was ihnen beliebt, aber sie verlieren den gewaltigen Vorteil der Disziplin, der Konvention, der Regel, die allein dem menschlichen Geist eine wirkliche Struktur geben. Ebenso sehe ich in der ethischen Verpflichtung und der mit ihr verbundenen Beschränkung eine Voraussetzung für den wissenschaftlichen Fortschritt. Die Frage, mit der unsere Kultur und Zivilisation hier konfrontiert wird, ist die Frage des Menschen: Was ist das Gute? Es ist eine metaphysische Frage.

J.-L. M. *In den Vereinigten Staaten fordern einige Gläubige, in den Schulen solle eine bestimmte wissenschaftliche Lehre über die Schöpfung des Menschen durch Gott, der »Kreationismus«, ebenso wie der Neodarwinismus nicht nur im Religions-, sondern auch im Biologieunterricht gelehrt werden. Was halten Sie von dieser Forderung?*

J.-M. L. Soweit ich darüber informiert bin, kann ich diese Forderungen bestenfalls als naiv, um nicht zu sagen irreführend bezeichnen. Man verwechselt dabei eine Ordnung des Wissens mit einer anderen. Die Bibel berichtet, daß der Eine Gott der Schöpfer aller Dinge ist und sich nichts dem göttlichen Akt voller Güte entziehen kann, durch den die Welt in ihrer Entstehung und ihrer Geschichte, in ihrer Vollendung und ihrer Hoffnung besteht, und daß der Mensch in dieser Welt eine göttliche Bestimmung hat. Diese Botschaft sollte den Menschen unbedingt gelehrt werden. Aber aus dieser Lehre eine empirische Erkenntnis naturwissenschaftlicher Art zu machen, die den menschlichen Geist von der Erforschung der raum-zeitlichen Entwicklung des Lebendigen und des Menschen freistellen würde, heißt, den Glauben und die Vernunft zu mißbrauchen. Ebensowenig sollte man dem Gewissen des einzelnen die schuldige Achtung versagen.

Außerdem, vergegenwärtigen wir uns die biblische Schöpfungsgeschichte. Der Schöpfungsakt läßt die ganze Welt in die Geschichte eintreten und versetzt den Menschen, der sein Wesen von Gott empfängt, in die Totalität der Geschichte: Das Menschengeschlecht hat eine einzigartige Bestimmung, und alle Menschen sind Brüder. (Unlängst habe ich einen Artikel von einem renommierten Paläontologen gelesen. Seiner Meinung nach läßt sich die Mannigfaltigkeit der Unterschiede in der menschlichen Art nicht mit der Vielfalt der Tierarten vergleichen. Wissenschaftlich gesehen habe man es in Wirklichkeit mit einer einzigen Art zu tun.) Man kann die Schönheit der Schöpfungsgeschichte am Anfang der Bibel gar nicht genug betonen. Es fehlt ihr weder an Kraft noch an polemischer Spitze. So spricht der Autor zum Beispiel nicht von Mond und Sonne, die von den Nachbarvölkern als Gottheiten verehrt wurden, sondern vom kleineren und größeren Licht. Damit will er sagen: »Eure Götter sind nichts als Kerzenlichter, die Gott am Himmelsgewölbe befestigt hat, damit sie dem Menschen dienen: als Zeichen für die Jahreszeiten, die Tage und den Wechsel von Tag und Nacht, damit der Mensch Gott loben könne.« Die Schöpfungsgeschichte besitzt einen unwiderstehlichen poetischen Reiz, dem sich auch der heutige Mensch nicht entziehen kann. Es ist sehr wichtig, daß der Mensch die Schöpfung liebt, sie in ihrer Vielfalt und Schönheit achtet und sie nicht nur als »Selbstbedienungsladen« für seine Zwecke betrachtet. Die Schöpfung spricht. Es ist faszinierend, an die Verwandtschaft zwischen Geist und Materie zu denken. Derselbe Stein, der auf seine molekulare, geologische Struktur hin untersucht werden kann, legt als bearbeiteter Stein Zeugnis ab über die menschliche Geschichte: sei es als Kunstwerk, als Träger einer Botschaft oder als Waffe. Derselbe Gegenstand kann erstaunlich vielfältige Bedeutungen und Zweckbestimungen erhalten. Die Erkenntnishaltung der Naturwissenschaft hingegen ist eine ganz andere, sie ist objektiv und formal. Die Naturwissenschaft konfrontiert uns heute mit Vorstellungen, die ein durchschnittlicher Mensch überhaupt nicht mehr verstehen kann. Denken sie nur an die Theorie vom gekrümmten, endlichen Raum oder auch an die Entdeckung, daß das Weltall immer weiter expandiert. Der gewöhnliche Mensch fragt sich da: Wohin expandiert es denn? In welchem Raum? Oder auch die Theorie vom Urknall: Was bedeutet das? Was war davor? Muß man eine Zeit vor der Zeit denken?

Die Erzählungen der *Genesis* lehren uns, daß jedes Element des Ganzen in Beziehung zum Schöpfer steht. Der Kosmos und der Mensch in seiner Mitte unterstehen fortwährend der absoluten schöpferischen Freiheit Gottes, die Sinn und Kohärenz stiftet. »Gott sah, daß es gut war!« Doch das Problem des Bösen und des Todes hat unweigerlich das Bewußtsein jedes Menschen erschüttert. Die *Genesis* hat dieses Ärgernis erkannt: Das Leben ist gut, weil es ein Geschenk Gottes ist; man muß es lieben und ihm dienen, seinem eigenen Leben ebenso wie dem der anderen.

D. W. *Die* Genesis *sollte demnach in naturwissenschaftliche Werke keinen Eingang finden?*

J.-M. L. Es ist unerläßlich, zwischen naturwissenschaftlicher Erkenntnis und Unterweisung im Glauben zu unterscheiden! Das eine an die Stelle des anderen setzen zu wollen, erachte ich als einen zumindest gefährlichen »Konkordismus« (um einen zu Beginn dieses Jahrhunderts verbreiteten Fachbegriff zu gebrauchen). Und wenn ich ganz ehrlich sein soll, ohne damit irgend jemandem zu nahe treten zu wollen: Es erscheint mir ein wenig naiv.

Dritter Teil

Kirche und Gesellschaft

I. Studentenpfarrer an der Sorbonne (1954–1969)

Mit dem Moped von einer Hochschule zur anderen

Dominique Wolton: *Von 1954 bis 1969 waren Sie als Studentenpfarrer an der Universität Paris tätig; hatten Sie sich das selbst ausgesucht?*

Jean-Marie Lustiger: Nein, aber es entsprach meinem Wunsch. Während meiner siebenjährigen Priesterausbildung war der enge Kontakt zu den Hochschulseelsorgern der Sorbonne, insbesondere zu Abbé Charles, dem Gründer des Centre Richelieu, und zu einigen meiner Studienfreunde nie abgerissen. Auch hatte ich unter Studenten späterer Jahrgänge neue Bekanntschaften geschlossen. Einige von ihnen sind noch heute sehr enge Freunde von mir, auch wenn sie in einer ganz anderen Ecke der Welt leben und mittlerweile sehr viel Zeit vergangen ist. Vor allem aber war ich zutiefst einverstanden mit der Lebensweise und seelsorgerischen Arbeit dieser Studentenpfarrer.

Um ehrlich zu sein: Ich habe am traditionellen Leben der Kirchengemeinde praktisch nicht teilgenommen. Erst später wurde mir bewußt, wie wenig ich vom Leben der Pfarrgemeinden wußte. Nachdem mich Kardinal Feltin zum Studentenpfarrer ernannt hatte, kehrte ich in mein vertrautes Umfeld zurück, in dem ich mich am wohlsten fühlte. Vor allem aber hatte ich eine bestimmte Vorstellung davon, wie man als Priester leben und handeln sollte. Es kam für mich nur eine gemeinschaftliche Lebensform in Frage. Wir zogen zu fünft in eine Wohnung, in der wir wie »Mönche« lebten: Jeder hatte ein winziges Zimmer, und die Mahlzeiten nahmen wir gemeinsam ein. Das Brevier bestimmte den Rhythmus unseres Lebens. Das wenige Geld, das uns zur Verfügung stand, kam in einen Topf. Im Gebet haben wir unser apostolisches Wirken aufeinander abgestimmt und darüber reflektiert. Die persönlichen Vorlieben traten hinter die gemeinsame Aufgabe zurück. Der gemeinsame Glaube ließ uns nicht nur harte Schläge unbeeindruckt hinnehmen und Schwierigkeiten meistern, sondern fachte vor allem auch unsere jugendliche (ich war 28 Jahre alt) Begeisterung an. Unser seelsorgerischer Auftrag war von der Grundidee der Action Catholique geprägt: dem Apostolat der Laien. Hier habe ich die ebenso systematische wie erfolggekrönte Umsetzung dieses dann vom Zweiten Vatikanum aufgenommenen und gerechtfertigten Grundsatzes sehen und miterleben können. Die jungen Laien, je zur Hälfte Jungen und Mädchen – was keineswegs selbstverständlich war in einer Zeit, in der man noch keine Koedukation kannte –, nahmen teil an der apostolischen und geistlichen Verantwortung der Kirche. Es handelte sich um organisiertes Apostolat, wo eine auf die Universität zugeschnittene Verkündigung des Evangeliums mit dem geistlichen Leben und der theologischen Ausbildung Hand in Hand ging. Dieses Projekt richtete sich an Erstsemester. Die Handlungs- und Denkfreiheit wurde hier nicht von überlieferten Regeln und der mit ihnen verbundenen Schwerfälligkeit eingeengt, wie sie in Kirchengemeinden auftritt, die vorwiegend aus Erwachsenen bestehen. Überall sonst hätte man auf Widerstände und eingefahrene Gewohnheiten Rücksicht nehmen müssen.

Als Mitglied der katholischen Hochschulseelsorge an der Sorbonne war ich besonders für die Studenten der klassischen und modernen Philologie, der Philosophie, der Psychologie und der Mathematik zuständig. Außerdem betreute ich das Institut national d'orientation professionnelle, die École des Chartes und die Ecole Spéciale d'Architecture sowie die ausländischen Studenten in Paris. Wir organisierten Begegnungen zwischen Gläubigen verschiedener Religionen. Ich begann, jenseits aller Büchergelehrsamkeit die lebendige Vielfalt des Islam zu entdecken. Gleichzeitig hatte Kardinal Feltin mich zum Seelsorger für die Pariser Akademie der Lehrkräfte an öffentlichen Schulen bestellt. Mein Vorgesetzter, Père Dabosville, war Generaloberer der Oratorianer in Frankreich und eine herausragende Persönlichkeit. Er hat mich

zum seelsorgerischen Betreuer der École Normale Supérieur (frz. Hochschule für angehende Gymnasiallehrer und Universitätsprofessoren, A. d. Ü) von Saint-Cloud und Fontenay bestellt.
D. W. *Konnten sie denn überhaupt alle diese Aufgaben erfüllen?*
J.-M. L. Ja, dank meinem Moped, das war wirklich aufregend. In Paris waren etwa zwanzig Priester in der Hochschulseelsorge tätig. Die einen ganztägig: So betreuten die Jesuiten die Eliteschulen und die medizinische Fakultär, die Dominikaner die juristischen Fakultäten und unser Team die geistes- und naturwissenschaftlichen Fakultäten. Andere Priester wiederum engagierten sich neben ihrer hauptamtlichen Tätigkeit vor allem in Lehre und Forschung noch zusätzlich in der Hochschulseelsorge.

Zur gleichen Zeit war ich auch für die seelsorgerische Betreuung der Katholischen Studierenden Jugend an der Sorbonne zuständig. Als deren ehemaliges Mitglied kam ich wie gerufen, um schlichtend in einen Streit einzugreifen...
D. W. *Ein Streit zwischen wem?*
J.-M. L. Zwischen dem Centre Richelieu und der Katholischen Studierenden Jugend. Der Bruch hatte sich 1948 ereignet. Ich konnte mithelfen, daß junge Leute, die sich nicht mehr verstanden, erneut aufeinander zugingen.

Ich hatte 1949 eine Sorbonne verlassen, die sich seit Beginn des Jahrhunderts nicht verändert hatte. Als ich 1954 dorthin zurückkehrte, mußte ich feststellen, daß sich nichts bewegt hatte, einmal abgesehen von der Einrichtung eines eigenständigen Studiengangs in Psychologie und in moderner Literatur. Dieselben Hausmeister sorgten noch immer dafür, daß der alte Glanz der Sorbonne nicht getrübt wurde. Doch der Boden hallte schon wider von den hämmernden Schritten der neuen Abiturienten. Die Einführung des propädeutischen Pflichtjahres stand unmittelbar bevor. Der Abschied von der Universität in ihrer alten Form war damit eingeleitet.

Meine Lehrjahre als Hochschulseelsorger, die Zeit zwischen 1954 und 1959, fielen also in eine Zeit allgemeiner Erstarrung. Der Horizont meines damaligen Lebens war die Universität.
D. W. *Ja, Sie haben noch gar nicht über das Zweite Vatikanum*

und vor allem über das, was man in diesen Jahren zu seiner Vorbereitung unternahm, gesprochen.

J.-M. L. Wir haben das Zweite Vatikanum mit gelassener Gewißheit erwartet. Wir glaubten, es würde einen Schlußstrich unter die Diskussionen, ja Streitigkeiten ziehen, die die Katholiken spalteten, und wir fühlten uns in unserem Kurs bestärkt und auch gezwungen, unsere Perspektiven zu erweitern. Wir haben das Zweite Vatikanum also freudig begrüßt, ohne indes davon überrascht zu sein. Ein Beispiel: Alljährlich versammelten sich zur Wallfahrt nach Chartres an zwei Wochenenden im Durchschnitt 12 000 Studenten, wovon 6000 zu den von uns betreuten Fachrichtungen gehörten. 1962 war unser Thema die Kirche. Ein sehr lieber Freund von mir, der Geistlicher und Musiker war, hatte einige sehr schöne Lieder komponiert, die bereits einer Liturgie des Volkes entsprachen. In einem dieser Lieder kam als Refrain ein Satz aus dem 21. Kapitel der Apokalypse vor: »Seht, die Wohnung Gottes unter den Menschen! Er wird in ihrer Mitte wohnen, und sie werden sein Volk sein; und er, Gott, wird bei ihnen sein.« »Volk, zusammengerufen durch das Wort der Propheten – Volk, versammelt um Christus, den Herrn – Volk, das seinem Gott gehorcht – Kirche des Herrn.« Die Strophen dieses Liedes nahmen den Inhalt des 2. Kapitels der Konstitution *Lumen gentium* des Konzils vorweg. Sie enthielten alle Bilder, mit denen die Kirche in der Bibel bezeichnet wird.

Jean-Louis Missika: *Sind Sie Johannes XXIII. begegnet?*

J.-M. L. Ja, während des Konzils: Zusammen mit tausend Studenten der Sorbonne hat er uns in der Sixtinischen Kapelle empfangen. Wir sangen dort das Offizium der Karwoche. Anschließend unterhielt er sich mit uns. Das war eine »Premiere«. In seiner Rede lobte der Papst die Art, wie wir die Psalmen auf Französisch sangen. Zwischen Johannes XXIII. und uns kam es zu einem sehr herzlichen Einvernehmen. Als er dann auf seinem Sterbebett so eindringlich nach uns verlangt hat, waren wir zutiefst erschüttert. In diesen jungen französischen Studenten sah er ein »Vorbild« für die Jugend, wie er sie sich für die Kirche der Zukunft wünschte.

Antiklerikalismus an der Universität

J.-L. M. *Waren Sie an der Universität mit antiklerikalen Ansichten konfrontiert?*
J.-M. L. Ja, und das hat mich überrascht. Für meine Generation war der Antiklerikalismus und naive Rationalismus der Vorkriegszeit, also der Dritten Republik, eine längst vergangene, überholte Geschichte. Um so erstaunter war ich, als ich bemerkte, daß die jungen Katholiken genauso wie alle, die sich mehr oder weniger als Nicht-Gläubige bezeichneten, noch tief von dieser Problematik beherrscht waren. Mich interressierte das überhaupt nicht mehr. Ich mußte auf ein Problem zurückkommen, das, wenn schon nicht gelöst, so doch ad acta gelegt war – wenigstens für mich. Wir mußten uns ständig mit den Vorwürfen von achtzehnjährigen Jungen und Mädchen auseinandersetzen, die neu an die Universität kamen. Man mußte ihnen beweisen, daß zwischen Glaube einerseits und Wissenschaft, menschlicher Entwicklung, Freiheit, persönlichem und kollektivem Erfolg sowie gesellschaftlicher Veränderung (die man damals nur dem Marxismus zutraute) andererseits kein Widerspruch bestand. Wir mußten die zähesten Vorurteile bekämpfen, die das 19. Jahrhundert mit seiner Losung von der angeblichen Komplizenschaft zwischen »klerikaler Partei« und »Reaktion« in die Welt gesetzt hatte.

Wir mußten ihnen auch zeigen, daß sich strengste moralische Forderungen und emotionale wie sexuelle Selbstentfaltung keinesweg ausschlossen. Erst wenn alle diese Probleme hinreichend geklärt waren, konnte man sich den wichtigsten und wesentlichsten Fragen zuwenden. Jetzt ging es darum, ihnen zu vermitteln, daß Gott erkennen und mit ihm leben und das Geschenk der mit der Kirche gegebenen Gemeinschaft ein An-Ruf im ursprünglichen Sinne des Wortes ist. Er gibt uns die Freude, ein menschliches Leben in seiner göttlichen Bestimmung zu leben. Im Kontakt mit diesen Jugendlichen mußten wir als erste ihre Einwände aussprechen, ohne sie ins Lächerliche zu ziehen, damit sie nicht die sie bewegenden Fragen schweigend übergingen.
D. W. *Gab es unter den Lehrkräften Antiklerikalismus?*

J.-M. L. Auch hier war ich sehr überrascht. An der Universität war ich bislang nur freien, geistig unabhängigen Männern und Frauen begegnet, die mitunter sehr entschieden ihre Meinung äußerten und so klar zu erkennen gaben, wo sie standen. Ich hatte nie religiös oder politisch motivierte Schikanen oder Diskriminierungen erlebt. Kurz: Mein Glaube an einen toleranten Umgang in öffentlichen Schulen und Universitäten hätte nicht idealer sein können.

Aussagen einzelner Professoren und vertrauliche Mitteilungen mehrerer Lehrer deuteten auf eine interne Auseinandersetzung hin. Dieser Konflikt nahm solche Ausmaße an, daß er die berufliche Zukunft katholischer Lehrkräfte gefährdete, die doch die Universität liebten und ihre Arbeit pflichtbewußt erfüllten. Es mußte daher ein Konzept über die weltanschauliche Neutralität des Unterrichts erarbeitet werden, das sowohl für die Katholiken als auch für die Laizisten akzeptabel war. Einige sehr angesehene Hochschullehrer haben sich mit großem Sachverstand dieser Aufgabe angenommen und sie, meiner Ansicht nach, auch gelöst.

Mit Verwunderung habe ich dann festgestellt, daß diese längst überholten Ideen von vorgestern während des Schulstreites in den Jahren 1982–84 wieder aufs Tapet gebracht wurden.

Die große Geduld der Naturwissenschaftler

J.-L. M. *Welche neuen Einsichten hat Ihnen, ganz allgemein gesprochen, der regelmäßige Umgang mit Naturwissenschaftlern und Hochschullehrern vermittelt?*

J.-M. L. Ich habe an zahlreichen Diskussionen, ja Kontroversen zwischen Naturwissenschaftlern teilgenommen. Die Wirklichkeit der naturwissenschaftlichen Forschung ist die Alltagsarbeit der Wissenschaftler. Männer und Frauen verbringen ihr ganzes Leben mit der Wiederholung bestimmter Arbeitsabläufe, der hartnäckigen Erforschung ungelöster Probleme, um unsere Kenntnisse ein klein wenig zu erweitern oder auch um zu beweisen, daß es nichts zu beweisen gibt; was auch ein wichtiges Ergebnis sein kann. Es kann ein ganzes Leben lang dauern, bis man eine einzige Hypothese verifiziert hat!... Um unsere naturwissenschaftlichen Erkenntnisse über die Welt zu vermehren, bedarf es wahrhaftig großer Geduld und Aufrichtigkeit. Die Naturwissenschaftler müssen mindestens genausoviel Zielstrebigkeit und gegenseitige Unterstützung aufbringen wie die Mönche des Mittelalters, als sie die gallischen Wälder rodeten! Der Wissenschaftler und die Wissenschaft scheinen dem gewöhnlichen Sterblichen häufig von einem mythischen, ja magischen Nimbus umgeben zu sein. In Wirklichkeit aber handelt es sich um eine ganz unspektakuläre, oft nur langsam vorangehende und »zusammengebastelte« Alltagsarbeit. Die Wirklichkeit der naturwissenschaftlichen Forschung entspricht in keiner Weise dem Bild, das sich die Öffentlichkeit davon macht.

Diese Jahre waren für mich eine sehr aufregende Zeit. Das Quartier Latin war meine Heimat.

J.-L. M. *Haben Sie sich dort wirklich so wohl gefühlt?*

J.-M. L. Ich war in diesem Viertel so fest verwurzelt wie die alten Kastanienbäume im Jardin du Luxembourg.

J.-L. M. *Hielten sie sich für einen Intellektuellen?*

J.-M. L. Nein, ich war nur gewissermaßen ein Einheimischer im Quartier Latin, aber deshalb war ich noch lange kein typischer Akademiker oder Intellektueller.

D. W. *Worin besteht der Unterschied?*

J.-M. L. Es kostet sehr viel Mühe, ein geachteter Hochschullehrer zu werden. Dazu bin ich zu faul! Jedenfalls liegt mein Ehrgeiz nicht in diesem Bereich...

J.-L. M. *Hat Sie diese Laufbahn nicht gereizt?*

J.-M. L. Ich habe meine Kräfte für andere Dinge eingesetzt; es gab Leute, die waren für diese Aufgabe besser qualifiziert als ich; es ist eine Art Arbeitsteilung... Was mich wirklich interessiert, erfahre ich im praktischen Tun ebenso wie in der Reflexion über dieses Tun in der Hochschularbeit.

D. W. *Während des Algerienkriegs waren Sie Hochschulseelsorger. Wie wurden die damaligen Ereignisse in Studentenkreisen aufgenommen?*

J.-M. L. Da der Altersunterschied zwischen uns nur gering war, fühlte auch ich mich von ihren Diskussionen betroffen. Ich mußte jederzeit damit rechnen, einberufen und als Offizier nach Algerien geschickt zu werden. So erging es einigen befreundeten Seminaristen und Priestern. Die Studenten reagierten grundsätzlich nicht anders als die Jugend insgesamt. Man fand die gleichen Positionen und Gegensätze wie in der öffentlichen Meinung auch, nur daß sie radikaler und leidenschaftlicher verfochten wurden. Alles stieß hier auf eine extreme und heftige Resonanz, während die Masse der französischen Bevölkerung »den Schock dämpfte«. Je mehr Zeit verging und je brutaler der Krieg geführt wurde, um so heftiger erregten sich die Gemüter. Die vielen Algerienfranzosen, die im Laufe der Jahre zum Studieren nach Paris gekommen waren, verschärften das Problem auf dramatische Weise. Die Linke verurteilte die Anwendung von Foltermethoden. Die Diskussion drehte sich zunehmend um ethische Fragen. Im Auftrag der Kirche hatte das Amt für Militärseelsorge einen Bericht über Folterungen verfaßt.

D. W. *Kardinal Feltin hat den Behörden einen Bericht über dieses Thema überreicht. Glauben Sie, daß eine Veröffentlichung seiner Stellungnahme die Radikalisierung einiger christlicher Kreise verhindert hätte?*

J.-M. L. Dieser Bericht ist ja schließlich an die Öffentlichkeit gelangt. Ich habe nachträglich erfahren, daß Kardinal Feltin, der auch Militärseelsorger war, die Diskussion nicht zusätzlich anheizen wollte. Er wollte verhindern, daß dieser Bericht zu polemischen Zwecken mißbraucht würde. Hat er recht oder unrecht gehabt? Um diese Frage beantworten zu können, müßte man sämtliche Umstände seiner Entscheidung kennen. Ich weiß nicht im vorhinein, was ich tun würde, wenn ich – was nicht ausgeschlossen ist – in eine ähnliche Lage käme. Hier stellt sich das Problem von

Handlung und Verantwortung. Nicht in jedem Fall ist es am besten, eine öffentliche Erklärung abzugeben. Wenn es in einer bestimmten Situation den Anschein hat, daß Recht und Moral nicht geachtet werden, ist es mitunter besser, mit Überzeugung und Autorität bei den Personen zu intervenieren, die Abhilfe schaffen können. Ja das ist sogar die vernünftigste Handlungsweise, denn man will doch niemanden bloßstellen, sondern nur dafür sorgen, daß das Gute befolgt wird.

D. W. *Sie antworten hier in der gleichen Weise wie zuvor, als es um die Haltung des französischen Episkopats im Zweiten Weltkrieg ging. Finden Sie es denn ganz selbstverständlich, daß es keinerlei öffentliche Stellungnahme der Kirche gab?*

J.-M. L. Es ist nicht Aufgabe der Kirche, Richtlinien vorzuschreiben. Eine öffentliche Stellungnahme abzugeben bedeutet, daß der einzige Ausweg eine Ermahnung des öffentlichen Gewissens ist oder daß das begangene Unrecht die moralische Urteilskraft eines Volkes oder seiner Führungspersönlichkeiten zu untergraben droht.

In solchen – leider recht häufigen – Situationen stellt die Glaubwürdigkeit der Beweise ein weiteres Problem dar. Hochrangige Entscheidungsträger können zu Opfern einer unabsichtlichen oder auch gezielten Manipulation werden. Kontrollieren und Überprüfen nimmt viel Zeit in Anspruch, die Reaktion muß aber sofort erfolgen. Die Kirche läuft Gefahr, sich »instrumentalisieren« und für Manipulationsstrategien einspannen zu lassen. Andererseits darf sie sich einer Intervention nicht aus Angst vor »Vereinnahmung« entziehen. Die kirchlichen Amtsträger müssen die Voraussetzungen für eine Stellungnahme schaffen, die ihre Unabhängigkeit in jenem Gefecht der Worte garantiert, das heute das Wesen der Politik ausmacht. Die politischen Parteien können ihre verschiedenen Partner nur in Kategorien von »für uns« und »gegen uns« einteilen; und gerade eine geistige Autorität wie die Kirche, der ja eine große Zahl von Gläubigen angehört, könnte ein bevorzugtes Ziel derer sein, die die Macht erobern wollen.

Die Kirche muß in bezug auf Gewissens- und auch Glaubensfragen immer eindeutig Position beziehen. In moralischen Fragen äußern sich freilich auch andere Instanzen.

J.-L. M. *Jede ethische Stellungnahme gründet sich doch auf bestimmte Wertvorstellungen. Worin liegt dann das Besondere einer kirchlichen Intervention?*

J.-M. L. Manchmal liegt der Unterschied unmittelbar auf der Hand. Um jedoch die Berechtigung dieses Unterschieds zu begreifen, muß man wissen, welche gewaltige geistliche Anstrengung von den Gläubigen – wenn auch im Verborgenen – verlangt wird. Um »das Gute auszusprechen«, muß man mehr tun, als nur einen Artikel oder eine Erklärung schreiben; man muß beten, und sei es nur, um sein Herz von Haß zu reinigen und seinen Blick zu klären. Eine fertige Stellungnahme scheint immer das Selbstverständlichste zu sagen – und doch: Wie schwer ist es, sie vor Gott und vor den Menschen auszusprechen. Auch die scheinbar einfachsten Aussagen erfordern beharrliches Beten und viel Arbeit an sich selbst. Dieser besondere und eigentümliche Beitrag der Kirche stellt sie in den Schnittpunkt aller menschlichen Probleme. Die Christen können jedoch – auf ihr eigenes Risiko hin – Partei ergreifen, ohne daß durch ihre individuellen Entscheidungen die Quelle des Mutes, des Nachdenkens und der Freiheit ausgeschöpft wäre, die das Licht ist, das die Kirche in Gemeinschaft mit Gott den Menschen bringt.

D. W. *Glauben sie, daß alle Bischöfe in bezug auf die öffentlichen Stellungnahmen der Kirche dieselben ethischen Grundsätze anlegen?*

J.-M. L. Was ich gerade gesagt habe, ist meiner Meinung nach eine recht klare Darlegung des katholischen Standpunktes. Während des Algerienkriegs haben sich diese Fragen in verschärfter Form erneut gestellt. Die Folter ist uneingeschränkt abzulehnen. Das Urteil des Gewissens ist meiner Ansicht nach absolut eindeutig. Worauf einige Offiziere sicherlich entgegnen würden: »Aber wenn irgend so ein Kerl vorhat, die Kasbah in die Luft zu jagen, muß man alle Mittel anwenden, um herauszukriegen, wo er die Bombe versteckt hat...«

J.-L. M. *Diese Ansicht würden Sie nicht teilen?*

J.-M. L. Die Antwort ist ein klares und kategorisches »Nein«! Der Zweck heiligt niemals die Mittel. Die Entwürdigung eines

Menschen durch einen anderen ist, egal welchem Zweck sie dient und ob es sich um Folter oder Versklavung handelt, eine moralische und geistliche Schande. Es ist für die Hüter der öffentlichen Ordnung sicher ein schwieriges ethisches Problem, genau die Grenze zu ziehen zwischen einem »intensiven« Verhör und Folter. Die objektive Geltung des Rechts muß jeden Menschen vor Willkürmaßnahmen schützen. Daran erkennt man ein zivilisiertes Land. Gesetze und Vorschriften sind unerläßlich, wenn man verhindern will, daß der kleine Sadist in Uniform seinen Trieb auslebt oder daß Gangstermethoden zu einem nachahmenswerten Vorbild werden.

D. W. *Das ist das Problem der Freiheit: Sie wechseln stillschweigend von einem Problem zum anderen.*

J.-M. L. Nein! Ich weise lediglich auf die Ernsthaftigkeit eines kulturellen Phänomens hin, das in direktem Zusammenhang mit Ihrer Frage steht: der Folter. Dieses Phänomen resultiert aus der verharmlosenden Vermarktung des Sadismus. Wenn sadistische Schriften sich erfolgreich verkaufen lassen, so ist das ein beunruhigendes Zeichen. Denken Sie ja nicht, man könnte ungestraft sadistischen Regungen nachgeben, die in jedem Bewußtsein auftauchen können. Ich habe damals, und auch noch später, vertrauliche Mitteilungen von Wehrpflichtigen erhalten, die Mißhandlungen und Folterungen beigewohnt oder auch, um ihre getöteten oder gefolterten Kameraden zu rächen, aktiv daran mitgewirkt hatten. Sie waren in ein Räderwerk geraten, für das sie sich schämten und über das sie nicht sprechen konnten. Wir ahnten, daß diese Generation ein schweres Trauma erlitten hatte. Niemand wußte, wie man ihnen helfen konnte, sich offen auszusprechen. Diesem Übel und dieser Wunde der Gesellschaft will die Action des Chrétiens pour l'Abolition de la Torture (Christliche Bewegung für die Abschaffung der Folter) abhelfen. Die Kraft zum Handeln ziehen ihre Mitglieder aus dem gemeinsamen Gebet mit Christen anderer Bekenntnisse, in dem sie sich mit dem Leiden des Messias vereinigen. Die äußere Einwirkung auf die öffentliche Meinung nährt sich aus dieser inneren Verpflichtung. Und das scheint mir ganz richtig zu sein.

J.-L. M. *Welche Aktionen haben Sie während des Algerienkriegs unternommen?*

J.-M. L. Man mußte den jungen Algerienfranzosen nicht nur Gehör schenken, sondern ihnen auch helfen, sich in die staatliche Gemeinschaft zu integrieren, und ihnen erlauben, ihre Meinung frei zu äußern. Sie waren völlig verzweifelt! Vier wichtige moralische Probleme hatten eindeutige politische Auswirkungen: das Recht der Algerier auf Unabhängigkeit; die Rechte der Algerienfranzosen in Algerien; das französische Problem der staatlichen Einheit und des inneren Friedens; und schließlich das Problem der »Mittel«: revolutionärer Krieg, Gewalt, Terrorismus, Folter. Die Kirche konnte dazu nicht schweigen.

Was konnten wir tun? Wir wollten zur Versöhnung zwischen den verfeindeten Parteien beitragen. Zwischen den Katholiken schwelte ein Religionskrieg, der jede gemeinsame Sprache unmöglich machte. Die geistliche Berufung auf den Glauben hatte jeden Sinn verloren. Übrig blieb nur der Konflikt. Das lief praktisch auf die Behauptung hinaus, daß Gott nicht existiert; auch wenn jeder weiterhin an Gott glaubte, so konnte er dies nur, wenn er gleichzeitg alle anderen, die seine Überzeugungen nicht teilten, ausschloß. Dieser Akt der Gewalt war eine Verleumdung Gottes. Wir mußten jene, die sich auf Gott und Christus beriefen, dazu bringen, wieder zu sich selbst zu finden und die Wahrheit zu erkennen, die sie alle umfaßt und die den erbitterten Konflikt überwindet, in den sie geraten waren. Der Glaube ist eitel und sinnlos, wenn er nicht imstande ist, eine tödliche Auseinandersetzung zu überwinden.

Drei Jahre hintereinander haben wir jeweils im Dezember mehrere nächtliche Mahnwachen für den Frieden abgehalten. Die erste war eine echte »Heldentat«, denn wir haben drei für ihre gegensätzlichen Standpunkte im Algerienkrieg bekannten führenden christlichen Persönlichkeiten vorgeschlagen, sich zu einem gemeinsamen Gebet in Notre-Dame einzufinden. Jeder sollte ein eigenes Gebet schreiben und Seite an Seite mit den anderen beten. Sie können sich vorstellen, wie schwierig die Verhandlungen mit den Studentenvertretern waren, denn in unserer Organisation hatten nicht konfessionsgebundene Studenten ein großes Mitspracherecht. Ich erinnere mich noch, wie zwei Studentenvertreter mit Tränen in den Augen zu mir kamen, um sich nacheinander gegen dieses Vorhaben auszusprechen. Der eine war Algerienfranzose, der andere gehörte einer linken Gruppierung an. Sie befanden sich in einem schweren Zwiespalt, denn sie wußten, daß ihre Kampfgefährten sie als Verräter ansehen würden, wenn sie sich im Gebet mit ihrem Feind in diesem erbitterten Krieg vereinigen würden; den Gegner zu treffen bedeutete die eigenen Kameraden zu verraten. Die drei Persönlichkeiten, die unserer Einladung gefolgt sind, waren François Mauriac, Georges Bidault und Edmond Michelet. Die Angelegenheit war schwer zu regeln. Die Polizei hatte für die Veranstaltung strenge Sicherheitsvorkehrungen getroffen, weil sie Sprengstoffanschläge befürchtete. Die Situation war also sehr brenzlig. Weil mein Gewissen es mir verbietet, möchte ich hier nicht die Personen erwähnen, die auf meine Bitte geantwortet haben: »Ich soll neben dieser Person sitzen? Niemals!« Die Gebetstexte dieser drei Männer waren sehr schön. Das brachte uns sogar auf die Titelseite des *Canard enchaîné*; unter einer Karikatur, die die drei Männer kniend in Notre-Dame zeigt, steht als Bildunterschrift: »Herr, tu an ihnen, was sie für mich erbitten.« Ich war stolz, daß der *Canard* den Sinn dieser Initiative verstanden und auf seine Weise dargestellt hatte.

Wir haben nicht versucht, zwischen den verfeindeten Parteien zu vermitteln. Wir wollten einen intensiven Denkprozeß in Gang bringen, der sich langfristig auszahlen sollte. Wir wußten, daß es ein Morgen geben würde. Als Priester wollten wir dieses Morgen vorbereiten.

D. W. *Sind Sie bei diesen Veranstaltungen auch mit Repräsentanten des Staates und insbesondere auch mit General de Gaulle zusammengetroffen?*

J.-M. L. Ja, ich bin ihm einmal begegnet. Für die Friedenswachen hatten wir uns um Grußbotschaften von Staatschefs aus der ganzen Welt und vom Papst bemüht. Wir haben zahlreiche Antwortschreiben erhalten. Ich hatte eine Zeitlang geglaubt, daß der eine oder andere persönlich in Notre-Dame erscheinen würde. Zu diesem Zweck war ich auch mit Präsident Senghor während einem seiner Aufenthalte in Paris zusammengetroffen. Wir haben über verschiedene Themen, wie das eigentümliche Wesen Afrikas, den Senegal und den Islam, eine sehr leidenschaftliche Diskussion geführt. Einige Zeit später hat mich Präsident Senghor anläßlich eines Empfanges, der ihm zu Ehren im Elysée-Palast gegeben wurde, auf die Gästeliste setzen lassen.

So betrat ich zum ersten Mal in meinem Leben den Elysée-Palast. Ich hatte meine beste Soutane angelegt und wollte, da ich mich schon verspätet hatte, mit meinem Moped fahren. Meine Freunde ermahnten mich, nicht Don Camillo zu spielen! Und doch habe ich Portal und Freitreppe des Elsyée ganz auf seine Art durchschritten. General de Gaulle hat trotz der Schlange der Wartenden recht lange mit mir gesprochen. Ich hatte alles, was ich ihm sagen wollte, genau vorbereitet. Es ging um die Situation der afrikanischen Studenten in Paris – schließlich war ich für die seelsorgerische Betreuung der ausländischen Studenten zuständig, und das Problem der Afrikaner machte mir am meisten Sorgen. Ich habe ihn ausführlich und genau darüber informiert. Wie, auf welche Weise und unter welchen Voraussetzungen (wenn überhaupt) sollte man frankophonen afrikanischen Studenten den Zugang zu den Hochschulen erlauben? Wie könnte die Haltung Frankreichs zu diesem Problem aussehen und was durfte man von staatlicher Seite erwarten? Ich hatte meine Ansicht sehr nachdrücklich dargelegt. Der General hörte mir sehr aufmerksam zu, wenigstens kam es mir so vor. Wie ich später erfuhr, hat dies zu einigen Veränderungen im Entwicklungshilfe- und im Unterrichtsministerium geführt. Nachdem de Gaulle erkannt hatte, daß ich Studentenpfarrer an der Sorbonne war, stellte er mir zwei oder drei Fragen und ermutigte mich, so weiterzumachen wie bisher. In meinen Augen war de Gaulle eine großartige Persönlichkeit – der Mann, der uns unseren Nationalstolz zurückgegeben hatte. Es hat mich überrascht, wie aufmerksam er den Ausführungen eines jungen Priesters folgte, der ihm im Gedränge eines offiziellen Empfangs begegnet war.

J.-L. M. *1959 übernahmen Sie die Leitung des Centre Richelieu. Welchen Aktivitäten ging man dort nach?*

J.-M. L. Es würde zu lange dauern, sämtliche Aktivitäten aufzuzählen, deshalb möchte ich mich auf einige beschränken. Den ehemaligen Mitgliedern und Zeugen, die entweder mit großer Begeisterung dabei waren oder voller Enttäuschung und Ablehnung dem Centre Richelieu den Rücken kehrten, mögen meine Ausführungen verkürzt und vielleicht ungerecht erscheinen.

Es war ein erhebendes kirchliches Experiment: würdig, hochherzig und vielleicht zukunftsweisend. Ich erinnere mich noch an die Formel, mit der ich das Centre Richelieu fremden Besuchern beschrieb. Ich sagte: »Unsere Kirche ist im Entstehen begriffen.« Den angemessensten Ausdruck – Jeunesse de l'Eglise – konnte ich nicht verwenden, weil jeder sofort an die gleichnamige Zeitschrift gedacht hätte, und doch war genau dies der Ausdruck, der mir spontan einfiel.

Weshalb? Zunächst eine soziologische Anmerkung: Wir unterlagen keinem der Zwänge, denen Institutionen normalerweise ausgesetzt sind. Als Gruppe von jungen Freiwilligen wußten wir noch nichts von den Trägheiten, Undurchsichtigkeiten und Widerständen, die in der Kirchengemeinde eines Stadtviertels oder eines Dorfes auftreten können. Zudem waren wir hinsichtlich Alter, Sprache und Kultur eine ungewöhnlich homogene Gruppe. Ich war kaum älter als die von mir betreuten Studenten. Das unaufhörliche Nachrücken jüngerer Studenten ist anstrengend und anregend zugleich, weil man nie die Hände in den Schoß legen kann und immer wieder von neuem anfangen muß.

Auch wenn der Begriff »Entchristlichung« doppeldeutig und zu schlagwortartig ist, als daß er die gesellschaftliche Entwicklung hinreichend beschreiben könnte, war unsere christliche Begeisterung doch weitaus inbrünstiger als die der Gesellschaft im ganzen. Wir wußten genau, daß wir mit unserem Glauben und allen damit verbundenen Forderungen, Schätzen, Freuden und Zwängen einer Minderheit angehörten. Zu wenige Menschen waren auf den ersten Anhieb davon überzeugt, daß die geistliche Anstrengung der Christen mit dem Ziel, das Geschenk Gottes zu erkennen, zu den selbstverständlichen Aufgaben der Kirche gehört. Das gleiche gilt für das apostolische Zeugnis vor den Nichtgläubigen. Auch die Vorstellung, daß man zugleich Christ und ein Mensch wie jeder andere sei, war nichts als ein Klischee: Wir wußten, daß es nicht stimmte! Unsere erste Aufgabe bestand also darin, die Jugendlichen auf das Leben in einer Kirche vorzubereiten, die missionarisch wirken mußte. Dies entsprach meiner persönlichen Erfahrung. Der Tenor von Büchern wie *France, pays de mission* und *Paroisse, communauté missionaire*, die während des Krieges geschrieben worden waren, entsprach unserer eigenen Überzeugung: Die Kirche bedurfte des inbrünstigen Einsatzes um so mehr, als sie nicht länger die Kirche der von Léon Bloy und Bernanos gegeißelten »Konformisten« sein konnte.

D. W. *Hielten auch Sie eine erneute Evangelisierung Frankreichs für unerläßlich, wie sie in* France, pays de mission *gefordert worden war?*

J.-M. L. In Decazeville hatte ich kurze Zeit unter Arbeitern gelebt. Aber ich war doch zu sehr »Pariser Straßenjunge«, Kind vom Montmartre und Montparnasse, um in allen Punkten der Beschreibung des Unglaubens in *France, pays de mission* zustimmen zu können ... Ich stimmte allerdings weitgehend mit der Diagnose einer minoritären Kirche überein, die sich nicht mehr auf eine gesicherte soziale Grundlage stützen konnte. Die Grenze zum Unglauben ist fließend. Es gibt nicht hier eine katholische Festung, und dort draußen ein *No man's land*. Die Grenze verläuft quer durch die Köpfe der Menschen. Gerade in Studentenkreisen war diese missionarische Situation das Selbstverständliche, auch wenn sich nicht alle katholischen Studenten dessen bewußt waren. Im Gespräch mit ihren Studienkollegen konnten sie erfahren, wie groß der Abstand zwischen ihnen war.

J.-L. M. *Welche Ziele verfolgten Sie denn in einem Milieu, das sich vom Christentum weitgehend abgewandt hatte und sich häufig von der Politik stärker angezogen fühlte als von der Religion?*

J.-M. L. Wir wollten den jungen Akademikern helfen, das Licht des Glaubens mit ihrer universitären Bildung in Einklang zu bringen. Dies erforderte eine gründliche geistige Arbeit, die zeitlich gestaffelt werden mußte. Während der ersten Studienjahre, in denen die jungen Studenten erst einmal ein neues Gleichgewicht finden mußten, war dies noch nicht erforderlich. Doch sehr bald schon war jeder von der natur- oder geisteswissenschaftlichen Disziplin geprägt, die er studierte. Ich müßte schon sehr weit ausholen, wenn ich alle Fragen anführen wollte, die fortgeschrittene Mathematikstudenten, Geologen, Historiker und andere stellten. Wir unterstrichen, daß Bildung sowohl eine gesellschaftliche (einen Beruf? welchen?) als auch eine sinnstiftende Funktion (Wissen ist immer vom Menschen für den Menschen gemacht: Aber was ist der Mensch?) hat. Ich könnte zahllose Beispiele für Diskussionen oder Sitzungen anführen, angefangen von Seminaren über Hegel für Studenten, die sich auf die Lehramtsprüfung in Philosophie vorbereiteten, bis hin zu Streitgesprächen zwischen Mathematikern und Philosophen über den logischen Positivismus, nicht zu vergessen die unverwüstlichen »Klassiker«: Wissenschaft und Glaube, Psychoanalyse und Glaube, usw. Diese Arbeit förderte den ständigen freien Meinungsaustausch zwischen Studenten und älteren Dozenten und Forschern, der damals an der Universität nicht möglich war. Es entstand auch ein Forum für Diskussionen zwischen katholischen und nichtkatholischen Studenten, zwischen Gläubigen und Nichtgläubigen, zu denen auch die Marxisten zählten.

D. W. *Ich möchte noch einmal kurz auf den Algerienkrieg zurückkommen: Haben einige aus Ihren Reihen an Demonstrationen teilgenommen?*

J.-M. L. Wir haben es immer, und zwar grundsätzlich, abgelehnt, uns an Demonstrationen zu beteiligen.

D. W. *Weshalb?*

J.-M. L. Ganz einfach weil unser Wirkungsbereich ein anderer war als derjenige der politischen Parteien.

D. W. *War man sich im Centre diesbezüglich einig?*

J.-M. L. Ja, allerdings erst nach heftigen Diskussionen. Trotzdem gehörten im Centre Richelieu aktive Studenten zugleich anderen

Organisationen an. Aber wir waren fest entschlossen, »die Kirche für die Sorbonne« zu sein. Unsere Stellungnahmen waren zurückhaltend und knapp, aus Angst, durch Über- oder Untertreibung die Wirklichkeit zu verfehlen. Was diese oder jene Gruppe als solche sagte, mußte mit der Position der Kirche vereinbar sein. So mußten sich alle einer nachhaltigen und disziplinierten Selbstbeschränkung unterwerfen.

Der Blick der Katholiken auf sich selbst

J.-L. M. *Sie haben von Konflikten zwischen dem Centre Richelieu und anderen Institutionen gesprochen. Könnten Sie die Art dieser Konflikte etwas genauer beschreiben?*

J.-M. L. Es kam zu sehr harten Auseinandersetzungen. So wie ein Kind von sieben Jahren typischerweise metaphysische Fragen stellt, so zeichnet sich ein Jugendlicher von achtzehn Jahren durch seinen Radikalismus und seine Auflehnung aus. Es ist das Alter der unerbittlichsten Auseinandersetzungen, in denen man sich aus ideologischen Gründen gegenseitig zerfleischt. Die einen beschuldigten uns, zu offen für die Jugend zu sein, die anderen warfen uns vor, wir seien zu sehr in der christlichen Überlieferung und in christlichem Glauben verwurzelt. Man konnte über uns die gegensätzlichsten Meinungen haben.

D. W. *Warf man Ihnen vor, sich zu wenig um weltliche Dinge zu kümmern?*

J.-M. L. Ja, auch diesen Vorwurf bekamen wir zu hören. Weshalb? Etwa weil man unser geistliches Wirken als Entfremdung und Abwendung von weltlichen Aufgaben verstand? Oder weil man die Substanz des Christentums mit weltlichen Aufgaben gleichsetzte? Wer solche Ansichten vertrat, dem mußte jede Hervorhebung rein religiöser Aktivitäten kritikwürdig erscheinen.

J.-L. M. *Könnten Sie etwas konkreter werden. Um wen handelte es sich?*

J.-M. L. Es war eine allgemeine Tendenz, die in verschiedener Weise zum Ausdruck kam. Viele waren verunsichert und suchten damals neue Orientierungen. Es gab viele verschiedene, mitunter auch sehr verschwommene Ansichten. Manche behaupteten, die Kirche müsse verschwinden, wenn sie ihrem Auftrag entsprechen wolle, die Selbstabschaffung der Kirche sei der Preis für die Erfüllung ihrer Mission. Der Tod der Kirche wurde zum Symbol der Erlösung, die sie verkünden sollte. Hier wurde die christliche Identität zu Grabe getragen, lange bevor amerikanische Theologen (in den 60er Jahren) die »Gott-ist-tot-Theologie« und die Theorie einer »Stadt ohne Gott« aufstellten.

D. W. *Sollte die Kirche weniger sichtbar sein?*

J.-M. L. Nein, darum ging es nicht. Für viele war schon die Verkündigung des Evangeliums, der christlichen Botschaft, eine potentielle Einschränkung der Freiheit des anderen. Erst später, nach 1968, setzte sich die alte Ansicht wieder durch, jeder müsse frei seine Meinung äußern können, ohne daß irgend jemand daran Anstoß nimmt und auch wenn die Standpunkte unvereinbar bleiben. Damals aber war man noch nicht so weit!

J.-L. M. *Man sollte schweigen ...*

J.-M. L. Manche haben das gesagt und geschrieben. Man hatte spirituelle und theologische Theorien erarbeitet, nach denen das christliche Zeugnis schweigend vorgelebt werden sollte. Der Christ sollte das Evangelium so leben, daß es nicht in seinen Worten, sondern schlicht in der Andersartigkeit seines Verhaltens lesbar werden sollte.

D. W. *Gab es nicht auch den einen oder anderen, der glaubte, die christliche Differenz müsse sich im weltlichen Engagement und im Klassenkampf niederschlagen?*

J.-M. L. Das war ein weiterer Aspekt. Die Ansichten, von denen ich gerade geprochen habe, wurden manchmal in überschwenglicher Weise, geradezu als religiöse Berufung gelebt: Männer und Frauen flüchteten sich in die Anonymität der Großstadt, in die Welt der Armen oder in die Einsamkeit der Wüste.

D. W. *In eine Art Mönchsleben ...*

J.-M. L. Wenn man so will. Man kann diese Position auf vielfältige Weise interpretieren. Doch von dem Moment an, da sie ihre eigene Ansicht als allgemeine Lehre vom Apostolat der Kirche ausgeben, werden sie gefährlich. Sie grenzen dann ans Absurde. Nun wurden diese Ansichten recht oft von Laien und dem Klerus geteilt und galten als besonders fortschrittlich. Diese Sympathie hatte ihren Grund eigentlich darin, daß viele Katholiken – übrigens auch ich – sich von einer entstellenden und mythischen Darstellung der Kirche des 19. Jahrhunderts abgestoßen fühlten...

J.-L. M. *Dem Bild einer selbstgefälligen und herrschsüchtigen Kirche...*

J.-M. L. Es ist nicht leicht, zu erklären, warum es soweit kommen konnte. Etwa aus Furcht vor allzugroßer Selbstsicherheit, aus Ablehnung dessen, was man später den »Triumphalismus« der Kirche nannte. Oder, ganz im Gegenteil, aus dem Gefühl der Schuld oder dem »Ressentiment« heraus, seit dem 19. Jahrhundert immer wieder dem Vorwurf ausgesetzt zu sein, die Chancen der Versöhnung mit der modernen Gesellschaft verpaßt zu haben? Oder gar aus dem uneingestandenen Wunsch heraus, sich in eine Gesellschaft einzufügen, in der die sichtbaren Zeichen des Christentums im Verschwinden begriffen sind, um endlich von ihr anerkannt zu werden?

J.-L. M. *Könnten Sie präzisieren, woher dieser Wunsch nach Selbstauslöschung kam?*

J.-M. L. Auch hier muß man wieder eine lange historische Entwicklung sehen. Die Männer an der Spitze der katholischen Kirche, sowohl die Laien als auch die Kleriker, hatten immer mit dem Problem zu kämpfen, daß zwischen ihrer Vorstellung über den Platz der Kirche im Staat und den wirklichen Verhältnissen eine Diskrepanz bestand. In ihrer Vorstellung deckte sich die französische Kultur mit der religiösen Identität bzw. die nationale Identität mit der Religion. Die Wirklichkeit aber sah ganz anders aus. Seitdem Frankreich ein Nationalstaat war, bestand zwischen der katholischen Kirche und der französischen Kultur als ganzer eigentlich immer eine Diskrepanz. Im historischen, kulturellen und politischen Aufbau Frankreichs waren Kirche und Staat aufgrund einer stillschweigenden Übereinkunft objektiv Verbündete: Beide strebten sie nach gesellschaftlicher und kultureller Legitimierung, und, da sie keinen anderen Weg sahen, ihren eigenen Sieg zu erringen, verließen sie sich aufeinander.

D. W. *Eine Beziehung auf Gegenseitigkeit?*

J.-M. L. Eine Beziehung rivalisierender Komplizenschaft. Um die Nation zu zentralisieren und zu einen, muß man die verschiedenen Kulturen unter einer starken Zentralgewalt zusammenfassen und ihre Unterschiede ausgleichen. Zu diesem Zweck hat die Staatsmacht ständig die religiöse Legitimierung der katholischen Kirche eingefordert. Sie hat nie gezögert, der Kirche zu dienen, um sich ihrer zu bedienen. Umgekehrt mußten die Männer der Kirche feststellen, daß Nation und Kultur einerseits und Glaube andererseits sich keineswegs deckten, und zwar nicht nur aufgrund von Widerständen und Verweigerungen, sondern auch, weil das Heidentum noch immer weite Teile der Gesellschaft bestimmte. Sie waren auf ihre Art von der Macht des Herrschers geblendet und hofften, die Bekehrung des Herrschers würde die Bekehrung der ganzen Nation nach sich ziehen.

D. W. *Schon damals lehnten Sie diese Ansicht ab. Weshalb?*

J.-M. L. Ich bemühte mich, was nicht immer einfach war, den Sachverhalt so klar wie möglich zu erfassen. Das Projekt, in einer Kultur, einer Epoche oder einem Staat das gesellschaftliche Machtzentrum zu besetzen, ist kein verkehrtes Ziel des Christentums, es sei denn, es wäre nichts anderes als eine Strategie zur Eroberung der Staatsmacht. Die Evangelisierung besteht darin, daß man das Herz einer Kultur findet und Wege sucht, dieses Herz mit dem Evangelium zu erreichen.

D. W. *Sie werden zugeben, daß für einen Atheisten der Unterschied zwischen »Evangelisierung« und »Übernahme der Kontrolle« nicht sehr groß ist.*

J.-M. L. Das denken einige Historiker oder Soziologen, die von der Kirche nur die gesellschaftlich sichtbaren Umrisse und die daraus resultierenden Macht- oder Einflußfaktoren erkennen. Sie nehmen die Kirche nur insofern wahr, als sie ein gesellschaftliches Kraftfeld darstellt. Wer zu einem gerechten Urteil kommen will, muß aber auch nach dem Inhalt fragen, den dieses Kraftfeld überträgt, und nach dessen Funktion innerhalb verschiedener Zivilisationen und Kulturen. Es kann geschehen, daß das System zum Selbstzweck wird und so das aufs Spiel setzt, dessen Diener es sein soll. Dann ist es nur noch eine tote Hülle oder eine Karikatur der christlichen Botschaft, die dem Ideologieverdacht unterliegt. Es gab in der Geschichte Männer der Kirche, die Opfer ihres politischen Ehrgeizes wurden, die also der Versuchung erlagen, ihren religiösen Auftrag als politische Aufgabe zu verstehen. Andererseits kann es auch geschehen, daß Staatsmänner ihre politische Aufgabe religiös verstehen, was ebenfalls zu Mißbräuchen führt.

D. W. *Auch heute noch?*

J.-M. L. Alles ist denkbar, wenn es um den Ehrgeiz geht, im Zentrum des gesellschaftlichen Machtgefüges zu stehen. Nach mehreren Anläufen, gescheiterten Versuchen der Machtergreifung, dem Mißerfolg der Kirchenkämpfe und der schmerzlichen Lektion aus diesen Erfahrungen haben die Katholiken in gewisser Weise auf eine organisierte politische Machtposition verzichtet. Sie haben versucht, das gesellschaftliche Terrain auf eine andere Weise zu besetzen. Der Preis freilich, den sie dafür zahlen mußten, war der Verlust der eigenen Identität.

D. W. *Sie wollen sagen, der alte Kampf wurde mit neuen Mitteln fortgesetzt?*

J.-M. L. Der Preis dafür war eine Art Selbstmord.

J.-L. M. *Ein sehr hoher Preis!*

J.-M. L. Das Selbstbild vieler Katholiken war ein soziologisch entstelltes: Sie sahen sich gleichsam mit den Augen der anderen, das heißt, sie nahmen es hin, sich selbst als Mitglieder der »katholischen Partei« zu betrachten – und zwar bis zu dem Augenblick, da sie es nicht mehr ertrugen, mit der »katholischen Partei« gleichgesetzt zu werden. Um ihr Spiegelbild zu vernichten, mußten sie sich folglich als gesellschaftliche Gruppe selbst zerstören. Als Rechtfertigung für diese Selbstaufgabe erfand man eine Theologie der Vernichtung, der Kenosis der Kirche – Kenosis ist das griechische Wort, das soviel wie Entleerung, Entäußerung bedeutet und die Selbstentäußerung Christi in seinem Leiden bezeichnet (Phil 2,7). Die Selbstentäußerung wurde zu einem Deutungsmuster, mit dem sich die Auslöschung der Kirche als äußere, zwangsläufig repressive, verletzende und sündenhafte Institution rechtfertigen ließ, an deren Stelle nun eine verborgene, nicht klar definierbare und geheime Präsenz treten sollte. Wer diesen Weg zu Ende ging, verlor seine eigene Identität.

D. W. *Die Befürworter dieser Position einer geheimen Präsenz wurden von denjenigen bekämpft, die der Kirche einen zentralen Platz in der Gesellschaft erhalten wollten. Wie verhielt es sich aber mit denen, die eine stärker minoritäre Auffassung von der Kirche hatten: Wollten sie ihre Andersartigkeit nicht stärker betonen?*

J.-M. L. Ein solches Unternehmen basierte, wenn es nicht als selbstmörderisch empfunden werden sollte, auf einer unausgesprochenen Annahme: Trotz des Verschwindens der Kirche als Institution würde das Christentum seinen universalen Charakter behalten; nur daß man dabei vergaß, wie zerbrechlich, gesellschaftlich gesehen, das christliche Erbe ist. Mit einer ähnlichen Leichtfertigkeit begegnen wir heute unserer Umwelt. So zerstören die reichen Länder ihren Lebensraum und verschwenden ihre natürlichen Ressourcen in dem Irrglauben, diese seien unerschöpflich, während sie in Wahrheit sehr schnell erschöpft sind und uns nur erhalten bleiben, wenn man rücksichtsvoll mit ihnen umgeht und ihnen Zeit zur Regenerierung gibt.

Auch das geistige Kapital ist nicht unerschöpflich. Wenn es produktiv bleiben soll, darf es nicht vergeudet werden. Zu sagen: »Frankreich ist Missionsland«, so wie irgendein heidnisches Land, ist, historisch gesehen, einfach falsch. Es ist ein Fehler, wenn man eine geschichtlich vom Christentum geprägte Kultur mit einer Kultur vergleicht, die noch nie mit dem Christentum in Berührung kam. Das Christentum hat die französische Kultur stark beeinflußt, auch wenn selbstverständlich keineswegs alle Franzosen Gläubige sind. Aber ...

D. W. *Haben einige das Wort »Mission« etwa deshalb abgelehnt, weil es auf schon christianisierte Länder angewandt wurde?*

J.-M. L. Wir haben diese Problematik akzeptiert, weil sie der tatsächlichen Lage entsprach: Wir wußten genau, daß wir in der Minderheit waren – eine Tatsache, die heute selbstverständlich ist. Wir waren nicht die einzigen, die so dachten. In weiten Teilen des Katholizismus vertrat man ähnliche Ansichten.

J.-L. M. *Sie waren mit Kardinal Veuillot befreundet...*

J.-M. L. Als Kardinal Veuillot nach Paris kam, erweckte dies bei vielen Menschen, die ihn kannten, große Hoffnungen. Er war ein Symbol des Zweiten Vatikanischen Konzils; er würde die Kirche, Paris, ja ganz Frankreich aus der Erstarrung reißen. Er besaß die nötige Energie, um die Probleme in Angriff zu nehmen, die von allen Seiten auf ihn einströmten: das Leben der Kleriker, die Lage der Kirchengemeinden, das Apostolat, kurz: alles, was auch auf dem Programm des Zweiten Vatikanum gestanden hatte. Veuillot und das Konzil, das Konzil und Veuillot – das schien sagen zu wollen: Diesmal schaffen wir es! Sein Tod war für uns ein unfaßbares und tief erschütterndes Ereignis. Wir wußten zwar, daß auch ein Erzbischof sterblich ist und daß immer ein anderer an seine Stelle tritt. Aber wir hatten so konkrete, greifbare Hoffnungen in ihn gesetzt, ihm so viel Freundschaft und Vertrauen entgegengebracht, den Mut dieses Mannes so sehr bewundert, daß dies unseren Schmerz nur noch verschlimmert hat.

Als Kardinal Veuillot krank wurde, wollten seine Freunde ihm jede erdenkliche Hilfe zuteil werden lassen und vielleicht auch verhindern, daß sein Tod dramatisiert und in die Öffentlichkeit getragen wird. Deshalb durfte außer seinen Freunden, die ihm rund um die Uhr beistanden, niemand sein Zimmer betreten.

Eines Morgens ließ einer seiner Sekretäre mir ausrichten, daß Kardinal Veuillot mich sprechen wolle. Er lag im Hôpital Saint-Joseph. Ich betrat sein Zimmer – ein typisches Krankenhauszimmer – und blieb ungefähr eine Stunde, genau kann ich das nicht mehr sagen. Kardinal Veuillot lag in seinem Bett. Sein ausgemergeltes Gesicht war gezeichnet von seinem Kampf gegen die Krankheit. Obwohl der Schatten des Todes schon auf ihm lag, war er geistig noch hellwach. Er sprach fast ohne Unterbrechung zu mir. Beim Hinausgehen sagte sein Sekretär: »Notieren Sie, notieren Sie sich unbedingt alles, was er Ihnen gesagt hat, er hat es für Sie gesagt. Eines Tages werden Sie es brauchen können.« Ich tat es nicht, weil ich viel zu aufgewühlt war, um irgend etwas aufzuschreiben.

Von dem, was er gesagt hat, erinnere ich mich an eine lange Meditation über das Mysterium des Kreuzes und des Leidens. Mit abgehackter, immer wieder von Pausen unterbrochener Stimme sprach er über sein Amt, über den Sinn der menschlichen Existenz im Licht des Kreuzes Christi, über das Ärgernis und die Torheit des Kreuzes. Erst im Herannahen seines eigenen Todes erschloß sich ihm ein neuer Sinn jener biblischen Botschaft, die er selbst verkündet hatte.

Mit Erstaunen hatte ich bemerkt, daß er seine Ernennung zum Kardinal nicht ohne eine gewisse Eitelkeit zur Kenntnis genommen hatte. Das war zumindest mein Eindruck. Ich nahm kein Blatt vor den Mund und sagte ihm das. Er nahm es mir nicht übel, aber ich spürte genau, daß es sich eigentlich nicht schickte, einem Kardinal der römischen Kirche so etwas vorzuhalten. Als er dann im Sterben lag, war dies alles von ihm abgefallen, und ich dachte bei mir: Ausgerechnet in dem Moment, wo er sich auf der Höhe seines Amtes zeigt, wird er uns entrissen. Das konnte ich einfach nicht begreifen. Er sagte auch etwas über die Kirche, das sich mir tief ins Gedächtnis einprägte (und das er dreimal wiederholte): »Alles muß rein sein – rein, rein, rein.« Und weiter: »Was wir brauchen, ist eine wirkliche spirituelle Revolution. Der Papst weiß es, nur wenige begreifen es, doch genau das braucht die Kirche.« Dann hat er mich gesegnet, und ich verließ das Zimmer. Ich war tief erschüttert, wie von Sinnen, und entgegen dem Rat seines Sekretärs habe ich nichts aufgeschrieben. Was ich heute sehr bedauere.

Ich möchte Ihnen nicht verhehlen, daß er der erste war, an den ich dachte, als ich 1981 zum Erzbischof von Paris ernannt wurde. Ich war überhaupt nicht darauf vorbereitet, dieses Amt zu übernehmen. Da erinnerte ich mich plötzlich sehr lebhaft an unser Gespräch. Ich fühlte mich dem, was er gesagt hatte, irgendwie verpflichtet. Seine Worte waren wie ein Licht, nach dem mein künftiges Handeln sich ausrichten konnte, und ich habe das Gefühl, auf eine für mich und wohl auch für ihn unbegreifliche Weise und gleichsam im voraus ein kostbares Vermächtnis empfangen zu haben.

J.-L. M. *In ihrer Funktion als Studentenpfarrer konnten Sie die Situation an der Universität besonders gut einschätzen. Haben Sie die Ereignisse vom Mai 68 vorausgesehen?*

J.-M. L. Seit 1965, da bin ich sicher, haben wir diese Krise vorausgeahnt. Ich war damals für sämliche katholische Studentengemeinden im Raum Paris verantwortlich.

Die Universität geriet aus allen Fugen. Sie glich einer Zeitbombe, deren Ticken jeder von uns hörte – nur die verantwortlichen Politiker hörten es nicht! Wir wußten, daß sie in die Luft gehen wird! Wir wußten sogar den Zeitpunkt, die Heftigkeit und Wirkung der Explosion freilich konnten wir nicht übersehen.

D. W. *Wieso war die Explosion voraussehbar?*

J.-M. L. Zwei Kongresse, auf denen sich 1964 in Caen und 1965 in Grenoble zahlreiche Professoren einfanden, haben meiner Meinung nach den Zusammenbruch der Universität als unabwendbar erscheinen lassen. Ich möchte nur zwei von zahlreichen Vorzeichen nennen. Zunächst konnte man ohne weiteres voraussagen, daß die Hippy-Bewegung, die in Berkeley entstanden war, früher oder später auch Frankreich erreichen würde. Mehrere Professoren und Studenten aus Berkeley hatten uns über die Vorgänge sehr genau unterrichtet. Außerdem gab es theoretische Vorboten. Zwei Artikel, die etwa 1962 in der Zeitschrift *Les Temps modernes* unter dem Titel »Brauchen wir eine studentische Gewerkschaft?« erschienen sind und aus der Feder von Kravetz und Peninou stammten, lieferten im voraus den theoretischen Unterbau für einen neuen Typus des revolutionären Kampfes, den die klassische Linke zwar ablehnte, der aber schon jetzt der Denkweise der künftigen Maoisten entsprach.

Wir verfolgten sehr genau die Universitätsstatistiken, die uns zeigten, wie stark sich das Bevölkerungswachstum auswirkte. Eine Universität, die ursprünglich für eine gesellschaftliche und vor allem kulturelle Elite gedacht war, mußte aus den Fugen geraten, wenn sie sich zu einer Massenuniversität entwickelte. Die Universität bildete einen bestimmten Typ von Akademikern aus, die für spezifische Tätigkeiten (in der Universität und im Schulwesen, aber vor allem auch im politischen und kulturellen Bereich) qualifiziert waren, während die Arbeitsplätze in Industrie und Verwaltung den Absolventen der Eliteschulen vorbehalten waren. Das war ein festgefügtes System. Mit der Einführung der allgemeinen Pflichtschulzeit jedoch landete plötzlich ein Teil der Jugendlichen, die bislang lediglich einen Hauptschulabschluß angestrebt hatten, in den Hörsälen der Universität, die diesem Schock nicht standhielt. Die Universität sah einfach nicht, daß die quantitative Veränderung auch einen qualitativen Wandel erforderte. Unfähig ihre Logik zu verändern, ging es ihr nur um trotzige Selbstbehauptung, wobei die selbstgestellte Aufgabe, unbeirrbar an den alten Methoden und Zielsetzungen festzuhalten, mit den Interessen der ihr aufgebürdeten Studenten in Widerstreit geriet. Diese Studenten waren mit den alten Zielsetzungen nicht einverstanden und fanden die Methoden unerträglich. Dies führte zu beträchtlichen Reibungen, die sich wiederum negativ auf das Ansehen der Diplome und die Qualität der Lehre auswirkten.

D. W. *Was hielten Sie persönlich von den Ideen des Mai 68?*

J.-M. L. Als Kritik an Ideologien jeglicher Art wirkten sie sehr befreiend. Jede Ideologie – und sei es auch eine religiöse – ist die schlimmste Entwürdigung von Glaube und Religion. Sie verhindert, daß sich die Erfahrung des Glaubens ruhig ausbreiten kann. Gleich einem Termitenvolk höhlt sie alles innerlich aus. Aber der Mai 68 war auch das Resultat von Projekten linker Studentengruppen, die wir schon mehrere Jahre kannten.

J.-L. M. *Wieso kannten Sie diese Projekte?*

J.-M. L. Wir standen mit allen Gruppen in Verbindung, die an der Sorbonne und anderen Universitäten aktiv waren. Einige Mitglieder dieser Gruppen diskutierten mit uns, weil sie hofften, katholische Studenten für ihre Sache gewinnen zu können. Es gab Begegnungen, Debatten. Ich traute meinen Augen und Ohren nicht. Waren das wirklich Menschen aus unserem Jahrhundert? Selbst meine Generation, auf die der Marxismus eine so große Anziehungskraft ausgeübt hatte, hätte nicht gewagt, derart hohle Phrasen zu dreschen. Ihr verbaler Radikalismus erinnerte mich an manches literarische Werk des 19. Jahrhunderts. Das alles war schwer zu verstehen, und noch schwerer war es, das ernstzunehmen. Als z. B. die Studenten der École normale uns erzählten, was sich in der Rue d'Ulm zutrug, kamen wir aus dem Staunen nicht mehr heraus. Einige berichteten uns von dem Terror, der an der Hochschule herrschte, seitdem verschiedene linke Gruppen, die sogenannten »Althusserianer«, die Macht übernommen und verschiedene Methoden der kulturellen Revolution eingeführt hatten: das Anschlagen von Parolen, das Abhalten öffentlicher Prozesse, die Erhebung von Anklagen, diese und ähnliche Verfahren, mit denen die Freiheitsrechte des einzelnen eingeschränkt werden sollten. (Später erfuhren wir, daß der künftige Stellvertreter Pol Pots Mitglied in einer dieser Gruppen war.) Für jemanden, der wie ich von Kindheit an Verfolgung, Nazismus und Faschismus am eigenen Leib erlebt hatte, war das Wiederaufleben derselben irrationalen und totalitären Phänomene völlig unbegreiflich. Verfolgungen, Einschränkungen der Freiheit, die Mißachtung der Würde des einzelnen und die geistige Gleichschaltung schockierten mich zutiefst. Wir erkannten allerdings nicht die volle Tragweite dessen, was hier geschah.

Man begegnete hier derselben Methode der Provokation und Grenzüberschreitung in bezug auf religiöse Vorstellungen und moralische Normen, die als puritanisch diskreditiert wurden, während sie einfach christlich waren. Der Standpunkt der »Situationisten«, deren Christentum zu politischem Surrealismus verkommen war, erschien mir sehr befremdlich. Ich konnte mich damit ebensowenig anfreunden wie in meiner Jugend mit den Büchern Lautréamonts, in die ich als Neunzehnjähriger einen kurzen Blick geworfen hatte, um sie gleich wieder zu schließen. Vielleicht waren sie genial, mit Sicherheit aber blasphemisch.

D. W. *Besuchten Sie häufig die Universität von Nanterre?*

J.-M. L. Im Studienjahr 1967–68 hatten wir in Nanterre eine Hochschulseelsorge eingerichtet, die ein Priester ganztägig leitete. Ich kannte die wichtigsten katholischen Amtsträger. Nanterre war eine seltsame »idyllische« kleine Hochschule. Das machte den Reiz aller neugegründeten Hochschulen aus, auch wenn die äußeren Bedingungen außerordentlich schlecht waren. An der Universität dieses subproletarischen Vorstadtbezirks, der schon fast ein Slum war, studierten ausgerechnet die bürgerlichsten Studenten von ganz Paris: Die Universitätsverwaltung immatrikulierte nur Studenten, die im Westen von Paris lebten. Auf Einladung der christlichen Hochschulgemeinde sollte der unerschütterliche Pater Daniélou Vorlesungen in einem der größten Hörsäle halten. Die verbalen Attacken der ihn dort erwartenden verschiedenen linken Gruppen meisterte er mit Bravour. Er besaß alle nötigen Eigenschaften, um die erhitzten Gemüter in einer »Vollversammlung« zu beruhigen und sich durch unvorhergesehene Zwischenfälle nicht aus dem Konzept bringen zu lassen. Das alles glich einer amüsanten Farce, doch fragten sich viele, wie es nach den unerwarteten Erfolgen des Streiks im Herbst 67 in Nanterre wohl weitergehen würde. Die Studenten selbst waren überglücklich, daß dies zu einer Annäherung an die Lehrkräfte geführt hatte. Dann kam der 22. März. Ich kannte mehrere Studenten aus dem Fachbereich Soziologie, wo dieses *acting out* seinen Anfang nahm. Kurz vor Ostern suchten mich einige völlig ratlose Studenten auf, um mir mitzuteilen, daß sie mit den Plänen der radikalsten Anführer der Bewegung vom 22. März nicht einverstanden seien. Diese wollten eine Provokations-Repressions-Strategie anwenden, die sich schon in Berlin bewährt hatte und nun auch im Mai in Paris ihre Früchte tragen sollte.

D. W. *Wie haben Sie die Ereignisse im Mai erlebt? Sie scheinen davon nicht gerade begeistert gewesen zu sein ...*

J.-M. L. Keine der so unterschiedlichen Erklärung für diese Ereignisse hat mich befriedigt. Die in einem Punkt entstandene Erschütterung übertrug sich auf die ganze Gesellschaft, bis diese schließlich zerbarst. Einige sprachen von einem »spirituellen Ereignis«. Ich glaube, das ist eine einseitige Sicht der Dinge, die aber einem Teil der Wahrheit von 68 ebenso nahekommt wie andere Erklärungen. Vielleicht kommt sie der Wahrheit sogar am nächsten.

Als das Beben dann einsetzte, haben wir eine eindeutige Position bezogen. Uns interessierten in erster Linie die Studenten, alle anderen gingen uns, kraß gesagt, nichts an. Wir fühlten uns nicht unmittelbar für sie verantwortlich, nach dem Motto: Jeder muß auf sich und seine Angehörigen selbst achtgeben! In dieser Zeit, in der viele Menschen jegliches Verantwortungsbewußtsein verloren hatten, bemühten wir uns, einen kühlen Kopf zu bewahren. Es war gar nicht so leicht, ein friedfertiger, kritischer Gesprächspartner zu bleiben – der sich einerseits von den Vorgängen unmittelbar betroffen fühlte und sich andererseits durch den Appell an die Vernunft davon distanzierte. Wir bemühten uns, eine Art Anlaufstelle für die Jugendlichen zu sein, mit denen wir Umgang hatten, denn manch einer wäre, sich selbst überlassen, in die Verzweiflung getrieben worden.

Wir haben weiterhin Gottesdienste abgehalten, immer wieder gebetet und auch den Studenten die Möglichkeit gegeben, zu beten und zu beichten. Im Gegensatz zu früher jedoch, wo die Liturgie gesungen wurde, herrschte nun während der Messen tiefes Schweigen. Diese Besinnung und Andacht war nötig, um die christlichen Grundwahrheiten des Evangeliums in Erinnerung zu rufen: Achtung vor dem Mitmenschen, Liebe zum Nächsten, Ablehnung von Gewalt als erlaubtem Mittel, es sei denn man befinde sich in einer Notwehrsituation.

D. W. *Hatten Sie den Eindruck, damit Resonanz zu finden? Wie nahe haben Sie die Ereignisse miterlebt und wie eng war Ihr Kontakt zu den Akteuren?*

J.-M. L. Wir standen natürlich in engem Kontakt zu denjenigen, die uns aufsuchten. Wir versuchten, uns vorrangig den universitären Problemen zu widmen und den Studenten, die nicht mehr ein noch aus wußten und die Situation nicht ertrugen, Orientierungshilfe und einen klaren Kopf zurückzugeben.

D. W. *Was heißt »die Situation nicht ertrugen«?*

J.-M. L. Das heißt, daß es Studenten gab, die sich in ein blindwütiges Revoluzzertum verrannten, in Depressionen verfielen oder schlicht abhauten. Diese seelische, moralische und gesellschaftliche Verunsicherung hatte verheerende Folgen.

J.-L. M. *Wie war Ihre Analyse dieser Ereignisse?*

J.-M. L. Das war eine schwierige Sache. Ich erinnere mich an eine Diskussion bei Kardinal Marty. Dort hatte ich gesagt, daß es zwei denkbare Lösungsmöglichkeiten gäbe: entweder die KP oder de Gaulle; und ich war sicher, daß es de Gaulle sein würde. Alle anderen Kräfte würden politisch keine Rolle spielen.

D. W. *Haben Sie denn nicht befürchtet, daß es von einem bestimmten Zeitpunkt an zu einer revolutionären Krise kommen könnte?*

J.-M. L. Damit habe ich nie gerechnet. Das wirkliche Kräfteverhältnis zeigte sich nicht in der Universität, sondern in der Gesellschaft als ganzer; und dort hatte sich die Situation durch den Lohnkompromiß von Grenelle entspannt. In den Studentenunruhen hingegen sah ich von Anfang an nichts anderes als das Wiederaufleben der revolutionären Wunschbilder von 1848. Das war für mich etwas Unvorstellbares und Bestürzendes. Man brauchte nur die Graffiti zu lesen mit ihrer Mischung aus Blasphemie und Sakralität. In meinen Augen war das sehr bedenklich. Ich habe mit einigen verunsicherten Professoren darüber gesprochen. Ich habe ihnen gesagt: »Was wir hier sehen, ist das Wiederaufleben des Irrationalismus. Diese Menschen machen sich nicht klar, was für Symbole sie verwenden. Das kann der Beginn eines neuen Faschismus sein. Ihr nihilistischer Linksradikalismus könnte sich als umgekehrtes Spiegelbild des nazistischen Nihilismus erweisen.«

D. W. *Das war ein sehr hartes Urteil.*

J.-M. L. Der Einbruch des Irrationalen öffnete den Weg zu blinder Machtausübung und tyrannischer Unterdrückung der Massen. Es bestand die Gefahr einer ungehemmten Freisetzung von Gewalt.

J.-L. M. *Aber Sie vergessen, daß es auch Elemente einer rationalen Kritik gab!*

J.-M. L. Sicher, man hat die Konsumgesellschaft kritisiert. Alle Welt zitierte Marcuse und Reich, die Frankfurter Schule; aber keiner hatte sie gelesen. Das ist um so merkwürdiger, als sich deren Ideen in Windeseile verbreiteten. Ihnen entsprach in gewisser Weise ein christliches Thema, das Clavel hervorhob. Manche Christen sprachen auch von einer Erfahrung des Geistes. Jede Erfahrung des Heiligen Geistes, jede Erfahrung Gottes befreit von Zwängen, weil sie eine Erfahrung der Freiheit ist, aber deshalb ist keineswegs jede Befreiung von Zwängen notwendigerweise eine Erfahrung des Heiligen Geistes. Freiheit und Freizügigkeit, mystische Verzückung der Freude und Ausschweifung liegen so dicht beieinander, daß mitunter ein kleiner Schritt genügt, um ins Gegenteil zu geraten.

D. W. *Fielen Ihnen im Mai schließlich mehr negative als positive Elemente auf?*

J.-M. L. Ich weiß es nicht. Jedenfalls empfand ich diese simulierte Gewalt als unerträglich. Ich hatte die wirkliche Gewalt erlebt. Was versprach man sich davon, das Schlimmste auszumalen? Wozu spielte man diesen Karneval der Revolution, schrie man »CRS=SS«?[1] Wir wußten, was diese beiden Buchstaben SS wirklich bedeuteten, sie wußten es nicht. Und dann gab es doch tatsächlich Erwachsene, die diese Wahrheitsverdrehung noch unterstützten. Das war kriminell. Denn damit verfälschte man die Geschichte, entwürdigte man die Worte und Erinnerungen und machte es einer ganzen Generation unmöglich, die Vergangenheit zu begreifen und für die Zukunft auf der Hut zu sein. Wenn man Symbole auf diese Weise entwertet, nimmt man ihnen jeden Sinn und verringert die Wachsamkeit: das ist meiner Meinung nach kriminell. Aber noch etwas anderes hat mich überrascht: die Zerbrechlichkeit unserer Gesellschaft. Manchmal hatten wir das Gefühl, es gibt keine Erwachsenen mehr!

J.-L. M. *Meinen Sie Menschen, die »nein« sagen und sich widersetzen können?*

J.-M. L. Ja, Menschen, die den Mut haben, auf Demagogie zu verzichten. Das müssen nicht unbedingt Menschen sein, die sich allem widersetzen, es genügt schon, keine hetzerischen Reden zu halten, nicht zu sagen: »Wir werden tun, was ihr wollt...« Ich habe eine zu edle Vorstellung von Politik und vom Vermögen der Vernunft, das Gute und Wahre zu erkennen, als daß ich Manipulation und Demagogie tolerieren könnte. Ich habe erlebt, wie Intellektuelle, bedeutende Gelehrte unter den verbalen Attacken völlig

1 C.R.S. = Compagnie républicaine de sécurité, Spezialeinheit der französischen Polizei, die in der Barrikadennacht vom 10. Mai 1968 brutal gegen die Studenten vorging. (A. d. Ü.)

zusammenbrachen. Diese Krise brachte etwas zum Vorschein, von dem ich schon gesprochen habe: das Fehlen der Väter. Es war, als kratze man eine Oberfläche ab, hinter der das Beste und das Schlimmste erschien. An manchen Tagen war ich hocherfreut, plötzlich einen surrealistischen Slogan oder wunderbar poetische Verse aus meiner Jugendzeit wiederzuentdecken – und doch war dies alles überschattet von einem Klima der Gewalt, der Unruhe und des Chaos! Mich besorgte vor allem der Preis, den die Jugendlichen zahlten.

J.-L. M. *Wie reagierte man in kirchlichen Kreisen auf den Mai 68?*

J.-M. L. Mit Überraschung mußte ich feststellen, daß ein Teil der Gläubigen der gleichen Psychose verfiel, die gleichen Begriffe und Kategorien auf die Institution Kirche übertrug und sie der gleichen Manipulation unterwarf. Ich stand dem völlig machtlos gegenüber. Ich war auf diesen Schlag nicht vorbereitet, und die Vorstellung, daß Priester oder Laien die Kirche und ihre Hierarchie so behandelten wie die Studenten und die linken Gruppierungen die Universität, empörte mich zutiefst. Das war für mich völlig absurd und widersprüchlich. Es war ein Verrat an der eigenen Sache, in einem Augenblick, wo die Jugend unsere Gegenwart und unsere Freiheit brauchte. Und die Auswirkungen davon sind noch heute zu spüren, denn ein großer Teil dessen, was manche, zumindest in Frankreich, verächtlich als die »nachkonziliäre Epoche« bezeichnet haben, hat nichts mit dem Zweiten Vatikanum zu tun, sondern mit der Mythologie und den Parolen der Zeit nach 68.

J.-L. M. *Wenn Sie sagen, die Studentenunruhen hätten das Fehlen väterlicher Autorität zum Vorschein gebracht, könnte man dann nicht das gleiche auch von der Kirche und dem »innerkirchlichen« Mai 68 behaupten?*

J.-M. L. Die innere Krise des Katholizismus ist für mich nach wie vor eine offene Frage. Wie weit muß man zurückgehen, um die Wurzeln dieser Krise aufzufinden? Ich glaube nicht, daß ein stabiles Gebäude innerhalb von acht Tagen von einem »bösen Geist« untergraben werden kann. Das ist unmöglich. Die Erschütterungen bringen lediglich Risse zum Vorschein, die schon vorher existierten.

D. W. *Also war der französische Klerus schon zuvor innerlich angegriffen?*

J.-M. L. Weniger der Klerus als vielmehr der französische Katholizismus, und zwar schon seit vielen Jahren.

D. W. *Sie haben sich besorgt über den Preis geäußert, den diese Generation zahlen mußte. Was war dieser Preis?*

J.-M. L. Zunächst möchte ich das Positive ansprechen. Während die totgeglaubten Ideologien eine triumphale Wiedergeburt feierten und Mythologien und Irrationalismen wieder hoch im Kurs standen, haben wir das Ende der trügerischen Heilslehre des Marxismus-Leninismus und den Beginn einer Kritik an der Konsumgesellschaft miterlebt. Man wagte plötzlich, vieles offen beim Namen zu nennen, was bislang niemand ausgesprochen hatte. Der Preis aber, den man zahlen mußte, war das Versinken in einem Chaos der Gewalt. Nicht Freiheit, sondern Dekonditionierung lernten die junge Menschen.

J.-L. M. *Was verstehen Sie unter Dekonditionierung?*

J.-M. L. Die menschliche Persönlichkeit besteht aus vielen Elementen, die als unmittelbar zum eigenen Selbst zugehörig empfunden werden und sich bei der Dekonditionierung auflösen. Ich habe gesagt: »Eine wirkliche Gottes- und Freiheitserfahrung bewirkt eine Auflösung von Zwängen«, aber es gibt eben auch Dekonditionierungen, die nicht befreiend, sondern desintegrierend wirken. Ein Psychologe oder Psychotherapeut kann einem Menschen sehr gut helfen, seine Freiheit zu gewinnen und anzunehmen; die Dekonditionierungen stehen hier ganz im Dienste der Freiheit. Der Therapeut kann aber andererseits dem Patienten durch eine ungeschickte oder uneinfühlsame Vorgehensweise die Instabilität seiner Abwehrmechanismen und seines Selbstbildes bewußt machen. Dann besteht die Gefahr, daß der Patient zusammenbricht und seine Desintegration irrtümlicherweise als Befreiung begreift.

J.-L. M. *Würden Sie sagen, daß die 68er Generation eine verlorene Generation ist?*

J.-M. L. Nein. Manch einer hat schlimme Verletzungen erlitten, die nur schlecht geheilt sind: man hatte Hoffnungen geweckt, die nicht einlösbar waren. Dies hat bei einigen zu Resignation und Zynismus geführt. Vielleicht hat die Gesellschaft von diesen Ereignissen in gewisser Weise profitiert. Vielleicht war diese Erschütterung nötig, um einigen wieder einer größere geistige Freiheit zurückzugeben. Aber ich bin sicher, daß der Preis in keinem Verhältnis zu dem gesellschaftlichen Nutzen steht. Zudem haben unsere Gesellschaften die Droge des politischen Terrorismus kennengelernt, der eine Spirale von Gewalt und Gegengewalt in Gang gesetzt hat, deren Ende nicht absehbar ist.

J.-L. M. *Haben diese Ereignisse Ihre politischen Ansichten verändert?*

J.-M. L. Ich habe mich immer für Politik interessiert, aber nie in politischer Weise. Das Maurras'sche Schlagwort »Zuerst die Politik«, das die Linke später wortwörtlich übernommen hat und das nicht nur die Autonomie der Politik meint, sondern vor allem auch ihren unbedingten Vorrang, ist ein Irrtum und ein schwerer Fehler. Das Buch *Primauté du Spirituel* von Maritain, das ich schon sehr früh gelesen hatte – ich glaube, in Orléans (es ist 1937 erschienen, das heißt nach der Verurteilung der *Action française* durch Rom) –, war mir sehr einleuchtend erschienen. Er sagte dort im wesentlichen folgendes: Jeder Theokratie, jedem Bestreben einer religiösen oder klerikalen Partei, die politische Macht an sich zu reißen, um sie für ihre Zwecke einzusetzen, muß entschieden mit dem Hinweis entgegengetreten werden, daß die Freiheit des Menschen in erster Linie durch seine Beziehung zum Absoluten, das heißt zu Gott, gewährleistet wird, der von niemandem für sich vereinnahmt werden kann. Keiner kann über Gott verfügen, denn Gott allein ist Gott. Der Mensch empfängt seine Freiheit von diesem Absolutum, dessen Verwahrer und Nutznießer er ist. Sobald die Politik sich an die Stelle dieses unsere Werturteile bestimmenden Absolutum setzen will, wird sie zu Götzendienst, Tyrannei und Perversion. Der Glaube relativiert ideologische und politische Positionen, nicht um sie sich zu unterwerfen und ihnen jede Grundlage zu entziehen, sondern um ihnen einen Bezirk freier Entfaltung einzuräumen. Wenn eine Religion mit einer bestimmten politischen Position paktiert, führt dies einerseits zum Klerikalismus und andererseits zum Kreuzzug. Gerade in unserem Jahrhundert hütet sich die Kirche vor solchen Vermischungen. Die Verurteilungen von *Sillon* und der *Action française* zeigen das ganz deutlich. Ein Teil der jüngsten Warnungen des Heiligen Stuhls in bezug auf gewisse »Theologien der Befreiung« oder die Rolle von Priestern in Parteien oder politischen Ämtern beruht auf der gleichen Besorgnis.

II. Die Politik und das Heilige

»Gebt dem Kaiser, was des Kaisers ist«

Jean-Louis Missika: *Wie würden Sie den folgenden Ausspruch Jesu deuten: »Gebt dem Kaiser, was des Kaisers ist, und Gott, was Gottes ist«? Ist das Ihrer Meinung nach die erste und beste Abgrenzung zwischen Politik und Religion?*

Jean-Marie Lustiger: So ist es jedenfalls häufig zu hören. Ich gebe mich aber nicht mit der klassischen Deutung zufrieden, aus der man oftmals eine Aufteilung der Zuständigkeiten und Machtbefugnisse abgeleitet hat. Etwa nach dem Motto: »Liebe Kleriker, kümmert euch um eure eigenen Angelegenheiten!« Oder, etwas vornehmer ausgedrückt: »Die Priester in die Sakristei!« Nicht zu vergessen die volkstümliche Variante: »Was geht denn das den Papst an!«

Der Ausspruch bezieht sich ebenso auf die Anmaßung des Kaisers, sich als Gott verehren zu lassen, wie auf den gelegentlichen Wunsch der Stellvertreter Gottes, die Position der Kaiser einzunehmen. Diese Äußerung ist eigentlich eine polemische Antwort Jesu, der seine Gesprächspartner überlistet...

J.-L. M. ...*die ihm eine Falle stellen wollen...*

J.-M. L. Dazu bedarf es einiger Erläuterungen. Wenn die Juden ihre Tempelsteuer bezahlten, mußten sie ihre römischen Geldmünzen gegen Tempelmünzen eintauschen. Während Jesus sich die römischen Münzen mit dem Bild des Kaisers zeigen läßt, ermahnt er seine Zuhörer daran, daß sie, die vor Gott frei sind, einer anderen Macht als der des Römischen Reiches unterstehen. Die Macht des Kaisers über Israel – so real und drückend sie auch sein mag – ist nicht die Macht Gottes. Jesus stellt Gott und den Kaiser also nicht auf eine Stufe, so als seien sie gleichberechtigte Partner, wie es in der heidnischen Tradition Priester und Herrscher waren. Er teilt die Welt nicht zwischen Gott und Kaiser auf. Er unterstreicht, daß Gott der einzige, wahre Herr sei und daß man deshalb alles ihm geben müsse. Während dem Kaiser etwas Bestimmtes, Endliches zusteht, und nur das, gebührt Gott alles.

Doch Gott beansprucht nicht den Platz des Kaisers, und umgekehrt darf der Kaiser sich nicht als Gott aufführen, sonst wird er zum Tyrannen und Abgott. Eigentlich findet sich hier das Prinzip der Freiheit, die sich allen Totalitarismen und Imperialismen widersetzt, wie sie in der Person des Kaisers auf unüberbietbare Weise verkörpert sind. Das Evangelium behauptet, daß Gott allein, der Schöpfer des Menschen, dessen Existenz und Freiheit gewährleisten könne. Kein Wesen kann vom Menschen verlangen, daß er über seine Freiheit Rechenschaft abgibt, es sei denn, er tut es aus freien Stücken. Alle Macht stammt von Gott, der sie auf andere Instanzen überträgt; also müssen diese Instanzen Rechenschaft über ihren Umgang mit der Macht ablegen. Das bedeutet, daß sowohl die Autonomie als auch die Relativität der politischen Ordnung garantiert ist; und es bedeutet auch, daß Untertanen niemals Sklaven oder Eigentum eines Herrschers werden können. Sie haben unantastbare Rechte.

Dominique Wolton: *Die Vermischung von Politik und Religion führt also zu einer Theokratie?*

J.-M. L. Es hat Theokratien gegeben, doch die Kirche hat dem immer ablehnend gegenübergestanden oder sich sogar dagegen gewehrt. Die weltliche Macht der Päpste wurde theoretisch mit dem Hinweis gerechtfertigt, erst sie ermögliche die Ausübung der geistlichen Macht. Das hat offenkundig zu Auswüchsen und Mißbräuchen geführt, über die man sich in historischen Werken ausführlich informieren kann. Aber zugleich ist die katholische Kirche jedesmal, wenn die Versuchung einer Theokratie (im strengen Sinne des Wortes) bestand, der Entwicklung entgegengetreten, indem sie auf die darin liegende Gefahr und Illusion aufmerksam machte. Ein noch heute weithin bekanntes Beispiel ist der von Jesuiten mit Einwilligung des Heiligen Stuhls unternommene Versuch, in Südamerika »ideale Gesellschaften« zu gründen. Mit anderen Worten: Das Ideal eines mit der Kirche verschmelzenden christlichen Gemeinwesens ist eine äußerst zweischneidige Versuchung, und das galt für alle christlichen Reiche. Das heißt nicht, daß die Kirche etwas dagegen hat, wenn ein Volk sich in seiner Kultur und seinen Institutionen auf das Christentum stützt. Entschieden abzulehnen ist aber jeder Versuch, eine historische, gesellschaftliche oder politische Schöpfung mit dem Reich Gottes gleichzusetzen. Einige Theoretiker des 19. und 20. Jahrhunderts haben die »Christenheit« als ein derartiges politisch-religiöses System bezeichnet. In der älteren Sprache der Christen hatte dieses Wort eine konkretere Bedeutung und bezeichnete die Gesamtheit der getauften Völker als Glieder der Kirche. Heute würden wir dafür den Begriff »Volk Gottes« verwenden. Die Christen sollen nicht das vergehende und sich wandelnde Leben dieser Welt mit dem Nahen des Reiches Gottes verwechseln. Selbst wenn irgendwann einmal alle Menschen eines Landes tief gläubig, getauft und von dem innigen Wunsch nach Heiligkeit erfüllt wären, so würde sich an der Versuchung zur Sünde doch nichts ändern, denn noch ist die Geschichte nicht vollendet.

D. W. *Wenn man aber umgekehrt einmal die Säkularisation oder die Trennung der beiden Reiche als gegeben voraussetzt: Glauben Sie, daß unter diesen Umständen eine »christliche Politik« möglich ist?*

J.-M. L. Es kann politische Handlungsweisen geben, die mehr oder minder in Widerspruch oder in Übereinstimmung mit einer christlichen Sicht der Dinge stehen...

D. W. *Das ist eine andere Frage...*

J.-M. L. ...aber diese Übereinstimmung oder dieser Gegensatz garantieren keineswegs, daß auch eine gute Politik gemacht wird. Mehrere Faktoren sind hier zu berücksichtigen; erstens muß man in einer bestimmten Situation die »gute«, das heißt kluge und wirkungsvolle Lösung finden; zweitens muß man die Handlungsweisen und die verfolgten Zwecke moralisch bewerten, drittens muß man den Konsens der Bürger erreichen; und dann spielen noch weitere Faktoren eine Rolle. Erwarten Sie von mir keine vollständige Analyse des politischen Entscheidungsprozesses. Jedenfalls ist mit guten moralischen Absichten allein – so unerläßlich sie sind – keine erfolgreiche Politik zu machen ; Information, Mut und Entschlossenheit, Entscheidungsfreudigkeit, Intelligenz, rasches Auffassungsvermögen und Analyse der Machtverhältnisse sind unabdingbare Voraussetzungen für praktische Entscheidungen der politischen Vernunft.

Ist eine christliche Politik möglich?

D. W. *Lange Zeit hat man im Christentum die geistliche Ordnung über die weltliche Ordnung gestellt. Heute ist die Trennung von Kirche und Staat allgemein üblich, und nur noch eine Minderheit bekennt sich zum christlichen Glauben. Ist es da nicht denkbar, daß wie schon früher einmal – in der Zwischenkriegszeit, ja bis in die 60er Jahre hinein – der Ruf nach einer christlichen Politik laut wird, die sich in ihren Handlungsgrundsätzen und politischen Zielen am Christentum orientiert und sich als Partei institutionalisiert? Halten Sie das für möglich, oder sehen Sie darin nur eine Versuchung?*

J.-M. L. Zunächst möchte ich auf Ihre Aussage eingehen, die Christen seien zu einer Minderheit geworden. In Wahrheit haben sich die Christen im Verlauf der Geschichte immer wieder in einer solchen Situation befunden. Erinnern Sie sich nur an die Auseinandersetzungen zwischen dem Christentum und anderen Religionen, insbesondere dem Islam, und an die Lebensbedingungen der Christen im Nahen Osten zur Zeit des Osmanischen Reiches oder in anderen islamischen Reichen... Die minoritäre Situation tritt nicht erst in der Neuzeit und mit dem besonders tragischen Beispiel des Libanon auf. Die Vorstellung, die Christenheit sei völlig in sich geschlossen und vollendet, ist eine Rekonstruktion der Moderne. Die Verbreitung des Evangeliums hat nie an den Grenzen dessen, was man damals die Christenheit nannte, haltgemacht, sondern ist immer wieder darüber hinausgegangen: zu Persern, Angeln (Engländern), slawischen Völkern usw. Die Historiker erinnern uns daran, daß es dieses vermeintlich neue Phänomen in Frankreich schon seit Jahrhunderten gibt. Das belegen die zahlreichen »missionarischen« Unternehmungen des 17. Jahrhunderts (man denke nur an den hl. Vinzenz von Paul, den hl. Jean Eudes und viele andere) und die »Missionen« in den Kirchengemeinden im 19. Jahrhundert.

Ich komme nun zurück auf Ihre Frage, die sich auf den Versuch bezieht, den Katholizismus in einem demokratischen System mit einer bestimmten Partei gleichzusetzen.

D. W. *Dieses Identifikationsbedürfnis kann ebensogut in einer minoritären Kirche bestehen, wo man sich ein gezieltes politisches Engagement der Christen wünscht.*

J.-M. L. Das geschah in Deutschland, zunächst mit dem Zentrum, dann mit den Christdemokraten. Wenn man im 19. Jahrhundert eine politische Partei gründete, mußte man seitens der Staatsgewalt mit Schikanen und Verfolgungen rechnen. Die Katholiken organisierten sich, um sich zu verteidigen. Das war eine vernünftige und erfolgreiche Reaktion, die demokratischen Spielregeln entsprach. Aber zugleich war dieses Verhalten auch fragwürdig, denn es gab Anlaß zu der Vermutung, daß das Leben und Überleben der katholischen Gemeinschaft von einer ganz bestimmten politischen Position abhänge.

Damit läuft man Gefahr, eine religiöse Anschauung mit einer politischen Partei gleichzusetzen. Die zeitgenössischen demokratischen Systeme haben eine Relativierung der Politik ermöglicht. Unterschiedliche politische Positionen korrelieren nicht unbedingt mit bestimmten Konfessionen. Die einer christlichen Haltung zugrundeliegenden moralischen Prinzipien können ganz verschiedene politische Einstellungen hervorbringen. Wenn christliche Politiker ihre Wertmaßstäbe in bezug auf menschliche Handlungsweisen und die höchsten Ziele einer Gesellschaft auch aus ein und derselben Quelle beziehen, so bedeutet das keineswegs, daß ihre Vorstellungen von der gesellschaftlichen Entwicklung und ihre Entscheidungen über den einzuschlagenden Weg sich decken müßten. Die Kirche offeriert eine Lehre über die anthropologischen Grundlagen des Gesellschaftslebens und die Entwicklung der Kultur, die sogenannte Soziallehre der Kirche. Würde die Soziallehre der Kirche von einer politischen Partei nicht nur als Grundlage und Bezugssystem betrachtet, sondern zum Programm erhoben werden, so würde diese Lehre wirtschaftliche Theorien ersetzen und die Gefahren und Zufälle politischer Entscheidungen überdecken.

J.-L. M. *Sie bedauern demnach nicht, daß es in Frankreich keine christdemokratische Partei gibt?*

J.-M. L. Das hängt mit den historischen Umständen zusammen.

J.-L. M. *Nun gut, aber Sie könnten darauf hinweisen, daß die Erfahrungen in Italien und Deutschland nicht so schlecht waren ...*

J.-M. L. Frankreich hat eine ganz andere geschichtliche Entwicklung hinter sich.

D. W. *Und doch hat man auch hier versucht, eine christdemokratische Partei ins Leben zu rufen. Zumindest war dies das erklärte Ziel der im November 1944 gegründeten M.R.P.*

J.-M. L. Ja und nein. In Frankreich wurde vor dem Zweiten Weltkrieg eine christdemokratische Partei gegründet. Ihr politischer Kurs war das Ergebnis einer Auseinandersetzung innerhalb des Katholizismus. Diese Partei sollte ein Gegengewicht gegen die von Maurras geführte Rechte bilden. Nach 1940 planten Mitglieder der Widerstandsbewegung die Gründung einer großen »christdemokratischen« Partei. Ihnen ist es zu verdanken, daß diese Bewegung nach der Befreiung von der deutschen Besatzung eine breitere Öffentlichkeit erreicht hat. Trotz ihres Wahlerfolgs hat sich die M.R.P. nicht in »Christdemokratische Partei« umgetauft. In diesem Land, das sich von dem agrarisch geprägten Frankreich des 19. Jahrhunderts nur wenig unterschied, wagte die Führungsmannschaft der M.R.P. einfach nicht, was De Gasperi in Italien oder Adenauer in Deutschland taten. Weshalb?

Das Programm der M.R.P. war geprägt von einem christlichen Verständnis des Menschen und der Gesellschaft. Es zeugte jedoch von intellektueller und politischer Klugheit, daß man die Grenzen genau erkannte. Robert Schuman, der »Vater Europas«, war eine der bedeutendsten Persönlichkeiten dieser Partei. Er war ein außergewöhnlicher Mensch, durch und durch integer, ein Mann des Gebets und des Glaubens; mehrere Personen haben seine Heiligsprechung beantragt. Er war sich genau der Grenzen zwischen seinem politischen Handeln und der geistlichen und institutionellen Wirklichkeit der Kirche bewußt.

Die französischen Bischöfe treten grundsätzlich für einen offenen Pluralismus ein. Die Kirche lehnt es strikt ab, sich mit irgendeiner politischen Partei zu identifizieren. In fast allen Parteien Frankreichs gibt es überzeugte Katholiken.

J.-L. M. *Und doch behaupten Sie, daß das Heilige und die Politik keine völlig unabhängigen Bereiche seien. Ich zitiere aus einem Vortrag, den Sie an der Militärakademie gehalten haben: »Die politische Macht rührt an die innere Substanz eines Volkes, an seine Einheit. Die Einheit wiederum betrifft das Heilige.« Von daher meine Frage: Inwiefern spielt das Heilige in der Politik eine Rolle?*

J.-M. L. In diesem Vortrag verstehe ich den Begriff »Das Heilige« in einem sehr umfassenden Sinne. Man könnte versucht sein, aus der Politik eine rein rationale Praxis, eine bloße Handlungsstrategie, ein simples Errechnen von Chancen zu machen, wobei man die Daten von einem Computer auswerten lassen könnte! Sobald man aber an soziale Gegebenheiten rührt, kommt noch etwas anderes ins Spiel: Was ist die Wirklichkeit des sozialen Lebens? Läßt es sich auf berechenbare Fakten zurückführen? Oder gibt es im Innern des sozialen Lebens einen harten Kern, der den Rest kontrolliert und den man als »symbolisches Erbe« (oder auch als das »Heilige«, als »kollektive Repräsentation« oder »historisches Gedächtnis«) bezeichnen könnte, der in einem bestimmten geschichtlichen Moment die Einheit und Einmütigkeit eines Volkes konstituiert? In diesem Erbe sind die Zwecke und Wertvorstellungen niedergelegt, die eine Kultur verwirklichen will und die jeder Bürger je nach seiner inneren Zustimmung ebenfalls verfolgt. Das läßt sich nur schwer in Begriffe fassen. Wenn Historiker diese Dimension an vergangenen Gesellschaften untersuchen, wenden sie verschiedene Methoden an, die zu mannigfaltigen Hypothesen führen und denen doch das Wesentliche entgeht. Die soziale

Wirklichkeit des Menschen bleibt ein großes Rätsel. Und in diesem Sinne rührt sie an das Heilige.

Das Heilige ist die Beziehung des Menschen zu dem, was mitten unter den Menschen ist und doch über sie hinausreicht und ihnen ermöglicht, zu existieren und sich als Gesellschaft zu konstituieren. Man kann, wie Durkheim, das Heilige rein soziologisch definieren. Andere Begriffsbestimmungen, denen dieselbe Vorstellung zugrunde liegt, finden sich bei Mauss und bei Soziologen, die sogenannte primitive Gesellschaften beobachten. Wenn man das Heilige aber, wie es die moderne Theorie der Säkularisierung tut, mit einem primitiven Gesellschaftszustand verbindet, dann wird man die modernen Gesellschaften mit Sicherheit nicht verstehen. Begreift man die Säkularisierung als Negation eines als »archaisch« bezeichneten Heiligen, dann verkennt man, daß das Heilige in den säkularisierten Gesellschaften andere Bereiche besetzt. Denn die Menschen werden immer frei sein, sie werden immer ihre Freiheiten aufeinander abstimmen und weder moralischen Bewertungen noch dem Angedenken an das Vergangene entgehen. Das Heilige nun rührt auf die eine oder andere Weise an dieses symbolische Erbe, es betrifft dieses historische Gedächtnis. Die christliche Offenbarung verleiht dem Gedächtnis der Menschheit eine unerhörte Weite und eine einzigartige Würde, denn dieses Gedächtnis ist nicht bloß das Gedächtnis einer Ethnie oder eines Stammes, sondern das universale Gedächtnis, das noch das ärmste Kind mit einschließt, wenn es das Glaubensbekenntnis aufsagt und sich damit in die Geschichte der Menschheit einschreibt, die vom Anfang der Welt bis an ihr Ende reicht. Diesem Kind wird die Solidarität aller Menschen nicht nur unserer Welt, sondern aller denkbaren Welten zuteil; es bestätigt so die Einheit aller Generationen und den Bund Gottes mit dem Menschengeschlecht. Das ist ein Akt des Angedenkens wie der Vorwegnahme. Nun ist auch die Politik als weltliche Macht in der Lage, Angedenken und Freiheit zu schaffen. Echte Staatsmänner können dieses symbolische Erbe aktualisieren und ihrem Volk darlegen, was es damit besitzt.

J.-L. M. *Lange Zeit – zumindest seit Beginn dieses Jahrhunderts – hat man behauptet, daß das Heilige mit fortschreitender Verweltlichung immer mehr verschwinde. Heute erkennt man, daß diese Vorhersage nicht eingetroffen ist, das Heilige ist nicht verschwunden, sondern von der Gesellschaft unmittelbar in das Gefüge der sozialen Bindungen aufgenommen worden. Unterscheiden sich die zeitgenössischen Gesellschaften von früheren Gesellschaften nicht gerade dadurch, daß es früher eben eine Instanz des Heiligen gab (Tradition, die Bräuche der Vorfahren, die man exakt wiederholen muß), die heute ihre Autonomie verloren hat? Als unsere Gesellschaften in die Geschichte eintraten und den gesellschaftlichen Zusammenhalt aufbauten, kam es zu einer Art Verschmelzung, zur Absorbierung des Heiligen durch die sozialen Funktionsmechanismen. Dies führte zum Verschwinden der äußeren Instanz des Heiligen, die der Gesellschaft von außen einen Sinn geben konnte. Was halten Sie von einer solchen Analyse?*

J.-M. L. Ich würde dieser These teilweise zustimmen, allerdings müßte ich die entsprechenden Arbeiten erst einmal sorgfältig durchlesen. Diese These scheint mir die Rolle der Kirche in den sogenannten säkularisierten Gesellschaften zu erklären, die das Heilige ja tatsächlich in anderen Bereichen wieder entdecken oder neu errichten. Doch es bleibt die Frage: »Was ist in diesem Fall die Natur und die Quelle des Heiligen?« Der Mißbrauch religiöser Symbole bei der Krönung von Königen oder deren Verwendung im 19. Jahrhundert durch den Kaiser und republikanische Regierungen führte zu einer Kollusion und Vermischung oder zur Konkurrenz zwischen kirchlicher und weltlicher Macht. Das ist in der Vergangenheit geschehen. Die weltlichen Herrscher wollten tendenziell immer auch Oberhaupt der Kirche sein: Konstantin saß dem Konzil von Nikaia vor, Karl der Große sah sich selbst als Schutzherrn der Kirche. Im Mittelalter hat man dieses Verhältnis mit der sogenannten Theorie der »zwei Schwerter« erklärt. Und noch heute sucht sich das zum Garanten des sozialen Zusammenhalts herabgesetzte Heilige einen Bezugspunkt oder ein Gesicht: so versuchen die Diktatoren häufig Gott nachzuäffen, indem sie auf die ungeschickteste Weise die Religionen ihrer Vorfahren zu ihrem eigenen Vorteil wiederbeleben wollen. Uniformen, Paraden, soziale Riten, Feste, Treuepflichten – all dies gehört im ausgehenden 20. Jahrhundert noch immer zur Selbstdarstellung politischer Systeme.

Unter diesem Aspekt betrachtet, besitzt der Symbolreichtum der kirchlichen Überlieferung eine viel größere Kraft als irgendwelche Mythologien, und man erkennt deutlicher die Unterschiede zwischen säkularen Mythologien und der göttlichen Heilsgeschichte. Das Europa des 19. Jahrhunderts glaubte die Bibel ins Mythen-Archiv schicken zu können, in der Überzeugung, sie würde dort ebenso wie die alten Götter zu Staub zerfallen. Heute, am Ende des 20. Jahrhunderts, wissen wir, daß das nicht möglich ist. Auch wenn sich in der Bibel einzelne mythische oder sagenhafte Elemente finden, so bleibt sie doch jenes einzigartige Gedächtnis der Menschheit, das alle kulturellen Trümmer in sich aufnehmen kann. Sie widersteht der Entzauberung der Welt und dem Verlust der Aura des Heiligen, das mit dem Gesellschaftsleben gleichgesetzt wird.

Nicht ohne Grund sind auf den Fresken Michelangelos und Raphaels im Vatikan die großen heidnischen Philosophen zusammen mit den Propheten abgebildet; und nicht ohne Grund darf man hoffen, daß das Gedächtnis und die Vielfalt der heidnischen Völker durch das lebendige Andenken des Gottesvolkes bewahrt, angenommen und mütterlich verwandelt wird. Und diese Bewahrung ist etwas ganz anderes als die Konservierung in einem anthropologischen oder ethnologischen Museum. Sie ist die Geborgenheit in einem lebendigen Gedächtnis.

D. W. *Wie erklären Sie sich, daß die Kirche in den vergangenen vierzig Jahren den in der bürgerlichen Gesellschaft aufkommenden Ideen so wenig distanziert gegenüberstand? Man beschuldigte die Kirche des Konservativismus, aber rückblickend scheinen ihre Handlungen, ihre Reformen und ihre Reden sehr viel stärker um Übereinstimmung mit der bürgerlichen Gesellschaft als um Kritik*

an ihr bemüht gewesen zu sein. Wie erklären Sie sich diese mangelnde Autonomie der Kirche gegenüber der Gesellschaft?
J.-M. L. Vielleicht war es eine Art Abwehrreaktion. Viele Katholiken wollten die Haltlosigkeit der an ihnen geübten Kritik beweisen und die Angriffe der modernen Vernunft gegen die Kirche parieren.

In früheren Zeiten waren Widersprüche und Auseinandersetzungen eine interne Angelegenheit des Christentums. Theologen und christliche Philosophen gerieten mitunter aufgrund gegensätzlicher Standpunkte in heftige Kontroversen, die hin und wieder zu Sektenbildung und Häresien führten. Aber damit war immer auch die Chance zum Fortschritt und zur Korrektur verbunden, auch wenn ein bestimmter geistiger oder spiritueller Preis zu zahlen war. Die Kritik der modernen Vernunft hingegen lautete: »Ihr seid rückständig, ihr seid«, wie wir heute sagen würden, »verknöchert, überholt, erledigt«, und die Christen waren untröstlich, den Anschluß verpaßt zu haben! Die Kirche und das christliche Denken waren immer Motoren des Fortschritts gewesen, zumindest hatten sie dem Denken immer fruchtbare Anstöße gegeben, und nun, mit einem Mal, war ihnen jede spirituelle und geistige Initiative versagt. Diese Generationen wollten der Kirche ihre traditionelle Funktion zurückgeben.

Zugleich – und das ist, wie mir scheint, die Kehrseite der spirituellen Krise – konnte die von einer äußeren Macht versuchte Kirche es wagen, ein Stück ihrer Identität aufzugeben, um zu beweisen, daß sie auf der Höhe der Zeit ist. Bei zu vielen pastoralen, apostolischen und spirituellen Entscheidungen hatte man vor allem ihre Wirkung nach außen im Blick. Wo doch die bedeutenden innerkirchlichen Reformbestrebungen immer im Innern der Kirche entstanden sind und damit ihre Heiligkeit und Gnade erhöhten. Die großen Stifter belegen dies auf eindrückliche Weise. Man denke nur an die spirituellen Neuerer der Moderne im 16. Jahrhundert: Ignatius von Loyola, Johannes vom Kreuz, Teresa von Avila, die Französische Schule, Franz von Sales und Vinzenz von Paul, oder auch an den geistigen Aufschwung, der im Anschluß an das Konzil von Trient zu jener reichen Blüte des Jahrhunderts der

Mystik geführt hat. Aber es gilt auch schon für die großen Charismatiker zuvor: für Franz von Assisi, Dominikus, Bernhard von Clairvaux und viele andere mehr.

D. W. *Sie wollen also sagen, daß alle diese Reformbewegungen in der Kirche selbst entstanden sind und nicht etwa »importiert« wurden?*

J.-M. L. Früher zeugte die christliche Substanz aus sich selbst neue Denkkategorien, während die Kirche heute scheinbar von äußeren Erschütterungen zum Wandel getrieben wird. Das ist zumindest die Vorstellung vieler Christen. Sie verlangen von der Kirche, sich doch endlich an die »moderne Welt anzupassen«, und übersehen dabei, daß sie diese Forderung nicht durch Auslieferung an den Zeitgeist, sondern nur durch Erneuerung ihrer christlichen Identität erfüllen können. Sie sollen sich nicht anpassen, sondern Sinn geben, sich nicht einordnen, sondern aus der christlichen Erneuerung hervorgehende Denk- und Lebensweisen entwickeln. Das ist ihre Verantwortung. Die Kirche als Institution hat diese Aufgabe mit der Einberufung des Zweiten Vatikanischen Konzils energisch in Angriff genommen. Genau das hat Johannes XXIII. mit dem Begriff »aggiornamento« gemeint.

III. Kirche und Politik

Die Rechte des Individuums und die Rechte der Person

Dominique Wolton: *Weshalb steht die Kirche dem Individualismus im allgemeinen ablehnend gegenüber, und welchen Unterschied macht sie zwischen Rechten der Person und Rechten des Individuums? Die Rechte des Individuums wurden erstmals von den Philosophen des 18. Jahrhunderts formuliert, während der Begriff »Rechte der Person« eher dem Wortschatz der Kirche entstammt. Bezeichnen diese beiden Begriffe etwas Verschiedenes, und, wenn ja, inwiefern ist der Eindruck berechtigt, daß sich die Kirche heute an den modernen Individualismus anschließt?*

Jean-Marie Lustiger: Der Individualismus gewährt jedem Menschen das Recht auf absolute Selbstbestimmung, unabhängig von den geschichtlichen Bedingungen, unter denen der einzelne leben muß. Unabhängig auch von der grundlegenden Beziehung zu Gott, dem Schöpfer des Menschen. Diese einzigartige Beziehung zu Gott – die Kardinal Newman einmal in die wunderbare Formel goß: *Myself and my creator*, Ich und mein Schöpfer – zeichnet den Menschen als Person aus; und diese innere Nähe jedes Menschen zu Gott umfaßt auch die Solidarität der Menschen untereinander. Die Beachtung der natürlichen zwischenmenschlichen Solidarität ist meiner Ansicht nach ein erstes Element, das die beiden Konzeptionen voneinander unterscheidet. Die Gesellschaft ist keine Ansammlung unverbundener Individuen, und man sollte keinesfalls den gemeinschaftsbildenden Aspekt vergessen. Henri de Lubac hat in dem Untertitel seines Buches *Catholicisme ou les aspects sociaux du dogme* ausdrücklich diesen Punkt unterstrichen. Zu einer Zeit, wo der Totalitarismus die größte Gefahr darstellte, betonte er die soziale und gemeinschaftliche Dimension des christlichen Glaubens, um im Namen des christlichen Verständnisses von Person die Verteidigung der Individuen vor totalitaristischer Vereinnahmung einzufordern.

Der aus der Aufklärung hervorgegangene Individualismus hingegen, an dem die Kirche Anstoß nahm, hat sich als abstraktes Recht geltend gemacht, ohne die damit verbundenen konkreten Ansprüche zu spezifizieren.

Jean-Louis Missika: *Genau dies ist die Stärke der Theorie des Individualismus, wie sie von liberalen Denkern formuliert wurde.*

J.-M. L. Das Recht, das diese Theorie jedem Individuum zuerkennt, ist nur theoretischer Natur. Da die liberale Theorie andere Faktoren, wie Gemeinwohl, unveräußerliche Menschenwürde und Geschöpflichkeit des Menschen, völlig außer acht läßt, entzieht sie in Wirklichkeit dem Schwächsten dieses Recht, um es dem Gerissensten und Stärksten zu übertragen. Anders gesagt: Eine bloß formelle Gleichheitsgarantie gewährleistet keineswegs eine wirkungsvolle Durchsetzung dieses Rechts, denn im konkreten Leben steht der Einzelne immer in Beziehung zu anderen.

D. W. *Gibt es Ihrer Meinung nach noch weitere Unterschiede zwischen dem Begriff der Person und dem des Individuums?*

J.-M. L. Ja, denn »Person« ist ursprünglich ein theologischer Begriff. Bitte verzeihen Sie mir schon jetzt, wenn ich im folgenden den theologischen Jargon etwas strapazieren muß. In der Theologie gibt es eine präzise und strenge Definition des Konzepts der Einzelnheit, die zugleich die Vorstellung der Bezogenheit enthält. Im christologischen Dogma bezeichnet der Begriff »Person« das eine göttliche Subjekt, den Sohn Gottes, der für uns Mensch geworden ist. Nach dem trinitarischen Bekenntnis sind in Gott drei Personen. Thomas von Aquin definiert die Person als »subsistierende Relation«. In der katholischen Lehre gehört dieser Aspekt der Beziehung mit zur Definition von Person. Es gibt nur einen Gott in drei Personen, wobei die Zahl »drei« schon ein abstraktes Wort einführt.

Das allgemeinste und grundlegendste Symbol läßt sich aus den Namen ableiten, mit denen die Heilige Schrift Gott bezeichnet:

Vater, Sohn und Geist. »Ihnen wird gleiche Anbetung und Verherrlichung zuteil«, deshalb spricht der christliche Glaube von drei Personen in einem Gott, bekennt aber nur den einen, einzigen Gott, der zu Mose wie zu einem Freund sprach. Um das Mysterium im Sinne der Schrift zu erfassen, die davon spricht, daß Gott seinen Sohn und den Geist ausgesandt habe, verwendet die Theologie die Begriffe Sendung und Ursprung. Gottvater ist die Quelle, die immerwährend den Sohn zeugt, aber nicht erschafft – denn diese Zeugung darf nicht mit einem menschlichen Zeugungsakt verwechselt werden –, und der Geist geht vom Vater und vom Sohn oder vom Vater durch den Sohn aus. Es gibt also eine *taxis*, wie man auf Griechisch sagt, eine Ordnung nach dem Ursprung. »Ordnung« aber heißt nicht »Unterordnung«: In der Gemeinschaft der Liebe haben die göttlichen Personen die gleiche Würde. Das ist eine Aporie für das menschliche Denken, es ist das Mysterium des göttlichen Lebens und der göttlichen Liebe, und nur Gott kann Gott offenbaren.

Ein Abglanz dieser Offenbarung aber findet sich in der Schöpfung, und damit auch im Menschen. Der Mensch sucht im Begreifen des Menschen nach Elementen, die es ihm ermöglichen, etwas von diesem Mysterium Gottes zu verstehen, so wie es ihm geoffenbart ist. Und der Begriff der Person ist untrennbar verbunden mit der Offenbarung Gottes als Zeugung und Liebe. Aber wir können noch weitergehen. Erinnern wir uns an die erste Seite des Buches *Genesis*: »Gott schuf den Menschen als sein Abbild, ihm ähnlich.« Der Mensch ist also geschaffen als Abbild des Bildes, das Gott von sich erschafft: seinen eigenen Sohn. Aufgegeben ist dem Menschen damit die Sohnschaft. Diese Würde der Nachfolge und diese Berufung zur Sohnschaft zeichnen den Menschen als eine einzigartige, zur Gemeinschaft berufene Person aus. In der Beziehung des Menschen als Person zu Gott als dreieiniger Person, über die Gemeinschaft mit dem Sohn im Heiligen Geist haben wir Zugang zum Vater im Himmel, den keiner je gesehen hat. Die ewige Ordnung des Lebens und der Liebe spiegelt sich und wiederholt sich, wenn ich so sagen darf, im geschichtlichen Zugang der Menschheit zum dreifaltigen, personalen Leben Gottes. Der Ratschluß Gottes, den Menschen zu vergöttlichen, ist angekündigt in der Selbsterkenntnis des Menschen, Person zu sein. Indem der Mensch sich als Person erkennt, entdeckt er die Möglichkeit personaler Beziehungen zu Gott, und wenn das Mysterium ihm geoffenbart wird, erkennt er Gott als seinen Vater; er hofft im Sohn, der ihm als Gegenüber, als Bruder beigesellt ist; durch den Heiligen Geist fühlt er sich aufgerufen, zu lieben, wie Gott liebt.

Was ich Ihnen hier darlege, war vor den großen Spaltungen und Schismen im Mittelalter und in der Neuzeit Gemeingut der christlichen Kirchen. Unsere Kultur hat diese Begriffe wohl eher gierig geschluckt, als sie wirklich in ihrer ganzen Sinnfülle empfangen. Es ist bemerkenswert, daß alle christlichen Mystiker auf die eine oder andere Weise in dieses Mysterium der personalen Vereinigung in Gott und mit Gott eingedrungen sind. Hier ist jener Kreuzpunkt, an dem sich die Entdeckung Gottes in der christlichen Mystik mit der Wirklichkeit der Gemeinschaft der Kirche und der Würde der menschlichen Person schneidet. Wenn der Jude Paulus vor dem Jahre 70 an den Abschaum der Menschheit, an die Sklaven schreibt, die im Römischen Reich keinerlei Recht besaßen: »Ihr seid ein Tempel des Heiligen Geistes« (1 Kor 6,19), so bestätigt er damit auf eindringliche Weise die Würde des Einzelnen und die jedem Menschen gebührende Achtung.

D.W. *Wenden wir uns wieder der Geschichte zu. Die Kirche hat nahezu ein ganzes Jahrhundert lang die trügerischen Hoffnungen kritisiert, die der politische und wirtschaftliche Liberalismus geweckt hatte. Gerechterweise muß man hinzufügen, daß sie auch das sozialistische Modell ablehnte. In Wirklichkeit aber befand sie sich in einer heiklen Lage gegenüber den beiden großen politischen Bewegungen des 19. Jahrhunderts, denn sie konnte ihren eigenen Standpunkt nur insofern zur Geltung bringen, als sie konservative Ideen und Systeme unterstützte, mit denen sie heute nichts mehr zu tun haben will.*

J.-M. L. Einen Menschen als Person zu definieren heißt, ihn als ein verantwortliches, an sich werthaftes Subjekt zu begreifen, dessen geistige Identität mit zur Definition gehört. Wenn man von Person spricht, dann definiert man den Begriff »Individuum«

nicht nur auf äußerliche, juristische Weise, die vom positiven Recht abgedeckt wird, sondern so, daß in der Definition sowohl die Würde des Geschöpfs, das um seiner selbst willen von Gott geschaffen wurde, als auch dessen unbedingte, tiefste Berufung anerkannt ist. Wenn man bloß die Rechte der Individuen gelten ließe, würden die Menschenrechte willkürlich bestimmbar; dann wäre es durchaus möglich, den Begriff »Menschenrechte« für solche Rechte zu reservieren, die die Bevölkerungsmehrheit in einem bestimmten Land und einer bestimmten Epoche als Menschenrechte betrachtete. Damit stellt sich unausweichlich die Frage: »Wie läßt sich Recht begründen? Gibt es eine universelle Grundlage des Rechts?« Ich weiß wohl, daß die Relativität der Kulturen und Begriffe eine klare Antwort erschwert, denn die Verhaltensnormen unterliegen zeitlichen und örtlichen Schwankungen.

J.-L. M. – *Ja, genau darauf bezieht sich die berühmte Parole: »Nicht die Menschenrechte, sondern das Recht der Engländer, der Franzosen ...«*

J.-M. L. Jedenfalls gewinnt der Begriff der Person erst hier seine ganze Bedeutung. Man hat von »Menschenrechten«, nicht von »Rechten des Individuums« gesprochen. Der Begriff »Menschenrechte« impliziert nämlich, daß die Menschen zur Menschlichkeit und zur Anerkennung des Menschen als Menschen, der auf nichts anderes zurückgeführt werden kann, befähigt sind. Diese den Menschen von Natur aus einwohnende Würde macht sie zu Personen in gleicher Lage und mit gleicher Bestimmung. Die personale Würde jedes Menschen beinhaltet eine unbedingte Verpflichtung aller Menschen, keinem Mitmenschen die Menschlichkeit willkürlich abzusprechen oder ihm seine Grundrechte zu entziehen.

J.-L. M. *Der entscheidende Unterschied zwischen Ihrer Definition und der liberalen Theorie des Individualismus liegt im Moment des Gemeinwohls. Statt dessen spricht man im politischen Liberalismus und Individualismus von einem »Wertepluralismus«. Mir scheint, Sie gehen von der Vorstellung eines allen Menschen gemeinsamen Glückes aus, während das Kollektiv im politischen Individualismus einzig die Aufgabe hat, die Regeln zu definieren, die lediglich als äußerer Rahmen für das Glücksstreben der*

Individuen fungieren, die ja sehr verschiedene Werte und Ziele anstreben. Möglicherweise besteht gerade darin ein unüberwindlicher Gegensatz zwischen den beiden Auffassungen.

J.-M. L. Zu den unveräußerlichen Menschenrechten gehört die Freiheit eines jeden, den Zweck seines Lebens, das Höchste Gut, selbst zu bestimmen. Niemand kann einen Menschen zwingen, gegen seinen Willen die Freiheit zu wählen oder sich für das Gute zu entscheiden. Diese Selbstbestimmung des Menschen ist keine prometheische Herausforderung Gottes. Nach christlicher Auffassung muß jeder Mensch letztlich »vor Gott« über seine Freiheit Rechenschaft ablegen. Gott ist der höchste, absolute Garant der Menschenrechte, der höchste Verteidiger des Menschen. Das ist ein großartiger Akt des Glaubens an den Menschen – freilich nicht im blasphemischen und verdammenswerten Sinne von: »Ich glaube an den Menschen, also glaube ich nicht an Gott«, nein, wenn ich sage: »Ich glaube an den Menschen«, so heißt das: »Ich glaube, daß Gott dem Menschen seine unwiderrufbare, personale Würde gegeben hat.« Meine Liebe zu den Menschen und meine Hoffnung in die Zukunft des Menschengeschlechts wurzeln in meinem Glauben an Gott, unseren Schöpfer, der uns führt und will, daß wir uns als Menschen erkennen, die dazu berufen sind, sich mit seinem Leben zu vereinigen. Wenn ich einem Menschen begegne, hoffe ich, in ihm meinesgleichen oder vielmehr einen Bruder zu finden, denn wir haben ja einen gemeinsamen Vater.

Denken Sie daran, welche Ausmaße die Sklaverei in der Antike hatte. Wenn Sie sich die Kommentare von Paulus über die Sklaverei ansehen, werden Sie feststellen, daß von nun an das Prinzip der Gleichheit der Würde, das unausgesprochen die biblische Offenbarung durchzieht, durch die Lehre Christi und die christliche Lebenspraxis nachdrücklich zum Ausdruck gebracht wurde. Die Bibel untersagte die Sklaverei schon innerhalb des jüdischen Volkes.

J.-L. M. *Ja, aber dieses Verbot bezog sich nur auf Juden...*

J.-M. L. Aber nunmehr, wegen des Eintritts von Heiden in das Volk des Bundes, wird die menschliche Würde und die Einheit des Menschengeschlechts in Adam, die schon auf den ersten Seiten der

Bibel ausgesprochen ist, erneut bestätigt. Damit weiß der Leser der Paulus-Briefe, daß die Sklaverei endgültig verurteilt werden wird, sobald das Christentum erst einmal in das Herz und den Kopf derer eingedrungen ist, die die Staaten und Reiche regieren.

Ist die katholische Kirche auf der Suche nach einem dritten Weg?

D. W. *Schon im 19. Jahrhundert hat die Kirche den Liberalismus, dann auch den Kommunismus verurteilt und lange Zeit in gewerkschaftlicher und politischer Hinsicht einen dritten Weg zu gehen versucht – was ihr übrigens recht schwergefallen ist. Kann sie heute noch immer nach einem dritten Weg jenseits von Liberalismus und Marxismus suchen, wo sie doch im Grunde genommen – insbesondere durch ihr Eintreten für die Menschenrechte – zunehmend eine liberale Position zu verfechten scheint?*

J.-M. L. Die Position der Kirche unterscheidet sich grundlegend von der ihrer Gesprächspartner. Der Marxismus kann ohne den Kapitalismus nicht bestehen – und sei es nur wegen seiner Theorie des Proletariats. Und der Liberalismus brauchte den Sozialismus, wenn nicht gar den Marxismus, um als konkrete und kohärente Theorie existieren zu können. Im Grunde genommen handelt es sich um zwei feindliche Brüder, die aufeinander angewiesen sind – ganz abgesehen davon, daß der Marxismus die Existenz des Liberalismus bestreitet, während der Liberalismus den Marxismus als totalitäre Ideologie ablehnt. Es sind spiegelverkehrte Positionen, die sich die Herrschaft über die Welt zu teilen scheinen und die mit den beiden Supermächten UdSSR und USA identifiziert werden. Muß man sie beide deshalb in gleicher Weise verwerfen? Die Kirche hütet sich davor. Denn diese beiden Modelle sind nicht symmetrisch. Andererseits hat sich auch die Position der Kirche allmählich gewandelt. Die bedeutenden Sozialenzykliken vom Anfang dieses Jahrhunderts wurden von den damaligen Wirtschaftstheorien und soziopolitischen Verhältnissen beeinflußt. Es handelt sich hier nicht um eine zeitlos gültige Lehre.

D.W. *Aber Sie geben doch zu, daß die Kirche damals beide Modelle, das liberale und das sozialistische, verworfen hat?*

J.-M.L. Sie verwarf den Liberalismus, insofern er den Ursprung der menschlichen Freiheit, die mit ihr verbundenen Pflichten und die Menschwerdung Gottes als Bedingung ihrer Möglichkeit verkannte. Sie verurteilte, verwarf den Marxismus, weil er atheistisch, totalitär und »dialektisch« ist, das heißt den Klassenkampf und dessen Gewalt zum Motor der Geschichte erklärt. Doch da beide Ideologien keine symmetrischen Gegensätze darstellen, werden sie auch nicht in gleicher Weise abgelehnt. Sie stehen sich nicht gegensätzlich, sondern feindlich gegenüber – was nicht dasselbe ist. Und in dem Maße, wie die Kirche versuchte, einen Standpunkt einzunehmen, der sowohl die Pflichten wie die Rechte der menschlichen Person gebührend berücksichtigte, nahm sie gegenüber diesen Gesprächspartnern eine kritische Haltung ein. Es ist auch keine undifferenzierte Ablehnung der beiden Gegner nach dem Muster: »Alles falsch!« Vielmehr sagt man den einen: »Ihr vergeßt das Gemeinwohl« oder: »Was wir an eurer Theorie der individuellen Freiheit nicht akzeptieren können, ist die – zumindest praktische – Ausklammerung des Schöpfers aller Dinge«. Den anderen hält man vor: »Ihr sprecht der Person jegliche moralische Würde ab, und eure offene oder versteckte Gewalt läßt euch die Harmonie verkennen, die die Schöpfung durchwirkt.«

D.W. *Die Kirche hat mehr getan: Sie hat versucht, ein christdemokratisch geprägtes politisches Modell anzuregen und ist bei der Suche nach einer politischen und gesellschaftlichen Organisation sehr weit gegangen.*

J.-M.L. Die Christen haben versucht, aus dieser Inspirationsquelle anwendbare Modelle abzuleiten. Doch waren das keine ausschließlichen Modelle. Salazar und Franco haben sich ebenso wie ihre christdemokratischen Gegner auf christliche Prinzipien berufen. Diese Tatsachen zeigen, daß die von der Kirche aufgestellten allgemeinen Prinzipien kein politisches Aktionsprogramm und keine systematische wirtschaftliche und politische Theorie darstellten. Das konnte auch gar nicht die Absicht der Kirche sein. Sie hat jedoch für bestimmte Bereiche grundlegende Rechte und Pflichten festgelegt, um den Verantwortlichen zu helfen, konkrete Entscheidungen zu treffen, die im Einklang stehen mit sittlichen Forderungen. So sagt die Kirche etwa, daß es unter gewissen Umständen moralisch legitim ist, wenn Arbeiter streiken; auch daß das Einkommen eines Arbeitnehmers ausreichen soll, den Lebensunterhalt seiner Familie zu bestreiten, ist eine legitime Forderung. Es handelt sich um die Darlegung bestimmter Rechte und sittlicher Urteile sowie allgemeiner Grundsätze über die Organisation des Gesellschaftslebens. Diese Sittenlehre betrifft nicht nur den rein politischen Bereich. Auch entspricht es der moralischen Verantwortung der Kirche, immer wieder darauf hinzuweisen, daß die vorgeblichen »Wirtschaftsgesetze« keineswegs zwingende Naturgesetze sind und daß sie der Achtung vor der menschlichen Würde und den Rechten der Person untergeordnet werden müssen.

Einige haben sich die Lehre der Kirche – vielleicht zu Unrecht – auf ihre Fahne schreiben und mehr daraus entnehmen wollen, als in ihr steht: Paul VI. hat das 1971 in seinem Brief an Kardinal Roy klar gesagt. Und wenn Johannes Paul II. diese Lehre explizit als »kirchliche Soziallehre« bezeichnet, dann ist er sich durchaus bewußt, daß sie angesichts des Wissens und der schwierigen Probleme der modernen Gesellschaft nur eine bescheidene Hilfe sein kann. Trotzdem möchte er die Rechte der menschlichen Person mit Nachdruck aussprechen – mit um so größerer Entschiedenheit, als er sich einem Totalitarismus und Ökonomismus gegenübersieht, mit dem wir uns nicht einverstanden erklären können, ohne den Menschen einer schweren Gefahr auszusetzen. Denn der Mensch hat objektive, unantastbare Rechte, die anerkannt werden müssen. Die für die Verbreitung des Evangeliums Verantwortlichen möchten sich zum Sprachrohr derer machen, die keine Stimme haben, an deren legitime Forderungen erinnern und alle vernünftigen Menschen bitten, sie zu respektieren, auch wenn die Probleme niemals endgültig gelöst sind und jede Lösung neue Probleme hervorbringt. Nur Utopisten behaupten, den Plan des künftigen Gemeinwesens in der Tasche zu haben, mit dessen Verwirklichung sämtliche Probleme gelöst würden.

D. W. *Wir leben heute in einer »säkularisierten« Gesellschaft, in der die Demokratie als Staatsform dominiert und in der der Einfluß der Kirche geringer ist als früher. In dieser Gesellschaft hat die öffentliche Meinung ein großes Gewicht. Verbessert sich das öffentliche Ansehen der Kirche, wenn sie nur noch ein Akteur unter anderen ist?*

J.-M. L. Die Kirche sollte sich nicht nur nach dem Bild richten, das ihr die öffentliche Meinung vermittelt. Eine Gesellschaft, in der die öffentliche Meinung eine so große Rolle spielt, ist von ihrem Spiegelbild abhängig. Das beste Beispiel dafür sind die spontanen Meinungsumfragen im Fernsehen. Man suggeriert den Zuschauern, was sie denken, und so sind sie überrascht, »so gut auf dem laufenden« zu sein. Diese Selbststeuerung der öffentlichen Meinung ist eine Selbstkonditionierung. Die Zuschauer wissen nicht, was sie denken, aber das ändert sich schlagartig, wenn man ihnen mitgeteilt hat, was die Mehrheit denkt und was sie somit auch selbst denken.

D. W. *Man muß doch nicht die Meinung der Mehrheit teilen.*

J.-M. L. Nein, aber die Meinung der Mehrheit gilt als richtige Meinung, einfach weil sie von der Mehrheit vertreten wird. Dieses Phänomen ist neu, weil es gewaltige Dimensionen angenommen hat und mit allen Mitteln unterstützt wird.

D. W. *Was halten Sie von der zunehmenden Bedeutung der öffentlichen Meinung?*

J.-M. L. Es hat schon immer eine öffentliche Meinung gegeben.

D. W. *Sicher, aber wir sprechen von ihrer gegenwärtigen Funktionsweise.*

J.-M. L. In ihrer gegenwärtigen Funktionsweise liegt etwas sehr Wertvolles, eine Voraussetzung für Freiheit, und etwas überaus Gefährliches, das zu einer Verkümmerung der geistigen Fähigkeiten führen kann. Ich verweise Sie – auch wenn es etwas gelehrt erscheinen mag – auf die Wissenssoziologie. Ich denke an Peter Berger und Thomas Luckmann; sie zeigen, daß jede Erkenntnis ein sozialer Vorgang ist. Nur eine gesellschaftlich sanktionierte Ansicht wird als »wahr« anerkannt. Sobald eine Ansicht gesellschaftlich nicht mehr akzeptiert wird, hat derjenige, der sich darauf beruft, das Gefühl asozial, »verrückt« zu werden. Die Bedeutung der sozialen Sanktionierung des Wissens erklärt heute die Rolle der Werbefachleute, die mitunter die öffentliche Meinung lenken können.

J.-L. M. *Ein Einwand: Sie glauben offenbar, die Menschen seien der Manipulation durch die Medien ausgeliefert. Zahlreiche soziologische Untersuchungen zeigen jedoch, daß diese Manipulation meistens mißlingt. Die Vorstellung, man könne die öffentliche Meinung in kommerzieller und politischer Hinsicht willkürlich manipulieren, ist nicht bewiesen, obwohl sie weit verbreitet ist.*

J.-M. L. Sicher, aber ist es nicht ein seltsames Spiel, wenn ein Werbefachmann die Bewegung der öffentlichen Meinung so ausnutzt wie ein Surfer die Wellen des Meeres! In einem Gesellschaftssystem, das von der öffentlichen Meinung beherrscht wird, fehlt ein wichtiges Zwischenglied: Reflexion und kritische Diskussion. Wer häufig an universitären, kirchlichen, politischen, wirtschaftlichen oder sozialen Diskussionsveranstaltungen teilnimmt, weiß, daß dort bestimmte Spielregeln gelten und Tricks angewandt werden; in einer ernsthaften Beratung muß man das, was man sagen will, vorbereitet und über die anstehenden Fragen nachgedacht haben, um seinen eigenen Standpunkt formulieren zu können. Andernfalls ist man dem rhetorisch geschicktesten Redner ausgeliefert, was schon die Athener wußten. Die Rhetorik, die damals die wichtigste Kunst der Politik war, umfaßte jedenfalls eine kritische Vermittlung. Doch in dem heutigen System der spontanen Meinungsbildung und -erhebung fehlt eine kritische Instanz. Die Protagonisten werfen sich gegenseitig Argumente an den Kopf, deren Wahrheitsgehalt niemand überprüfen kann. Und wenn ein »Fachmann« auftritt, bleibt dem Zuschauer nichts anderes übrig, als dessen Kompetenz unbesehen vorauszusetzen.

D. W. *Wie beurteilen Sie, allgemeiner betrachtet, die öffentliche Meinung, die in der Demokratie eine so zentrale Rolle spielt? Ist die öffentliche Meinung – die Meinung, die sich die Bürger einer Demokratie mit Hilfe von Massenkommunikationsmitteln bilden – eine rein weltliche Kategorie?*

J.-M. L. Dieses Spiegelsystem ermöglicht die Steuerung der Meinung, da die vorherrschende Meinung zum Wahrheitskriterium wird. Es kommt zu einer Art Abriegelung, es sei denn, daß schwere Erschütterungen die Systeme zur Reaktion zwingen oder aus dem Gleichgewicht bringen. So kommt es etwa im Bereich der Politik vor, daß die Regierungen sich bei ihren Entscheidungen an Meinungsumfragen orientieren. Die katholische und nichtkatholische Öffentlichkeit würde vermutlich von der Kirche eine ähnliche Anpassung erwarten. Würde man sich andernfalls nicht dem demokratischen Urteil der Öffentlichkeit entziehen?

J.-L. M. *Es gibt den sehr alten Ausspruch:* Vox populi, vox Dei.

J.-M. L. Alles hängt davon ab, ob man die öffentliche Meinung als *vox populi* bezeichnen kann. Sind beide wirklich identisch? Das ist die Frage.

J.-L. M. *Den Ausspruch als solchen bejahen Sie aber?*

J.-M. L. Ja, ohne Einschränkung. In dem Sinne, in dem der hl. Vinzenz von Lerin ihn verstanden hat: Das Volk Gottes ist die ganze Kirche, einschließlich ihrer Hierarchie und ihrer Tradition.

D. W. *Das mag auf die Kirche zutreffen, aber doch nicht auf die öffentliche Meinung!*

J.-M. L. So sehr man auch die Tendenzen der öffentlichen Meinung berücksichtigen muß, so fragwürdig und demagogisch scheint es mir, sie zum wichtigsten Urteilsmaßstab zu erheben. Das erlebe ich tagtäglich in den Beratungen, an denen ich teilnehme. Wenn eine Lüge in einem Buch verbreitet wird, das in einer Auflage von 500 000 Exemplaren erscheint, wird sie zu einer »Wahrheit«, die durch kein Dementi entkräftet werden kann.

Unsere Gesellschaft muß lernen, die von ihr entwickelten großartigen Kommunikationsmittel moralisch und intellektuell zu beherrschen. Das ist schwieriger als zum Beispiel die Bändigung der Kernenergie. Denn die Kommunikationskultur, die sich vor unseren Augen entwickelt, wird sich auf das physische, psychische und affektive Leben von allen positiv und negativ auswirken. Diese Auswirkungen wird man nur dann meistern können, wenn jeder lernt, mit der Freiheit richtig umzugehen. Es sei denn, man ist bereit, einen großen Teil der Menschen in die Abhängigkeit von wirtschaftlichen Interessen geraten zu lassen, die als Motor dieser gewaltigen Investitionen wirken.

Freiheit–Gleichheit–Brüderlichkeit: eine christliche Devise?

D. W. *Im Evangelium ist das Prinzip der Gleichheit zwischen den Menschen enthalten. Die Forderungen nach Freiheit und Gleichheit, die im 18. Jahrhundert laut werden, entspringen jedoch der weltlichen Philosophie und wurden sogar als völlig unvereinbar mit der Religion erachtet.*

J.-M. L. Papst Johannes Paul II. hat bei seiner Wallfahrt nach Lourdes, auf der ihn Präsident Mitterrand am Flughafen von Tarbes begrüßte, die christlichen Ursprünge der drei Begriffe »Freiheit–Gleichheit–Brüderlichkeit« aufgezeigt. Ihr ganz richtiger Einwand belegt, wie sehr die Krise der Französischen Revolution und der Aufklärung als eine Art neues Schisma in der Geschichte des Abendlandes verstanden werden kann. Es handelt sich um einen Vorgang, der sich innerhalb des abendländischen – und damit christlichen – Denkens abspielt.

J.-L. M. *Kann es denn Ihrer Meinung nach kein vom christlichen Glauben unabhängiges Denksystem geben? Sie glauben offenbar, jedes weltliche Denken sei schismatisch. Sie verneinen die Möglichkeit eines neuen, atheistischen, areligiösen, gegenüber der Religion indifferenten Denkens.*

J.-M. L. Mag sein, daß das Denken heute unabhängig vom Glauben ist, das war aber nicht immer so. Jedenfalls ist dieses »neue atheistische oder areligiöse Denken« ein Produkt unserer christlichen Kultur. Es ist unauslöschlich davon gezeichnet. Das beweist schon die Tatsache, daß Sie dieses »neue Denken« durch die Negation seines Existenzgrundes definieren: a-theistisch, a-religiös.

J.-L. M. *Aber der Individualismus, wie er von den liberalen Denkern des 18. Jahrhunderts entworfen wurde, ist alles in allem relativ unabhängig von der Definition der Person in der christlichen Theologie. Es ist legitim, die Ursprünge zu suchen, aber dies sollten nicht das Neue an den Ideen verdecken.*

J.-M. L. Ich sage noch einmal: Ich will gar nicht bestreiten, daß es Brüche, Negationen, Gegensätze gibt und daß diese sich eines Tages in den Köpfen der Menschen verselbständigen. Doch wer die »Geschichte des abendländischen Denkens« untersuchen will, muß die Zusammenhänge rekonstruieren. Sogar die Philosophie versteht sich als Geschichte der Philosophie, weil sie frühere Denkweisen immer wieder aufgreifen und sich ihre Entstehungsgeschichte ständig vergegenwärtigen muß, um ihren künftigen Weg zu verstehen.

Das Drama der Neuzeit besteht darin, daß die Menschenrechte ausgerechnet zu jenem Zeitpunkt für alle nachdrücklich eingefordert wurden, als man über ihre Definition am zerstrittensten und ihre faktische Verneinung am stärksten war. Als ob der Mensch in einem Teufelskreis gefangen war, weil Verneinung und Einforderung, Unsicherheit und Bejahung gleich stark waren. Eugenik, Euthanasie, wirtschaftliche Katastrophen, die Opfer von Hunger und von Ausrottungskriegen bezeugen fortwährend diese Ambivalenz.

D. W. *Es ist etwas anderes, ob man sagt, bei der Verteidigung der Menschenrechte habe es Schwierigkeiten gegeben, oder ob man behauptet, die Schwierigkeiten seien der Beweis dafür, daß das Konzept nichts taugt.*

J.-M. L. Heute zeigt sich immer deutlicher, daß eine religiöse Fundierung der Menschenrechte, die man lange Zeit für überholt betrachtete, unverzichtbar ist. Die triumphierende Vernunft hat bei ihrem »Zwischenspiel« den Tod Gottes verkündet und den Glauben in die Asservatenkammer der Geschichte verbannt. Doch plötzlich zeigt sich, daß in der Spielszene ein Partner fehlt und daß dieser Partner unentbehrlich ist, um den angefangenen Akt zu Ende spielen zu können. Anders gesagt: Die Vernunft muß jetzt eine nicht von ihr kontrollierbare Peripetie durchstehen, um ihren Sieg zu sichern. Es ist nicht der Priester, der durch die linke Tür hinausgegangen ist und nun durch die rechte wieder eintritt, sondern, wie ich glaube, eine gründlichere Reflexion der Vernunft über ihre Fähigkeiten und ihre Bestimmung. Man muß – um eine frühere Formulierung von mir aufzugreifen, die ihnen mißfallen hat – »die Vernunft vor sich selbst retten, um so ihren Sieg zu sichern«. Das ist der springende Punkt. Ich sage noch einmal als Zeuge des Glaubens und als Zeuge der Würde des Menschen: Die Offenbarung dessen, was den Menschen als Geschöpf Gottes ausmacht, ist der letzte Grund der Würde des Menschen.

D. W. *Heute, nach zahlreichen Kriegen und Massakern, gelangt man zu einer Art Konsens über den Grundsatz der Menschenrechte. Da sagt die Kirche: »Wir sind völlig einverstanden mit den Menschenrechten, wir sind der gleichen Ansicht, und im übrigen muß man sich auf eine ontologische Definition der Menschenrechte zurückbesinnen, wie wir sie schon immer vertreten haben.« Mir scheint, die Kirche hat nach ihrem Widerstand gegen die beiden philosophischen Anschauungen des Liberalismus und des Sozialismus sich schließlich der Moderne geöffnet und sich im Zweiten Vatikanum einer bestimmten Philosophie der Menschenrechte angeschlossen. Allerdings mit dem Vorbehalt, sie in einen umfassenderen Rahmen zu stellen. Sie akzeptieren die moderne Welt, nachdem Sie sie ein Jahrhundert lang bekämpft haben: das ist eine Art Wiederaneignung; Sie schließen sich einer hundertfünfzig Jahre alten weltlichen Denktradition an!*

J.-M. L. Nein, ich kann beim besten Willen ihrer Beschreibung der Geschichte nicht ganz zustimmen. Historiker der französischen Geistesgeschichte haben klar gezeigt, daß der christliche Humanismus sehr viel älter ist. Die Vorstellung einer unantastbaren Würde des Menschen leitet sich im wesentlichen von der Bibel her. Was Sie behaupten, denken zwar viele, aber das ist meiner innersten Überzeugung nach eine ideologisch entstellte Sicht der Geschichte. Es heißt, unsere Wurzeln vergessen und die Vergangenheit auf den Konflikt der heutigen Parteien reduzieren.

Der christliche Ursprung der Menschenrechte

D. W. *Das Thema Menschenrechte, das wir gerade angesprochen haben, geht nicht auf die Kirche, sondern auf das weltliche politische Denken der Französischen Revolution zurück. Die Kirche scheint sich recht spät damit befaßt zu haben. Worin unter-*

scheidet sich ihre Auffassung der Menschenrechte von der modernen politischen Philosophie?

J.-M. L. Die ersten Erklärungen der Menschenrechte führten deren Unveräußerlichkeit darauf zurück, daß der Mensch sie von seinem Schöpfer empfängt. Der Humanismus ist theistisch. Das gilt für die Revolution in den Vereinigten Staaten, die der unseren vorausging. In Frankreich hingegen hat man in einer überaus feindseligen und antireligiösen Atmosphäre sehr schnell einen Gegensatz zwischen den Menschenrechten und den Rechten Gottes postuliert. Die Menschenrechte wurden auf der philosophischen und politischen Bühne Frankreichs und Kontinentaleuropas zu einer Waffe gegen die Kirche. Europa lag damals in den Geburtswehen des modernen Atheismus. Die Kirche mußte sich also zunächst einmal verteidigen, was eine Ablehnung des Begriffs als solchen einschloß. Dann, nach nur zwei Jahrhunderten – einem geistesgeschichtlich gesehen relativ kurzen Zeitraum –, wird der Begriff auf eine völlig neue Grundlage gestellt. Johannes XXIII., Paul VI. und Johannes Paul II. benutzen den Ausdruck Menschenrechte in voller Achtung vor der Geschichte und in gänzlicher Übereinstimmung mit der althergebrachten kirchlichen Lehre. Unser heutiges Zeitalter ist geprägt von Totalitarismus und der Manipulation der Menschenrechte durch die unterschiedlichsten Ideologien. Der Begriff Menschenrechte scheint auf wackligen Füßen zu stehen. Alle Staaten, sogar die totalitären, beschwören ihn, um ihr Verhalten vor der internationalen Öffentlichkeit zu rechtfertigen. Aber alles läßt sich rechtfertigen, auch die Lüge; und man kann Rechte um anderer Rechte willen versagen. Die einzige unerschütterliche Grundlage der Menschenrechte ist die Geschöpflichkeit des Menschen. Doch deshalb müssen diejenigen, die diese Rechte respektieren wollen, nicht unbedingt an Gott glauben. Durch das Bekenntnis des Glaubens wird die Einforderung dieser Rechte gewährleistet. Es schützt ihre Rechtfertigung gegen die Willkür der Unaufrichtigkeit, die Macht des Staates, die Staatsräson. Es gibt im Menschen etwas Absolutes, ein Sichbeziehen auf das Absolute, das wir Gott nennen.

D. W. *Sie betonen immer wieder die religiöse Grundlage der Men-*

schenrechte. Aber wodurch zeichnet sich, inhaltlich betrachtet, der Eintritt der Kirche für die Menschenrechte aus?

J.-M. L. Dazu müßte ich sehr weit ausholen. Zunächst einmal: Es gibt verkannte Rechte, für die sich die Kirche mit Nachdruck einsetzt.

Zum Beispiel die Gewissensfreiheit, zu der die Glaubensfreiheit und die Freiheit, seine Pflichten gegenüber Gott zu erfüllen, gehören. Das mag demjenigen seltsam erscheinen, der die Religionsfreiheit für ein Privatrecht hält, das jedem Bürger erlaubt, in seinen vier Wänden zu tun, was er will, und nicht für ein gesellschaftlich anerkanntes und zivilrechtlich verbürgtes Recht. Tatsächlich ist die Gewährleistung dieses grundlegenden und objektiven Rechts der menschlichen Person durch den Staat für die Kirche – und letztlich für jede Religion – eine unverzichtbare Forderung. Der Mensch ist ein religiöses Wesen; die Religion verbindet ihn mit dem, was ihn übersteigt. Dies anzuerkennen heißt, die Transzendenz der menschlichen Person zu respektieren. Dieses Prinzip verhindert, daß der Staat, die Nation, der Stamm, die Rasse oder die Partei sich an die Stelle des Absoluten setzen und durch diese Usurpation den Menschen von sich entfremden. Dieses Recht des religiösen Bewußtseins läßt sich positiv definieren, wie die Kirche es tut, indem sie an die moralische Verpflichtung gemahnt, die Religionsfreiheit rechtlich abzusichern, oder auch negativ, indem man daran erinnert, daß nichts Weltliches vergöttert werden und man den Menschen nicht dazu zwingen darf, irgend jemanden oder irgend etwas anzubeten, weil er sonst einer furchtbaren Tyrannei ausgeliefert würde. Die Anerkennung der Freiheit der Personen und die Achtung der Menschenrechte hängen davon ab, ob ein Staat, eine Nation, eine Kultur, ein Reich die Religionsfreiheit gewähren oder nicht. Diese Freiheit ist gleichsam eine Garantie der Garantien, die absolute Bedingung aller anderen Freiheiten. Ich sage nochmals, diese Freiheit läßt sich auf zwei verschiedene Weisen definieren: einmal positiv, unter Bezugnahme auf Gott, wie es die Kirche tut; zum anderen negativ, wie es für diejenigen möglich ist, die nicht an Gott glauben. Denn wenn man glaubt, es gebe keinen Gott, dann ist eben auch der Staat oder der Herrscher kein Gott.

Und dies wiederum begründet für diejenigen, die es wollen, die Freiheit, Gott zu verehren.

Die Anerkennung der Menschenrechte bedeutet für die Kirche, daß sich der Mensch in seiner Beziehung zu sich, zu seinem Dasein, seinem Leib, zur Welt, zu seinen Angehörigen, zu seinen Mitmenschen von einem bestimmten Menschenbild leiten läßt. Auch wenn man die Menschenrechte nicht in eine umfassende christliche Ethik oder Moral einbinden will, gründet das menschliche Recht auf Leben doch in der dem Menschen als Geschöpf Gottes zukommenden Leiblichkeit. Von seiner Empfängnis an hat der Schwächste das Recht und die Pflicht zu leben, weil ihm Gott das Leben geschenkt hat. Es kann dabei nicht angehen, nur das als »Recht« gelten zu lassen, was die Mehrheit beschließt. Wenn eine Gesellschaft in ihrer Mehrheit die Folter für rechtmäßig erklären würde, würden weder die Kirche noch das Gewissen der Menschen die Folter als ein Recht anerkennen. Sich für die Menschenrechte einsetzen heißt, die Menschlichkeit des Menschen und deren höchsten Bürgen achten.

Ich bin überzeugt, daß die Gläubigen in diesem faszinierenden und mitunter schrecklichen Jahrhundert die Aufgabe haben, ihre Treue zu Gott nicht nur dadurch zu bezeugen, daß sie ihn lieben und ihm dienen, sondern auch dadurch, daß sie mit dem von Gott empfangenen Licht den Menschen vor sich selbst schützen. Das gilt für alle, die das Licht der Offenbarung empfangen haben. Es geht nicht um ein unrechtmäßiges Eindringen des Religiösen in das Rationale. Bei der Selbstbestimmung der Vernunft muß es irgendwo einen »Jenseitsbezug« geben, denn sie kann sich als Freiheit nur dann selbstbestimmen, wenn sie bereit ist, sich als Geschenk einer größeren Freiheit zu verstehen.

D. W. *Ich denke, ein Rationalist wird diese Abhängigkeit der Vernunft von einer transzendenten Freiheit nicht akzeptieren können. Er wird sagen: die Menschen müssen dafür sorgen, daß...*

J.-M. L. Ja bis hin zur Selbstzerstörung, wie uns die Erfahrung lehrt. Wir haben doch erlebt, was dabei herauskommt. Nein, danke!

J.-L. M. *Für Völkermord, Nationalsozialismus und Stalinismus*

die Vernunft verantwortlich zu machen erscheint mir übertrieben, um nicht zu sagen absurd!
J.-M. L. Das sind aber nun einmal die Tatsachen. Hitler wollte wissenschaftlich vorgehen, er verstand sich als Rationalist, Stalin ebenfalls. Die mit der Vernunft verbundenen Gefahren erkennen heißt ihre Ehre retten. Und diese Gefahren hängen mit der Sünde zusammen.
J.-L. M. *Das scheint mir doch etwas naiv zu sein! Daß politische Wahnideen – die es schon immer gab – im 20. Jahrhundert aufgrund der technischen Mittel zu Verbrechen unerhörten Ausmaßes führten, kann man doch nicht der Vernunft anlasten...*
J.-M. L. Doch. Denn da die Vernunft immer die Vernunft eines konkreten freien Menschen ist, kann sie sich in Sünde verstricken. Die Vernunft kann sich täuschen, Fehler machen.

Die Vernunft ist nicht unabhängig von dem Guten, nach dem der Mensch strebt. Eine vom Willen unabhängige Vernunft gliche einem Computer (man programmiert ihn, füttert ihn mit Daten; er kommt zu irgendeinem Ergebnis und ist dabei immer logisch), entspräche aber nicht der Wirklichkeit eines Menschen aus Fleisch und Blut. Man kommt immer wieder auf den gleichen Punkt zurück: das konkrete historische Subjekt. Es ist keinesweges meine Absicht, die Vernunft abzuwerten, ganz im Gegenteil. Ich habe eine viel zu hohe Meinung von der Vernunft, denn die Vernunft ist eines der erhabensten Vermögen des Menschen, und wir müssen uns freuen, wenn die Vernunft siegt. Aber ich weiß auch – weil ich es in mir selbst erfahren habe, wie viele meiner Glaubensbrüder, weil ich es in den gesellschaftlichen Vorgängen meiner Zeit beobachten konnte und weil es ein Ergebnis meiner Reflexion über die Geschichte ist –, daß das Bekenntnis des Glaubens, die Annahme der Offenbarung, die Bereitschaft zur Gemeinschaft mit Gott der menschlichen Person ermöglichen, ihre Würde zu bewahren und ihre erhabensten Fähigkeiten zu verwirklichen.
D. W. *Mich stört an Ihrer Argumentation, daß Sie glauben, sämtliche Versuche zur Begründung einer von christlichen Werten unabhängigen Gesellschaftsordnung seien entweder zum Scheitern verurteilt oder bereits im Christentum angelegt. Zu diesen Bemü-*

hungen sagen Sie etwa: »Ja, da gab es schwere Konflikte, aber letztlich stammen die Begriffe Freiheit, Gleichheit, Brüderlichkeit aus dem Christentum; so muß man eher von Kontinuität als von Diskontinuität sprechen.« Darüber hinaus veranlaßt Sie die Tatsache, daß die Bilanz der säkularisierten Gesellschaft nach einhundertfünfzig Jahren zwangsläufig differenziert ausfällt, zu der Bemerkung: »Sämtliche Grenzen, an die diese Bewegung stößt, entspringen allein der Ablehnung eines transzendenten Prinzips, und die Wiedereinführung dieses Prinzips würde dieser Suche einen Sinn geben!« Die Wurzeln auf der einen Seite, der höchste Sinn auf der anderen: Mir scheint, dieser werten katholischen, apostolischen und römischen Kirche ist einfach nicht zu entkommen.

J.-M. L. Die Bibel und das Evangelium sind unwiderruflich Teil unserer abendländischen Kultur. Ob man es will oder nicht. Das ist klar, eine bloße Feststellung. Es zu leugnen wäre sinnlos. Diejenigen, die das Christentum radikal, ja sogar gewaltsam ausradieren wollten, mußten doch die von ihnen abgelehnten christlichen Begriffe und Worte übernehmen. Und kaum ist das Gewitter vorbei, schießen auch schon wieder die Pflanzen aus dem Boden, die man ausgemerzt zu haben glaubte.

D. W. *Auch in Osteuropa ist also keine Überwindung des Christentums möglich?*

J.-M. L. Nein! Das ist klar...

D. W. *Ist das denn wirklich schon so klar?*

J.-M. L. Das sieht man, wenn man beobachtet, was sich unter dem eisernen Deckel der offiziellen Ideologie alles regt.

J.-L. M. *Auch in der Sowjetunion?*

J.-M. L. Auch dort! Die einzige Kraft, die jede Probe bis ans Ende durchsteht, ist die spirituelle, mystische Kraft des Glaubens an Gott. Und es überrascht mich nicht sonderlich – auch wenn es angesichts der Intensität, Länge und Gründlichkeit der Verfolgungen erstaunlich ist –, dieses manchmal unbändige Aufblühen des Judentums, des Katholizismus, der orthodoxen und protestantischen Kirchen zu erleben. Das steht in krassem Widerspruch zu allen Theorien und zahlreichen Vorhersagen.

Müssen wir auch den faktischen Materialismus der westlichen

Gesellschaft einer so strengen Kritik unterwerfen? Ich habe hier von »Sünde« gesprochen. Nennen Sie es Untreue, wenn Sie wollen ... Es ist trotzdem die Kategorie, die die vielfältigen Verirrungen des Westens am besten erklärt. Doch die grundlegenden Fehler, die zu Spaltungen führten, wurden bereits vor dem 18. Jahrhundert gemacht! Der eigentliche Bruch erfolgte nicht 1789.

J.-L. M. *So stellen Sie die Dinge aber dar.*

J.-M. L. Nein ... Der Gegensatz zwischen dem Ancien Régime und der Republik scheint mir im Rahmen unserer Fragestellung unerheblich zu sein.

J.-L. M. *Sie übten an den Enzyklopädisten und der Vernunft so scharfe Kritik, daß man meinte ...*

D. W. *Sie hätten es mit dem Teufel zu tun!*

J.-M. L. Als die Rechtsgelehrten von Philipp dem Schönen auf die heidnischen Definitionen der römischen Juristen zurückgreifen und den Begriff des unbeschränkten Rechts des Staates wieder einführen, stehen sie damit im Gegensatz zu dem Bemühen der Christen, das römische Recht neu zu interpretieren. Sie fügen in das mittelalterliche Recht wieder ein weltliches Prinzip ein, das bereits totalitäre Züge trägt, weil es den Staat zum absoluten Herrscher über die Menschen macht. Anders gesagt: Sie machen den Staat zum Gott der Menschen. Schon damals wurde der Staat vergöttlicht. Das ist etwas anderes als die Trennung von weltlicher Regierung der Völker und geistlicher Autorität der Kirche.

D. W. *Aber Sie geben doch zu, daß es vom einen zum anderen nur ein kleiner Schritt ist.*

J.-M. L. Gewiß. Doch von dem Augenblick an, da man die heidnische Staatsräson wieder in Geltung setzt, führt man in das Denken und in die politischen Bestrebungen der westlichen Staaten ein Prinzip ein, das die alte Vorstellung eines Ausgleichs zwischen Werten der Gemeinschaft außer Kraft setzt.

D. W. *Sie würden also sagen, daß die Grundlagen der westlichen Demokratie, so wie man sie heute, am Ende des 20. Jahrhunderts, versteht, sich von christlichen Werten herleiten?*

J.-M. L. In gewisser Weise ja. Andererseits gibt es eine gewisse Befreiung, eine spätere Umarbeitung, die noch nicht abgeschlossen ist und bei der den Christen eine spezifische Rolle zukommt. Lassen Sie mich noch ein Wort zum internationalen Recht sagen. Das 19. Jahrhundert war die Zeit des Nationalismus, der als Gegenbewegung den Internationalismus hervorgebracht hat. Welche Haltung nimmt die Kirche in dieser Frage ein? Sie verteidigt das legitime Existenzrecht der Staaten und widersetzt sich zugleich nationaler Selbstgefälligkeit. Dem Nationalismus ist es nicht gelungen, die nationale Selbstbehauptung mit dem Prinzip eines souveränen Staates in Einklang zu bringen. Der Fehler des Nationalismus liegt darin, daß er die Staatsräson wieder eingeführt hat, für die die Nation und ihr Staat zum höchsten Wert werden, dem man alles andere, auch den Menschen, opfern muß. So sehr die Kirche auch die Nation – wie die Familie – als eine kulturelle Größe anerkennt, so wenig kann sie es doch im Namen der Freiheit des Menschen hinnehmen, daß die Staatsgewalt die völlige Unterordnung des Menschen verlangt, ohne sich selbst dem Sittengesetz zu unterwerfen. Nation oder Staat können vom Menschen im Namen der Solidarität oder des zu verteidigenden Gutes die Aufopferung seines Lebens verlangen; sie dürfen jedoch nicht von ihm fordern, sein Gewissen um einer »Vernunft« willen zu verraten, über die sie keine Rechenschaft ablegen.

D. W. *Wir kommen immer wieder auf das von ihnen beklagte Fehlen eines Bezugspunktes zurück.*

J.-M. L. Ein Bezugspunkt und eine sittliche Ordnung sind unverzichtbar, damit das Gewissen der Menschen und der Christen einem unsittlichen Gesetz den Gehorsam verweigern kann. Der Staat ist nicht der unumschränkte Gebieter und die absolute Norm des Gewissens und der Gesellschaft.

IV. Triumph und Illusionen des Individualismus

Verbote

Dominique Wolton: *Zumindest in einer Hinsicht vertreten Sie einen anderen Standpunkt als der Liberalismus und Individualismus, die seit den sechziger Jahren das Recht auf persönliche Selbstbestimmung fordern, und zwar sowohl was die Verhütung und die Abtreibung als auch was die sexuelle Freiheit und die Homosexualität betrifft.*
Jean-Marie Lustiger: Entscheidend ist die Frage, ob der Mensch über seinen Leib wie über ein Objekt verfügen kann, das seiner Freiheit äußerlich ist und das somit nicht den Begriffen Gut und Böse unterliegt. Wenn die Sexualität, wie andere Bereiche auch, nicht der freiheitlichen Selbstbestimmung, der Sittlichkeit unterworfen ist, gibt es in der Tat keinen Grund, das Recht auf willkürlichen Gebrauch und Mißbrauch des eigenen Leibes und dessen Lustvermögen zu beschränken – sowenig man mir verbieten kann, meine Armbanduhr zu zerschlagen, wenn es mir Spaß macht.
D. W. *Gewiß, doch ich glaube, daß diejenigen, die für die Freiheit der Empfängisverhütung und der Abtreibung oder für eine bestimmte Vorstellung der individuellen Freiheit eintreten, die Begriffe Gut und Böse nicht ablehnen.*
J.-M. L. Die Behauptung, es gebe Gut und Böse, ist nur unter zwei Bedingungen möglich. Entweder es handelt sich um eine Bestimmung, die unabhängig von der individuellen Freiheit ist, das heißt um ein gesellschaftliches Tabu oder eine gesetzliche Vorschrift; oder der Mensch findet in seinem Gewissen, in der universalen Bestimmung von Gut und Böse, in seinem Glauben die Fähigkeit, das Gute zu wählen und das Böse zu meiden. Wenn die Sexualität in die

Freiheit, in das persönliche Gewissen – dieses vornehmste Vermögen des Menschen – integriert wird, dann gilt für sie das gleiche, was auch für den Bereich der Wirtschaft und den Bereich der menschlichen und politischen Beziehungen gilt. Denn nichts Menschliches darf der Freiheit und damit der moralischen Beurteilung entgehen. Der Mensch strebt danach, alles der tiefen Bewegung seiner Freiheit einzubergen. Er ist als Person dazu berufen, sein gesamtes Dasein, einschließlich seines Leibes und seiner Sexualität, in seine zur Wahl des Guten befähigte menschliche Natur zu integrieren.

Diese Aussage findet sich bereits auf der ersten Seite des Buches *Genesis*. Christus zitiert sie, um gegen vorgebrachte Einwendungen einen moralischen Konflikt zu klären: »Gott schuf also den Menschen als sein Abbild, als Abbild Gottes schuf er ihn. Als Mann und Frau schuf er sie« (Gen 1,27). Die Sexualität des Tieres wird durch Instinkte und Triebe gesteuert, je nach dem Gleichgewicht der Arten und ihren Erfordernissen. Bei Mann und Frau hingegen wird sie, wie uns die Bibel sagt, emporgehoben zur Würde eines Abbildes Gottes. Der menschlichen Sexualität wird so höchste Würde zuteil. Da der Mensch das Abbild Gottes ist, muß er handeln, wie Gott handelt.

D. W. *Der Verweis auf Gott in allem, was die menschliche Sexualität betrifft, wird wohl kaum als Freiheit, sondern eher als Verpflichtung auf Gebote erlebt werden!*

J.-M. L. Die sittlichen Gebote der Bibel beruhen nicht auf einer solchen Logik. Ein Schlüsselsatz bringt das klar zum Ausdruck: »Seid heilig, denn ich, der Herr, euer Gott, bin heilig« (Lev 19,2). Jesus greift diesen Satz auf und erläutert ihn: »Ihr sollt also vollkommen sein, wie es auch der himmlische Vater ist« (Mt 5,48). Der Mensch soll also nach den »göttlichen Sitten« leben, wie die Kirchenväter sagten. Die menschliche Sexualität ist ein Erfahrungsbereich, in dem der Mensch sich nicht nur entsprechend seiner Natur, sondern auch entsprechend seiner göttlichen Bestimmung verhalten sollte. Die Sexualität ist nicht nur ein Bereich der Freiheit, sondern auch der Ähnlichkeit mit Gott.

Und der souveräne Andere, der den Menschen als Beziehung und Unterschied schafft, ist Gott selbst. Die Gebote bestimmen die Beziehung zu Gott und zum Nächsten. Deshalb besteht ein grundlegender Unterschied zwischen der menschlichen Fortpflanzung und der Vermehrung der Tierarten. Jeder einzelne Mensch steht in einer persönlichen Beziehung zu Gott. Was ihn in der Gemeinschaft mit den anderen Menschen als Subjekt konstituiert, ist nicht bloß sexuelle Anziehung und artspezifische Fortpflanzung, sondern die Würde einer persönlichen Liebe und eine Zeugung, bei der sich Gott für jeden einzelnen persönlich entscheidet. Anders gesagt: Jeder wird um seiner selbst willen gewollt und von Gott geschaffen, wenn er von seinem Vater und seiner Mutter gezeugt wird.

D. W. *Mir ist der Zusammenhang zwischen Ihren Ausführungen und der gestellten Frage nach der Abweisung einer bestimmten Auffassung von Freiheit nicht klar.*

Jean-Louis Missika: *Denn letztlich führt das alles doch zu kirchlichen Erklärungen, in denen nur Verbote und Verurteilungen ausgesprochen werden ...*

D. W. *Und davon gibt es ja mehr als genug! Das ist der Bereich, zu dem die Kirche am meisten Erklärungen abgibt.*

J.-M. L. Die Sexualität ist ein eminent sinnhafter Erfahrungsbereich, der viele Werte ins Spiel bringt – ein Unterpfand und eine ständige Bewährungsprobe für die menschliche Freiheit und Sittlichkeit. Sowenig wie die Freiheit erschöpft sie sich in zwischenmenschlichen Beziehungen; wie die Freiheit bezieht und orientiert sie sich an Gott, der sie in Differenz und Identität mit sich schafft.

Gut und Böse

D. W. *Aber wenn der Mensch doch frei ist – wie es die Kirche immer wieder betont –, weshalb soll er dann nicht selber über seine Freiheit verfügen? Weshalb soll man bestimmte Verhaltensweisen – insbesondere im sexuellen Bereich –, die er aufgrund dieser Freiheit ausführt, von vornherein moralisch qualifizieren?*

J.-M. L. Der Mensch ist immer frei, aber es ist die Aufgabe der Kirche – die im Namen Gottes spricht –, das empfangene Wort zu verbreiten, an Gut und Böse zu erinnern. Die Kirche verhängt keine zivil- oder strafrechtlichen Sanktionen; sie lehrt das sittliche und religiöse Gewissen, Gut und Böse zu unterscheiden.

D. W. *Wo lehrt sie das Gute zum Beispiel?*

J.-M. L. In ihrem Eintreten für die Monogamie und die Unauflöslichkeit der Ehe als der Grundbestimmung des Menschen.

J.-L. M. *Bleiben wir doch bei diesem Beispiel: der Unauflöslichkeit der Ehe. Das mutet seltsam an. Kann es denn nicht sein, daß die Beziehung zwischen einem Mann und einer Frau eines Tages ihre Grundlage verliert? Einmal verheiratet, für immer verheiratet – selbst wenn man sich nicht mehr liebt? Was ist, wenn ein Mann seine Frau oder eine Frau ihren Mann nicht mehr liebt?*

J.-M. L. Das kann ich mir um so lebhafter vorstellen, als es gang und gäbe ist und ich es als bekümmerter Zeuge oder Vertrauter miterlebt habe. Ihre Frage beruht auf einer offenkundigen Grundannahme: Die Ehe von Mann und Frau gründet sich ausschließlich auf einer bestimmten gegenseitigen Zuneigung, die unsere Gesellschaft gemäß einer neuzeitlichen Vorstellung Liebe nennt.

J.-L. M. *Sehr richtig. Auch diese Konzeption geht auf den Individualismus des 18. Jahrhunderts zurück.*

J.-M. L. Und wie Sie wissen, wird das Gefühlsleben von Repräsentationen geformt, die sich heute nicht mehr nur im Imaginären epischer und dramatischer Werke finden, sondern auch in den – weitaus wirkungsvolleren – Bildern des Kinos und Fernsehens ...

D. W. *Was hat das mit der Frage zu tun?*

J.-M. L. Wenn man das, was als Liebe gilt, zum alleinigen Kriterium für das Fortbestehen der Ehe zwischen Mann und Frau macht und wenn man sich das den Heranwachsenden und Jugendlichen von unserer Gesellschaft vermittelte Bild der Liebe ansieht, dann muß einen ihre Zukunft bekümmern! Ehen werden geschlossen, weil Mann und Frau sich »lieben«, und doch weiß jeder ganz genau, wie brüchig dieses Fundament ist.

D. W. *Aber weshalb soll man die Freiheit des Einzelnen nicht respektieren? Weshalb soll man nicht auf die Erfahrung vertrauen?*

J.-M. L. Ist dieses Liebesgefühl denn eine hinreichende Grundlage für das dem Mann und der Frau angebotene Glück? Für die Gründung eines Hausstandes und einer Familie, die den Kindern Kultur und Sittlichkeit beibringen soll? Für die Herstellung jener unauflöslichen Verbindung, die die menschliche Ehe darstellt?

D. W. *Sie wissen doch auch, daß sehr viele Kinder von Geschiedenen die Situation nach der Scheidung – so schmerzlich diese auch immer ist – letztlich dem früheren, oftmals konfliktreichen Zustand vorziehen, in dem man die heilige Form der Familie, von der Sie sprechen, künstlich bewahren wollte.*

J.-M. L. Sie stellen die Frage unter der engeren Perspektive, wie man im Rahmen der gegenwärtigen Grundlagen der ehelichen Bindung eine gescheiterte Ehe bewältigen kann. In den hochentwickelten westlichen Staaten werden heute an die Ehe viel zu hohe Erwartungen gestellt, mit der Folge, daß es zu großen Enttäuschungen und großem Leid kommt. Doch das Gesetz des Lebens, an das die Kirche gemahnt, ist keine sinnlose Vorschrift, die vom Himmel fällt und die Menschen gegen ihren Willen in zerrüttete Verhältnisse einschließt. Etwas anderes ist es, in einer Epoche, die ein Problem falsch regelt, an einem Prinzip festzuhalten und dafür einzutreten ...

D. W. *Gibt es denn eine Epoche, in der man dieses Problem richtig geregelt hat?*

J.-M. L. In welcher Epoche hatte dieses Problem ein vergleichbares Ausmaß?

D. W. *Das ist heute eher weniger dramatisch als früher, auch wenn man sich viel weniger Illusionen über die Ehe macht, ja vielleicht sogar gerade deshalb.*

J.-M. L. Die heutige Kultur bezieht sich auf einen unmittelbar vorausgegangenen, mehr oder minder mythisierten Zustand der Gesellschaft; man lehnt sich auf gegen den Puritanismus und einige heuchlerische Lügen des 19. Jahrhunderts. Geht man davon aus, daß die Darstellung dieser Sitten in der Literatur authentisch ist, kann man die bürgerliche Gesellschaft des 19. Jahrhunderts nicht idealisieren, ich denke dabei auch an die Schilderungen der Sitten des Subproletariats bei manchen Schriftstellern, und vor allem an die Zolaschen Beschreibungen des Arbeitermilieus und der Stellung von Mann und Frau im 19. Jahrhundert. Aber wir wissen auch, daß dieses Jahrhundert stilles Glück und beseligende Tugenden kannte. Doch wie immer es um die vergangenen Generationen bestellt gewesen sein mag – uns stellt sich jedenfalls heute ein moralisches Problem. Wir können es vielleicht nicht auf die gleiche Weise angehen wie im 19. Jahrhundert. Die Instrumente und anthropologischen Werte unserer Kultur sind nicht mehr dieselben. Doktor Freud hat seine Spuren hinterlassen. Die Verhaltensgewohnheiten und Normen haben sich grundlegend geändert. Es gab auch den vorsätzlichen Wunsch zur Übertretung von Normen, um gleichsam gegen seinen Willen die Verbindung des menschlichen Daseins mit dem Heiligen zu bestätigen.

Die schwere Aufgabe der Kirche

D. W. *Die Kirche hat in ihrer Haltung zum Individuum und seiner Freiheit ihre Position aus dem 19. Jahrhundert aufgegeben, doch lehnt sie nach wie vor bestimmte Praktiken ab: Verurteilung der Scheidung, Verurteilung der Empfängisverhütung, Verurteilung der Abtreibung und Verurteilung der Homosexualität – das ist nicht gerade wenig. Es ist etwas anderes, ob man vor einer blindwütigen Flucht in den Hedonismus oder einem Trugbild der individuellen Freiheit warnt oder ob man systematisch jeden Versuch der Ausübung der individuellen Freiheit ablehnt. Sie sagen: »Nein, die Kirche verurteilt das nicht«, aber im allgemeinen verurteilt die Kirche diese Praktiken nicht nur, sondern sie nimmt auch jedes Mal Stellung, wenn gesetzliche Maßnahmen ergriffen werden sollen.*

J.-L. M. *Darf ich etwas anfügen, um die Frage zu präzisieren! Auffallend an diesen Verurteilungen ist auch, wie sehr sie auf den äußeren, und damit unwichtigsten Aspekt des Problems abstellen. Entscheidend ist doch letztlich die authentische oder inauthentische Lebensweise des Einzelnen. Eine Beziehung zwischen zwei Männern oder zwei Frauen kann authentisch sein, eine wahre und schöne Liebe, während eine sehr katholische und römische Ehe zwischen einem Mann und einer Frau aus niedrigen Beweg-*

gründen eingegangen werden kann. Mir scheint, die Kirche hält sich an die Außenseite der Dinge, berücksichtigt überhaupt nicht die spezifische Eigenart einer Beziehung, denn es handelt sich doch jedesmal um einen einmaligen Fall, während die Kirche im allgemeinen verurteilt.

D. W. *Anders gesagt: Müssen grundlegende Stellungnahmen immer die Form von Verurteilungen haben?*

J.-M. L. Es handelt sich nicht um Verurteilungen, sondern um die Erinnerung an Grundforderungen für das menschliche Dasein, das Leben, die Liebe, die natürliche Würde des Menschen und seine göttliche Bestimmung. Niemand kann behaupten, das sei leicht oder durch bloßen gesellschaftlichen Konformismus zu erreichen. Mehrere Analyseebenen vermischen sich, und unsere Epoche hat hier große Verwirrung gestiftet.

Die erste Ebene habe ich gerade erwähnt: Es ist die Erinnerung an eine Forderung, die wesentlich mit der Schöpfung und dem Ratschluß Gottes über den Menschen verbunden ist. Die zweite – davon strikt zu trennende – Ebene ist die der zivilrechtlichen Normen, die zu einer bestimmten Zeit in einem bestimmten Land gelten. Bei der Gesetzgebung müssen Verhaltenserwartungen und deren Beziehung zum gesellschaftlich Erlaubten und Verbotenen festgelegt werden. Ein drittes Element ist der konkrete Zustand der Sitten in einer bestimmten Gesellschaft; die Summe dessen, was als gesellschaftlich zulässig gilt und was Verhaltenserwartungen der Gemeinschaft normiert: »Alle machen es, also ist es erlaubt.« Schließlich gibt es den inneren Wegweiser jedes Einzelnen, das persönliche Gewissen der Menschen, die sich in einer konkreten Situation befinden.

Alle diese Elemente müssen berücksichtigt werden: das vom Licht Gottes erhellte Sittengesetz, die Gestaltung der zivilrechtlichen Normen, der Zustand der Sitten und der öffentlichen Meinung und die persönlichen Gewissensentscheidungen.

D. W. *In den Stellungnahmen der Kirche zu diesen Fragen bleiben alle diese von Ihnen angeführten Faktoren meistens unerwähnt.*

J.-M. L. Sie werden immer benannt und sind immer zu respektieren. Ich habe alle das Gewissen erleuchtenden Elemente aufgezählt, weil man sich allzu häufig allein an der gesellschaftlichen Meinung orientiert. Vielen fällt es schwer, die Spannungen und Diskrepanzen zu ertragen, die sich aus der bloßen Unterscheidung der Ebenen ergeben. Deshalb fordern viele, dem von Gott empfangenen Gebot einen neuen Ausdruck zu geben, um es so den Ansichten der Mehrheit in einer bestimmten Gesellschaft oder dem subjektiven Urteil des individuellen Gewissens anzupassen. Es ist die schwere Aufgabe der Kirche, in dieser Frage wie in vielen anderen unbeirrbar das zu lehren, was Gott ihr offenbart hat, auch wenn es nicht leicht gehört, ja nicht einmal leicht gesagt wird. Nicht in selbstgefälliger Heuchelei, nicht um zu verdammen, sondern in Mitleid, Erbarmen und wahrer Liebe zu den Menschen. Die Kirche muß an einer Forderung festhalten, mit deren Verkündigung sie zum Wohl der Menschen beauftragt ist – um so mehr, als eine solche sittliche Forderung in der Teilnahme am Akt der Erlösung, den Gott durch die Sendung des Messias zu den Menschen bewirkt hat, gelebt werden kann. Diese mystische »Erfahrung« entfaltet sowohl im Bereich der Ethik als auch beim Gebrauch der individuellen Freiheit und im sozialen Bereich eine heilsame Wirkung. Die Gnade Gottes wird dem Menschen geschenkt, damit er das von Ihm angebotene Ideal erreichen kann, auch wenn er dafür leiden muß. Es wäre einfach heuchlerisch, durch zwingende gesellschaftliche Normen etwas durchsetzen zu wollen, was nur durch die Kraft des in Freiheit empfangenen göttlichen Geschenks erreicht werden kann. Heiligkeit läßt sich nicht durch Zivilgesetze erzwingen! Bedenklich hingegen wird es, wenn eine Gesellschaft Verhaltensweisen, die mit der Würde des Menschen unvereinbar sind, sozial normiert und damit legalisiert.

D. W. *An welche Verhaltensweisen denken Sie?*

J.-M. L. Ich denke an Empfängnisverhütung, Scheidung, Abtreibung.

J.-L. M. *Ich verstehe nicht, inwiefern Empfängnisverhütung, Scheidung oder Homosexualität die menschliche Würde verletzen.*

J.-M. L. Die Frage ist, welche sozialen Normen eine Gesellschaft zu ihrem eigenen Wohl und zum Besten ihrer Mitglieder als legitim erlauben bzw. empfehlen kann.

Das eigentliche Problem unserer Zeit ist nicht die Liberalisierung der Sitten als Reaktion auf die Prüderie des 19. Jahrhunderts, sondern die durch die wissenschaftlichen und technischen Erkenntnisse ermöglichte Herrschaft über den Menschen, und hierbei denke ich neben der Biologie an die Instrumente der psychologischen und sozialen Analyse, ja sogar der Ethnologie. Die Erkenntnis- und Interventionsmittel, die der Mensch aufgrund des gegenwärtigen Wissensstandes auf sich und seine Sexualität anwenden kann, führen dazu, daß unsere Gesellschaften sich in der gleichen Situation befinden wie die europäischen Staaten des 19. Jahrhunderts, als die Entwicklung der industriellen Produktionsweise den gesellschaftlichen Bereich der Arbeit und die Lebensbedingungen der Arbeiter tiefgreifend veränderte. Der Preis, den die hochentwickelten Staaten – ganz zu schweigen von den Entwicklungsländern – bis zur Einführung rationaler Steuerungsmechanismen, die manche Auswüchse eindämmen, für den technischen und wirtschaftlichen Fortschritt zahlen mußten, war gewaltig und hatte dauerhafte, schwerwiegende Konsequenzen. Angesichts der durch den wissenschaftlichen Fortschritt erlangten ungeheuren Macht über das menschliche Leben und die menschliche Fortpflanzung bedarf es besonderer Umsicht, damit die Menschheit nicht noch einmal einen so hohen Preis zahlt wie für den wirtschaftlichen und industriellen Fortschritt. Ich verstehe, daß die Mahnungen der Kirche den Menschen von heute genauso altertümlich vorkommen wie die Appelle der europäischen Kirchenmänner den Zeitgenossen zu Beginn der Industrialisierung. Doch man muß immer wieder an die Zwecke und sittlichen Werte erinnern, die dem Gebrauch dieser neuen Macht des Menschen über sich, seinen Körper und seiner Sexualität zugrunde liegen.

D. W. *Warum nicht? Doch ich möchte wenigstens einen Einwand erheben: Wenn die Kirche dazu verpflichtet ist, vor gewissen Gefahren zu warnen – wie etwa zu Beginn des 19. Jahrhunderts anläßlich der Industrialisierung und heute anläßlich der Gentechnik und der künstlichen Befruchtung –, so stellt sich doch die Frage, warum sie dies immer in Form von Verurteilungen tut, gleichsam die Rolle der Kassandra spielt?*

J.-M. L. Die Botschaft der Christen in diesem Bericht ist von zentraler Bedeutung, auch wenn sie nicht immer gehört und wahrgenommen wird. Die kirchliche Lehre erschöpft sich nicht in Verboten; mehr noch: Sie verlangt von Forschern aller Disziplinen das unausgesetzte Bemühen, die sittlichen Forderungen in die von ihnen vorgeschlagenen Lösungen einzubeziehen. Kurz: Indem die Kirche fordert, die Technik dem Menschen und seiner Bestimmung unterzuordnen, bezeugt sie, daß der Mensch aufgerufen ist, sich mit dem Gott des Lebens und der Liebe zu vereinen. Doch es bleibt die Frage: Weshalb wird unsere Botschaft als ein Gesetz des Todes empfunden, wo sie doch Heiligkeit und Licht bringt? Das hat sich schon Paulus gefragt.

Vierter Teil

Auf dem Weg zu einer spirituellen Erneuerung

1. Vom Quartier Latin ins 16. Arrondissement (1969–1979)

Fünfzehn Jahre Hochschulseelsorger

Dominique Wolton: *Im Oktober 1969, nachdem Sie fünfzehn Jahre als Hochschulseelsorger am Centre Richelieu tätig gewesen waren, ernennt man Sie zum Pfarrer von Sainte-Jeanne-de-Chantal. Wie sieht in dem Augenblick, da Sie mit ganz neuen Aufgaben konfrontiert werden, die Bilanz Ihrer Arbeit an der Universität aus?*

Jean-Marie Lustiger: Ich hatte erfahren, wie fruchtbar das Evangelium in der ständigen Auseinandersetzung mit den Neuerungen und den Ansichten unserer Zeit ist. Ich war Zeuge zahlreicher Konversionen von Intellektuellen und Künstlern, jungen und älteren, zum christlichen Glauben, und ich hatte erlebt, wie Kirche entsteht. Es war mir geschenkt, zahlreiche Erwachsenentaufen spenden zu können. Die entscheidenden Diskussionen unserer Zeit hatte ich nicht nur aufmerksam verfolgt, sondern aktiv mitgestaltet und dabei die Kraft und Aktualität der christlichen Botschaft bestätigt gefunden. Ich hatte mir – eher durch Diskussion und Reflexion als durch das Studium von Büchern – ein breites theologisches Wissen angeeignet. Außerhalb der Universität war ich den verschiedensten gesellschaftlichen Akteuren begegnet und hatte die Schwierigkeiten und Schwächen des sozialen und politischen Systems ermessen. Schließlich hatte ich in einer – in meinen Augen authentischen – Erfahrung christlicher Brüderlichkeit und gemeinsamer Verantwortung eine Zeit erlebt, die ich damals für die schönste meines Lebens hielt.

Als junger Erwachsener, der allmählich älter wurde, lief ich jedoch Gefahr, mich in die relative Unverantwortlichkeit eines Jugendlichen einzuschließen, der noch nichts von den Zwängen des Lebens weiß. Es ist ein aufregendes Alter, weil in ihm – zumindest verbal – alles möglich ist. Darin zu verharren hätte für mich bedeuten können, an Illusionen zu kleben, ja sogar unreif zu bleiben.

Ich habe erfahren, welchen Preis man zahlen muß, wenn man loyal zu dem steht, was man für wahr hält. Es galt, die innere Dynamik eines verantwortlichen christlichen Lebens zu bewahren, das in dem Maße bedroht war, wie die Jugend zum gesellschaftlichen Resonanzkörper sämtlicher emotionaler und ideologischer Konflikte innerhalb oder außerhalb des Christentums wurde.

D. W. *Wollen Sie damit sagen, daß Ihr Glaube Sie dazu veranlaßt hat, ein kirchliches Amt in der Gemeinde zu übernehmen?*

J.-M. L. Ich war an diesen Platz gestellt worden, und es sprach alles dafür, an diesem Platz zu bleiben, auch wenn dieses Apostolat nicht leicht war. Um alljährlich für 5000 bis 6000 Studenten die Pilgerfahrt nach Chartres zu organisieren, genügte es nicht, eine kleine Anzeige in eine Zeitung zu setzen! Es bedurfte eines kämpferischen Willens, der allerdings ein ganz anderer war als der der organisierten politischen Minderheiten, denen wir keinesfalls nacheifern wollten. Zugleich mußten wir uns vor der entgegengesetzten Versuchung in acht nehmen: dem sang- und klanglosen Verschwinden, das eine unverzeihliche Feigheit gewesen wäre. Viele dieser jungen Menschen erlebten zum erstenmal die Anonymität einer Stadt und einer Universität, in deren Getriebe großer geisteswissenschaftlicher und naturwissenschaftlicher Fakultäten sie sich verloren fühlten; man mußte ihnen helfen. Unsere Tätigkeit unterschied sich beträchtlich von der der Seelsorger an der École polytechnique (Ingenieurhochschule in Paris, A. d.Ü.) und der École centrale (Technische Hochschule in Paris, A. d. Ü). Wir hatten es nicht mit einem Jahrgang von knapp hundert Studenten zu tun, die die Auswahlverfahren in den Vorbereitungsklassen für die »grandes écoles« durchlaufen hatten, sondern mit einem bunt gemischten Haufen von Tausenden von Jungen und Mädchen, die in die Universität strömten. Die relativ geordneten Verhältnisse an den Gymnasien gewohnt, gerieten sie plötzlich in das beängstigende Räderwerk der Fakultäten, wo sie völlig sich selbst überlassen waren. Ich dachte daran, daß ich in meiner Jugend an denselben Bänken derselben Fakultäten gesessen hatte. Wie berauschend diese Freiheitserfahrung für mich gewesen war, welch eine unbeschreibliche Freude! Viele von diesen jungen Menschen hingegen konnten mit dieser Freiheit nichts anfangen und erlebten sie nur als Hilflosigkeit.

Jean-Louis Missika: *Nicht zu Unrecht, denn die Umstände hatten sich ja geändert.*

J.-M. L. Für mich waren es begeisternde Jahre der Entdeckung der Kultur – sie langweilte das Studium nur... Der Krieg und meine Erfahrungen hatten mich abgehärtet – sie, gerade erwachsen, wußten nicht, was sie wollten. Wir hätten unsere Pflicht und unseren Auftrag verletzt, wenn wir nicht alles für sie getan hätten in den Fakultäten, die damals Bahnhofshallen glichen. Das galt vor allem für die Geisteswissenschaften.

D. W. *Kommen wir wieder zurück auf Ihren geistlichen Werdegang und Ihre Entscheidung für das Apostolat.*

J.-M. L. All diese Jahre hindurch hat mir die Ausübung meines Priesteramtes große Freude bereitet, die mir niemand verderben konnte, auch wenn ich gleichzeitig Zwänge und Widersprüche erdulden mußte und mitunter erschöpft war. Wir mußten die Studenten von gleich zu gleich behandeln und durften doch unsere Rolle als Priester und Erwachsene nicht aufgeben. Es war nicht immer leicht, den richtigen Ton zu treffen.

D. W. *Es gibt in diesem Zusammenhang ein Thema, über das wir bislang kaum gesprochen haben: der »emotionale« oder – wie man damals sagte – der »sexuelle Notstand«. Man stellte Forderungen. Wie machte sich das an der Sorbonne bemerkbar?*

J.-M. L. Es waren die normalen Schwierigkeiten von jungen Menschen zwischen 17 und 25 Jahren, die lernten, ihre Sexualität und ihre Emotionalität zu kontrollieren.

D. W. *Erinnern Sie sich nicht, daß dies ein besonderes Problem war?*

J.-M. L. Dieses Thema hatte damals einen genauso großen Stellenwert wie zur Zeit meiner eigenen Jugend, auch wenn man sich nun auf andere Weise ausdrückte.

D. W. *Und doch war die historische und gesellschaftliche Szene der sechziger Jahre nicht dieselbe. Mit der Forderung nach sexueller Befreiung setzte man sich deutlich von der Jugend der unmittelbaren Nachkriegszeit ab.*
J.-M. L. Dieser Bruch hat sich stärker in den Verhaltensweisen der Gesamtgesellschaft gezeigt. Das studentische Milieu war nur das Spiegelbild dessen. Dort griff man diese Verhaltensweisen nur auf und übersteigerte sie allerdings.

Noch ein Wort zu meiner apostolischen Tätigkeit: Die Menschen, die ich seelsorgerisch betreute, wurden für mich zu einem wunderbaren, unersetzlichen Geschenk. Junge Menschen dazu anzuleiten, sich selbst und Gott zu entdecken, war für mich eine ungemein reizvolle Aufgabe. Der Auftrag, sie zum Gebet anzuhalten, erinnerte uns daran, daß Beten eine Pflicht war – so schwer sie auch zu erfüllen sein mochte. Der Auftrag und der Wunsch, die Eucharistie zu feiern, führten zu einem intensiven Nachdenken über die Bedeutung der Eucharistie im Leben der Kirche. Aber es war auch eine Zeit schwerer Auseinandersetzungen. Die Fragen, die Sie mir stellen, wurden mir unablässig von allen möglichen Gesprächspartnern gestellt – bald aggressiv, bald verständnisvoll, bald auf zweideutige Weise. Und viele andere Fragen mehr! Und ich mußte antworten, auch wenn dies Fragen waren, die sich mir nicht stellten. Denn es kommt ein Moment, wo man die Seite umblättert, wo eine Frage überholt erscheint, wenngleich sie nicht ausdiskutiert wurde! Ich habe all diese jungen Menschen von ganzem Herzen geliebt. Das wurde mir klar, als ich sie verlassen habe.
D. W. *Dennoch war es für die Kirche eher eine Zeit der Ungewißheit. Ja es gab sogar eine gewisse Gleichgültigkeit ihr gegenüber.*
J.-M. L. Ich hatte das Gefühl, eine sehr gnadenreiche Zeit zu erleben, auch wenn sie anderen als eine Zeit des Zerfalls und der Auflösung erschien. Tatsächlich zeichnen sich in den damaligen Zeugnissen Infragestellungen ab, die auf die späteren Erschütterungen hindeuten. Beruht meine Erfahrung also auf einer Verblendung oder auf der Hilfe und dem Beistand Gottes? Ich weiß es nicht, aber das Gefühl des Zweifels, das die Gesellschaft heimsuchte, habe ich nicht geteilt. Den Auseinandersetzungen aber, die

die damalige Zeit und das studentische Milieu mit sich brachten, habe ich mich mit ganzer Kraft gestellt. Doch ich glaube, daß diese zahlreichen Konflikte, diese polemische Atmosphäre, die zum Teil mit dem Alter der Studenten und der Institution Universität zusammenhing, mich schließlich zermürbt hätten. Andererseits bestand keine Gefahr, in Routine zu erstarren!

Die Bedeutung des Zweiten Vatikanum

D. W. *Welche Bedeutung hatte für Sie in dieser Situation das Zweite Vatikanum? Was war wichtiger für Sie: die christologische Rückbesinnung von* Lumen gentium *oder die missionarische Öffnung von* Gaudium et spes?

J.-M. L. Das Konzil war eine wunderbare Zeit der Gnade, ein Geschenk Gottes. Ich habe die Minderheiten-Situation der Kirche in der Gesellschaft beschrieben; das wurde nicht von allen Katholiken bzw. nur teilweise so gesehen. Diejenigen, die es wahrnahmen, bekundeten meist am entschlossensten ihren Willen zu missionarischer Arbeit. Einige aber haben damals Wege eingeschlagen, die nicht die unseren waren. Wir haben entschieden an der Vorstellung festgehalten, daß die Kirche sich in ihrer sakramentalen Wirklichkeit und im Glauben von Gott empfangen muß. Andere wollten den Kirchenfernen entgegenkommen, liefen dabei unserer Meinung nach jedoch Gefahr, das aufzugeben, was wir für wesentlich hielten.

J.-L. M. *Zum Beispiel?*

J.-M. L. Das sakramentale Leben, die Treue zu einer sakramentalen Lebensweise (die von manchen allzusehr als ein soziologisches Phänomen verstanden wurde) erschien uns unverzichtbar. Das, was man verkürzend das Kultische nannte, wurde manchmal dem lebendigen Zeugnis des Evangeliums entgegengesetzt. Für uns hingegen erschöpfte sich die sakramentale Wirklichkeit nicht in ihrem rituellen Moment: Sie stellt vielmehr einen der hervorgehobenen Bereiche dar, in denen das Mysterium des sich den Menschen ausliefernden und hingebenden Gottes gegenwärtig wird. Das

Konzil brach die Provinzialismen des kirchlichen Lebens auf und erweiterte die Horizonte. Besonders interessierte uns die Entwicklung der Ideen und Praktiken in der Kirche unter zwei Gesichtspunkten: einmal dem der spirituellen und christlichen Kohärenz, zum anderen dem der logischen Strenge, vor allem hinsichtlich der Auslegung der Bibel. Zwischen 1963 und 1965 zeichnete sich dann eine Lösung ab. Unter den versiertesten Theologen kristallisierten sich Richtungen heraus, die die Begriffsverwirrung und die allzu einfache Gleichsetzung des Evangeliums, ja sogar des Absoluten, mit dem unmittelbaren Alltag einer erkenntnistheoretischen Kritik unterzogen.

J.-L. M. *Sie haben über den Mai 68 und die inneren Auswirkungen dieser Ereignisse auf die Kirche gesprochen, Sie haben uns aber nichts über Ihre persönliche Einstellung gesagt. Haben Sie die Folgen dieser Erschütterungen in der Kirche gespürt?*

J.-M. L. Das war in der Zeit nach dem Konzil. Die Theologien vom »Tod Gottes« und der »Stadt ohne Gott« gelangten allmählich nach Frankreich. Auch ich befaßte mich damit. Aber ich war kein guter Beobachter der Vorgänge in der Kirche. Ich wurde ganz und gar von meiner Aufgabe in diesem privilegierten, aber begrenzten Bereich des französischen Geisteslebens in Anspruch genommen und verkehrte kaum in anderen kirchlichen Kreisen. Ein wichtiger Kontakt kam zustande, als wir etwa hundert Priester baten, uns bei den Pilgerfahrten nach Chartres zu unterstützen. Diejenigen, die antworteten, standen unserer Aktion eher positiv gegenüber. Schon im Jahre 68 gab es offensichtlich stark divergierende Anschauungen. Als ich dann 1969 ein neues Amt antrat, hat sich diese Situation noch verschärft.

D. W. *Sie waren nicht mit der zeitgenössischen Devise »Teilen und Verschmelzen« einverstanden ...*

J.-M. L. Ergriffenheit, ja; Pathos, nein. Emotionalität, ja; Einheitsbrei, nein! Der Aspekt des »Ineinanderaufgehens« erschien mir fragwürdig. Der Umgang mit Psychologen lehrt, den »archaischen« Aspekt – im psychoanalytischen Sinne des Wortes – von Phänomenen zu erkennen, die im Prinzip religiöser Natur sind, aber unter dem Gesichtspunkt der Ausgewogenheit und der Vernünftigkeit fragwürdig, ja verdächtig sind. Ich nehme die mystische, spirituelle Erfahrung zu ernst, als daß ich alles in einen Topf werfen könnte. In der Vorkriegs- und der unmittelbaren Nachkriegszeit waren die religiösen Bewußtseinszustände ein zentraler Forschungsgegenstand. Die Versuche, eine große Einheit zu schaffen, schienen mir eher religiöse Surrogate zu sein.

J.-L. M. *Sie haben noch nicht die Frage beantwortet, wie Sie in dieser Situation das Zweite Vatikanum erlebt haben.*

J.-M. L. Dieses Konzil forderte zu größerer Freiheit und mehr christlicher Verantwortung auf. Auf einige Katholiken wirkte es wie eine »Dekonditionierung« – um einen Ausdruck zu gebrauchen, den ich bereits früher verwendet habe. Und 1968 war gleichsam eine Gegenprobe hierzu, als weite Teile der Gesellschaft die Dekonditionierung als eine Befreiung erlebten. Das Konzil war für mich die Einlösung früherer undeutlicher Vorausahnungen und zugleich die Bekräftigung des gemeinsamen Glaubens. Etwa in der Erklärung über die Juden. Ich hatte keine Verfolgungen der Juden durch die Kirche erlebt, doch da ich wußte, daß es solche Verfolgungen gegeben hatte und daß die christlichen Nationen verantwortlich dafür waren, glaubte ich, daß diese Erklärung den inneren Zusammenhalt der Kirche förderte und den Christen zur Ehre gereichte. Ebenso kannten wir die Last der Geschichte, und ich wußte, daß die Kirche in der Vergangenheit mehrfach Unterdrückungsmaßnahmen ergriffen hatte. Eine der umstrittensten Erklärungen, die über die Religionsfreiheit, bezeugte und anerkannte endlich eine selbstverständliche Wahrheit – mochten sich darin auch einige Ungenauigkeiten finden. Diese Texte bestätigten, was die Kirche ihrem Wesen nach war, und an diese Kirche hatte ich geglaubt. Die Konstitution *Gaudium et spes* schien die Beziehungen zwischen Welt und Kirche auf ausgewogene Weise klarzustellen; sie lehrte uns, alle Menschen zu achten und auf unseren Glauben stolz zu sein. Der Besuch von Paul VI. bei der UNO war der schlagende Beweis hierfür, ebenso wie die Begegnung des Papstes mit dem Patriarchen Athenagoras ein Zeichen für die ökumenische Öffnung war. Die Konstitution *Dei Verbum* brachte offenbar verschüttete christliche Quellen wieder ans Tageslicht. Es kam etwas in Bewegung...

Ich meinerseits war bereit, eine neue Aufgabe zu übernehmen. Der Tod von Kardinal Veuillot hat alle Pläne zunichte gemacht. Kardinal Veuillot hatte mir nämlich schon bei seiner Ankunft in Paris gesagt: »1959 wurden Sie zum Leiter des Centre Richelieu berufen, spätestens 1969, wahrscheinlich aber schon 1968, werden Sie dort weggehen. Was möchten sie anschließend tun?« Ich hatte ihm geantwortet: »Das städtische Leben fasziniert und reizt mich, obwohl es schrecklich ist. Ich liebe diese Stadt, ich liebe Paris. Wie kann man hier christliche Gemeinschaften zum Leben bringen? Welche Veränderungen muß der vom Zweiten Vatikanum ausgegangene Ruf nach Erneuerung für diese Gemeinschaften mit sich bringen, die doch den neuen Zwängen des städtischen Lebens ausgesetzt sind?« Ich fragte mich, ob die intensive Mitwirkung von Laien am kirchlichen Leben auch außerhalb des Studentenmilieus möglich war. Kardinal Veuillot hatte mich gebeten, wegen dieser Angelegenheit ein Jahr vor dem vorgesehenen Ende meiner Tätigkeit am Centre Richelieu bei ihm vorzusprechen.

J.-L. M. *Gab es Ihrer Meinung nach einen Zusammenhang zwischen dem Zweiten Vatikanum und dem Mai 68? Wie hat die Kirche den Mai 68 verdaut?*

J.-M. L. Die Kirche, und zwar Kleriker wie Laien, erlebte nun das, was ich in der Universität erlebt hatte. Der Mai 68 bewirkte, daß die mit dem Konzil verbundene Hoffnung sich ins genaue Gegenteil verwandelte. Statt einer Erneuerung der Institution durch das Bemühen um innere Bekehrung und Verjüngung erlebte man eine »Dekonditionierung« von Gläubigen, die dieses Erbe als Unterdrückung und Entfremdung empfanden. Sie befreiten sich von allen Zwängen und richteten sich in gewisser Weise zugrunde. Sie »dekompensierten«, wie die Mediziner sagen. Es war klar zu erkennen, daß sich nun in der Institution Kirche genau das wiederholte, was zuvor in der Universität geschehen war.

J.-L. M. *Hat dieses negative Urteil über die Krise der Kirche Sie dazu veranlaßt, sich ernsthaft über Ihren persönlichen Lebensweg Gedanken zu machen? Haben Sie in dieser Zeit eine persönliche Krise durchlebt? Stellten Sie sich die Frage, ob Sie nicht den falschen Weg eingeschlagen haben?*

J.-M. L. Nicht in dem Sinne, wie Sie es in Ihrer Frage andeuten. Ich hatte begonnen, Kardinal Veuillot mehrere unbestimmte Projekte vorzuschlagen. Doch Kardinal Veuillot starb. Man mußte sich nun den konkreten Aufgaben zuwenden, und das um so mehr, als sich inzwischen die Ereignisse vom Mai 68 zugetragen hatten. Die Zeit des Pläneschmiedens war jetzt vorbei, man mußte durchhalten. Unterdessen sagte der Weihbischof von Paris, Pézeril, zu mir: »Sie sollten Gemeindepfarrer werden.« Zunächst habe ich mich erbittert dagegen gewehrt, doch schließlich habe ich ohne Widerrede die Pfarrei akzeptiert, die man mir vorschlug.
D. W. *Wie alt waren Sie damals?*
J.-M. L. Ich wurde 1926 geboren; also war ich damals 43 Jahre alt. Es war eine abrupte Veränderung. Zum erstenmal seit meiner Priesterweihe hatte ich einen Sommer frei, Urlaub, da ich weder ein Ferienlager noch eine Pilgerfahrt ins Heilige Land noch irgend etwas dergleichen vorbereiten mußte. Ende Juni hatte ich meinem Nachfolger die Schlüssel übergeben.

Eine Reise in die Vereinigten Staaten

D. W. *Was haben Sie in diesem Urlaub gemacht?*
J.-M. L. Ich habe eine zweimonatige Rundreise durch die Vereinigten Staaten unternommen. Das war hochinteressant, besonders nach 68. Dabei wollte ich vor allem etwas über das großstädtische Leben erfahren.
J.-L. M. *Unternahmen Sie die Reise allein?*
J.-M. L. Ja. Ich hatte großartige Gesprächspartner, die mir erklärten, was ich sah. Dieses Land war ein Spiegel Europas und zugleich, zumindest in bestimmten Bereichen, eine Art Vorwegnahme von dessen Zukunft. Die katholische Kirche in den Vereinigten Staaten gab uns – trotz offenkundiger Unterschiede zur europäischen Kirche – einen Vorgeschmack auf das, was sich vielleicht bei uns ereignen würde. Ich habe gesehen, welchen Schaden eine ähnliche schwerwiegende Erschütterung wie der »Mai 68« bei einigen Laien, einem Teil des Klerus und der Ordensleute angerichtet

hatte, aber zugleich entdeckte ich hier eine Kraft der Spiritualität, ein menschliches und religiöses Potential, das uns fehlte, und eine größere gegenseitige Toleranz in mitunter sehr heftigen Auseinandersetzungen.

D. W. *Haben Sie auf dieser Reise neue Einblicke in das urbane Leben gewonnen?*

J.-M. L. Was ich auf dieser Reise erfuhr, war um so wichtiger, als der Zeitgeist in Europa und besonders in Frankreich forderte, die Kirche solle den Funktionalismus der Städteplaner kopieren, die die wichtigsten städtischen Funktionen: Wohnen, Arbeiten, Handel, Freizeit usw. räumlich voneinander trennten. Man glaubte, durch diese Distanz ließen sich die Einschränkungen der Vergangenheit überwinden. Daher schien die Pfarrgemeinde, deren Urbild das ländliche Dorf war, völlig überholt zu sein; die Stadt von morgen würde eine freiere und mobilere Bevölkerung in funktionalen Zentren zusammenfassen. Dieser Funktionalismus war bereits bei der Neuordnung der Kirchen in einigen europäischen Großstädten angewandt worden. Betrachtete man sich die städtebauliche Entwicklung in Amerika, für die nun wirklich genügend Mittel bereitstanden, erkannte man, wie begrenzt die Gültigkeit dieser Theorien war. Der wichtigste Faktor dieser städtebaulichen Entwicklung, die nicht so durchgeplant war wie unsere, war jedoch die Eingemeindung. Die einzelnen Gemeinden formieren sich in dem städtischen Verband zwangsläufig neu, passen sich der Mobilität an und fügen sich der Funktionalität der Megalopolen ein.

D. W. *Was war auf intellektueller Ebene Ihre wichtigste Entdekkung?*

J.-M. L. Die amerikanische Soziologie mit ihrem gewaltigen Aufwand an statistischen Erhebungen. Ich interessierte mich besonders für Religionssoziologie. Ich habe eine Kiste mit sehr bekannten Büchern aus den Vereinigten Staaten mitgebracht, von denen die meisten nicht ins Französische übersetzt waren.

In Frankreich waren Diskussionen über die »Stadt ohne Gott« und den »Tod Gottes« der letzte Schrei. Wie groß war meine Überraschung, als ich feststellte, daß man dieses Kapitel in den Vereinigten Staaten längst abgeschlossen hatte. Und es gab noch vieles andere mehr: ein Nachdenken über die Gegenwart und Vergangenheit der europäischen Kultur und ihre Beziehung zu anderen Kulturen, wofür man in den Vereinigten Staaten einen unverstellteren Blick hatte; die Relativierung psychologischer Praktiken: Ich erkannte, daß diese sich unaufhörlich verbreiteten und großen Einfluß auf die neue amerikanische Kultur hatten. Was die Spiritualität anbetrifft, so habe ich die charismatische Erneuerung des amerikanischen Katholizismus miterlebt, die damals ihren Höhepunkt erreichte und in Europa noch unbekannt war. Es gab viele aufregende Experimente im Bereich des Kirchenlebens; dabei interessierte ich mich besonders für die Ergebnisse eines von den protestantischen Kirchen durchgeführten Experiments zur Schaffung »neuer pastoraler Ämter«. Alles, was man in den folgenden zehn Jahren in Frankreich ersann und ausprobierte, war bereits in diesem Projekt ausgesprochen und verzeichnet worden, das übrigens zu eher negativen Schlußfolgerungen kam. Das einzige »pastorale Amt«, das den Test bestand, war durch strukturelle Gegebenheiten bestimmt: Beziehung zu einer Gemeinschaft, Verkündigung des Evangeliums, Gottesdienst, die Verwaltung von Spenden, die persönliche Beziehung zu den Gläubigen usw. All das hat mir später sehr viel Zeit erspart.

D.W. *Wie lauteten die Argumente der Verfechter der »Gott-ist-tot«-Theologie?*

J.-M.L. Es ging in dieser Diskussion darum, das Verschwinden des Religiösen und der Transzendenz in einer völlig von der Rationalität beherrschten Welt theoretisch aufzuarbeiten. Um sich selbst treu zu bleiben, sollte das Christentum seinen eigenen Tod erklären. Der Beginn der Herrschaft des menschlichen Geistes sollte bis zur Selbstzerstörung jedes Bildes des Heiligen oder des Göttlichen im Menschen gehen.

Paradoxerweise erarbeiteten ausgerechnet die Amerikaner, deren Kultur doch viel stärker als unsere eigene von Religiosität und biblischer Überlieferung geprägt ist, eine Theorie der Säkularisierung. Im Vergleich dazu erschien mir unsere Kultur stärker von ihren biblischen Wurzeln und ihren expliziten Bezügen zum Christentum abgeschnitten.

J.-L. M. *Haben diese Argumente Sie nicht berührt?*

J.-M. L. Nein. Mich interessierte die Diagnose: Was ging da vor? Was bedeutete diese Erschütterung? Mir schien, daß der vom Zweiten Vatikanum ausgegangene Anstoß zur Erneuerung in den Alptraum einer krisengeschüttelten, ihrer Identität beraubten Gesellschaft umschlug. Ich hatte diese Krise als jugendliche Entwicklungsphase bei den Studenten erlebt; doch als sie ganze gesellschaftliche Gruppen erfaßte wie den Klerus oder auch traditionsgebundene christliche Kreise, gewann sie eine außerordentliche Tiefen- und Breitenwirkung, bei der sehr viel auf dem Spiel stand. Ich verstand nicht, weshalb in einer Prüfung, deren Ursachen im übrigen relativ leicht zu benennen waren, manche standhielten, während andere fortgerissen wurden. Damals verspürte ich das Bedürfnis, mich auf die ureigene Grundlage all meiner Lebensentscheidungen zurückzubesinnen. Ich habe viele Dinge aufgearbeitet, die ich seit meiner Priesterweihe zwar nicht vergessen, aber doch gleichsam beiseite gelegt hatte, weil mich andere, dringlichere Aufgaben in Anspruch nahmen. Noch nie hatte ich so viele äußere Angriffe auf die Kultur, die Gesellschaft und vor allem die Kirche erlebt. Damals dachte ich oft, daß mir die Gnade der Treue geschenkt worden war. Das konnte keinesfalls mein Verdienst sein; sie war mit der Geschichte bezahlt worden, deren Erbe ich war. Ich habe mich auch an das Wort erinnert: »Gott aber ist treu« (2 Tim 2,13). »Unwiderruflich sind Gnade und Berufung, die Gott gewährt«: Das ist ein Zitat aus dem Brief an die Römer (11,29), das seinerseits eine Stelle aus dem Alten Testament aufgreift. Paulus bestätigt dies in dem Moment, wo er die unwiderruflichen Gaben Gottes an Israel beschreibt. »Gott ist treu« war die Devise, unter die Bischof Courcoux sein Amt gestellt hatte. Unser Glaube schien durch den noch nicht bekehrten Rest von Heidentum, den jeder in sich trug, auf die Probe gestellt zu werden. Ich hatte das Gefühl, eher einer Versuchung zum Abfall von Gott als einem entschieden vorgebrachten geistigen Einwand ausgesetzt zu sein. Ja, gleichsam eine Versuchung zur Abgötterei. Das war symptomatisch für eine tiefe Krise der westlichen Gesellschaft, deren nähere Umstände wir nicht zu erkennen vermochten. Wir lebten in der Illusion einer optimistischen Gesellschaft.

D. W. *Führen Sie die Erschütterung, von der Sie gesprochen haben, auf eine Krise der Kirche oder eine Krise der Gesellschaft zurück?*

J.-M. L. Die von den 68er Ereignissen ausgehende Infragestellung schien die moderne Vernunft nicht zu erschüttern; die wissenschaftliche Rationalität und die technologischen Fortschritte waren durch diesen kurzen Protest nie ernsthaft in Frage gestellt. Doch die gesellschaftlichen Zielsetzungen standen mit einem Mal zur Diskussion. Man erkannte allmählich, daß das Wachstum Grenzen hatte. Und die vom Zweiten Vatikanum ausgelöste Begeisterung schien in Frankreich, das plötzlich in eine unvorhergesehene Krise schlitterte und das für die Botschaft dieses Konzils kaum empfänglich war, keinen rechten Widerhall zu finden.

Ankunft in Sainte-Jeanne-de-Chantal

D. W. *Man hat das Gefühl, daß der Wechsel vom Quartier Latin ins 16. Arrondissement und vom Amt des Hochschulseelsorgers in das des Gemeindepfarrers angesichts Ihrer persönlichen Situation in der Zeit nach dem Mai 68 nicht einfach gewesen ist...*

J.-M- L. Der plötzliche Umzug auf das rechte Seineufer, an den äußersten Rand des 16. Arrondissements bedeutete für mich eine Entwurzelung aus dem vertrauten Lebensumfeld des linken Seineufers. An manchen Abenden fuhr ich auf meinem Moped durch halb Paris, um rasch, rasch, ohne anzuhalten – damit mich ja niemand sieht – ein paar Runden im Quartier Latin zu drehen. Ich fühlte mich wie in einem fremden Land, im Exil. Zehn Jahre später, 1979, als ich meine Pfarrgemeinde verlassen mußte, war ich wieder zutiefst betrübt, als mir klarwurde, wie sehr ich die so verschiedenartigen Gemeindemitglieder, von denen ich mich trennte, liebgewonnen hatte. Sie alle waren mir vertraut geworden, und eine gegenseitige, feste und unauslöschliche Freundschaft verband mich mit ihnen.

Doch 1969 gab es den Titel Pfarrer offiziell praktisch nicht mehr. Ich wurde zum »Leiter einer basisnahen Pastoralgruppe« ernannt.

Die französische Abkürzung für diese Funktion, R. E. P., war, soweit ich mich recht an meinen Wehrdienst entsinne, identisch mit der Abkürzung für »Fallschirmjägerregiment der Fremdenlegion«.

D. W. *Wie erklären Sie sich diese »Basisorientierung«, die damals in der Kirche vorherrschte?*

J.-M. L. Die Ablehnung der eingesetzten Hierarchien war kurz nach 68 auch im kirchlichen Milieu ein weit verbreitetes Phänomen. Folglich mußte man die Terminologie ändern. Das war ein Zeichen für den Wunsch nach etwas Neuem, der theoretisch ja auch begründet war, solange er das respektiert, was bleiben muß und was nicht dem Neuen und der Veränderung um ihrer selbst willen aufgeopfert werden kann. Folgsam begann ich dann den Gemeindemitgliedern zu sagen, daß sie keinen »Pfarrer« mehr, sondern einen R. E. P. hatten.

J.-L. M. *Wie reagierten sie?*

J.-M. L. Ich hielt es schon bald für vernünftiger, den Titel »Pfarrer« zu akzeptieren, den mir die Gemeindemitglieder spontan gaben. Immerhin stammte ich als langjähriger Bewohner des Quartier Latin aus einer anderen Welt. Ich hatte das Gefühl, einen Sprung um mindestens eine Generation zurück zu machen. Ich lernte nicht nur die Eltern, sondern auch die Großeltern der Studenten kennen. Und ich entdeckte die verborgene Rückseite dessen, was ich nicht so deutlich gesehen hatte, solange ich Studentenpfarrer gewesen war: ihre familiären Wurzeln. Ich erkannte, wie langsam sich das menschliche Leben verändert und wie träge die Gesellschaften sind.

J.-L. M. *Haben Sie damals das Phänomen des Konformismus erlebt?*

J.-M. L. Unter den Studenten und an der Universität gab es Konformismus. Jetzt lernte ich eine neue Art kennen, die mir um so mehr auffiel, als sie mir nicht vertraut war. Ich entdeckte priesterliche Lebensweisen, die mir völlig unbekannt waren, bemerkte auch, welche großen Altersunterschiede es innerhalb des Klerus gab. Ich wurde Leiter einer Gruppe von Priestern, die sich sehr stark von denen unterschieden, mit denen ich bis dahin zusammen gelebt und gearbeitet hatte. Unter meinen »Kaplänen« – an diesen

Ausdruck hatte ich mich noch kaum gewöhnt – gab es große Unterschiede hinsichtlich Alter, Erfahrung, Herkunft, Bildung... Schon sehr bald erkannte ich, wie selbstlos der Pariser Klerus war. Jeder hatte auf seine Weise und treu seiner Berufung seine Sendung erfüllt – und nur Gott weiß, um welchen Preis! Vor allem die Ältesten ließen mich erkennen, wie schön ein Priesterleben sein kann, das sich voller Demut ganz dem Dienst am Nächsten weiht. Dennoch ist das erste Jahr schwierig gewesen!

Zudem trat ich mein Amt in dem Moment an, da die Durchführungsverordnungen der Liturgiereform in Kraft traten. Einige Gemeindemitglieder waren auf diese Veränderung nicht vorbereitet. Niemand hat mich persönlich für diese Änderung des Ritus verantwortlich gemacht, hingegen habe ich die amtliche Anordnungen vielleicht mit allzu großer Strenge ausgeführt. Und dabei schöpfte ich doch nur sehr zurückhaltend aus meinen früheren Erfahrungen. In vielen Bereichen stieß ich auf eingefahrene Gewohnheiten, bestimmte Vorgehensweisen. Ich war »nicht angepaßt«! Und wie immer in dergleichen Situationen neigt man dazu, die anderen für die mangelnde eigene Anpassungsfähigkeit verantwortlich zu machen oder doch jedenfalls ihnen gegenüber ungerecht zu sein.

D.W. *Was war die wichtigste Erfahrung in Ihrer Arbeit als Gemeindepfarrer?*

J.-M.L. Die Arbeit in der Gemeinde hat meine Zeiterfahrung verändert. Die meisten Gemeindemitglieder lebten schon seit langem in diesem ruhigen Viertel, während ich als Studentenpfarrer alle zwei, drei Jahre mit einer neuen Generation von Studenten zu tun hatte. Es gibt Erfahrungen, die kann man nur verstehen, wenn man die Spanne eines ganzen Lebens, von der Geburt bis zum Tod, berücksichtigt. Hier habe ich erkannt, erlebt, wie weit die Erinnerung zurückreicht, wie lange Ereignisse im Gedächtnis bleiben und wie sie von einer Generation an die nächste vermittelt werden.

J.-L.M. *Wie ist es Ihnen gelungen, die Vorbehalte zu überwinden, auf die Sie bei ihrer Ankunft gestoßen sind?*

J.-M.L. Kurz nach 1968 kam es zu einem ungestümen Aufbrechen von Ideen, die sich seit über 20 Jahren angesammelt hatten und nun das pastoraltheologische Denken erschütterten. Kurz – ich teilte diese Vorurteile –: Alles oder fast alles, was traditionellerweise das Gemeindeleben ausmacht, mußte in Frage gestellt werden: Vorrang der Territorialgemeinde gegenüber der Personalgemeinde, Aufwertung des Privat- und Familienlebens auf Kosten des Berufs und des sozialen Engagements; Vorrangstellung kultischer Akte vor anderen Formen des christlichen Lebens usw. Zudem betonte man immer wieder, die Zunahme des Wochenendurlaubs würde dazu führen, daß die städtischen Pfarreien immer mehr verwaisten. Hinzuzufügen wäre noch, daß aktive Minderheiten die Anonymität und den Formalismus der großen sonntäglichen Gottesdienste kritisierten. Die Hochämter hatten einen schlechten Ruf...

Ich rang mit diesen Gedanken und suchte tastend nach einem möglichen Inhalt meiner Sendung in diesem Pariser Viertel, deren soziale und religiöse Einheit ich aufgrund der Zersplitterung meiner Aufgaben nicht erfassen konnte.

D. W. *Was haben Sie damals Ungewöhnliches unternommen?*

J.-M. L. Ausgangspunkt und Zentrum war der Sonntagsgottesdienst. Das beruhte einerseits auf einer Überzeugung, andererseits auf einer Feststellung. Meine ganze frühere Erfahrung – seit meiner eigenen Taufe – hatte mir gezeigt, wie ungemein kraftvoll das Wirken Gottes in den Sakramenten der Kirche ist. Ich hatte das auch anthropologisch interpretiert. Ich konnte es somit nicht lange hinnehmen, daß die kultische Aktivität einer Gemeinde gerade in den Augen der sie tragenden Glieder abgewertet wurde. Andererseits stellte ich fest, daß jeden Sonntag mehrere tausend Menschen ein bis zwei Stunden dem »Besuch des Gottesdienstes« widmeten. Die Kirche war nicht leer. Die Kirche war nach dem Postamt die Einrichtung des Viertels mit den meisten »Kunden«... Und zwar »Kunden«, die über eine hohe, wenngleich kaum explizit gemachte Motivation verfügen mußten.

Ich mußte also alles daran setzen, diesen Sonntagsgottesdienst zu einem besonderen, sinnträchtigen Ereignis voller Freude und spiritueller Schönheit zu machen. Ich empfand es nicht als übertrieben, mich einen ganzen Tag lang durch Nachdenken und Gebet auf den Sonntag vorzubereiten. Ich war es den Tausenden von Gläubigen einfach schuldig. Die äußere Gestaltung des Gottesdienstes (Gesang, Musik, Mitwirkung der Gläubigen, Einsatz des Zelebranten usw.) muß jedem ermöglichen, den Ruf zu vernehmen, den Gott an ihn richtet, und in der versammelten Gemeinschaft darauf zu antworten, um so die Isolation und Einsamkeit der einander unbekannten Städter zu überwinden, ohne ihnen die Freiheit zu verweigern, die sie legitim beanspruchen. An sich ist die Anonymität nichts Negatives. Sie kann helfen, eine freie Entscheidung zu treffen. Von da an war jeder Sonntag für mich und für die Gemeindemitglieder ein Fest. Im Laufe der Jahre haben sich immer mehr Menschen mit ihrer Kraft und ihren Talenten (Musiker usw.) in den Dienst dieser sonntäglichen Feier gestellt. Diese wöchentlichen Zusammenkünfte, bei denen das Wort Gottes im Mittelpunkt stand, bestimmt den Rhythmus unseres Lebens. Mit der Zeit erneuerte sich die Gemeinschaft so sehr, daß selbst derjenige, der nur zufällig vorbeikam, die Freude der Begegnung spüren konnte. Ich meinerseits fühlte mich dort glücklich.

Diese in sich so heterogene Gemeinschaft bildete die Kirchengemeinde. Hier war ihre Wirklichkeit, im Zusammenhang mit jenen, die »dabeisein« wollten. Es blieb abzuwarten, ob sie mehr und anderes fertigbrachten, als sich nur für diese Feiern zu treffen.

D. W. *Haben sie während Ihrer Zeit in Sainte-Jeanne weiterhin Beziehungen zu Personen des Geisteslebens gepflegt?*

J.-M. L. Nein, ich wohnte ja am anderen Ende von Paris. Zehn Jahre lang habe ich die geistige Entwicklung nur von Ferne miterlebt. Ich beschäftigte mich mit persönlicheren Anliegen; las alte Bücher zum zweitenmal und suchte mir einige kompetente Gesprächspartner im Bereich der Humanwissenschaften und der Theologie. Unter den Theologen Hans Urs von Balthasar. Ich habe die Heilige Schrift intensiver als früher gelesen und durchgearbeitet. Das erforderte zehn Jahre langsamer und mühevoller Verinnerlichung und Meditation. Tatsächlich war ich in dieser »Felsengrube« abgeschirmt. Ich konnte neue Bekanntschaften machen. Auch las ich viele Bücher über das Judentum, die ich bei der ersten Lektüre nur überflogen hatte, ein zweites Mal. Nach einigen

Jahren schließlich befand ich mich in einem Umfeld, das ebenso anregend war wie das frühere.
D. W. *Und wie ist es Ihnen gelungen, neuen Schwung in die Gemeinde zu bringen?*
J.-M. L. Die Schwierigkeit bestand darin, die geeignete Form der Mobilisierung zu finden. In dreißig Jahren war die französische Seelsorge von vielerlei Modellen beeinflußt worden. Alle versuchten die Gemeinden zu öffnen, um die Organisation der Evangelisierung zu verbessern. Und schließlich stellte ich fest, daß die so lange und noch immer kritisierte Gemeinde die Grundlage der missionarischen Arbeit war. Doch konnte man sich nicht mehr darauf beschränken, die eingefahrenen Vorgehensweisen zu reproduzieren. Man mußte sie erneuern, wie es eine ganze Generation von Priestern erfahren hatte, die nach dem Krieg auf verschiedene Weise von dem Ansehen von Saint-Séverin und dem Buch von Michonneau, *Paroisse, communauté missionaire*, oder den Betrachtungen, die Jacques Loew über seine Erfahrungen in Marseille angestellt hatte, und durch viele andere geprägt worden waren.
D. W. *Was waren Ihre Erfolgskriterien?*
J.-M. L. Natürlich kann man zählen, wie viele Menschen die Gottesdienste oder die Katechese besuchen, wie viele die Sakramente empfangen und sich Bewegungen anschließen. Doch dieses quantitative Kriterium kann keinesfalls das erfasssen, was man eigentlich messen will: unsere Treue zum Inhalt des Glaubens. Die wahre Quelle unserer Wirksamkeit muß deshalb vom Glauben abhängen – nicht nur vom Glauben der Priester, sondern vom Glauben aller Glieder der Kirche. Deshalb erschien es uns vordringlich, das uns allen gemeinsame Erbe: das Wort Gottes und seine in den Sakramenten uns mitgeteilte Liebe allen Menschen zu übergeben.

Bis dahin war in Frankreich dieses geistliche, biblische und dogmatische Erbe den Klerikern vorbehalten gewesen. Priester und Laien teilten sich viel eher die Aufgaben – »um dem Herrn Pfarrer zu helfen« – als den gemeinsamen Schatz des Glaubens. Bevor wir den Laien echte Verantwortung übertragen konnten, mußten wir gemeinsam auf das uns geschenkte Wort Gottes hören. Die Erfolgskriterien hängen dann nicht länger von der gesellschaftlichen

Macht des einzelnen oder von seinen Kompetenzen ab. Alle sollen sich fragen: »Sind wir dem empfangenen Wort Gottes treu?« Die Erfolgskriterien sind dann bei Gott zu suchen.

Wenn Eltern ihr Kind taufen lassen möchten, kann man sehr leicht sagen, es handle sich dabei um einen in der familiären oder kulturellen Tradition verankerten gesellschaftlichen Ritus ohne besondere Bedeutung. Wie aber kann man beurteilen, was im Innern dieser Menschen vor sich geht? Ist es nicht vermessen, die Authentizität des religiösen Verhaltens der anderen ausschließlich aus seinem persönlichen Urteil und an dem Maßstab seiner eigenen Sprache zu messen? Es kann Eltern geben, die eine andere, ja sogar eine grobere religiöse Sprache sprechen als wir. Doch die sakramentalen Handlungen, die Gesten des Glaubens lassen sich nicht auf einen im Brauchtum verwurzelten sozialen Brauch zurückführen. Wir wären keine Gläubigen, wenn wir davon nicht überzeugt wären. In Wirklichkeit – so muß ich mir sagen – ist ein zur Taufe gebrachtes Kind genauso von Gott berufen und erwählt worden wie du selbst von Gott berufen und erwählt wurdest. Schon im Schoße seiner Mutter wird dieses Kind von Gott geliebt, um in den Kreis derer aufgenommen zu werden, die in dieser Welt in die Nachfolge Jesu Christi eintreten sollen.

II. Was heißt Christ sein?

Die Gemeinde

Dominique Wolton: *Sie waren zu einer Zeit Gemeindepfarrer, als die Gemeinde als Ort der Einheit der Christen von vielen in Frage gestellt wurde und man statt dessen nach Altersklassen und Berufsgruppen differenzierte apostolische Bewegungen ins Leben rufen wollte. Welche Position vertreten Sie in dieser Diskussion, die mittlerweile schon eine Generation andauert?*
Jean-Marie Lustiger: Früher wurde die Gemeinde scharf kritisiert: »Die Pfarrgemeinde ist längst überholt – ein Modell, das auf das dörfliche Gemeinschaftsleben zugeschnitten war! Auf die Stadt mit ihren verschiedenartigen Funktionen, ihrer ständigen Bevölkerungsfluktuation usw. läßt sich dieses Modell nicht mehr anwenden.« Diese scheinbar soziologische Begründung hatte einen Haken: Man kann eine funktionale und konfliktträchtige Organisation der Gesellschaft dadurch festschreiben, daß man auf ihre »Einung« und auf ein Minimum an Gemeinschaft verzichtet, die doch von allen so sehr herbeigesehnt wird. Die katholische Erfahrung der Kirche leugnet keineswegs, daß es Unterschiede zwischen den Menschen gibt, aber sie nimmt diese Unterschiede an und verpflichtet die Menschen, ihre Verschiedenheit anzuerkennen und sich in einer diese überwindenden Brüderlichkeit zu einen. Das ist der Grund, weshalb diese Orte der christlichen »Einung« eines zerteilten und zerstückelten Sozialkörpers für das christliche Leben wie für die zeitgenössische Gesellschaft so wichtig sind. Durch seine Teilnahme gewinnt jeder Christ Zugang zur Quelle der Einheit und der Gemeinschaft mit seinen Brüdern, wie verschieden sie auch sein

mögen: Wie es nur einen Geist, nur einen Gott und Vater gibt, so gibt es auch nur einen Leib.

Jean-Louis Missika: *Sie kritisieren die funktionale Zersplitterung der Gesellschaft und behaupten, die Gemeinde sei ein Heilmittel dafür. Wird Ihre Ansicht vom Klerus und einem Teil der Gläubigen geteilt?*

J.-M. L. Menschen mit bürgerlichen Verpflichtungen, mit gewerkschaftlichen, beruflichen oder politischen Verantwortungen wünschen sich Orte, an denen sie sich versammeln können. Aus katholischer Sicht ist die gegenwärtige Spezialisierung der Bewegungen je nach ihren Zielsetzungen, ihren Methoden, ihren Schwerpunkten, ihrer Spiritualität nichts, was beseitigt werden müßte. Doch zugleich tritt immer deutlicher das Gefühl hervor, daß diese legitime Vielfalt nur fruchtbar sein kann, wenn sie in eine Konfrontation und einen Dialog mündet, die nicht bloße Spiegelbilder der großen politischen Verhandlungen im Büro des Premierministers sind! Es muß ein sakramentaler Dialog sein, und dieser Dialog muß zu einer festen Einrichtung werden. Es muß als normal anerkannt werden, daß ein und dieselbe Eucharistie in ihrer ganzen symbolischen Kraft Menschen zusammenführt, die sich sonst wahrscheinlich in verschiedenen Kirchen organisieren würden. Es gibt nur eine Kirche.

Etwa seit dem Zweiten Vatikanum hat man eine sehr interessante Entwicklung beobachtet. Damals ging man in Frankreich von einer klaren Aufgabenteilung aus. Die Gemeinde bildete den Rahmen für das »gewöhnliche« christliche Leben: die Austeilung der Sakramente, die Erziehung der Kinder, die Fürsorge für die alten Mitmenschen, die Gottesdienste, die Hochzeiten, die Beerdigungen, kurz: das ganze gewöhnliche Leben, der Kult, die Katechese, die Unterweisung im Glauben usw. Darüber hinaus gibt es noch das Apostolat, das heißt das Wirken in der Welt, so wie diese sich darstellte und wie man sie mit ihrer sozialen Organisation sah. Im Verlauf der letzten zwanzig Jahre kam es hier zu einem tiefgreifenden Wandel. Die meisten der engagiertesten Christen sind sich des Atheismus bzw. der religiösen Gleichgültigkeit in Frankreich sehr viel stärker bewußt geworden; sie haben die Trennung zwischen der Gemeinde als dem traditionellen Ort des Kultes und der Bewegung als dem Ort des Apostolats und des Engagements neu bewertet. Die Bewegungen wollten in ihren eigenen Strukturen die Gegebenheiten des sakramentalen Lebens wiederfinden. Das ist natürlich sehr vereinfacht gesagt.

D. W. *Läßt sich demgegenüber heute ein wiedererwachtes Interesse an der Gemeinde feststellen?*

J.-M. L. Umgekehrt haben in den Gemeinden Christen, die sich nicht in allzu starre Strukturen einbinden lassen und nicht allzu strenge Anweisungen entgegennehmen wollen, sich in verschiedenen Bereichen der Sozialarbeit engagiert. Die Krise nach 68 hat die Klassifizierungen in Frage gestellt, deren Unzulänglichkeit man entdeckte.

Heute zeigt sich ganz deutlich, daß das sakramentale Leben, das Gebet, das im Mittelpunkt des Christentums steht, sich nicht in einem kultischen Akt erschöpft, der im Gegensatz zum Leben stünde. Vielmehr ermöglicht erst das christliche Leben das Engagement der Gläubigen in der Welt. Die Gemeinden müssen die Orte sein, wo diese verschiedenen Betätigungen und Verantwortlichkeiten in der wirklichen Einheit der Eucharistie und des Sakraments aufgehoben sind. Andernfalls hört die Kirche auf zu existieren.

Liturgie, Symbolik, Sakramente

D. W. *Sie haben sowohl als Studentenpfarrer wie als Gemeindepfarrer immer wieder auf die Bedeutung der Liturgie hingewiesen. Taten Sie das deshalb, weil sie die Darstellung des Unsichtbaren ermöglicht?*

J.-M. L. Die Liturgie ist nicht die Darstellung des Unsichtbaren, sondern die Vergegenwärtigung des Erlösungswerkes Christi. Niemand hat Gott je gesehen, und niemand kann ihn sehen. Aber er gibt sich zu erkennen durch die Vermittlung seines Wortes: Die Gegenwart Gottes hat sich in die Geschichte der Menschen eingeschrieben. Das Volk derer, die Gott dazu berufen hat, mit Christus eins zu werden, nimmt im Laufe seines irdischen Lebens teil an der ewigen Sendung des Sohnes. Wir sollen an dem Tun teilhaben, durch das Gott sich zu erkennen gab, und die Liturgie ist der Akt, durch den die von Gott Berufenen das, was uns Gott ein für allemal geschenkt hat, wie eine Gnade empfangen und wie eine Danksagung leben. Das Abendmahl, das Christus am Abend vor seiner Passion feierte, entspricht dem Ritual des jüdischen Passahfestes. Jesus, der Messias, gibt dieser Feier einen neuen Sinn, einen zeitlosen Wert, da er sich mit dem Lamm identifiziert, das für das Heil der Welt dargebracht wird. Für ihn, den Messias, und für seine Jünger, die Christen, ist die Eucharistie das Opfer der Versöhnung und der Erlösung, sie ist der Einzug ins Gelobte Land; sie verschafft Zugang zum verzeihenden Gott. Nach der Überlieferung hat Jesus zu uns genau über diese Handlung gesagt: »Tut dies zu meinem Gedächtnis.« Wenn die Christen also im Gottesdienst das von Jesus selbst eingesetzte Werk des Gedächtnisses feiern, nehmen sie an seinem Opfer teil und werden eins mit seiner Offenbarung. So wird, was sein ist, unser, und was unser ist, sein. Es ist die in jedem geschichtlichen Augenblick und für alle Menschen gegebene Gegenwart der von Jesus Christus in der Geschichte, zur Zeit seines sterblichen Lebens ausgeführten einmaligen Handlung.

D. W. *Die christliche Liturgie ist mit einer besonderen Symbolik verknüpft. Worin unterscheidet sie sich von den übrigen Symbolsystemen, die die Geschichte der Menschheit prägen?*

J.-M. L. Die christliche Symbolik ist, wie die jüdische Symbolik, vor allem geschichtlich. Doch sind Symbole immer mit der biologischen und natürlichen Daseinsgrundlage des Menschen verknüpft. Die kosmischen Symbole: Sonne, Mond, Wasser, Feuer ... sind universal und in allen Kulturen anzutreffen. Die jüdische und christliche Überlieferung gibt diesen kosmischen Symbolen eine neue Bedeutung, indem sie sie zu Zeichen des Andenkens an das historische Heilsgeschehen erhebt. In dieser Hinsicht stellt die christliche Symbolik in der vergleichenden Religionsgeschichte ein absolut einzigartiges Phänomen dar.

J.-L. M. *Können Sie uns einige Beispiele nennen?*

J.-M. L. Rituelle Bäder, heilige Waschungen gibt es in allen Religionen. Die Taufe von Johannes dem Täufer ist die rabbinische

Geste der Aufnahme der Heiden in den Bund. Sie symbolisiert bereits den Durchzug der Kinder Israels durch das Rote Meer und die Überquerung des Jordan auf dem Weg in das Gelobte Land. Jesus, der Christus, wollte diese Taufe im Jordan empfangen, bevor er, wie das Evangelium sagt, die Taufe seines eigenen Todes empfing. Wenn deshalb ein Christ mit Wasser getauft wird im Glauben der Kirche an den auferstandenen Heiland, wenn ein Säugling getauft wird, erinnert die sakramentale Handlung des Priesters an den Vorgang der Taufe Jesu durch Johannes im Jordan. Diese Taufe im Jordan ist Ankündigung und Bezeugung von Tod und Auferstehung Christi. Daher kann Paulus verkünden: Durch die Taufe »sind wir in den Tod und die Auferstehung Christi aufgenommen worden«. Das kosmische Ritual des Bades (Reinigung, Untergang und Neugeburt) ist zu einem sekundären Moment abgesunken; es ist aufgegangen in der messianischen Bedeutung und in dem durch den Tod und die Auferstehung Christi gegebenen Leben des Heiligen Geistes.

Ein anderes Beispiel: Die Feier des in der Bibel beschriebenen Passahfestes verbindet zwei Rituale: einmal das der Erstlingsfrüchte, das Brotopfer, ein landwirtschaftliches Fruchtbarkeitsritual; und zum anderen ein Ritual von Hirtenvölkern, die Opferung des Lammes, der Erstgeborenen... Das findet sich überall, bei den afrikanischen Völkern, bei den Peuls ... In Israel ist dieses aus der bäuerlichen und nomadischen Tradition übernommene Ritual zu einem Fest des Angedenkens an den Auszug aus Ägypten und den auf dem Berg Sinai geschlossenen Bund geworden. Und in der christlichen Tradition ist dieses Fest der Erinnerung an den Auszug aus Ägypten zum Fest des Angedenkens an das Passahfest geworden, das Jesus in seinem einmaligen Opfertod gefeiert hat. Die kosmischen Riten werden somit zweifach historisiert.

Dieser Punkt kann nicht genug betont werden. Wir leben heute in einer Epoche, in der Beziehung zum Kosmos und zu dem, was man in der Antike das Heilige nannte, durch die rationale und wissenschaftliche Weltaneignung zerstört worden ist. Der Mond hat heute nicht mehr die Bedeutung, die er in der Antike hatte, denn der Mensch hat ihn mittlerweile erobert. Sogar der Körper des Menschen ist zum Objekt technischer Beherrschung geworden. Viele haben das erkannt und gesagt: »Die symbolische Welt des Menschen ist entzaubert worden, sie hat ihren ursprünglichen Zauber verloren. Der Mensch verwendet diese ursprünglichen Symbole weiterhin, aber er weiß nicht mehr so recht, was er damit anfangen soll. Ihr Gebrauch gleicht einem Spiel. Das Symbol hat seine Faszination und seine Kraft verloren. Deshalb gibt es in der Welt nichts Heiliges mehr; die Götter sind tot. Der große Pan ist tot. Die alte Welt ist vergangen. Welche Funktion haben noch Dichtung und Religion in einer symbolfreien Welt?« Tatsächlich aber gehört diese symbolische Verwurzelung des Menschen in seiner körperlichen und kosmischen Bedingtheit zu einem unveräußerlichen Erbe. Auch wenn dieses Erbe seine unmittelbare Anziehungs- und Abstoßungskraft verloren hat, bleiben die Symbole Früchte und Keime, Zeichen und Beweise für eine Wirklichkeit, die uns übersteigt und aus der jeder von uns lebt. Was das Symbol an Unmittelbarkeit verliert, gewinnt es an Vernunft und Weisheit. Die Vorstellung, daß die Welt von Gott geschaffen wurde und folglich eine vernünftige Ordnung besitzt, ermöglicht dem Astronauten wie dem Astrophysiker, in die Sprache des Psalmisten einzustimmen: »Die Himmel rühmen die Herrlichkeit Gottes.«

Die desakralisierten kosmischen und anthropologischen Symboliken werden in das historische Gedächtnis aufgenommen und in die Heilsgeschichte eingebunden, die ihren Sinn bewahrt, auch für die moderne Form der Vernunft. Die biblische Symbolik und die christliche Symbolik der Sakramente werden von der Entheiligung des Kosmos nicht berührt, denn sie sind ein historisches und spirituelles Angedenken. Ja, mehr noch: Sie verleihen dem Kosmos die Schönheit, die er von seinem Schöpfer empfangen hat.

D. W. *Haben Sie den Eindruck, daß man sich in der Kirche nach dem Siegeszug der Vernunft wieder stärker auf die Bedeutung der Symbole zurückbesinnt?*

J.-M. L. Man beginnt gerade erst, sich dessen bewußt zu werden, denn man war der Faszination der Vernunft erlegen. Bei der Liturgiereform hat man dem Geist der Moderne seinen Tribut gezollt und allzu viele natürliche Symbole in der Überzeugung beseitigt, sie seien heidnisch, nichtssagend und müßten einer »neuen Sprache« weichen, die erst noch zu erfinden sei und sich vor allem an die Jugendlichen richten müsse. Doch solch eine neue Sprache kann sehr enttäuschend sein, wenn ihr die historische und eschatologische Dimension fehlt. Man war zu sehr davon überzeugt, daß Reformieren gleichbedeutend sei mit radikaler Entwurzelung und völliger Neugestaltung. So verständlich das sein mag, so widerspricht es der menschlichen Natur doch genauso sehr wie die Einstellung der radikalsten Revolutionäre, die bei der Stadtplanung oder in anderen Bereichen »Tabula rasa mit der Vergangenheit!« fordern. Damit verkennt man die Geschichte.

J.-L. M. *Aber verliert die Symbolik – auch wenn sie mit der Geschichte verbunden ist – in einer entzauberten Welt denn nicht ihren Reiz?*

J.-M. L. Sie kann nicht mehr denselben Reiz besitzen wie früher, denn die menschliche Geschichte ist unumkehrbar. Aber kann sie ihn denn nicht von neuem gewinnen? Oder glauben Sie nicht, daß etwas Neues entstehen kann?

D. W. *Ich möchte die Frage von Jean-Louis Missika ergänzen. Glauben Sie nicht, daß es heute vor allem um eine Umdeutung der Symbole gehen müßte?*

J.-M. L. Die kosmischen Symbole wurden in der jüdischen und christlichen Überlieferung zu historischen Gesten. Tatsächlich bewahrt die biblische Offenbarung das Vermächtnis des Heidentums, dessen Götzendienst sie ablehnt. Die Bibel befreit den Menschen von den Götzen des Heidentums, aber zugleich bewahrt sie dessen Überreste und gibt dessen Symbolen einen neuen Sinn.

J.-L. M. *Ja, aber das ist keine Antwort auf die Frage, die ich Ihnen gestellt habe: Wenn der moderne Mensch einen symbolischen Akt ausführt, weiß er ganz genau, was er tut; und dies stellt einen Unterschied zwischen ihm und den Menschen in der Antike dar.*

J.-M. L. Sicher, das ist nicht dasselbe. Wenn man heute beim Ostergottesdienst wieder ungesäuertes Brot verwendet, wenn man die Messe mit ungesäuertem Brot und einem Kelch Wein, den man aus Reben gewonnen hat, feiert, wenn man am Palmsonntag wie-

der Palmen benutzt oder wenn man bei der Taufe oder am Abend vor Ostern zur Besprengung der Gläubigen Wasser – das Symbol der Reinigung – verwendet, dann wird man die Handlungen und Worte wahrscheinlich nicht in dem Sinne verstehen, wie die Völker der Antike sie verstanden haben. Doch wir führen diese Handlungen noch immer aus und sprechen noch immer diese Worte, und schon allein aufgrund dieser Tatsache nehmen wir ein Teil des Vermächtnisses der Antike in unser heutiges Bewußtsein auf, und was die Symbole uns mitteilen, wird nicht durch unsere Interpretation begrenzt. Das Ritual, das diese Symbole bewahrt, ist den primitiven, irrationalen Versuchen zur Wiederbelebung des Symbolischen vorzuziehen, in denen unsere hyperrationale und zugleich dionysische Kultur zu versinken droht. Diese Rettung alter Symbole ist heilsam, während ihr unkontrolliertes, im strengen Sinne abergläubisches Wiedererscheinen in unserer hyperrationalen Welt entgegengesetzte Wirkungen hervorbringen kann.
D. W. *Weshalb haben Sie während Ihres Wirkens in Sainte-Jeanne der Liturgie einen so hohen Stellenwert eingeräumt?*
J.-M. L. Weil die christliche Liturgie nicht in erster Linie eine rituelle Zeremonie ist, sondern ein historischer Akt als Ort der Erlösung, des Heils und der Gegenwart Gottes; sie ist eine Geste der Teilnahme der Jünger Christi an seiner einmaligen Geschichte. Eine christliche Existenz ohne Sakramente und ohne Liturgie ist nicht möglich; sonst wäre das Christentum nur eine Ideologie.
D. W. *Schützt denn die Liturgie das Christentum vor der Gefahr, zu einer Ideologie zu werden?*
J.-M. L. Ohne Zweifel. Der Beweis dafür läßt sich auf negative Weise erbringen: Jedes ideologisierende christliche Sektierertum entstellt oder beseitigt die Liturgie und die Sakramente. Denn die Liturgie ist der Ort, wo das Wort Gottes gleichsam als Geschenk des Lebens empfangen wird, jenes Wort, das von Gott stammt und durch Christus in der Kraft des Geistes ausgesprochen wird.
D. W. *Sind die Sakramente deshalb so wichtig?*
J.-M. L. Jede Kultur bedarf des Heiligen, und die Kulturen eignen sich den katholischen Glauben auf unterschiedliche Weise an; doch zugleich garantieren die Sakramente, daß diese Aneignung

sich nicht verselbständigt. Lassen Sie mich ein Beispiel anführen, das zu den Grundelementen des katholischen Universalismus gehört. Die christliche Religion ist im Mittelmeerbecken entstanden – in einem von Getreide und Wein geprägten Kulturraum. Von Anfang an bewahrte das katholische Ritual – von den Ländern Zentralasiens bis zum nebelverhangenen Schottland – die Elemente des Passahrituals, Brot und Wein, die an den Auszug aus Ägypten erinnern. Heute ist die Kirche wieder in sehr unterschiedlichen Kulturen präsent, in denen Hirse oder Reis das vorherrschende Nahrungsmittel darstellen. Weshalb sollte sie also nicht diese einfachen und grundlegenden Nahrungsmittel verwenden, um das Passahritual zu feiern? Weshalb an Brot und Wein festhalten? Aus engstirnigem Konservatismus? Nein, aber der Ritus fordert alle Völker – so unterschiedlich ihre Kulturen auch sein mögen – dazu auf, anzuerkennen, daß das Absolute, das ihnen als Hoffnung auf ihr Heil gegeben wurde, in einem räumlich und zeitlich genau bestimmten Punkt und in einem bestimmten Volk der Geschichte erschienen ist. Wie früher schon einmal gesagt: Jesus wurde in Bethlehem in Judäa geboren – nicht in Timbuktu, nicht in Tibet, und auch nicht in Caen. Er wurde zur Regierungszeit des Kaisers Augustus geboren, nicht zur Zeit des Dschingis-Khan oder Napoleons …

D. W. *Möchten Sie damit sagen, daß der katholische Universalismus die Anerkennung …*

J.-M. L. … dieses einzigartigen Geschehens voraussetzt. Daher kann niemand diesen Universalismus für sich vereinnahmen.

J.-L. M. *Außer die abendländischen Völker, die trotzdem ein ganzes Jahrtausend lang einen Alleinvertretungsanspruch geltend machten.*

J.-M. L. Ja, aber sie haben diesen Anspruch aufgegeben.

D. W. *Vielleicht, aber erst vor kurzem, und auch nur widerwillig.*

J.-M. L. Keiner verzichtet gerne auf Vorrechte, niemals.

D. W. *Es gab demnach einen universalen Zugang, der durch die partikulare Identität der Abendländer vermittelt war. Diese haben ein ganzes Jahrtausend lang, aus Machtgründen, einen Monopolanspruch auf das Christentum erhoben, den man heute angeblich nach und nach aufgibt.*

J.-M. L. Im Laufe von anderthalb Jahrtausenden geschah diese Vereinnahmung zwanzig-, dreißig-, ja hundertmal. Sie können eine solche Behauptung nur aufstellen, weil Sie die Vergangenheit vergessen. Als Israel die Aufnahme von Heiden in den Bund akzeptieren mußte, wurde ihm dadurch nicht sein Messias genommen, vielmehr mußte es akzeptieren, daß die Familie größer war, als es dachte. Als die Griechen schließlich diesen Messias in ihrer Sprache aufgenommen hatten, mußten sie hinnehmen, daß die Lateiner der Kirche ihre Sprache gaben und die theologischen Perspektiven veränderten. In den ersten sechs oder sieben Jahrhunderten der christlichen Geschichte finden sich außerhalb des griechisch-lateinischen Kulturraumes so eigenständige und unterschiedliche Liturgien wie die syrische, chaldäische, armenische und koptische sowie von Syrien aus bis nach Indien in verschiedenen Sprachen verbreitete Riten. Später gab es germanische Liturgien und die Evangelisation der Slawen mit der Einführung der Schrift durch Kyrill und Method. Wie schwer muß es für diese Völker gewesen sein, sich nacheinander beraubt zu sehen!

D. W. *Kommen wir auf die Sakramente zurück: Glauben Sie, daß diese heute weniger wichtig sind oder an Gewicht gewonnen haben? Seit dem Zweiten Vatikanum gibt es eine Tendenz, sie etwas weniger geheimnisvoll und verständlicher erscheinen zu lassen, während die Traditionalisten andererseits auf die Unverzichtbarkeit des Mysteriums hinweisen.*

J.-M. L. Es gibt eine Versuchung, die nicht mit dem Zweiten Vatikanum begann, sondern der Liturgie als solcher innewohnt: die Versuchung, alles zu erklären. Ganz nach dem Muster jener Lehrer, die den Schülern ein Gedicht von Baudelaire vorlegen und es von A bis Z erklären wollen, so daß alles Geheimnisvolle darin getilgt würde – damit zugleich aber das Gedicht selbst ausgelöscht und jede andere Interpretation verunmöglicht würde! Die Liturgie ist ein konkreter Akt, der das symbolische und historische Erbe vergegenwärtigt und dessen Sinn sich nicht in der Bedeutung erschöpft, die ihm der Ausführende zuschreibt. Der Ritus birgt ein Mysterium in sich, dessen symbolische Fülle dem Worte Gottes und dem Mysterium der Geschichte entspricht. Die Liturgie auf das reduzieren zu wollen, was eine bestimmte Generation davon versteht, hieße, sie auf ein Niveau mit der Eröffnungsfeier der Olympischen Spiele oder der Parade am 14. Juli zu setzen. Dann fehlt nur noch ein begeisterter, mitreißender Kommentator, der einem alles Nötige erklärt!

D. W. *Demnach bevorzugen Sie Latein?*

J.-M. L. Nicht unbedingt.

D. W. *Nicht unbedingt, aber Sie sind auch nicht dagegen?*

J.-M. L. Nein, die lateinische Sprache ist ein Zeichen für eine gewisse Kontinuität innerhalb eines bestimmten Kulturraumes. Die Frage, in welcher Sprache die Liturgie gehalten wird, ist nicht von grundlegender Bedeutung, aber der Zelebrant kommuniziert nicht schon deshalb besser mit der Gemeinde, weil er die einheimische Sprache spricht.

J.-L. M. *Allgemeiner gesagt: Sie sind eher für die Bewahrung und gegen die Veränderung der Riten?*

J.-M. L. Das kommt auf die Veränderungen an. Wir haben jetzt bestimmt nicht an der ersten Liturgiereform der Geschichte teilgenommen, aber es war die erste, die den lateinischen Ritus so tiefgreifend verändert hat.

D. W. *In welcher Beziehung stellte sie eine radikale Veränderung dar?*

J.-M. L. Die Liturgiekonstitution des Konzils hat es bei allgemeinen Grundsätzen bewenden lassen, doch man muß sich anschauen, wie diese später umgesetzt wurden. Die Reform wurde von Hochschullehrern, von Professoren entworfen. Dem ging eine sehr beachtliche wissenschaftliche Arbeit voraus. Die moderne historische Liturgiewissenschaft entstand am Ende des 18. Jahrhunderts. Allmählich hat sich eine historische und »genetische« Kritik an den Quellen herausgebildet. Zwischen 1930 und dem Beginn des Konzils haben Liturgiewissenschaftler im allgemeinen die Liturgie aus der Goldenen Zeit zwischen dem 4. und 5. Jahrhundert als vorbildlich dargestellt. Sie sei das Ideal, das wiederhergestellt werden müsse! Und das hat man dann auch getan. Mag dies auch vernünftig gewesen sein, so ist doch nicht sicher, ob eine langsamere, weniger abrupte, die vertrauten Gewohnheiten und Kontinuitäten stärker berücksichtigende Entwicklung den Gläubigen nicht das Gefühl eines weniger dramatischen Schocks gegeben hätte. Hätte man die Bedeutung der Riten als ein im Laufe der Generationen sich festigendes historisches Gedächtnis besser erkannt, wäre man in der Liturgiereform vielleicht behutsamer vorgegangen.

D. W. *Ja, aber manche sahen in diesem Bemühen, die Liturgie und die Sakramente verständlicher zu machen und den Gläubigen mehr Mitwirkungsmöglichkeiten zu geben, eine »Demokratisierung«.*

J.-M. L. Eine Demokratisierung? Das widersprach dem Wunsch der meisten Menschen.

D. W. *Darauf könnte man antworten, daß es im Volk eine Art Fortschrittsfeindlichkeit gab, die durch die Liturgiereform verringert werden sollte.*

J.-M. L. Das widersprach dem Wunsch der meisten Gläubigen, die doch letzten Endes Stille, Musik und einen im Gedächtnis verankerten Ritus wollten. Die »aktive Teilnahme« der Gläubigen, die eines der Ziele des Konzils war, ist eine gutgemeinte Idee. Doch mußte man bei der Verfolgung dieses Zieles so vorgehen wie Mao bei seiner Kulturrevolution und die Mitwirkung zur Pflicht machen? Wäre es nicht besser gewesen, sehr viel behutsamer zu Werke zu gehen? Wir haben diese Veränderungen vielleicht etwas zu sehr forciert und dadurch das Gegenteil des gewünschten Effekts erzielt. Das scheint mir auf einen Mangel an historischem Sinn hinzudeuten.

Die Architekten der Liturgiereform waren nicht ohne Grund der Ansicht, daß die Riten unverständlich geworden waren, weil man nicht mehr wußte, welchen Zweck und welche Bedeutung sie hatten. Dafür machte man, nicht ohne Grund, die Sprache verantwortlich. Aber das bloße Übersetzen genügte nicht. Also wollte man die Riten transparenter machen, um ihnen ihre frühere »Kraft« zurückzugeben. Dabei hat man häufig den Ritus kurzerhand durch seine Erklärung, das Symbol durch seine Deutung ersetzt. Ein Ritus, ein Symbol muß jedoch historisch fundiert sein und eine gewisse allgemeine soziale Bedeutung besitzen. Weder ein

Priester noch eine einzelne Gruppe kann ein Symbol erfinden. Übrigens ist der Versuch, Symbole zu erfinden, grundsätzlich zum Scheitern verurteilt. Die großen Revolutionen wollten neue Symbole einführen; »gezogen« haben indes nur die Symbole, die von der Geschichte und dem Gedächtnis der Völker wieder aufgegriffen und mit Sinn aufgeladen wurden. Die kosmischen Symbole verdanken ihre Aufnahme in die jüdische und christliche Tradition geschichtlichen Ereignissen, und wenn sie eine symbolische Kraft gewinnen, so deshalb, weil den vom Heiligen Geist geführten menschlichen Generationen in diesem Gedächtnis eine unerhörte Quelle der Identifikation und Inspiration erwachsen ist.

J.-L. M. *Würden Sie es befürworten, dem Glauben auch wieder eine leibliche Dimension zu geben, etwa durch Fasten oder durch Praktiken, die seit etwa zwanzig Jahren stark im Rückgang begriffen sind?*

J.-M. L. Die ganze Dymamik der zeitgenössischen Kultur drängt uns geradezu in diese Richtung. Die Wahrnehmung des Körpers, die neue Sensibilität, die die sinnlichen Ausdrucksformen wie Gesang, Pantomimik, Malerei usw. fördert, indem sie sie allen zugänglich macht. Das ermöglicht uns, erneut den spirituellen Wert der leiblichen Existenz des Menschen zu verstehen: Gott hat menschliche Gestalt angenommen, ist Fleisch geworden, wie das Evangelium sagt. Daraus folgt, daß die christliche Askese keineswegs eine Mißachtung des Leibes darstellt, sondern ihn, im Gegenteil, erst seiner wahren Bestimmung zuführt. Der Leib ist der Tempel des Geistes. Die jungen Generationen entdecken wieder, was wir für überholt erachtet hatten, auch wenn ihnen dies bald besser, bald schlechter gelingt. Weshalb war unsere Generation über die ihr vermittelten Praktiken so schockiert, fühlte sie sich durch sie vergewaltigt? Was hat die westliche Welt fünfzig Jahre lang erlebt?

D. W. *Stimmen Sie folgender Äußerung von Kardinal Ratzinger über die Liturgie zu: »Für den Katholiken ist die Liturgie die gemeinsame Heimat, sie ist die eigentliche Quelle seiner Identität. Deshalb muß sie vorgegeben und unveränderlich sein, damit sich durch den Ritus die Heiligkeit Gottes offenbart«?*

J.-M. L. Ja, ganz und gar. Unveränderlich heißt nicht einförmig.

Von jeher hat die Liturgie verschiedenartige Formen angenommen, und das wird sie auch weiterhin tun. Doch die Liturgie zeichnet sich dadurch aus, daß sie ein objektivierter Ausdruck des Geschenkes ist, das Gott seiner Kirche gemacht hat. Ein Sänger, ein Künstler bringt seine Subjektivität gegenüber einer Gemeinschaft zum Ausdruck, die sich darin wiedererkennt oder nicht und die sich vielleicht mit ihm identifiziert. Darauf beruht sein Erfolg; seine Ausdruckskraft basiert in erster Linie auf seiner Subjektivität und auf der Art und Weise ihrer Objektivierung. Im christlichen Ritus jedoch ist der Zelebrant Vermittler einer Sinnbotschaft, die nicht von ihm stammt und nicht aus seiner Subjektivität hervorgeht: Seine Handlung ist eine Geste, der die versammelten Gläubigen gehorchen und innerlich zustimmen. Bei der Eucharistie spricht und handelt der Priester, aber er tut dies im Namen Christi als dem Haupt der Gemeinde, und die Gläubigen kommen nicht, um ihn zu sehen, sondern um die Eucharistie des Herrn zu feiern. Zu jedem Schauspiel gehören Spieler und Zuschauer. In der Liturgie sind alle sowohl Spieler, Mitarbeiter Gottes, als auch Zuschauer des Werkes, das Gott in ihnen wirkt.
J.-L. M. *Aber verstehen es die Priester auch immer, den Gläubigen die Bedeutung der Liturgie klarzumachen?*
J.-M. L. Wenn ein Priester keinen innigen und lebendigen Zugang zum Glauben hat, könnte ihn das Gefühl beschleichen, nur eine Art Zeremonienmeister zu sein, ein Dienstleistungserbringer unter anderen, der für die sozialen Riten zuständig ist. So könnte er etwa bei einer Trauung zu Recht oder zu Unrecht den Eindruck haben, man erwarte von ihm in erster Linie ein bestimmtes Zeremoniell und der spezifisch religiöse Aspekt, der seine tiefste Überzeugung betrifft, spiele nur noch eine sekundäre Rolle.
D. W. *Aber war denn nicht die Tatsache, daß ein Teil der Gläubigen die Sinnfülle der Sakramente nicht mehr erkannte, der Auslöser der Liturgiereform?*
J.-M. L. Zum Teil. Die Vereinfachung der Liturgie sollte den Priestern ermöglichen, einen authentischeren Dialog zu beginnen. Die Gläubigen hatten jedoch indirekt das Gefühl, die Priester erwarteten und verlangten zuviel. Während meiner Zeit als Pfarrer erhielt

ich die Antwort: »Seien Sie doch damit zufrieden, daß wir den Gottesdienst besuchen. Wenn Sie zu viel von uns verlangen, kommen wir einfach nicht mehr.« Unser Ziel – und unser Problem – bestand darin, dem Ritual wieder neues Leben zu geben, es also stärker in das Leben einzufügen; aber wie sollte dies geschehen? Wie weit sollte man dabei gehen? Wir hatten das – mitunter unbegründete – Gefühl, daß der Kirchenbesuch nicht auf das Leben des Volkes ausstrahlte; entfalteten Glaube, Religion und Treue zu Christus auch außerhalb der Kirchenmauern ihre Wirkung? Wir mußten also auf die Straße gehen und die Einheit von Leben und Glauben wiederherstellen.

Ein zweiter Versuch bestand darin, das einfache Leben oder – um ein Allerweltswort der Kirchensprache zu verwenden – das »Alltagsleben« aufzuwerten. Man erklärte das Alltagsleben zu dem Bereich, wo sich das Heilige und Gott offenbaren konnten. Das ist nicht einmal ganz falsch. Doch sollte man darüber nicht vergessen, daß die moderne Welt auch andere Modelle kennt. Das Alltagsleben besteht aus »Malochen und Pennen«! In die Fabrik, ins Kaufhaus, ins Büro gehen; es ist das entsprechend den Funktionen der Gesellschaft organisierte Leben, zu dem Kühlschrank, tiefgefrorene Lebensmittel, Staubsauger, Kunststoffe, ein auf dem Land verbrachtes Wochenende gehören. Nun ist aber dieses gesellschaftliche Leben nicht von sich aus entstanden, vielmehr liegen seiner Organisation Entscheidungen und Wirtschaftlichkeitserwägungen zugrunde, die nicht unbedingt anderen Sinnzuweisungen Platz machen. So ist eine Fabrik in erster Linie dazu da, Waren zu den geringsten Kosten, zum bestmöglichen Preis zu fertigen, um dadurch einen höchstmöglichen Gewinn zu erzielen, allenfalls noch um Arbeitsplätze zu schaffen, vielleicht auch um die sozialen Kontakte zu verbessern, aber keinesfalls, um Befindlichkeiten auszutauschen! Letzten Endes müssen sich die Menschen in ihr Privatleben flüchten, um dort ein wenig Freiheit zu finden. Die verschiedenen Bereiche des menschlichen Daseins sind in Organisationszusammenhänge eingebunden, in denen die Symbolik des Lebens durch genau festgelegte Zielvorstellungen, anspruchsvolle Pläne und oftmals wirtschaftliche Zwecke eingeschränkt, abgewertet und vereinnahmt wird. Als wir als Zeugen Christi diese Rationalität mit der Absicht übernommen haben, in diese rationale Welt den Glauben und seine Symbolik einzuführen, haben wir den schwierigsten Weg eingeschlagen. Es gibt dort keinen Ort, der für den Ausdruck der religiösen Symbolik geeignet wäre, denn entweder wird sie von vornherein aus der rationalen Welt ausgeschlossen oder von ihr vereinnahmt.

J.-L. M. *Sie sind also eher dafür, die religiöse Symbolik an Orten und zu Zeiten zum Ausdruck zu bringen, die vom Alltagsleben getrennt sind?*

J.-M. L. Wir sind doch dazu gezwungen! Punktuelle Ereignisse wie Geburt, Tod, Heirat stellen Brüche im Alltagsleben dar, wo Männer und Frauen, die im erbarmungslosen Getriebe des Alltags gefangen sind, das wiederfinden können, was sie sonst nirgends bekommen. In dem Leben eines Mannes oder einer Frau gibt es nicht sehr viele Augenblicke der freien Entscheidung – Momente, in denen die Weichen für die Zukunft gestellt werden. Jene Ereignisse, von denen ich gerade gesprochen habe, gehören mit Sicherheit dazu. Wir Priester stehen am Rande des Weges. Wir erleben, wie bei Männern und Frauen in kurzen, aber entscheidenden Momenten das Bedürfnis nach etwas aufbricht, das sie häufig kaum zu formulieren imstande sind. Das erfordert von den Priestern eine große innere Offenheit, denn diese Momente sind kurz, auch wenn sie für denjenigen, der sich ratsuchend an uns wendet, sehr kostbar sind. Man muß diesen Menschen dann etwas geben, was sie gerade nicht aus ihrem Alltagsleben kennen.

D. W. *Sie sind also gegen die einige Jahre vertretene »Ideologie der Partizipation«, die die Trennung zwischen Alltagsleben und Orten und Zeiten der Andacht verringern wollte?*

J.-M. L. Wahre Partizipation setzt Trennung voraus. Andernfalls handelt es sich um eine archaische, verschmelzende, regressive Partizipation; die Partizipation, die wir erhoffen und nach der wir beharrlich streben müssen, setzt eben gerade eine Betonung der Unterschiede voraus.

D. W. *Und doch wird Gemeinschaft nur selten mit Differenzie-*

rung in Verbindung gebracht. Im allgemeinen versteht man den Begriff als Synonym für Verschmelzung.

J.-M. L. Es gehört mit zu unserem Auftrag, diese Regression zu verhindern, vor allem, wenn man beachtet, was die Symbolik der Kirche und der Gemeinde bedeutet.

D. W. *Ja, und doch haben sich viele Priester aktiv für die Partizipation und die Desakralisierung eingesetzt. Man forderte: »Weg mit den archaischen Riten und Kulten, die das Volk nicht versteht. Machen wir sie für jedermann verständlich, öffnen wir sie« ...*

J.-M. L. Diese Forderung wurde nicht nur vom Klerus, sondern auch von einigen Gläubigen erhoben. Es ist der Irrtum einer Gesellschaft, die sich durch die Aufhebung der Differenzen selbst zu vernichten droht.

D. W. *Sind Sie sich bewußt, daß man mit dieser Behauptung eine stark hierarchisch gegliederte Gesellschaft legitimieren kann? Von der Notwendigkeit, Unterschiede zu bewahren, zur Vision einer viel starreren und stärker hierarchisch gegliederten Ordnung – wie es sie schon gegeben hat – ist es nur ein kleiner Schritt.*

J.-M. L. Ich sehe durchaus, daß meine Äußerung in diesem Sinne verstanden werden könnte. Ebenso kann man die Forderung nach Aufhebung der Unterschiede im anarchistischen oder im faschistischen Sinne verstehen. Tatsächlich setze ich mich damit aber ganz im Gegenteil für eine wahrhafte Demokratie im vollsten Sinne des Wortes ein. Wer Demokratie sagt – so verstehe ich sie zumindest –, meint damit zugleich ein Ideal der Verantwortung und folglich der Personalisierung. Und wer Personalisierung sagt, meint damit auch Unterscheidung und Besonderung von Funktionen und Rollen, ja auch des Heiligen selbst. Gemeinschaft setzt Anerkennung des anderen voraus. Zu glauben, die Distanz, in der der andere sich konstituiert, sei eine Verneinung der Gemeinschaft, heißt buchstäblich, den anderen leugnen. Hieße, jeden sich selbst angleichen wollen. Wahre Gemeinschaft mit den anderen ist nur möglich, wenn sie in ihrer Andersheit geachtet werden. Das gilt für den Mann genauso wie für die Frau, für die Eltern genauso wie für die Kinder: Wenn die Eltern ihre Elternrolle ablehnen, können die Kinder ihre Identität als Kinder nicht entfalten.

J.-L. M. *Woran erkennen Sie einen Christen?*

J.-M. L. Christ nenne ich den, der getauft worden ist. Durch die Taufe wird der Mensch gleichförmig mit Christus durch den Akt, der ihn zum Kind Gottes einsetzt, in dem er teilhat an der Taufe Christi, das heißt an seinem Tod und seiner Auferstehung. Von da an ist der Christ unwiderruflich dazu bestimmt, seiner göttlichen Berufung zu entsprechen. Er ist Kind geworden – nun liegt es an ihm zu leben. Das ist die Definition eines Christen. Das Christsein hängt also nicht davon ab, ob man den Glauben praktiziert. Wer einmal Christ geworden ist, bleibt es für immer.

D. W. *Aber woran kann man »phänomenologisch« einen Christen erkennen?*

J.-M. L. Ein Christ sollte nicht den Anschein erwecken wollen, ein Christ zu sein; sonst wäre er nur ein Schauspieler, ein Heuchler, der dem äußeren Schein das innere Sein opfert. Sie werden die große Herausforderung kennen: »Bessere Lieder müßten sie mir singen, daß ich an ihren Erlöser glauben lerne: erlöster müßten mir seine Jünger aussehen.« Dieser Vorwurf Nietzsches hat die Christen dazu veranlaßt, »erlöster« aussehen zu wollen. Aber es ist völlig sinnlos, nur den Anschein erwecken zu wollen, ohne es auch zu sein. Nicht dem falschen Schein, sondern nur dem tatsächlichen Wirken Gottes in uns ist es zu verdanken, wenn man uns als Christen erkennt. Im Evangelium sagt Christus zu seinen Jüngern: »An eurer gegenseitigen Liebe wird man euch erkennen«, und er fügt hinzu: »Liebt einander so, wie ich euch geliebt habe.« Dieser Satz ist von entscheidender Bedeutung und entspricht der Antwort, die ich gerade gegeben habe, doch zugleich kann er Anlaß zu Mißverständnissen sein. Was heißt dieses »Sich-Lieben«? Wenn man sich die Geschichte der christlichen Gesellschaften ansieht, stellt man fest, daß es auch in ihnen – wie in vielen anderen Gesellschaften – Haß, Zwietracht und Konflikte gab.

D. W. *Sagen wir, der Unterschied zu den anderen Gesellschaften fällt nicht ins Auge.*

J.-M. L. Das mag so sein! Jedenfalls ist eine christliche Gesellschaft kein Paradies auf Erden. Das Vorbild der Liebe Christi ist kein universelles Rezept für ein harmonisches Zusammenleben in einer Gesellschaft, deren Konflikte dank eines leicht erreichbaren Konsenses von heute auf morgen einfach verschwinden würden.

Das Leben Christi, das heißt seine Passion, sein Tod am Kreuz, mit dem er Haß und Kaltherzigkeit, also die Sünde, auf sich nimmt, liefert uns das Modell, das Urbild der Liebe. »Es gibt keine größere Liebe, als sein Leben hinzugeben für die, die man liebt.« Diese Worte Christi darf man nicht als Wille zur selbstmörderischen Aufopferung eines Helden verstehen, der sich umbringt, um seine Ehre zu verteidigen, sondern, im Gegenteil, als Selbstlosigkeit bis in den Tod hinein, um dadurch den Menschen das ewige Leben zu schenken.

Ebenso müssen die Jünger, wenn Christus sie aufruft, einander zu lieben, wie er uns geliebt hat, alles, was unter den Menschen und damit unter ihnen Zwietracht sät, alle Konflikte, die die Christen in Ethnien und Nationen zerspalten, überwinden. Es gibt keinen Grund, weshalb die Menschheit plötzlich anders sein sollte, als sie ist. Aber sie empfängt die Kraft des Messias, sich gegen diese Uneinigkeiten zu wehren. Die Sakramente sind die Quelle, die Beweise, die Zeichen, die Instrumente dieser Kraft. Sie ermöglichen uns, die Uneinigkeiten zu ertragen und sie zu verwandeln, so daß sie »die Breschen schließen«, wie der Prophet sagt. Die Schlüsselworte sind Liebe, Vergebung, Barmherzigkeit und Leiden, das Leiden Christi. Das Zeichen, an dem sich die Christen untereinander erkennen und das die Welt mitunter wahrnehmen kann, ist ihre Angleichung an Christus in ihrer brüderlichen Liebe, durch die sie sich mit Christus in seiner Passion identifizieren.

Dieses Ideal des menschlichen Lebens, das in der durch den Geist vermittelten Gemeinschaft mit Christus besteht, zeichnet die Christen aus und ist von universaler Bedeutung. Die Christen sollen dieses Ideal Menschen mit anderen Überzeugungen nicht aufzwingen, aber zugleich haben sie die Pflicht, allen Menschen den von ihnen verfochtenen Anspruch als eine der ganzen Menschheit geschenkte Offenbarung und Gnade zu verkünden.

III. Die theologische Reflexion

Sprechen über Gott

Dominique Wolton: *Von Gott zu sprechen setzt voraus, daß man ihn als Gesprächspartner denkt und folglich eine bestimmte Vorstellung von ihm hat. Diese hat sich im Laufe der Geschichte von einer rein symbolischen zu einer mehr und mehr anthropomorphen gewandelt. Welche Bedeutung hat dieser Wandel der Gottesvorstellungen, die sich ja bekanntlich auf die Art und Weise auswirkt, wie man mit ihm spricht und seine Rolle bestimmt? Jede Kommunikation, auch die mit dem Heiligen, setzt eine Identifizierung des anderen voraus.*

Jean-Marie Lustiger: Ich möchte keine Diskussion über die Vorstellungen des Göttlichen in verschiedenen Kulturen beginnen. Die Ethnologen sind hier sehr vorsichtig geworden. Ich glaube nicht, daß sie Ihrer Darlegung des Sachverhalts zustimmen würden. Ich beschränke mich auf die Probleme, die die Symbolisierung Gottes in der jüdischen und christlichen Tradition aufgeworfen hat. Die bildliche Darstellung Gottes in der christlichen Überlieferung hat sich im Laufe der Jahrhunderte verändert und war in sich selbst nicht einheitlich. Darüber kam es sogar zu einer schweren Krise, die grundsätzlich vom Zweiten Konzil von Nikaia, 787, gelöst wurde, das über die Rechtmäßigkeit von Ikonen entschied. Es ging um die Frage, ob man die Personen der biblischen Geschichte, und insbesondere Christus, bildlich darstellen dürfe oder nicht. Diese geistliche, ästhetische, symbolische Krise ist in gewisser Hinsicht mit der Diskussion vergleichbar, die gegenwärtig in der westlichen Welt über die nichtgegenständliche Malerei stattfindet. Ich glaube, ich habe bereits darauf aufmerksam gemacht: Es gibt eine Analogie zur abstrakten Kunst und zum Ende der figürlichen Darstellung des Menschen. Die heutige Krise der figürlichen Darstellung läßt sich vielleicht als eine Art Ikonoklasmus begreifen, denn zwischen der menschlichen und der göttlichen Gestalt besteht ja eine Ähnlicheitsbeziehung.

In der jüdischen Tradition gibt es keine bildliche Darstellung Gottes, während sämtliche heidnischen Religionen des Nahen Ostens Bilder von ihren Göttern anfertigten. Im Gegensatz zu einer weit verbreiteten Ansicht war dem Judentum jedoch die bildliche Darstellung Gottes durchaus nicht ganz fremd. Den Beweis dafür liefern Mosaiken im Nahen Osten, die aus der Zeit zwischen dem 2. Jahrhundert vor und dem 2. Jahrhundert nach Christus stammen. Vier Jahrhunderte lang gab es eine erstaunlich vielfältige jüdische Kunst. Ich denke hierbei an ein ganz bestimmtes Mosaik, das in Galiläa gefunden wurde. Es stellt die Opferung Isaaks dar; es stammt aus der hellenistischen Epoche und dürfte im 2. Jahrhundert entstanden sein. Im Unterschied zur hellenistischen Kunst in anderen, nahegelegenen Synagogen ähnelt es etwas den romanischen Fresken in Katalonien. Es ist keine naive Kunst, sondern zeugt von hoher ästhetischer Meisterschaft. Man hat den Eindruck, der Künstler habe absichtlich die Gestalt verzerrt, um kein vollkommenes Abbild zu schaffen. Das ist genau das gleiche Problem wie in der modernen Malerei.

Gottvater wurde lange Zeit, bis zum Barock, also bis ins 17. Jahrhundert, immer durch ein Zeichen repräsentiert: das heilige Tetragramm (die vier hebräischen Buchstaben des göttlichen Namens), einen Lichtstrahl, die Sonne, eine Hand, also durch abstrakte Symbole, denn der Vater ist nicht abbildbar. Der Darstellung Christi hingegen, des Sohnes Gottes, der menschliches Fleisch und menschliche Gestalt angenommen hat, liegt eine symbolische Ästhetik zugrunde, die nur selten einer realistischen Ästhetik weicht, wie dies vor allem im Abendland vom 13. und 14. Jahrhundert an der Fall war. In der gesamten byzantinischen Ikonographie wird Christus als eine stark typisierte menschliche Gestalt dargestellt. Damit wird auf ein Sakrament und ein Mysterium verwiesen, denn die Gesten und Worte des fleischgewordenen

Christus sind Prophezeiungen über das, was sich im Laufe der Geschichte in seinen Brüdern erfüllen wird. Diese bildliche Darstellung gehörte gleichsam zum Mysterium des fleischgewordenen Wortes Gottes. Sie steht in Kontinuität zur Feier der Eucharistie. Die Ikonographie der Kirchen war bis in die Renaissance hinein von Regeln bestimmt, die in strengster Übereinstimmung mit der theologischen Lehrmeinung formuliert wurden. Die Maler und Bildhauer unterwarfen sich einer sehr strengen geistigen Disziplin, die sowohl das Erlernen als auch die Ausübung ihres Berufes beherrschte. Es gab keine »Künstler«, sondern nur Gläubige – meistens Mönche –, für die die Anfertigung von Bildern, »Ikonen«, genauso selbstverständlich war wie das Abschreiben der Heiligen Schrift.

Im antiken Judentum war die Darstellung biblischer Szenen in den Synagogen keine Gotteslästerung, wenn die versammelten Gläubigen nicht das Bild als solches anbeten wollten. Denn das Bild war ja nur ein Zeichen, ein Verweis, das in engem Zusammenhang mit dem lebendigen Wort stand. Es war ein gemaltes Wort, kein Götzenbild. Im Mittelalter wagte vor allem die abendländische Tradition, Gott Vater entsprechend Seinen Namen in der Schrift: Schöpfer, Herr, Vater zu veranschaulichen. Als man den unsichtbaren Vater als alten Mann darstellte, hat man ein Tabu durchbrochen. Diese Entwicklung ist unter kulturellem Aspekt von Interesse, bedeutet aber keine Schwächung des Glaubens der Kirche.

Jean-Louis Missika: *Mißfällt es Ihnen, wenn man Gott in menschlicher Gestalt darstellt?*

J.-M. L. Ja, wenn es sich um Gottvater handelt, denn darin sehe ich eine gewisse Mißachtung der Heilsökonomie. Sie kennen ja den Satz aus dem Prolog des Johannesevangeliums: »Niemand hat Gott jemals gesehen« (1,18).

D. W. *Sie bevorzugen also eine symbolische Vergegenwärtigung?*

J.-M. L. Ganz entschieden. Die Mönche des 14. und 15. Jahrhunderts verfügten über ein sehr differenziertes Symbolsystem.

D. W. *Es gibt nicht nur ein Problem der Darstellung, sondern auch ein Problem der Gottesanrede und der Gottesvorstellung.*

J.-M. L. Wer Gott auf seine subjektive Gottesvorstellung reduziert, verkennt ihn, sagt Augustinus. Man muß das Problem umkehren. Gott gibt dem Menschen die Möglichkeit, zu existieren und sich ihm gegenüber als personales Subjekt zu konstituieren. Gott schenkt dem Menschen die Sprache, durch die der Mensch sich an Gott wenden kann. Durch seine Selbstoffenbarung ermöglicht Gott dem Menschen, ihn anzusprechen. Indem Gott seinen Namen nennt, gibt er dem Menschen die Sprache und die Worte, um ihn anzusprechen. Gott spricht schon im Alten Testament. Sein Wort ergeht an den Menschen, und sobald dieser es empfängt, wird es zum menschlichen Wort. Durch dieses gottgeschenkte Wort kann der Mensch den unsichtbaren Gott erkennen und ihn beim Namen nennen. Der Geist öffnet die Ohren und verhilft dem Menschen zur Sprache: Er erschafft für den Menschen eine Sprache, die ohne sein Wirken Gott nicht erreicht. Die Ansprache an den unsichtbaren Vater ist in der christlichen Tradition durch die Kraft des Heiligen Geistes mit dem Gebet seines menschgewordenen Sohnes Jesus verknüpft. Christus selbst sagt, als er uns die Gebetsformel verkündet: »Wenn ihr betet, sollt ihr sagen: ›Unser Vater‹«, und wir verwenden das Wort »Unser Vater« – jenes vornehme Wort, das die Bibel übernimmt. Jesus hat jedoch ein Wort ausgesprochen, das nicht übernommen wurde, das die Liturgie nie zu übernehmen wagte. Er sagte nämlich: »Abba«, was im Aramäischen »Papa« bedeutet. Folglich besteht zwischen der Person des Messias und Gottvater eine unerhörte, einzigartige Vertraulichkeit. Jesus selbst hat uns gelehrt: »Ihr sollt sagen: ›Vater unser im Himmel, geheiligt werde dein Name, dein Reich komme‹« Diese »Vater-unser«-Formel, die aus dem »Achtzehngebet« des *Kaddish*, aus dem rituellen Gebet Israels, übernommen wurde, erhält ihre christliche Bedeutung dadurch, daß sie mit dem Sohn in der Gegenwart des Heiligen Geistes ausgesprochen wird.

J.-L. M. *Wendet man sich in der gleichen Weise an den Vater und den Sohn?*

J.-M. L. Man betet auf andere Weise zum Vater als zum Sohn, und der Geist ermöglicht uns den Zugang zum Sohn und die Erkenntnis des Vaters. Durch den Sohn und durch den geheimnisvollen Beistand des Geistes gewinnen wir Zugang zu Gott und zu seinem Mysterium der Vaterschaft: Wenn wir in dieses Sohnverhältnis eingeführt werden, sind wir wirklich imstande, durch die Kraft des Geistes mit Christus eins zu werden und uns dem Vater zuzuwenden. Wer auf Christus zugeht, auch ohne ihn genau zu kennen, wird schließlich eines Tages in Christus den unsichtbaren Vater erkennen, der ihm die Kraft des Geistes offenbart. Es gibt eine Ordnung des göttlichen Heilsplanes und des Zugangs zu Gott. Das Gebet ist keine gedankliche oder imaginäre Vergegenwärtigung, sondern zunächst ein Akt, die Teilnahme am Akt Christi, der sich Gott, seinem und unserem Vater zuwendet. Dadurch unterscheidet sich das christliche Gebet von einer noetischen Reflexion oder einer inneren Sammlung. In der jüdischen und christlichen Überlieferung schließt das Gebet diese Dimensionen gleichsam nebenbei mit ein; das Gebet ist zunächst die Teilnahme des Menschen am Leben und Handeln Gottes; es ist ein Akt der Freiheit und der Liebe, die Mitarbeit am Werke Gottes in der Geschichte.

J.-L. M. *Sind Sie der Meinung, daß sich im Gebet nicht der Christ Gott, sondern vielmehr Gott dem Christen zuwendet?*

J.-M. L. Der Mensch kann Gott nur dann erkennen, wenn Gott sich zu erkennen gibt. Diese erste Erkenntnis erfährt der Mensch als eine Offenbarung: Ihm wird bewußt, daß er als Ebenbild Gottes, Ihm ähnlich, geschaffen wurde. Die ersten Seiten des Buches Genesis sind von unerschöpflicher Tiefe. Das Wort des Schöpfers gibt dem Menschen seine Substanz und befähigt ihn zu sprechen, zu Gott zu sprechen. Der Mensch, der Gott nicht kennt und keinen Zugang zu ihm hat, gleicht einem Gelähmten, der nicht von der Stelle kommt. Er ist stumm, er kann nicht singen und nicht sprechen. Er ist blind, er kann nicht sehen. Er ist taub und kann nicht hören. Er ist verwundet und gleicht einem Toten. Er ist – im biblischen Sinne des Wortes – unrein. Nur wenn sich Gott zu erkennen gibt, kann der Mensch zu dem werden, der er von Anfang an ist: zu einem Sehenden, der blind gewesen war, zu einem Hörenden, der mit Taubheit geschlagen war, zu einem Gehenden, der gelähmt war, zu einem Menschen also, der die Sprache wiedergefunden hat. Das ist der Sinn der Wundertaten Jesu, der nach den Worten Jesajas die Blinden sehend, die Tauben hörend, die Stummen sprechend, die Lahmen wieder gehend und die Toten wieder lebendig gemacht hat. Diese Wunder beruhen auf der Wirkung des Wortes.

Wahrheit und Freiheit im Apostolat

D. W. *Was das Verhältnis zwischen Moral und Wahrheit anbelangt, so würde ich Sie bitten, uns folgenden Satz aus einer Erklärung des Zweiten Vatikanum zu erläutern: »Die christliche Wahrheit darf sich zu ihrer Verbreitung nur auf die Kraft der Wahrheit selbst stützen.«*

J.-M. L. Sobald die Menschen sich im Besitz der Wahrheit dünken, sind sie versucht, diese anderen aufzuzwingen, während sie doch zunächst durch diese Wahrheit ihrer selbst entmächtigt werden. Dieser Satz des Zweiten Vatikanum sagt etwas aus, was sich eigentlich von selbst verstehen müßte. Sobald man an die Wahrheit erinnert, rührt man an die Freiheit. Jesus hat gesagt: »Die Wahrheit wird euch frei machen.« Nur über die Achtung der Freiheit gelangt man zur Wahrheit, und nur durch den Zugang zur Wahrheit wird der Mensch frei. Jeder Zwang, der auf das menschliche Gewissen ausgeübt wird – und sei es auch zu seinem Besten –, erzeugt den gegenteiligen Effekt.

D. W. *Die Kirche vertritt traditionellerweise die Ansicht, daß die christliche Berufung notwendigerweise apostolisch ist. Jeder Nichtgläubige aber fragt sich, was die Kirche dazu ermächtigt, allen Menschen das Evangelium und die frohe Botschaft Christi zu verkündigen.*

J.-M. L. Menschen mit einem übersteigerten Bekehrungseifer möchten alle anderen mit allen Mitteln der Überredung, einschließlich der offenen oder heimlichen Manipulation, dazu bringen, ihre Meinung anzunehmen. Das ist die Vorgehensweise totalitärer Systeme und Ideologien. Anders verhält es sich mit der

Wahrheit Gottes, die dem Menschen angeboten wird. Die Wahrheit Gottes reduziert sich nicht auf eine formale Definition von Wahrheit und Falschheit. Die Wahrheit Gottes ist keine abstrakte, verdinglichte Wahrheit. Sie erfordert eine ganz andere »Definition«: Gott ist die Quelle des Lebens und des Sinnes! In ihm gibt es weder Schatten noch Dunkelheit. Sobald er den Menschen von der Lüge befreit und ihm ermöglicht, eins zu werden mit der ewigen Quelle aller Weisheit, versetzt er ihn in die Wahrheit.

Der Ausspruch Jesu: »Die Wahrheit wird euch frei machen«, deutet es schon an: Wenn sich die Wahrheit im Menschen befestigt, wird der Wille zur Macht aufgehoben. »Der Menschensohn ist nicht gekommen, um sich dienen zu lassen, sondern um zu dienen und sein Leben hinzugeben als Lösegeld für viele... Die Herrscher der Heiden unterjochen ihre Völker und lassen sich Wohltäter nennen. Bei euch soll es nicht so sein« (Mt 20,28.25–26). Und Christus fährt fort: »Wer unter euch der Größte sein will, soll euer Diener sein, und wer unter euch der erste sein will, soll euer Knecht sein« (Mt 20,26–27). Die Wahrheit bestätigt sich in der uneingeschränkten Ablehnung des Willens zur Macht. Pilatus fragt den ihm zur Aburteilung Übergebenen: »Was ist Wahrheit?« (Joh 18,38); und der römische Hauptmann sagt, als er den toten Christus betrachtet: »Dieser Mensch war in Wahrheit Gottes Sohn« (Mk 15,39).

Die Bezeugung der Wahrheit, das Apostolat, besteht nicht in heimlicher Überredung oder Propaganda, auch nicht im Aufbau eines Systems der Meinungskontrolle oder einer Konditionierung, einem raffinierten Überredungstrick. Vielmehr besteht das Apostolat darin, um den Preis des Lebens, wie Christus, »Zeugnis abzulegen für die Wahrheit« (Joh 18,37). Der von der Wahrheit Gottes ergriffene Prophet willigt ein, für sie und seine Brüder hingerichtet zu werden. Das ist ein Zeugnis für die Wahrheit, und diese findet nur dann Eingang in die Herzen der Menschen, wenn sie sie erlöst. Das Apostolat ist vor allem Liebe, Liebe zum Nächsten, die von dem Wunsch getragen wird, auch er möge die Erlösung erfahren, auch bei ihm möge der empfangene Schatz Früchte tragen. Die Annahme des christlichen Glaubens kann immer nur aus freien Stücken erfolgen. Jeder, der die Wahrheit des Christentums mit Zwang und weltlichen Überzeugungsmitteln verbreiten wollte, wäre im Irrtum.

J.-L. M. *Diese Versuchung ist stärker, wenn sich die Mehrheit der Bevölkerung zum Christentum bekennt.*

J.-M. L. Wenn die Kirche in einer Gesellschaft von der Mehrheit unterstützt wird, besteht eine erste Versuchung darin, eine bestimmte Kulturform mit dem ganzen Christentum zu identifizieren. Doch die Geschichte zeigt, daß diese Gleichsetzung zum Scheitern verurteilt ist. Schon Israel hatte diese Erfahrung gemacht, und die Kirche machte sie dann später auch. Israel hat nie ein goldenes Zeitalter erlebt, niemals; der Zug durch die Wüste, in der Gott sich offenbart und der Mensch sich gegen Gott auflehnt, geht dem Einzug ins Gelobte Land voraus. David war ein Sünder. Nach Salomo kam es zur Spaltung. Das Reich Gottes bricht erst am Ende der Zeiten an und kann nicht hier und jetzt in einer weltlichen Form errichtet werden, auch wenn jeder unter den jeweiligen geschichtlichen Umständen unaufhörlich darauf hin arbeiten muß.

Wenn die Kirche eine bedeutende gesellschaftliche Kraft darstellt, läuft sie zweitens Gefahr, menschliche Machtmittel für die Durchsetzung einer – in ihren Augen – guten Sache einzusetzen. Die Reformbestrebungen innerhalb der Kirche zielten immer darauf hin, diese Gefahr zu bannen.

D. W. *Bleibt noch immer die Frage nach dem Apostolat. Woher nimmt die Kirche das Recht, die Frohe Botschaft auch denen zu verkünden, die nicht darum bitten?*

J.-M. L. Sie leitet dieses Recht aus dem unzweifelhaften Bedürfnis jedes Menschen ab, erlöst zu werden. Es gibt nur eine einzige Liebe: die Liebe zu den Brüdern, aus der die Liebe zu Gott entsteht, denn Gott hat uns so sehr geliebt, daß er sich uns in seinem Sohn hingegeben hat. Das Apostolat ist die Bekundung dieser von Gott stammenden Liebe, die sich in der Liebe zu seinen Brüdern manifestiert. Aber dabei darf auf die Menschen kein Zwang ausgeübt werden.

D. W. *Weshalb hat die Liebe im Katholizismus einen höheren Stellenwert als im Judentum oder im Protestantismus?*

J.-M. L. Die Liebe bildet das zentrale Thema der biblischen Offenbarung und folglich des Judentums. Dieses Wort steht im Mittelpunkt der Gebote: »Höre, Israel! Jahwe, unser Gott, Jahwe ist einzig! Darum sollst du den Herrn, deinen Gott, lieben mit ganzem Herzen, mit ganzer Seele und mit ganzer Kraft!« Das steht im 6. Kapitel des Buches *Deuteronomium* (6,4), und an anderer Stelle heißt es: »*Liebe* deinen Nächsten wie dich selbst« (Lev 19,18). Die Offenbarung Gottes als Liebe steht im Mittelpunkt der Verkündigung der Propheten wie auch des Buches *Deuteronomium.*

Im Neuen Testament sagt Jesus, an diesen beiden Geboten hänge das ganze Gesetz und alle Propheten (Mt 22,34–40). Die Definition »Gott ist die Liebe« findet sich wortwörtlich im 1. Johannesbrief (1 Joh 4,8), und Paulus preist die göttliche Liebe (1 Kor 13). Die Behauptung, der Protestantismus unterscheide sich vom Katholizismus dadurch, daß er der Liebe einen geringeren und dem Glauben möglicherweise einen höheren Stellenwert einräume, scheint mir nicht ganz richtig zu sein.

J.-L. M. *Sobald man Sie bittet, die Eigenart des Katholizismus gegenüber anderen Religionen genauer zu bestimmen, bestreiten Sie entschieden jede Besonderheit. Sind Sie, allgemein gesehen, der Ansicht, daß zwischen Neuem und Altem Testament eine Kontinuität besteht?*

J.-M. L. Ich verstehe Ihr Befremden, denn der Unterschied – Neuheit wäre wohl das passendere Wort – und die Brüche, die sich daraus ergaben, sind nicht dort anzusetzen, wo sie sich einer verbreiteten Meinung zufolge befinden.

Man läßt sich in seiner Bewertung der Geschichte allzusehr von nachträglichen Polemiken beeinflussen, die aufgrund gegenseitiger Entstellungen Gegensätze konstruierten. Das Zweite Vatikanum hat zu einer Neubewertung des Verhältnisses zwischen Juden und Christen aufgerufen, um dessen Wahrheit wieder ans Licht zu bringen. Worin besteht der Unterschied? Worin das Neue? In

Christus, durch den die Verheißung in Erfüllung geht, durch den die Prophezeiung eingelöst wird.

In der Bibel wird diese erwartete Erfüllung mitunter als »Schaffung von etwas Neuem« bezeichnet. So heißt es etwa bei Jesaja: »Denkt nicht mehr an das, was früher war; / auf das, was vergangen ist, sollt ihr nicht achten. Seht her, nun mache ich etwas Neues / Schon kommt es zum Vorschein, merkt ihr es nicht?« (43,18–19). Die Propheten nennen den letzten Eingriff Gottes eine neue Schöpfung; sie erneuert sowohl die erste Erschaffung des Menschen als auch die Befreiung des Volkes, und sie gewährt allen Menschen die dem Volk Israel für das Heil der Welt verheißenen Gaben.

Das Neue des Evangeliums liegt in der »Erfüllung der Zeiten«. Das sagen sowohl Johannes der Täufer als auch Christus selbst. »Das Reich Gottes ist nahe; kehret um und glaubt an die frohe Botschaft.« Durch den Glauben sind wir in die letzte Phase der Geschichte eingetreten, in der der Mensch dem fleischgewordenen Sohn Gottes begegnet ist. Für jene Juden, die ihn nicht angenommen haben, steht die messianische Erfüllung der Zeit noch aus; ebenso bleibt die Geschichte für die Heiden, die sich nicht von ihren Götzen ab- und dem lebendigen und wahren Gott zugewandt haben, weiterhin unerfüllt. Wenn Jesus sagt: »Die Zeiten sind erfüllt«, meint er damit, daß die Zeit gekommen ist, wo Gott in seinem Gesalbten das kundtut, was er zuvor angekündigt hatte. Israel ist der Träger dieser Ankündigung, auch wenn das Judentum im Evangelium Christi nicht die wirkliche und unmittelbare Gegenwart seiner Hoffnung anerkennt.

Eines der unerträglichen Rätsel für das Selbstverständnis Israels besteht darin, daß der eine Gott nicht von allen heidnischen Nationen anerkannt wird; eines der Leiden Israels ist sein wiederholter Ungehorsam gegenüber Gott. Die Kirche empfindet das gleiche Leiden und sieht sich dem gleichen rätselhaften Unverständnis gegenüber. Oder vielmehr: In ihren Augen verstärkt sich das Geheimnis noch, und das Leiden darüber, daß so viele fromme Juden nicht an den Gesandten des Vaters geglaubt und daß so vielen Nationen nicht durch Ihn das Erbe der Verheißungen zuteil geworden war, ist ohne Maß. Israel steht zu Gott in einer Beziehung der Sohnschaft. Israel ist der älteste, inniggeliebte Sohn, und diese Sohnschaft wird durch den Messias, den eingeborenen Sohn Gottes, auf geheimnisvolle Weise erfüllt. Mit ihm wird allen Söhnen Adams über die Gabe des Geistes die Vaterschaft Gottes zuteil. Die Hoffnung der Nationen, der Gegenstand des Flehens Israels, ist in der Person Jesu Wirklichkeit geworden.

D. W. *Die Christen vertreten die Ansicht, das Kommen Jesu Christi habe zur Entstehung eines Neuen Bundes geführt.*

J.-M. L. Was Jesus predigte, stand bereits im Buche *Deuteronomium*, war schon von Jeremia und anderen Propheten ausgesprochen worden. Das unhintergehbar Neue aber liegt darin, daß Jesus den Bund mit seinem Blut erneuert, daß er ihn mit seinem eigenen Leben auf eine neue Grundlage gestellt hat. Indem Jesus sich den Worten des unvergänglichen Bundes selbst unterwirft, erfüllt er sie mit Leben, bekräftigt er sie, gibt er ihnen Fleisch und Blut. Er erklärt die ewige Gültigkeit dieses Bundes für seine Jünger, lobt ihn als Quelle des Verstehens und der Orientierung. Derselbe Bundesakt, dem Israel seine Existenz verdankt, erneuert und erfüllt sich in Christus, im Messias; nicht dadurch, daß er sich von Israel lossagt und die Gottestreue all derer leugnet, die er zunächst erwählt hatte, sondern indem er – in Erfüllung der Verheißung – den Bund für alle Menschen aus allen Nationen öffnet, an die Gott fortan seinen Ruf ergehen läßt. Christus, den Gott zum Herrn aller Menschen und zum Erstgeborenen unter den Toten gemacht hat, tritt nicht an die Stelle Israels, vielmehr ist er dessen höchste Gestalt und vollendete Frucht. Er ist nicht die Verneinung Israels, sondern seine Erlösung; seine eigene Erhöhung als ewiger Sohn. Und wenn jemand einwendet: »Aber die Zeit ist noch nicht erfüllt. Denn noch immer müssen die Menschen sterben, noch immer herrscht keine Gerechtigkeit auf der Welt. Die Menschen sind Sünder, die Menschheit ist noch immer sich selbst überlassen, ihren Irrtümern und ihrem Götzendienst ausgeliefert. Denn Israel wird verfolgt, Israel ist nicht heilig und seine verstreuten Kinder haben sich noch nicht vereinigt«, dann versuchen wir nicht, die Stärke des Einwands zu leugnen, sondern den darin liegenden Schrei zu vernehmen, und wir erkennen, daß dieser Einwand in der Passion Christi, des Messias, aufgehoben ist. Für jene, die das erkannt haben, für die Christen ist der auferstandene Herr Jesus Christus Zeichen und Beweis des neuen Äons. Die Juden prophezeien es, und doch glauben viele von ihnen nicht daran.

D. W. *Heute werden Juden, die zum Christentum übertreten, nicht mehr »exkommuniziert«. Welchen Standpunkt vertritt das Rabbinat?*

J.-M. L. Die *Halacha* sagt, daß die Zugehörigkeit zum Judentum nicht aufgehoben werden kann; wer von einer jüdischen Mutter geboren wird, ist ein für allemal Jude. Die Zugehörigkeit zum Judentum ist kein ethnisches Privileg, sondern Ausdruck einer bestimmten Berufung. Es ist eine unwiderrufliche geschichtliche Gnade.

D. W. *Ein Ausschluß ist somit nicht möglich?*

J.-M. L. Nein, in keinster Weise. Steht es in der Macht der Rabbiner, irgend jemanden aus dem Volk Israel auszuschließen? Die Rabbiner haben das Judentum in seiner Eigenart gerettet. Es ist legitim, wenn die Rabbiner sagen, was ihrer Meinung nach einen Juden auszeichnet, der in Übereinstimmung mit dem Gesetz leben will.

D. W. *Glauben Sie, daß man gleichzeitig Jude und Christ sein kann?*

J.-M. L. Wenn die Bekräftigung der jüdischen Identität auf eine Leugnung der besonderen Gnade hinausliefe, die Christus seiner Kirche geschenkt hat, wäre sie selbstverständlich nicht mit dem Christentum vereinbar. Es gibt jedoch Juden, die an den Christus-Messias glauben und sich zugleich als Juden verstehen und es auch sind. Gehören sie der Kirche an? Manche lehnen es ab. Andere wollen dazugehören und lassen sich taufen: Diese sind Christen.

Sünde und Freiheit

D. W. *Welche Beziehung besteht vom Standpunkt des Glaubens aus zwischen Sünde und Schuld?*

J.-M. L. Sünde impliziert eine Beziehung zu Gott, ein Tun in Anbetracht Gottes. »In Anbetracht Gottes« heißt unter dem Blick Gottes und im Blick auf Gott. Sie hängt nicht nur von der Selbstbewertung einer Verhaltensweise durch den Menschen ab, auch wenn diese auf der Grundlage einer gesellschaftlich anerkannten sittlichen Norm erfolgt. Die Bezugnahme auf das Gesetz und auf das Gewissensurteil bleibt eine unsichere Angelegenheit. Weshalb? Weil nach christlicher Anschauung das Gewissen, das grundsätzlich ein allen Menschen geschenktes Licht ist, nach dem die Menschen durch Gott beurteilt werden müssen, selbst verblendet sein kann. Die Sünde kann nur auf der Grundlage des Glaubens verstanden werden, und zwar als ein Verstoß gegen die Liebe, die uns Gott offenbart hat. Sich seiner Sünde bewußt werden heißt erkennen, daß man die Liebe Gottes nicht wirklich erwidert hat.

Nehmen wir einen Vergleich. Untreue in der Liebe ist nur verständlich, wenn man davon ausgeht, daß sich die Liebenden zunächst Treue versprochen haben. Andernfalls würden ein Mann und eine Frau, deren Liebe nicht von dem Bewußtsein getragen würde, sich gegenseitig absolute Treue zu schulden, die Untreue nicht als einen Verstoß empfinden. Aus der Offenbarung der Liebe folgt die Offenbarung der Sünde. Und wer von Sünde und dem Bewußtsein einer persönlichen Sünde spricht, denkt auch an die Hoffnung auf Vergebung.

D. W. *Und die Erbsünde?*

J.-M. L. Der Sinn des gefallenen Zustandes des Menschen – denn als ein solcher läßt sich die Erbsünde bezeichnen – erschließt sich nur, wenn man die tragische Verfassung des menschlichen Daseins zugibt: Indem der Mensch sich von Gott entfernte, ging er in die Irre, ging er für sich und seine Brüder verloren. Die Erbsünde erklärt das geschichtliche Schicksal des Menschen, denn der Mensch ist sich selbst ein Rätsel, ein unüberwindliches Rätsel. Und er löst es nur, wenn ihm die Gnade des Heils zuteil wird; er muß erkennen, daß Gott ihn gefunden und wiedergefunden hat, und anschließend gestehen, daß er in die Irre gegangen war. Der sich selbst überlassene Mensch hat ein furchtbar pessimistisches Selbstverständnis.

J.-L. M. *Aber dieses pessimistische Selbstverständnis der Menschen läßt sich auch ohne Bezug auf die Sünde erklären.*

J.-M. L. Die Menschen können es auf vielerlei Weise erklären, doch der naive Optimismus einer »von Natur aus guten« Menschheit, die von sich aus schon bald – oder doch in nicht allzu ferner Zukunft – das Glück auf Erden herstellen würde, wird von den Männern und Frauen der verschiedenen Kulturräume nicht geteilt! Die Menschen sind sich heute der gegensätzlichen Hoffnungen, der Verzweiflungen und Leiden, die sie knechten, stärker bewußt; das historische Bewußtsein der Menschen ist ein unglückliches Bewußtsein. Man darf in den Menschen keine unerfüllbaren Hoffnungen wecken, man muß ihnen vielmehr das Heil anbieten, das ihnen die Einsicht in ihren gefallenen Zustand ermöglicht. Von der Erbsünde des Menschen zu sprechen, heißt also immer, die Möglichkeit seiner Rettung ins Auge fassen. Der Mensch für sich wäre den Verhängnissen der Geschichte hilflos ausgeliefert; aber die Sünde kann immer vergeben werden.

J.-L. M. *Wollen Sie damit sagen, daß das Bewußtsein der Sünde Voraussetzung für Hoffnung ist?*

J.-M. L. Jemand könnte sagen: »Der gegenwärtige Zustand der Menschheit ist ihr normaler Zustand, daran wird sich nichts ändern, denn dies ist nun ein für allemal das menschliche Schicksal. Alles andere sind Utopien und Träume; es gibt nur eine bescheidene, kurzfristige Hoffnung, die immer von einer geheimen Verzweiflung und Resignation unterfangen ist.« Wenn man hingegen das menschliche Schicksal als Erbsünde begreift, dann verwechselt man die Berufung des Menschen nicht mit dem Schicksal, das er sich selbst bereiten kann. Der Menschheit stand am Anfang ein Feld der Freiheit offen, und durch die Gnade Gottes bleibt uns diese Freiheit gleichsam als Hoffnung immer angeboten.

D. W. *Wie steht es aber um die menschliche Freiheit – um einen klassischen philosophischen Einwand vorzubringen –, wenn diese letztlich von der Gnade Gottes abhängt?*

J.-M. L. Die menschliche Freiheit zeichnet sich gerade dadurch aus, daß sie nicht abstrakt ist, nicht außerhalb der Geschichte steht. Für uns steht heute fraglos fest, daß die menschliche Freiheit durch soziologische Zwänge eingeschränkt wird, die man angeben, systematisch erfassen, ja sogar manipulieren kann. Man muß jedoch darüber hinaus den Mut haben zu sagen, daß die menschliche Freiheit in sich verirrt und unfrei ist und daß sie vom Bösen erlöst werden muß. »Die Wahrheit wird euch frei machen.« Anders gesagt: Gott gibt dem Menschen seine Freiheit zurück. Und im Heil erfährt der Mensch eine Freiheit, die von jeder falschen Schuld gereinigt ist, denn hier wird ihm das wahre Maß seiner Sünde und somit von Gnade und Vergebung bewußt. Man leugnet die menschliche Freiheit nicht, wenn man erkennt, daß sie sich selbst teilweise entfremdet ist, und zwar nicht nur aus wirtschaftlichen, sondern auch aus geistigen Gründen.

D. W. *Einige theologische Strömungen haben eine stärker politisch-soziale Konzeption des Heils vertreten.*

J.-M. L. Es ist eine fortwährende Versuchung, die die jüdische und christliche Tradition unaufhörlich bekämpft hat, das göttliche Heil in die begrenzten Kategorien der menschlichen Geschichte pressen zu wollen. Diese sozial-politische Verkürzung des Heils steht auf einer Stufe mit den Cäsarismen, die das Christentum mit einer weltlichen Macht verwechselten. Auch wenn man den Kaiser Konstantin durch Marx oder das Proletariat ersetzt, bleibt diese Illusion eine Illusion, wie sie jeden weltlichen Messianismus kennzeichnet.

J.-L. M. *Zwischen einer Volksrevolution und einer Einmanndiktatur besteht demnach kein grundlegender Unterschied?*

J.-M. L. Offen gesagt, das sind für mich zwei Seiten derselben Medaille, denn die Entstellung ist dieselbe. Der Christ muß in seinem Handeln die mit dem Menschsein verbundenen ethischen Forderungen beachten; er muß die Risiken auf sich nehmen und sich den Gefahren stellen, ohne auf dieser Welt das Reich Gottes errichten zu wollen. Christus sagt in der Wiederkunftsrede: »Wenn dann jemand zu euch sagt: Seht, hier ist der Messias!, oder: Da ist er!, so glaubt es nicht! Denn es wird mancher falsche Messias und mancher falsche Prophet auftreten...« (Mt 24,23–24). Zuvor hat Christus der Geschichte ihren sakralen Charakter genommen, indem er uns die Verantwortung für sie auferlegt, während die weltlichen Messianismen die Geschichte sakralisieren, indem sie deren Zwänge und Hoffnungen verabso-

lutieren und uns unserer moralischen und politischen Verantwortung entbinden. Wer das Reich Gottes an einem bestimmten Ort verwirklichen will, der teilt damit die Menschen zugleich in Gute und Böse auf. Die Bösen darf man töten, und die Guten, das sind wir. Das ist der Manichäismus bzw. die Dialektik, in die man uns einschließen möchte. Ein Christ kann eine derartige Entstellung nicht hinnehmen. Das ist schlechterdings nicht möglich!
D. W. *Doch mitunter sind die Christen selbst die Urheber dieser von Ihnen als antichristlich bezeichneten Entstellung.*
J.-M. L. Dann sündigen sie, oder sie irren sich. Doch darin liegt eine der großen ideologischen Versuchungen unserer heutigen Welt.

Das Zweite Vatikanum – ein Lehrkonzil oder ein Pastoralkonzil?

D. W. *Manch einer hat behauptet, eine der Schwächen des Zweiten Vatikanum habe darin gelegen, daß es sich stärker auf die Pastoral als auf das Dogma konzentriert habe.*
J.-M. L. Das Zweite Vatikanum nimmt unter den Konzilen einen ganz eigenständigen Platz ein. Es hat keine Verdammungsurteile ausgesprochen, das heißt negative Formulierungen, nach denen derjenige, der gewisse – natürlich den christlichen Glauben betreffende – Aussagen leugnet oder bejaht, aus der christlichen Gemeinschaft ausgeschlossen wird. Eine negative Definition hat den Vorteil, daß sie der genaueren Abklärung und Deutung einen sehr weiten Spielraum läßt. Sie begnügt sich damit, die verworfenen Ansichten als unvereinbar mit der traditionellen Lehre darzustellen. Zweifellos steckt das moderne Denken jedoch in einer Krise, und deshalb ist es nach wie vor sinnvoll, auf zentrale Fragen eine neue, ausgewogene philosophisch-theologische Antwort zu geben. Das Konzil hat versucht, sich zu einigen Fragen positiv zu äußern, statt, aus einer negativen Einstellung heraus, Irrtümer anzuprangern. Dieser Wille zu einem positiven Beitrag wurde als »pastoral« bezeichnet.

Was bedeutet das Wort »pastoral«? Es verweist auf ein ganz

bestimmtes Symbol: das Bild des Hirten, Gottes als des Hirten seines Volkes. Jesus tritt als der wahre Hirte auf, als derjenige, der das Volk gemäß seiner Selbstbestimmung als »der Weg, die Wahrheit und das Leben« im Namen und nach dem Willen Gottes führt. Die Apostel und ihre Nachfolger, die Bischöfe, haben im Namen des Hirten Christus ein Hirtenamt empfangen. Aber das Volk ist nicht ihr Eigentum; die Christen sind nicht die Schafe ihrer Priester, sondern die Schafe Christi. Und Christus sagt zu Petrus, als er ihm dieses Hirtenamt überträgt: »Petrus, liebst du mich? – Ja, Herr, du weißt, daß ich dich liebe«, und Jesus fährt fort: »Weide meine Schafe« (Joh 21,16). Er sagt ausdrücklich »*meine* Schafe«. Wenn man das Konzil als pastoral bezeichnet, will man damit daran erinnern, daß es – auch auf dem Gebiet der Glaubenslehre – Perspektiven und Richtlinien zum Besten der Gemeinde des Herrn aufzeigen wollte. Über gewisse, stark umstrittene Themen, wie etwa die Theologie der Geschichte, das Verhältnis der besonderen zur allgemeinen Heilsgeschichte, wollte das Konzil keine Stellungnahme abgeben. Es sprach im Namen des Glaubens. Es hat ausgewogene Formulierungen gewählt, die die strittigen Fragen ausklammerten, gab aber zugleich den Gläubigen in ihrem eigenen Interesse Anhaltspunkte, die aus der kirchlichen Überlieferung stammten. In diesem Sinne wollte das Konzil pastoral sein. Doch gerade, weil es pastoral sein will, lehrt es die Wahrheit, das Dogma und die Moral.

D. W. *Ein Vergleich zwischen dem Zweiten und dem Ersten Vatikanum zeigt, daß im Mittelpunkt des Ersten Vatikanum vor allem die Aussagen über Gott und den Glauben standen, während das Zweite Vatikanum mit seinem »pastoralen« Ansatz sich viel stärker mit der Kirche selbst, also der Ekklesiologie, beschäftigte. Dem steht jedoch ein Ausspruch von Henri de Lubac entgegen, der gesagt hat: »Das Zweite Vatikanum leistet eine christologische Konzentration.«*

J.-M. L. Im Mittelpunkt des Interesses der Zeitgenossen des Zweiten Vatikanum standen zu einem Teil Probleme des kirchlichen Lebens in der modernen Gesellschaft. Dazu gehörten Machtfragen, das Verhältnis zwischen den Teilen und dem Ganzen der

Kirche, die verschiedenen Ebenen ihrer Hierarchie, ihr Verhältnis zu den bürgerlichen Gesellschaften und den Staaten. Dies bildete einen gewissen Schwerpunkt, der dem außergewöhnlichen Interesse entsprach, das man in unserem Jahrhundert dem Gesellschaftsleben entgegenbringt, das zu einem zentralen wissenschaftlichen Untersuchungsgegenstand geworden ist. Diese Probleme hatten bereits viele Zeitgenossen des Ersten Vatikanum fasziniert. Manche haben sich aus den Diskussionen des Ersten Vatikanum über den Glauben und die Erkenntnis Gottes nur die Definition des Primats und der Unfehlbarkeit des Papstes herausgegriffen. Ebenso haben manche Autoren und zahlreiche Kommentatoren von den Lehren des Zweiten Vatikanum nur jene berücksichtigt, die sich auf die sozialen, ja funktionalen Aspekte der Kirche bezogen: ihre innere Funktionsweise, die Autorität des Kollegiums aus dem Papst und den Bischöfen, die Verantwortung der Laien und ihre Organisation, usw. Viele haben auch die Lage der Kirche in der heutigen Welt aufgegriffen, ihre sittlichen Forderungen auf sozialem und politischem Gebiet, und sich für die Achtung des Gewissens des Einzelnen und seiner Freiheit im Hinblick auf die Wahrheit Gottes eingesetzt. Wenn man sich jedoch die veröffentlichten Texte anschaut und die verschiedenen Schwerpunkte des Interesses der Öffentlichkeit, dann sieht man, daß das Konzil noch viele andere Themen erörtert hat. So hat es das wahre Mysterium der Kirche enthüllt, indem es zeigte, daß die Kirche von Christus eingesetzt wurde und sich nur von der Gestalt Christi, dem Licht der Völker, *Lumen gentium*, her begreifen läßt.

Die Betonung des Mysteriums der Kirche bestand nach dem Willen von Paul VI. in einer inneren Besinnung und gleichsam in einer Enthüllung der lebendigen Beziehung der Kirche zu Christus. Übrigens darf man nicht auf halbem Weg stehenbleiben: eine wirkliche »christologische Konzentration« – um dieses Schlagwort aufzugreifen – gibt es nur in der Erhellung der Beziehung zu Gott, dem Vater seines Volkes. In dieser Hinsicht ist die Beziehung zum Ersten Vatikanum und seiner Lehre von der göttlichen Offenbarung wichtig. Überdies haben die Texte des Zweiten Vatikanum behutsam an die Rolle des Heiligen Geistes und seiner Gnadengaben erinnert; das hat sich in den letzten Jahrzehnten als eines der wichtigsten Ergebnisse erwiesen, die wir dem Konzil als spirituellem Ereignis verdanken.

D. W. *Sie sagen, das Zweite Vatikanum habe die Rolle des Hirten hervorgehoben. Doch es gab auch Interpretationskonflikte. So hat das Konzil die Kirche in erster Linie als »Volk Gottes« definiert, wobei diese Definition eher aus dem Alten Testament stammt. Versteht man traditionellerweise die Kirche nicht eher als Leib Christi? Worin unterscheiden sich diese beiden Definitionen?*

J.-M. L. Es wäre sehr verwunderlich, wenn ausschließlich der Ausdruck »Volk Gottes« verwendet würde! Dieser biblische Begriff kommt, soweit ich mich erinnere, im Neuen Testament wörtlich gerade siebenmal vor und bezeichnet mit hoher Wahrscheinlichkeit jedesmal das Volk Israel. Denn der Begriff »Volk Gottes« definiert sich vor allem durch die göttliche Erwählung: Das Volk Gottes umfaßt die Menschen, die Gott versammelt hat und die nur deshalb ein Volk geworden sind, weil Gott sie erwählt hat, damit sie seinem Gesetz gehorchen. Im übrigen beginnt das Kapitel über das Volk Gottes mit einer Erinnerung an die Berufung Israels. Das Konzil hat jedoch zur Bezeichnung der Kirche eine ganze Reihe von Sinnbildern verwendet und eine reiche Auswahl aus sämtlichen Metaphern und Symbolen zusammengestellt, die in der Schrift und der christlichen Überlieferung die Kirche bezeichnen. Darunter sind drei Bezeichnungen der Kirche, in denen jeweils ihre Beziehung zu einer der göttlichen Personen angezeigt ist. Der Theologe Yves Congar, der maßgeblich an der Abfassung dieses Textes beteiligt war, hat diese Bezeichnungen deutlich hervorgehoben: »Volk Gottes«, »Leib Christi«, »Tempel des Geistes«.

Die Öffentlichkeit hat dem Terminus »Volk« die Bedeutung beigelegt, die ihm in Wendungen wie »Volkssouveränität« oder »im Namen des französischen Volkes« zukommt. Nun bezieht sich aber der Begriff »Volk Gottes« auf den Vater, der die zerstreuten Kinder Gottes durch die Geschichte und die Kulturen hindurch anruft und zusammenführt. Auch kann sich die Kirche nur dann »Volk Gottes« nennen, wenn sie der »Leib Christi« ist; sie wird nur in dem Maße Volk Gottes, wie sie sich mit dem Christus-Messias vereint. Indem die Glieder der Menschheit sich durch den Glauben mit der Passion und der Wiederauferstehung Christi einen, werden sie, die durch Gnade Gerufenen, zum Volk Gottes, das heißt zu »Kindern des Vaters«. Dem Volk Gottes angehören heißt, durch Teilhabe an der Passion und Auferstehung Christi und durch Empfang seiner Gnade Teil des Leibes Christi werden; heißt, in Christus »Tempel des Heiligen Geistes« werden, um so Gott eine Heimstatt zu schaffen.

D. W. *Weshalb wird der Ausdruck »Tempel des Heiligen Geistes« so selten gebraucht?*

J.-M. L. Ich weiß es nicht.

J.-L. M. *Das erste Wort, Volk Gottes, wird weitaus am häufigsten gebraucht...*

J.-M. L. Der Begriff »Leib Christi« ist genauso alt wie die Kirche. Er ist einer der Schwerpunkte im Denken von Paulus. Die Aufwertung des biblischen Ausdrucks »Volk Gottes« erfolgt erst in jüngerer Zeit.

D. W. *Ich frage noch einmal: Weshalb ist die Dimension des Heiligen Geistes seit etwa zwanzig Jahren so sehr vernachlässigt worden?*

J.-M. L. Das hat sich schon zur Zeit des Zweiten Vatikanum gezeigt: Der Begriff »Heiliger Geist« findet sich selbstverständlich in den Schriften des Konzils, aber er wurde vielleicht nicht genügend zur Geltung gebracht, auch von den Konzilsvätern nicht. Das ist womöglich eines der Versäumnisse des Abendlandes, während die Ostkirchen für diese Gegenwart des Heiligen Geistes schon immer sehr empfänglich waren. Heute aber erleben wir, daß eine Erneuerungsbewegung in der Kirche an die aktive Gegenwart und die unerwarteten Gaben des Heiligen Geistes, »der Gott ist und uns das Leben gibt«, erinnert.

IV. Priester und Laien

Noch einmal zur geistigen Krise

Dominique Wolton: *Seit Kriegsende mangelt es der Kirche an Priesternachwuchs, und zahlreiche religionssoziologische Untersuchungen versuchen, die Ursachen dafür herauszufinden. Liegen sie in der gesellschaftlichen Entwicklung, oder handelt es sich um rein religiöse Ursachen, die mit der innerkirchlichen Entwicklung zusammenhängen?*

Jean-Marie Lustiger: Das ist ein Phänomen, das sich über einen sehr langen Zeitraum erstreckt. Um signifikante Aussagen machen zu können, muß man die Entwicklung so weit wie möglich in die Vergangenheit hinein verfolgen, am besten bis zur Französischen Revolution. In diesem Zusammenhang muß man auch die soziale Funktion des Priesters und seinen Platz in der französischen Gesellschaft untersuchen. In dem Maße, wie sich eine bestimmte soziale Rolle auflöste, hat sich immer weniger Nachwuchs dafür gefunden. Doch genügt das, um alles zu erklären? Nein, weil das Priesteramt in der katholischen Kirche nicht nur eine soziale Funktion darstellt, sondern auch eng mit der geistigen Gesundheit eines christlichen Volkes verbunden ist.

Betrachten wir das Problem doch einmal an seiner Wurzel und konzentrieren wir uns zunächst weniger auf die soziale Funktion des Priesters als darauf, woraus sich diese herleitet. Die Krise, in der sich die Priester befinden, und die zurückgehende Zahl von Berufungen sind ein untrügliches Zeichen für eine innere Krise der gesamten christlichen Gemeinschaft. Man sollte also nicht von einer Nachwuchskrise sprechen, sondern von einer geistigen Krise der Katholiken in der französischen Gesellschaft. An diesem Punkte hört man nun häufig, es handele sich nicht um eine Krise der Kirche, sondern um eine Krise der Gesellschaft. Ich stimme dieser Aussage zu, allerdings nur, wenn man sie in ihrem tiefsten Sinn versteht. Aus der geistigen Krise der katholischen Bevölkerung läßt sich auf das geistige Leben der Gesellschaft als ganzer schließen.

Jean-Louis Missika: *Diese Erklärung befriedigt mich nicht. Was wir als »Fortschritt« bezeichnen würden, nennen Sie immer wieder »Krise« oder sogar, was den Platz der Kirche in der Gesellschaft anlangt, »Niedergang«. Weshalb möchten Sie die Säkularisierung oder die Verbreitung des Atheismus um jeden Preis zu einem fatalen oder krisenhaften Moment der französischen und abendländischen Gesellschaftsgeschichte stilisieren?*

D. W. *Wenn ich diesem Einwand noch etwas hinzufügen dürfte... Sie haben gesagt, das technizistische und eroberungslustige Europa des 19. und 20. Jahrhunderts durchlebe eine Krise, die mit dem Fortschritt des Rationalismus zusammenhänge. Nun zeigt sich aber, daß im Europa des 16. Jahrhunderts zwei erzkatholische Staaten, Spanien und Portugal nämlich, nicht minder eroberungslustig agierten.*

J.-M. L. Ich sage, daß sich die abendländische Gesellschaft in einer Krise befindet; sie entfremdet sich von ihrer eigenen Grundlage und stellt alle ihre Wertsysteme in Frage. Aber deswegen ist das, was vorausging, nicht unbedingt schlechter oder besser. Es geht mir nur um die Diagnose der geistigen Situation: Wir leben heute in einer Zeit, in der Entscheidungen von enormer Tragweite getroffen werden. Die moderne Gesellschaft wird von ihren neuen Machtinstrumenten in Versuchung geführt. Diese Versuchung wird durch die Massenkommunikationsmittel noch verstärkt, die eine größere Zahl von Menschen einer viel schwereren Prüfung unterwerfen.

J.-L. M. *Ist das nicht immer so gewesen? Läßt sich der Begriff »Krise« nicht auf alle möglichen Situationen anwenden?*

J.-M. L. Der Begriff »Krise« muß in der Tat genauer bestimmt werden; ich verstehe Ihren Einwand. Neuerungen und Wandlungen führen dazu, daß Entscheidungen und Werte heute einer viel eindeutigeren und folgenreicheren geistigen Prüfung unterzogen werden als zu der Zeit, als die Welt noch aus isolierten Lebensräumen bestand. Als die Bewohner des Seineufers noch nicht mit den Bewohnern des Loireufers, geschweige denn den Bewohnern des Garonnetals, in Kontakt standen, hatten die Entscheidungen der Bewohner der Ile-de-France andere Auswirkungen als heute. Die Menschen sind heute in ganz neue Interaktionsstrukturen eingebunden, in neue Systeme des Gedanken- und Entscheidungsaustauschs. Das ist nicht nur ein technisches Problem, dessen Lösung man Ingenieuren überlassen könnte; was hier zutiefst in Frage gestellt wird, sind die Freiheiten und ihre Werte. Vor Gott, für den Glauben, ist dies eine geistige »Krise«.

D. W. *Welches sind die besonderen Merkmale dieser geistigen Krise?*

J.-M. L. Sie führt zu einer viel großartigeren und rücksichtsloseren Verwirklichung der Konsequenzen, die sich aus den grundsätzlichen Entscheidungen der menschlichen Freiheit ergeben! Diese Optionen sind in der Typologie des *Exodus* aufgeführt. Sie finden sich wieder in den Versuchungen Christi: die selbstmächtige Verfügung über sein Leben, die Aneignung der Welt, der Wille zur Macht, die Herausforderung Gottes. Für alle Generationen steht immer wieder das gleiche auf dem Spiel, und kein Mensch auf der Welt kann sich diesen Entscheidungen entziehen. In diesem Sinne sind die heutigen Anfechtungen nicht größer oder kleiner als die vor dreihundert Jahren. Jede individuelle Freiheit wird in diesem grundlegenden Bereich, in dem sich das menschliche Dasein entfaltet, immer wieder geistig auf die Probe gestellt.

Doch hat unsere Zeit auch ihre Eigentümlichkeiten. Zweifellos ist im 16. und 17. Jahrhundert eine Welt untergegangen. Vielleicht war dieser Tod aus Altersschwäche unvermeidlich, denn es ist eine Illusion zu glauben, ein Reich oder eine Kultur könnte ewig bestehen. Es gibt starre, archaische Kulturen; aber alle gehen irgendwann unter. In den westeuropäischen Kulturen hat es eine ständige Fortentwicklung gegeben – soweit das menschliche Gedächtnis dies beurteilen kann. Unter dem Einfluß ständiger Veränderungen und Auseinandersetzungen, gegenseitiger Eroberungen und Befruchtungen waren unsere Kulturen in einem fortwährenden Erneuerungsprozeß begriffen. Im 16. Jahrhundert gab es eine fürchterliche Prüfung. Es ist eine aufregende Epoche, voller Extreme im Negativen wie im Positiven, der eigentliche Beginn der Neuzeit. Es ist die Zeit des Goldrausches, der Konquistadoren, deren Weg mit Feuer und Blut gesäumt ist, die Zeit einer Wiederkehr der Sklaverei... Aber zugleich ist es eine Zeit, in der die Mystik aufblüht.

D. W. *Wenn Sie von Krise sprechen, meinen Sie also diese Vorgänge?*

J.-M. L. Ja. Es ist die Zeit des Wiederauflebens des Katholizismus, des »Frühlings der französischen Mystik« und der großen spanischen und italienischen Spiritualität. Doch zur gleichen Zeit kam es im Gefolge der Reformation zur inneren, religiösen Spaltung Westeuropas. Eine evangeliumsgemäße und spirituelle Reform innerhalb der Kirche war dringend erforderlich; und alle Welt forderte sie. Doch wie war es möglich, daß die besten Absichten so schlimme Folgen nach sich zogen? Es kam zu geistigen Spaltungen, die sich später zu politischen Spaltungen zwischen den Staaten auswuchsen und Konflikte und Kriege heraufbeschwörten.

D. W. *Sie sagen, das, was im 16. und 17. Jahrhundert, am Beginn der Neuzeit, geschehen sei, habe beträchtliche Auswirkungen gehabt, die weit über den Bereich der Spiritualität hinausgingen. Doch die gleiche Frage läßt sich heute, im 20. Jahrhundert, in bezug auf Gesellschaften stellen, die viel stärker säkularisiert sind. Wird sich die Krise der Religion nicht stärker auf die bürgerliche Gesellschaft auswirken als früher, obwohl der Einfluß der Kirche in dieser Gesellschaft stark beschnitten ist?*

J.-M. L. Die menschliche Geschichte macht im Augenblick eine Phase gewaltiger Turbulenzen durch. Der ungeheure Fortschritt in der Erkenntnis und Beherrschung der Natur stellt den abendländischen Menschen auf eine schwere Probe. Zugleich kommt es bei manchen Menschen zu einem Umdenken, einer Umkehr, einer inneren Erneuerung. Wird man diese Menschen genauso erkennen, vernehmen und verstehen wie im 16. Jahrhundert? Das war schon Gegenstand des Gesprächs zwischen Abraham und Gott, als es um die Zerstörung von Sodom und Gomorrha ging. Alles hängt davon ab, ob es in der Stadt zehn Gerechte gibt und ob man daran glaubt, daß diese Gerechten die Stadt retten können.

Der Priestermangel in Frankreich

D. W. *Der Priestermangel ist häufig mit einer dreifachen Forderung in Verbindung gebracht worden: dem Recht auf Arbeit, dem Recht auf Heirat und dem Recht auf politisches Engagement.*

J.-M. L. Diese Forderungen wurden zunächst nicht von den Priestern, sondern von der Öffentlichkeit erhoben.

D. W. *Dennoch wurden diese drei Forderungen häufig von Priestern selbst aufgestellt...*

J.-M. L. Ja, und die Erklärung dafür habe ich Ihnen vorhin genannt: Der spezielle Fall der Priester spiegelt die schweren Gewissenskonflikte der katholischen Bevölkerung – und der Gesellschaft als ganzer – in den drei Bereichen: Wirtschaft, Sexualität und Politik wider. In diesen drei Bereichen stecken die Christen in einem tiefen Zwiespalt zwischen den Grundwerten ihres Glaubens und den sich daraus ergebenden konkreten Verhaltensrichtlinien einerseits und der Meinung der Mehrheit andererseits, der sie sich, häufig unbewußt, anschließen. In diesen drei Bereichen bedingt die Absolutheit des Glaubens an den gekreuzigten und auferstandenen Messias eine Verwandlung der menschlichen Begierde. Es ist nur zu verständlich, daß eine geistig orientierungslose Gesellschaft zunächst diejenigen verdächtigt, die in jedem dieser Bereiche radikale Ansprüche verkörpern. Denn in unserer heutigen Gesellschaft gibt es eine Krise der Wirtschaft, eine Krise der Sexualität und eine Krise der Politik. Und auch die Katholiken unterliegen in diesen Bereichen tiefgreifenden Verunsicherungen. Sie teilen die Unschlüssigkeit der heutigen Gesellschaft, deren Zweifel sich zunächst auf die beziehen, die durch einen freiwilligen Verzicht aufgrund des von ihnen angenommenen Anrufs und der ihnen anvertrauten Sendung am deutlichsten die symbolische Last dieser Krise tragen: Verzicht auf Besitz, um in unserer Konsumgesellschaft zu zeigen, daß sich das Wesen des Menschen nicht in der Produktion und dem Verbrauch von Gütern erschöpft; Verzicht auf die Ehe, um die eschatologische Erfüllung der Sexualität zum Ausdruck zu bringen; Verzicht auf den Willen zur Macht, um zu demonstrieren, daß die Politik wesentliche Bereiche des Menschseins nicht abdeckt. So wird die Gestalt des armen, keuschen, ohnmächtigen Gottesdieners zur Zielscheibe der Kritik einer Gesellschaft, die nach dem Besitz von Gütern, nach der freien Verfügung über Sexualität und Lust und nach dem Willen zur Macht strebt.

D. W. *Ihre Antwort besteht in einer Umkehr der Beweislast! Sie sagen: Die Verunsicherung der Priester in diesen drei Bereichen spiegelt lediglich die Orientierungslosigkeit der Gesellschaft wider. An Ihrer Antwort mißfällt mir jedoch, daß Sie den spezifisch kircheninternen Aspekt einfach übergehen.*

J.-M. L. Um die inneren Ursachen zu erkennen, muß man sich bewußtmachen, daß Frankreich im Verhältnis zur übrigen Welt einen Sonderfall darstellt.

J.-L. M. *Wollen Sie damit sagen, daß der Rückgang der Zahl der Berufungen in den übrigen Ländern geringer ist?*

J.-M. L. Es gibt Länder, in denen diese Zahl nie gesunken ist, ja sogar, etwa in Polen, ständig gestiegen ist. In Afrika ist die Zunahme der Berufungen deutlich zu erkennen, allerdings ist damit keine Ausübung politischer Herrschaft oder politische Bevormundung mehr verbunden. In Südamerika, das bis in die letzten Jahre unter einem Mangel an einheimischen Priestern litt, hat sich dieser Trend mittlerweile umgekehrt, und das beginnt bei den geistigen Eliten in den Universitäten. Gegenwärtig sind wir in Frankreich bei einer Zahl von einhundert Priesterweihen pro Jahr für sämtliche Diözesen angelangt, und bei den Ordensgeistlichen dürfte die Zahl der Weihen noch beträchtlich geringer sein. Vor dreißig Jahren wurden in ganz Frankreich noch über tausend Weltpriester pro Jahr geweiht. Seit der Französischen Revolution hat es keinen so großen, zahlenmäßig so deutlichen und so langen Einschnitt gegeben. In Frankreich war die Zahl der Kleriker im Verhältnis zur Gesamtzahl der Gläubigen sehr viel höher als in fast allen Ländern der Welt. Eine einfache Rechnung soll dies verdeutlichen. Die Zahlen aus der Zeit vor der gegenwärtigen Krise finden sich in dem Buch *Essor et déclin du clergé français* von Boulard aus dem Jahre 1950. In Frankreich kamen auf einen Geistlichen – Ordens- und Weltgeistliche zusammengenommen – 823 Einwohner, von denen 686 Katholiken waren. Wenn man im nationalen Durchschnitt von 20 Prozent praktizierender Katholiken ausgeht, kommt man auf einen Priester pro 140 praktizierende Gläubige oder auf einen Priester je 70 praktizierende Erwachsene oder schließlich auf einen Priester je 35 praktizierende Männer! Und darin sind noch nicht einmal die zahlreichen Ordensgeistlichen einbezogen, die als Missionare in der ganzen Welt tätig sind.

Zur gleichen Zeit gab es in Polen einen Priester für 2194 Einwohner, von denen 2134 – größtenteils praktizierende – Katholiken waren. Ähnliches gilt, mit starken Schwankungen, für alle anderen Staaten. Der Fall Frankreich ist einmalig auf der Welt; zumindest wenn man wie hier einen nationalen Durchschnitt errechnet und von den beträchtlichen Unterschieden in der Glaubenspraxis absieht, die damals zwischen den französischen Regionen bestanden. Was ist die Ursache dafür, daß es in einem der reichsten Länder Europas, das zudem als erstes die Trennung von Kirche und Staat durchgeführt hat, so viele Geistliche gibt? Darauf gibt es keine wirklich befriedigende Antwort. Man muß jedenfalls eine Folge davon zur Kenntnis nehmen: unmittelbar nach dem Krieg waren die Hälfte der Missionare, Priester und Ordensgeistlichen in der Welt Franzosen.

D. W. *Frankreich war, wie man so schön sagt, »die älteste Tochter der Kirche«.*

J.-M. L. So etwas ist nur in Zeiten einer höchsten Glaubensinbrunst und in relativ eng umgrenzten Bevölkerungsgruppen möglich. Es stellt ein wundervolles Geschenk der Gnade dar. Es gibt hin und wieder Zeiten, Bereiche einer Gesellschaft, in denen herausragende Persönlichkeiten, geniale Schriftsteller und Künstler oder bedeutende Heilige in großer Zahl auftreten. Es gibt ein untrügliches Indiz hierfür, das uns das Ausland immer wieder mit der Bemerkung bescheinigt: »Ihr seid das Land der Heiligen.« Tatsächlich hat die Mystik in Frankreich zwischen dem 17. und dem 19. Jahrhundert eine Glanzzeit erlebt. Und als Franzose und geistiger Erbe dieses Vermächtnisses frage ich mich: »Was haben wir aus diesen außergewöhnlichen Gaben gemacht?« Ich habe Ihnen schon gesagt, daß Gaben immer eine Versuchung darstellen; das gilt für materielle Gaben ebenso wie für geistige Gaben. Einige Statistiken weisen darauf hin, daß die Wende zu Beginn unseres Jahrhunderts eintrat, als mit der Trennung von Kirche und Staat ernst gemacht wurde und die soziale Funktion des Priesters bedroht war. Das war eine Art Reinigung, ob gut oder schlecht, vermag ich nicht zu sagen.

Als dann das Priesteramt sogar für viele Christen einen Teil seiner sakramentalen und mystischen Bedeutung verlor, stellte dies einen zweiten schweren Schlag dar. Solange der Priester auf dem Fundament eines gediegenen christlichen Glaubens und einer lebendigen Mystik ruhte, stand seine Funktion außer Frage. Doch nun stand er häufig allein und verlassen am Rande des großen Stromes. Das *Journal d'un curé de campagne* von Bernanos ist ein bemerkenswertes Zeugnis hierfür.

D.W. *Würden Sie sagen, daß die Versuchung einer »Verweltlichung« des Priesteramtes um so größer ist, je schwächer das spirituelle Fundament eines Landes ist? Und wäre dann die Versuchung der Priester, sich politisch zu engagieren, eine Folge davon?*

J.-M.L. Der Priester soll der Gemeinde dienen, in die man ihn gesandt hat. Umgekehrt prägt die Gemeinde »ihren« Priester, wie man zu sagen pflegt. Was erwartet sich die Gemeinde? Der Priester muß sich dieser Frage stellen, denn er will ja wie Paulus »jedem alles« sein...

D.W. *Wollen Sie damit sagen, daß die Priester damals mit sozialen und politischen Forderungen konfrontiert wurden, für die sie um so empfänglicher waren, als sie ihren eigenen Wurzeln entfremdet waren?*

J.-M.L. Sie waren für diese Forderungen um so anfälliger, als sie von dem leidenschaftlichen Wunsch beseelt waren, den ärmsten und der Kirche fernststehenden Männern und Frauen die Liebe Christi zu übermitteln. Sie hatten das Gefühl, vertrautes Gelände zu verlassen und in nichtchristliche Regionen vorzustoßen. Das schildert das Buch *France, pays de mission* von Godin und Daniel, das sofort nach seinem Erscheinen, 1941, in aller Munde war.

Als Paulus aus Tarsus sagt: »Ich muß nach Mazedonien gehen, denn ich sehe einen Mazedonier, der mich ruft«, besteht seine Gemeinschaft mit der Kirche unverändert fort; er nimmt sie mit. Der heilige Franz Xaver, den es bis an die Küste Chinas verschlägt, gibt nichts von seinem Wesen preis. Er ist alleine und wird doch von dem Gebet derer getragen, die ihn geboren haben, und das er in seinem Innern nicht abreißen läßt. Als er sich seiner angestammten Kultur entäußert hat und zu einem Fremden geworden ist, hat er als Christ wie als Priester seine eigentliche Identität erreicht. Der heilige Franz Xaver und Charles de Foucauld lebten völlig einsam, jenem Umfeld entrissen, das einem Menschen im allgemeinen das Überleben ermöglicht. Diese beiden außergewöhnlichen Persönlichkeiten konnten in persönlicher Einsamkeit leben und dabei fast völlig die sozialen Bindungen abbrechen, die in der Regel die persönlichen Überzeugungen befestigen. Stellen Sie sich vor, da reist jemand im 16. Jahrhundert ans andere Ende der Welt, in unbekannte Regionen mit unbekannten Sprachen. Und Charles de Foucauld lebt in einem arabischen Land unter den Tuareg in der Einsamkeit der Wüste... Je größer die Entfernung zur Heimat, je mehr diese Männer ihren angestammten sozialen Bindungen entrissen werden, um so mehr nähern sie sich dem Fremden an, identifizieren sich mit ihm, um so größer wird ihre geistige Übereinstimmung mit sich selbst und mit dem Grund ihres Wesens; das ist keine Selbstzerstörung, sondern eine Selbstwerdung. Durch ihre Identifikation mit dem Fremden, ihre Transkulturation gewinnt ihr Selbst viel mehr Substanz, als es wohl am Anfang ihres Weges besessen hat, so viel, daß sie an seinem Ende Christus ähnlicher erscheinen, und zwar auch in seiner Passion und ihrem Tod.

Die Begegnung mit einer fremden Kultur, der kulturelle Wechsel von einem katholischen in ein nichtkatholisches Umfeld hat auf einer ganzen Generation unserer Priester gelastet. Diese Erfahrung hat einige zu Heiligen gemacht, sie hat jedoch mitunter auch eine gegenteilige Wirkung gehabt. Sie erinnern sich vielleicht an den

Titel eines berühmten Romanes von Cesbron, *Les saints vont en enfer*. Sie haben sich »naturalisiert«, wie man damals sagte. Man mußte die moderne Welt oder die Arbeiterklasse oder die – vermeintliche – heidnische Kultur »annehmen«, wie man eine Staatsbürgerschaft annimmt, um sich gleichsam von »den anderen einbürgern« zu lassen.

J.-L. M. *Bestand das Problem also eher in einer mystischen als einer gesellschaftlichen Krise?*

J.-M. L. Die gesellschaftliche Krise verstärkt und offenbart die mystische Krise. Einen weiteren Anhaltspunkt liefert das 16. Jahrhundert, das einen ausgezeichneten Bezugsrahmen darstellt. Es ist jene Zeit, in der die großen Mystiker die negative Theologie entwickeln. Als Johannes vom Kreuz und Teresa von Avila sich dem Mysterium Gottes nähern, beschreiben sie es als eine »dunkle Wolke« jenseits von Erkenntnis und Erfahrung. Man hat diese Kategorien und diese Sprache für den Atheismus vereinnahmt, der ihr genaues Gegenteil ist. Denn die negative Theologie ist nicht identisch mit dem Atheismus; sie ähneln sich allenfalls in ihrer Abgründigkeit, aber an sich sind sie Gegensätze. Es stimmt zwar, daß der größte Mystiker einen Atheisten besser verstehen kann und daß der überzeugteste Atheist jederzeit zu einem Mystiker werden kann, zugleich aber sollte man nicht behaupten, daß der Gott liebende Mystiker ein Atheist und der gottlose Mensch in das Mysterium Gottes eingeweiht sei.

Wenn, wie ich gerade gesagt habe, die gesellschaftliche Krise die mystische Krise lediglich verstärkt und offenlegt, dann könnte einzig ein neues Aufblühen der Mystik in der Christenheit tiefgreifende positive Veränderungen in Status, Amt und Leben der Priester bewirken.

Woher kommen heute die Berufungen in Frankreich? Man könnte versucht sein, ihre Herkunft sozial zu erklären. Doch die Zeit der sozialen Determinierung ist vorbei. Früher führte man die hohe Zahl von Berufungen auf den Wunsch des christlichen Bauernstandes nach sozialem Aufstieg zurück. Welche Aufstiegsmöglichkeiten bieten sich aber den meist beruflich hochqualifizierten jungen Männern heute? Wir erleben in Frankreich einen tiefgreifenden Wandel, der sich nicht in Zahlen erfassen läßt. Die geistige Kraft, die moralische Gesundheit und die tiefe christliche Gesinnung dieser jungen Männer und ihrer Familien und auch die Inbrunst und die Frömmigkeit, der sie in der Kirche begegnen und die sie teilen konnten, bilden die Grundlage ihrer Berufung.

D. W. *Von den drei Forderungen: politisches Engagement, Engagement in der Arbeitswelt und Recht auf Eheschließung scheint die Forderung nach dem Recht auf Ehe, besser auf Nachkommenschaft, diejenige zu sein, der am meisten Widerstand entgegengebracht wird, und das in einer Religion, in der tatsächlich dauernd von Sohnschaft, Vater und Sohn, die Rede ist.*

J.-M. L. Das ist nicht das zentrale Problem. Die Erfahrung liefert den Gegenbeweis: die Anglikanische Kirche, in der Unverheiratete, aber auch Verheiratete zu Priestern geweiht werden können; sie haben im übrigen wie die deutschen Lutheraner ein recht ordentliches Gehalt. Oder schauen Sie sich die Ostkirchen an, die Orthodoxen oder die mit Rom Unierten. Das sind drei Kirchen – eine reformierte, eine, die sich wie der Anglikanismus als der katholischen Tradition zugehörig bekennt, und die mit Rom unierten oder selbständigen Ostkirchen –, in denen verheiratete Männer zu Priestern geweiht werden. Zwischen der Zahl der Priesteramtsanwärter und dem Recht auf Eheschließung besteht kein Zusammenhang. Die Zahl der unverheirateten Priester nimmt in allen Ostkirchen zu. Das vor allem in Frankreich immer wieder zu hörende Argument eines Zusammenhangs zwischen der Nachwuchskrise und dem Recht auf Eheschließung wird von den Fakten widerlegt. Diese Forderung muß auf andere Weise erklärt werden, und zwar unter Berücksichtigung der umfassenden geistigen Situation. Die Sexualität stellt für die heutige Gesellschaft eine Versuchung dar, der sich auch jene nicht entziehen können, die aus Berufung zum Zölibat, zur Keuschheit für das Reich Gottes bestimmt sind. Unter ihnen wählt die Kirche ihre Priester aus. Und es ist ganz normal, daß sich die Aufmerksamkeit in diesem Fall dem sichtbarsten Punkt zuwendet. Und es ist auch ganz normal, daß diese Männer durch diese Prüfung stärker erschüttert werden als andere, weil sie an vorderster Front stehen und den größten Risiken ausgesetzt sind.

Nun zum kirchenrechtlichen Aspekt: Jeder weiß, daß man es hier mit zwei ganz verschienen Problemen zu tun hat, nämlich einmal der Frage, ob man Priestern die Ehe erlauben sollte, und zum anderen der Frage, ob man verheiratete Männer zu Priestern weihen sollte. Wenn ein Priester die Ehe schließen will, stellt sich die Frage, was aus der Berufung eines Mannes wird, der bereits in voller Kenntnis der Sache sein ganzes Leben verpfändet hat. Seinen Entschluß, sein ganzes Leben im Zölibat dem Dienste am Reich Gottes zu widmen, soll er in Freiheit und in Beantwortung eines Anrufs Gottes fassen. Sollte bei dieser Entscheidung ein Irrtum seinerseits oder seitens der Kirche unterlaufen sein, kann die Kirche ihn von seiner Verpflichtung mit der Feststellung entbinden: »Wir müssen ehrlich sein und zugeben, daß ein Irrtum vorliegt. Sie werden daher wieder in den Laienstand zurückversetzt. Sie haben zwar für immer das Sakrament der Priesterweihe empfangen. Aber Gott möge beiden Seiten den Irrtum verzeihen. Gehen Sie in Frieden.« Wenn kein Irrtum vorliegt, muß man die Dinge bei ihrem Namen nennen: Es bedeutet, daß ein auf die Probe gestellter oder in Versuchung geführter Mann das ihm Geschenkte verspielt hat. Gott wird richten. Uns steht ein Urteil nicht zu. Was nun die Verheiratung der Priester anlangt, so hat man dies bei jeder revolutionären Umwälzung getan. Mitunter sogar zwangsweise! Erinnern Sie sich nur an die Französische Revolution. Welchen Sinn soll das haben?

J.-L. M. *Und weshalb weiht man keine verheirateten Männer zu Priestern?*

J.-M. L. Die katholische Kirche des Westens hat, wie Sie wissen, die geistliche Entscheidung getroffen, ihre Priester unter jenen Männern auszuwählen, die die Gnadengabe des Zölibats empfangen haben. Das ist mehr als nur kanonische Strenge: Es ist eine Entscheidung, die von der Liebe zu Christus getragen ist. Die katholische Kirche bewahrt und erinnert an ihre Möglichkeit und ihr Recht, verheiratete Männer zu Priestern zu weihen. Das ist die Tradition der Kirchen des Ostens. Im übrigen zeichnet sich deutlich ab, daß die Zahl zölibatär lebender Priester in den Kirchen, die die Ordination verheirateter Männer kirchenrechtlich für zulässig erklären, zunimmt. Das gleiche Phänomen finden Sie seit einem Jahrhundert in der Anglikanischen Kirche, im deutschen Luthertum und bei einigen französischen Protestanten. Das wird nie gesagt; man hört immer nur das Gegenteil. Die Medien sind blind für die wirklichen Verhältnisse.

D. W. *Ist der Verzicht auf die Vaterschaft aber nicht schwieriger als der Verzicht auf das Eheleben?*

J.-M. L. Lassen Sie mich hier einen Satz aus dem Evangelium zitieren: »Herr, was soll aus uns werden, die wir alles verlassen haben, um dir nachzufolgen?« Da antwortet Christus selbst – denn diese Aufforderung, alles zu verlassen, um dem Messias auf seinem Weg zu folgen, wurde nicht von der Kirche erfunden: »Wer um meinetwillen Vater, Mutter, Frau, Kinder, Haus und Äcker verlassen hat, wird jetzt in dieser Zeit das Hundertfache empfangen (wenn auch unter Verfolgungen, wie Markus hinzufügt: 10,30), und dem wird das ewige Leben geschenkt werden.« Die Ausübung des Priesteramtes – gleich ob als Welt- oder Ordensgeistlicher – ist eine Einführung in das Mysterium der göttlichen Vaterschaft; dem Priester ist gleichsam in einer gesteigerten Fruchtbarkeit und Liebe die geistige Geburt der Kinder Gottes anvertraut. Das setzt eine große Selbstlosigkeit voraus, die mitunter größer, unmittelbarer und radikaler ist als die der Eltern; aber alle Eltern wissen auch, daß ihre Kinder eines Tages von zu Hause fortgehen.

J.-L. M. *Ja, aber bis dahin vergehen etwa zwanzig Jahre, in denen man viele Freuden und viele Sorgen erlebt.*

J.-M. L. Viele Freuden und falsche Hoffnungen, viele Konflikte und viel Leid. Die geistige Zeugung kann die versprochene hundertfältige Belohnung sein. Wirklich, ich kann das bezeugen. Man muß mit diesen Begriffen sehr vorsichtig sein, weil sie mißbraucht werden können. Freud hat uns gelehrt, dergleichen Geschichten mit großem Mißtrauen zu begegnen; man möchte sich nicht ungeschützt auf Gebiete vorwagen, in denen die Zeichen auch trügen können. Und doch weiß ich aus meiner persönlichen Erfahrung, daß es die geistige Vaterschaft gibt. Für viele Menschen ist der Priester das Werkzeug der geistigen Vaterschaft Gottes. Ohne es zu wollen und vielleicht sogar ohne es zu wissen, kann er bei manchen Menschen das von ihrem irdischen Vater verletzte Vaterbild wieder heilen. Das ist eine sehr große Freude, vorausgesetzt, man sieht die Grenzen. Sobald ein Priester die Rolle eines menschlichen Vaters spielen wollte, würde er sie zerstören und die Gnade verlieren, deren Zeuge er ist. Wenn er jedoch die Distanz und die Frustration annimmt, wird Freude sein Lohn sein. Diese Freude existiert nicht nur in der Einbildung, und sie ist die Triebfeder seines Engagements. Sie können sich nicht vorstellen, in welch hohem Maße. Ein wesentlicher Punkt meiner Tätigkeit als Priester war die Erkenntnis, wie sehr ich die Menschen geliebt habe, zu denen ich gesandt worden war, auch wenn sie eines Tages aus meinem Gesichtskreis verschwanden. Und ich liebe sie noch immer. Und ich weiß, daß auch sie mich lieben. Mögen sie mich angreifen oder sogar anfeinden – ich weiß, daß sie auf meine Liebe zählen.

D. W. *Sie geben mir damit das Stichwort für ein Thema, über das wir bislang noch kaum gesprochen haben: Ihr Gefühlsleben in Ihrer Jugend und Kindheit. Das ist ja um so interessanter, als Sie ja schon sehr früh Priester werden wollten.*

J.-M. L. Wie für jeden anderen Menschen auch, ist das eine Frage der bewußten Wahl, der Disziplin und der Vernünftigkeit der Entscheidungen. Ich war ein eifriger Leser von Stendhal. Vielleicht erinnern Sie sich an seine Theorie von der Kristallisation der Gefühle, mit der er die erotische Liebe erklärt. Man verliebt sich nur, wenn man will, wenn man damit einverstanden ist. Von dem Augenblick an, wo jemand sich dazu berufen glaubt, sein Leben Gott zu weihen, besteht die Askese darin, dieses Räderwerk zu meiden. Es geht nicht um eine innere Abstumpfung, aber bekanntlich sind ja Begierde und Gefühlsleben so eng miteinander verzahnt, daß, wenn man nicht aufpaßt, sehr schnell jene »Kristallisation« eintritt und der Held sich plötzlich in die Heldin verliebt. Als Studentenseelsorger konnte ich 15 Jahre lang das Gefühls- und Beziehungsleben von Studenten im Alter zwischen 18 und 25 Jahren miterleben, und dabei habe ich beobachtet, nach welchen Mustern dies ablief. Ja mitunter konnte man geradezu voraussagen, welche Bedingungen erfüllt sein mußten!

D. W. *Wenn man sich die Entwicklung des französischen Klerus seit dem Ende des Krieges anschaut, stellt man eine langsame Bewegung der Priester und der Hierarchie nach links fest. Wie läßt sich dieses Phänomen erklären?*

J.-M. L. Das entspricht den Wandlungen der französischen Gesellschaft. Es gab den gewaltigen Schock des Krieges... Erinnern Sie sich: Alle Franzosen waren Anhänger Pétains, das ganze geschichtliche Bewußtsein Frankreichs war zumindest einen Augenblick lang, am Anfang der deutschen Besatzungszeit, in dieser Sympathie erstarrt. Das ist ein schmerzlicher Moment der französischen Geschichte, der allen ein schlechtes Gewissen bereitet. Nach der Befreiung hat man die zurückliegende Zeit kurzerhand umgedeutet, um so das verletzte französische Nationalgefühl wiederherzustellen und zu heilen. Das war zumindest scheinbar eine Wendung ins Gegenteil, und die Kirche hat mitgemacht. Es gibt aber auch ältere historische Gründe. Etwa den Einfluß, den die Action française in der Zwischenkriegszeit auf viele Katholiken ausgeübt hat. Es brauchte seine Zeit, bis die Verurteilung von 1926, die sich auch auf die entgegengesetzte Strömung bezog, ihre Wirkung entfaltete. Das ist nicht weiter verwunderlich. Die Erklärung hängt mit den historischen Umständen der Entwicklung Frankreichs zusammen.

Es ist übertrieben, wenn man dem Zweiten Vatikanum die Verantwortung für den »Schaukeleffekt« zuschreibt, nach dem die Bedeutung der Priester sinkt, wenn der Einfluß der Laien zunimmt.

Die Laien in der Kirche

D. W. *Doch das ist die allgemeine Einschätzung: Das Zweite Vatikanum wird als ein Konzil des Fortschritts und des Wandels betrachtet, das die Stellung der Laien wieder gestärkt hat, vielleicht teilweise auf Kosten der Priester und der Hierarchie. Sie kennen diese Meinung...*

J.-M. L. Sie haben sicher von den zahlreichen, ausführlichen

Kommentaren zu der Konstitution *Lumen gentium* gehört, nach denen diese lediglich eine Umkehrung der »pyramidenförmigen« Struktur der Kirche anstrebe. Noch beim Ersten Vatikanum ging man von der Spitze, also vom Papst, aus. Seit dem Zweiten Vatikanum geht man von der Basis, vom Volk, aus. Aber an der pyramidenförmigen Struktur hat das nichts geändert. Es sei denn, es gelänge, mit einem Schlag die Spitze ins Zentrum der Basis zu versetzen. Dergleichen Ansinnen sind nur ein schlechter Scherz...

Das Christentum stellt in der Geschichte der Religionen eine völlig einzigartige Erscheinung dar, die Petrus in Anlehnung an die Kennzeichnung Israels im Buch *Exodus* folgendermaßen charakterisiert: »Ihr aber seid«, so schreibt er an die Christen, »ein auserwähltes Geschlecht, eine königliche Priesterschaft, ein heiliger Stamm, ein zu eigen erworbenes Volk, auf daß ihr die Großtaten dessen verkündet, der euch aus der Finsternis berufen hat in sein wunderbares Licht« (1 Petr 2,9). Er bezeichnet die Christen auch als eine »heilige Priesterschaft«, die dazu bestimmt ist, »geistige Opfer darzubringen, die Gott wohlgefällig sind, durch Jesus Christus« (1 Petr 2,5). Die heidnischen Religionen zeichnen sich dadurch aus, daß nur eine beschränkte Zahl von Vollkommenen den Zustand der Vollendung erreichen kann. Das Christentum verlegt die Quelle dieser Vollendung in die mit der Taufe vollzogene Vereinigung mit Christus. Die Heiligkeit ist also von Anfang an die persönliche Berufung jedes Christen und das gemeinsame Wohl aller, durch das sie zum heiligen Volk werden. Das Priesteramt, seine unableitbare Eigenart und seine Autorität, steht im Dienste dieser allen gemeinsamen Berufung zu einem heiligen Priestervolk, *laos* auf Griechisch, aus dem man das Wort »Laie« gebildet hat, worauf Pater Congar zu Recht hinweist.

Zur Zeit der Reformation hat das Konzil von Trient den sakramentalen Charakter der Sendung des Priesters und seiner Autorität definiert. Das Zweite Vatikanum zieht einen Schlußstrich unter dieses lange Nachdenken der Kirche über ihr eigenes Wesen, indem es zeigt, auf welch einzigartige Weise sich die Sakramente entsprechen: auf der einen Seite Taufe und Firmung, durch die das Volk Gottes und seiner Getreuen konstituiert wird und die es ermöglichen, die eucharistische und priesterliche Sendung der ganzen Kirche zu verstehen und zu feiern; auf der anderen Seite ist das Sakrament der Weihe (das Kollegium der Bischöfe, das dem Papst untersteht, und diejenigen, die zu Priestern und Diakonen geweiht werden) in und für dieses Volk von Getauften das wirksame und persönliche Zeichen der Gegenwart Christi, der Priester und Haupt seines Leibes, der Kirche, ist: »Und siehe, ich bin bei euch alle Tage bis ans Ende der Welt« (Mt 28,20). Das Zweite Vatikanum hat das vom Konzil von Trient begonnene Werk vollendet: Es hat die sakramentale Neuheit des christlichen Lebens und der Kirche dargelegt und sich von den verschiedenen gesellschaftlichen und politischen Modellen distanziert, um die Einzigartigkeit der katholischen Gemeinschaft und ihrer Organisation zu betonen. Die Kirche hat damit die wichtigsten Konzepte erarbeitet, mit denen sie die großen Umwälzungen der modernen Gesellschaft bewältigen kann. Deshalb ist das Aufzeigen von hierarchischen Konflikten und Machtstreitigkeiten, wie die Gesellschaftsanalyse sie immer wieder aufdeckt, nicht der geeignete Schlüssel zum Verständnis der Beziehung zwischen den Laien einerseits und den Priestern und der Hierarchie andererseits.

D. W. *Obwohl Sie die Kontinuität betonen, interpretieren die meisten Texte, die wir gelesen haben, das zweite Vatikanum als einen »demokratischen« Bruch, der die Rolle der Laien aufwertet, die in der Kirche vor allem seit den Vorstößen der Action Catholique einen immer größeren Stellenwert erhielten.*

J.-M. L. Halten wir die Probleme klar auseinander: zum einen das oder die Modelle, die den Funktionsmechanismus der Institution Kirche beschreiben; dann die mögliche oder sogar notwendige Mitwirkung der Laien an der Bewältigung bestimmter Aufgaben, die nach neuerem Brauch in den Händen des Klerus oder der Ordensleute lagen: die Vorbereitung auf die Sakramente, die Katechese, religiöse Erziehung, Betreuung von Kranken und Sterbenden, Organisation der Spenden für die Ärmsten, Verwaltung der Kirchengüter usw.; schließlich die christlichen Aufgaben »in der Welt«, die durch berufliche Tätigkeit, soziales und politisches Engagement und, möglicherweise, auch durch die Ehe gekennzeichnet sind. Jedes dieser drei Probleme erfordert konkrete, auf das jeweilige Land und die Zeit abgestimmte Antworten. Obgleich sie miteinander zusammenhängen, müssen sie einzeln behandelt werden. Kurz, alle drei Probleme beziehen sich auf Aspekte der kirchlichen Sendung in der Welt, ohne sie indessen in ihrer Ganzheit zu definieren oder zu erschöpfen.

Diese Sendung wird in den letzten Kapiteln der Konstitution *Lumen gentium* des Zweiten Vatikanum behandelt. Sie definieren die historische Berufung der ganzen Kirche und damit jedes ihrer Glieder als Aufruf zur Heiligkeit, so daß jeder unablässig an der Umwandlung unserer Welt arbeiten muß gemäß dem Ratschluß Gottes für das Heil und das Glück der Menschen und für seine Herrlichkeit. Diese Kapitel verleihen dieser Berufung ihre wahre zeitliche Dimension, die nicht die einer Kultur, einer Gesellschaft oder eines Staates ist, denn diese sind ebenso vergänglich wie der Mensch, sondern die Ewigkeit, die der ganzen Menschheit als Hoffnung bestimmt ist und die sich am Ende der Zeit erfüllen wird.

Fünfter Teil

Die Universalität der Kirche

I. Das Apostelamt

Bischof von Orléans, Erzbischof von Paris

Jean-Louis Missika: *Im Dezember 1979 wurden Sie zum Bischof von Orléans ernannt. Was hat diese Ernennung für Sie bedeutet? Sie kehrten damit ja an den Ort ihrer Konversion zurück.*

Jean-Marie Lustiger: Gott drückte damit meinem Leben seinen Stempel auf, denn ich kehrte als Apostel und Priester an einen der wichtigsten Orte meines Lebens zurück. Als man mir eröffnete, der Papst werde mich zum Bischof von Orléans ernennen, habe ich zunächst den Satz, den man mir sagte, buchstäblich nicht gehört, nicht verstanden, und ich mußte ihn zwei-, dreimal wiederholen, ehe mir seine Bedeutung aufging. Doch dann sah ich darin einen Anruf Gottes. Es fällt mir schwer, Ihnen meine damaligen Empfindungen mitzuteilen. Und dann erscheint es mir für das Verständnis der Sache auch nicht erforderlich. Doch ich gestehe Ihnen: Wieder die Kathedrale von Orléans zu betreten, den Ort, an dem ich zum erstenmal das Mysterium des leidenden Messias, der seinen Leib hingegeben und sein Blut vergossen hat, und seine Gegenwart in seinen Brüdern und in der Eucharistie erfahren hatte – mich wieder an der Stätte zu befinden, wo ich Gestalt angenommen und wo mein Leben ein Ziel bekommen hatte, bewirkte, daß meine Existenz in Orléans bis in die kleinsten Details eine ungeheure Intensität gewann. Ich versagte es mir, allzusehr darüber nachzudenken, aus Angst, von meinen Gefühlen überwältigt zu werden, so sehr holte mich die Vergangenheit mit all ihren persönlichen Erinnerungen und der Vielzahl symbolträchtiger Begebnisse ein. Das Amtszimmer, in dem der Bischof von Orléans, Msgr. Courcoux, mir die Grundzüge des christlichen Glaubens vermittelt hat, wurde nun mein Amtszimmer; ich zelebrierte die Messe in eben der Kapelle, in der ich selbst getauft worden war. Ich begegnete Priestern und Laien wieder, die meine Klassenkameraden gewesen waren und zu denen ich jetzt als Hirte, als Apostel kam. Gott erwartete von mir, ihnen das zurückzugeben, was ich von ihnen empfangen hatte.

Etwas an dieser Situation blieb für mich jedoch außerordentlich verwirrend. Orléans war mein Zuhause und war es doch auch nicht, denn ich war heimlich, als Verfolgter, ja gleichsam als Ausländer, der durch die Vichy-Gesetze aus der Volksgemeinschaft ausgeschlossen worden war, hierher gekommen. Zudem geriet ich ins Kreuzfeuer der Presse, die sofort öffentlich enthüllte, was ich aus Scham und Rücksichtnahme als meine persönliche Angelegenheit für mich behalten hatte. Bis zu diesem Zeitpunkt konnte ich frei entscheiden, wem ich etwas sagte und was ich sagte. Ich habe mich nie versteckt, aber auch nie in den Vordergrund gedrängt. Diesmal mußte ich in die Offensive gehen... Die Medien haben mir leider keine andere Wahl gelassen... Nicht aus Böswilligkeit, ganz im Gegenteil. Ich mache ihnen das nicht zum Vorwurf; so laufen die Dinge nun mal. Was ich für eine persönliche Angelegenheit hielt, die man nur einem Freund anvertrauen sollte, wurde nun an die große Glocke gehängt. Bischof von Orléans – nie hätte ich damit gerechnet. Und ich stieß auf Dinge, die für mich eine unerträgliche Symbolkraft besaßen. Zufällige Eindrücke – eine Straßenecke, ein Regenbogen, eine Landschaft, eine Erinnerung, ein Baum, ein Stein – riefen die ganze Vergangenheit in mir wach, meine Lebensgeschichte und die meiner Familie, die Geschichte Frankreichs, meinen Platz in dieser Geschichte und die Sendung, die ich fortan zu erfüllen hatte. Meine Erinnerung speiste sich aus der emotionalen und symbolischen Last dieser Sendung. In ihr wuchs ich weit über mich hinaus. Nicht ich hatte mir dieses Schicksal erwählt, ich wäre nie von selbst auf diesen Gedanken gekommen, ich hatte diesen Zustand in keinster Weise gewünscht, und nun kam ich mir vor wie ein hölzerner Balken, den man in das Gebälk eingefügt hatte. Dieser Balken, der genauso aussah wie alle anderen und der keine Ansprüche erhoben hatte, wurde als Firstbohlen eingesetzt, ohne den das ganze Gebälk keinen Halt hat. Einer Legende nach wurde die Kathedrale Sainte-Croix in Orléans nicht von Menschen, sondern von der Hand Gottes geweiht. Diese Hand ergriff mich, um mich dort abzulegen. Ich mußte also dort bleiben, und ich entfaltete dabei um so mehr innere Kraft, als ich mich auf eine in meinen Augen wunderbare Fügung, auf den Willen Gottes stützen konnte.

Ich war zugleich von dem unsäglichen Schmerz der Erinnerung und von der intensiven Freude erfüllt, das früher Empfangene zurückgeben und den Menschen dienen zu dürfen. Ich hatte das Gefühl, von Gott gleichsam beim Wort genommen zu werden. Wie das? Seit Jahrzehnten hatte ich immer wieder über die Probleme der Kirche, über ihre Beziehung zur modernen Gesellschaft und über ihre Treue zum Wort des Evangeliums nachgedacht und meditiert und war dabei zu dem Schluß gelangt, daß von der heutigen Kirche ein besonders hohes Maß an Treue und Freiheit verlangt würde. Nun wurde ich durch die mir anvertraute apostolische Sendung für die praktische Umsetzung des theoretisch Erkannten verantwortlich. Die göttliche Vorsehung sagte zu mir: »Was du so deutlich erkannt hast, mußt du nun in die Tat umsetzen.« Treue zu Gott war die einzig mögliche Antwort auf das Licht, das mir geschenkt worden war.

Ich wurde am 8. Dezember 1979 in der Kathedrale von Orléans zum Bischof geweiht. Der 8. Dezember ist das Fest der Unbefleckten Empfängnis, ein Fest der katholischen Kirche, dessen symbolischer Reichtum mir an diesem Tag mit unerhörter Kraft bewußt wurde, insbesondere durch die Texte der Liturgie. Es ist ein Fest zu Ehren Marias, dem vorweggenommenen Bild der Kirche; sie empfängt, gleichsam im voraus, die Gabe des Heils von Christus, der ihr als Sohn geschenkt werden wird. Im Gebet und in der Verehrung feiert die Kirche Maria, die Tochter Zions. Denn ebenso wie die Erwählung Israels der Sendung des ihm geschenkten Messias vorausgeht, so empfängt auch Maria, die Tochter Zions und das Urbild der Kirche, im voraus das Heil, das es ihr ermöglicht, den Erlöser zu gebären. In Maria, der Tochter Zions (Jes 62), geht die Kirche Christus voraus, der sie einsetzt. So erhält diese Liturgie eine kosmische und historische Weite, die bis an die Grenzen der Geschichte reicht. Die Liturgie beginnt mit der Erzählung der Schöpfungsgeschichte und der Anfänge der Menschheit. Anschließend wird ein Passus aus dem Brief an die Epheser vorgelesen, wo das Verhältnis zwischen Juden und Heiden in der Kirche Gottes dargelegt wird, die beide durch das Kreuz seines Sohnes mit Gott versöhnt wurden. Die Juden waren seit unvordenklichen Zeiten in Ihm erwählt, als erste Seine Liebe zu empfangen und Ihm zu dienen; jetzt aber sind die Heiden, die einst in der Ferne waren, aufgerufen, in die Nähe zu kommen und in dieselbe Gemeinschaft einzutreten. In dieser »Zusammenrufung«, in dieser Kirche, ist die Gestalt Marias das Symbol des Volkes aus Juden und Heiden. Schließlich faßt das Evangelium der Verkündigung mit außerordentlicher prophetischer und symbolischer Kraft die gesamte Heilsgeschichte zusammen.

J.-L. M. *Welches Motto haben Sie sich als Bischof gewählt?*

J.-M. L. Keines. Ich wollte mir kein »Wappen« zulegen. Ich habe nie ernsthaft über ein Motto nachgedacht. Das Ganze lief dann folgendermaßen ab: In diesem Evangelium der Verkündigung sagt Maria zu dem Gesandten des Herrn, der ihr die Geburt Jesu verheißt: »Wie soll das geschehen, da ich keinen Mann erkenne?« Und der Engel antwortet: »Alles ist möglich für Gott.« Mit diesem Satz hatte der Engel schon Abraham die Geburt des Isaak verheißen. Jesus selbst greift im Evangelium diesen Satz auf, als er seine Jünger an die göttlichen Gebote gemahnt (Mt 19,26). Ich hatte es mir in meiner Gemeinde zur Gewohnheit gemacht, Handzettel für die Liturgie auszuarbeiten und dabei einen zentralen Satz aus den gottesdienstlichen Lesungen als Überschrift anzuführen. Für diesen Tag hatte ich den Satz gewählt: »Alles ist möglich für Gott«, der für mich die Quintessenz dieser Liturgie des 8. Dezember darstellte. Ich sah in dieser Ernennung eine unglaubliche Herausforderung. Ich wußte nicht, was den Papst zu dieser Entscheidung veranlaßt hatte, aber ich empfand es als eine Herausforderung, der ich mich stellen mußte.

J.-L. M. *Sprechen Sie von Ihrer Ernennung zum Bischof von Orléans oder zum Erzbischof von Paris?*

J.-M. L. Von beiden. Ich hatte also als Überschrift für den Handzettel den Satz »Alles ist möglich für Gott« gewählt. Die Journalisten von Orléans, die mir große Beachtung schenkten, haben daraufhin zu mir gesagt: »Da haben wir es ja schon, Ihr Motto: ›Alles ist möglich für Gott‹.« Und so fanden diese Journalisten das Motto, das ich wählen sollte.

J.-L. M. *Sie sind nur kurz in Orléans geblieben.*

J.-M. L. Weniger als zwei Jahre. Ein Jahr und drei Monate, um genau zu sein. Ich war überzeugt, ich würde in Orléans bleiben, ich sei am Ziel angekommen. Vom ersten Tag an hatte ich jedoch das Gefühl, mich beeilen, rasch handeln zu müsen. Ich wußte nicht, aus welchem Grund. Ich wollte schnell zu Werke gehen. Lag das an meinem Naturell? Zum Glück wußte ich nicht, wie wenig Zeit ich hatte, viel weniger als Msgr. Riobé, mein Vorgänger, dessen spirituelle Tiefe ich nach und nach entdeckte.

Bereits vor der Entscheidung des Papstes hatten mehrere Personen mir zu verstehen gegeben, daß der Papst mich zum Erzbischof von Paris ernennen wolle. Dieses Gerücht verbreitete sich. Ich habe es mit unerschütterlicher Ruhe als Spekulation abgetan, wobei ich mich auf folgende Überlegung stützte: Der Papst ist ein Hirte, also weiß er, was eine Diözese ist; wie könnte er wollen, daß ich eine Diözese verlasse, in der ich gerade mit meiner Arbeit begonnen habe, um in eine andere zu gehen? Das erschien mir undenkbar. So brauche ich Ihnen nicht zu sagen, daß ich bei der Ankündigung meiner Ernennung zunächst sehr betrübt darüber war, Orléans wieder verlassen zu müssen. Dann habe ich mir die Schwierigkeiten ausgemalt, die mich in Paris erwarten würden. Könnte ich diese Sendung bewältigen? ... Das erschien mir fast unmöglich. Ich glaubte, nicht der geeignetste Mann für diese Aufgaben zu sein. Es hätte in meinen Augen Personen gegeben, die dieser Situation besser gewachsen, die innerlich besser darauf vorbereitet gewesen wären. Und in dem Maße, wie ich die unzweifelhaften Schwierigkeiten dieser Arbeit erkannte, empfand ich die Forderung, etwas meinem Naturell und meiner Erfahrung fast Entgegengesetztes zu tun, als eine gewisse Zumutung.

Meine Ernennung zum Erzbischof von Paris fiel auf ein anderes katholisches Fest, das am 2. Februar begangen wird: die Darstellung Christi im Tempel, bei dem es sich wieder sowohl um ein Fest Marias als auch Christi handelt. Auch dieses Fest besitzt eine außerordentlich tiefe spirituelle Bedeutung. Die im voraus geheiligte, von der Sünde befreite Jungfrau Maria – die dadurch für Israel und für alle Völker zur Hoffnung einer verklärten Menschheit wird – trägt das Kind Jesus, das lebendige, aber noch stumme Wort, in das Haus des Vaters. Dort, im Tempel, dienten stellvertretend für alle Propheten Israels Simeon und Hanna Gott Tag und Nacht. Dort sagt der greise Simeon zu Maria: »Dieser ist dazu bestimmt, daß in Israel viele durch ihn zu Fall kommen und viele aufgerichtet werden, und er wird ein Zeichen sein, dem widersprochen wird ... Dir selbst aber wird ein Schwert durch die Seele dringen. Er wird ein Licht sein, das die Heiden erleuchtet.« So wird im Tempel, der Heimstatt Gottes, die Gestalt des leidenden Messias verkündet.

Ich sah sehr wohl: Die Erwartungen, die als Bischof an mich gestellt wurden, betrafen meine tiefste persönliche Verpflichtung. Ich empfand eine große Liebe für die Menschen hier, die gleiche Liebe, die Christus den Menschen entgegengebracht hatte, und viele Gläubige bekundeten mir ihre große Zuneigung. Aber ich sah auch – da machte ich mir keine Illusionen –, daß ich dadurch in gewisser Weise an der Passion Christi teilnehmen würde. Als ich zum Bischof von Orléans ernannt wurde, war mein erster Gedanke, daß die Kathedrale von Orléans dem Kreuz Christi geweiht sei. Auch das schien Teil einer geheimen Logik zu sein, der ich mir klar bewußt war.

Dominique Wolton: *Haben Sie heute immer noch dieses Gefühl, an der Passion Christi teilzuhaben?*

J.-M. L. Ja, ganz deutlich. Das wird auf die eine oder andere Weise von allen Gläubigen verlangt, und insbesondere von denen, die die apostolische Sendung empfangen. Als ich als Erzbischof nach Paris kam, sagte ein Vertrauter Kardinal Veuillots zu mir: »Ihm haben Sie es zu verdanken, daß Sie hier sind.« Die Erinnerung an den Augenblick, als Kardinal Veuillot mich kurz vor seinem Tod zu sich kommen ließ, hat mich nie verlassen. Was damals eine Vertraulichkeit war, ist mittlerweile ein bindendes Vermächtnis.

Noch ein Letztes, und damit möchte ich diesen Punkt abschließen: Als ich 1946 in das Priesterseminar eintrat, hörte ich zum erstenmal den Vorwurf, die Kirche sei »ein vom Aufstiegsdenken beherrschtes gesellschaftliches System, ein Machtapparat«. Diese Kritik hatte ich mir gut gemerkt und Konsequenzen daraus gezogen, um in diesen Dingen Klarheit zu schaffen und zu wissen, was ich zu tun hatte. Nie, unter keinen Umständen, würde ich mich dazu bereitfinden, das zu unterstützen, was man in Behörden und Unternehmen »Beförderung« nennt. Nie wollte ich mich auf dergleichen Machenschaften einlassen. Nie wäre ich in irgendeinem Gebiet zu Zugeständnissen bereit. Dadurch würde allen möglichen Mißverständnissen und Mauscheleien vorgebeugt. Sie könnten mir selbstverständlich entgegenhalten, ich hätte diese Ernennung ablehnen können. Aber das kam mir keinen Augenblick in den Sinn, so sehr schien mir alles von Gott zu kommen. Im nachhinein kann man sich natürlich immer fragen: Haben dich die anderen nicht vielleicht überschätzt? Auf welchen menschlichen Urteilen, auf welchem Kooptationsprozeß basierte diese Entscheidung? Die Menschen irren sich, sie wissen nicht, wer du bist, sie überschätzen deine Fähigkeiten oder unterschätzen deine Fehler. Solche Gedanken gehen einem immer im Kopf herum. Später erhielt ich eine vertrauliche Mitteilung, die mich sehr erleichterte. Ein Vertrauter des Papstes sagte zu mir: »Sie verdanken Ihre Ernennung dem Gebet des Papstes. Der Papst hat lange gezögert und lange gebetet, um herauszufinden, wen er ernennen soll.« Damals begriff ich: Die Art und Weise, wie der Verantwortliche die Entscheidung getroffen hat, folgt der Logik des Gebets und der Offenheit gegenüber Gott. Es muß deshalb keine unfehlbare Entscheidung sein, aber immerhin ist sie gründlich vorbereitet worden. Ich sagte mir auch: Man erwartet von dir nur, daß du dir selbst treu bleibst. Du brauchst dich nicht zu verstellen, du mußt einfach du selbst sein. Kardinal Marty hatte uns in einer schwierigen Zeit ein gutes Beispiel dafür gegeben. Nun mußte ich meinerseits lernen, was er gelehrt hatte: dorthin zu gehen, wo ich nicht hingehen wollte.

D. W. *Sie sprechen jetzt von Ihrer Berufung nach Paris?*

J.-M. L. Ja, aber eigentlich waren mir diese Gedanken schon in Orléans durch den Kopf gegangen. Diese Auszeichnung und diese zusätzliche Verantwortung haben mir, alles in allem, eine größere innere Ruhe und mehr Selbstsicherheit gegeben, da ich ja von dem Gebet der Kirche und von einer unter dem Blick Gottes gefällten Entscheidung getragen wurde. Folglich würde mich Gott trotz meiner persönlichen Schwächen in dem Maße beschützen, wie seine Forderungen an mich größer wurden. So wenig ein vernünftiger und verantwortungsvoller Vorgesetzter einen Soldaten ohne Proviant an die Front schickt, so wenig würde Gott mir die zu einer bestmöglichen Erfüllung seines Auftrags erforderlichen Mittel versagen – dessen war ich mir sicher. Was die Öffentlichkeit am meisten erstaunte, war meine ungewöhnliche Biographie. Drei Jahre lang war ich einfach »der Pole«. Von da war es nur noch ein kleiner – gern gemachter – Schritt zu der Mutmaßung, ich sei ein alter Freund des Papstes.

J.-L. M. *Sie waren nicht nur »der Pole«, sondern auch der »polnische Jude«.*

J.-M. L. Ich habe sofort öffentlich erklärt, ich sei »Jude und Sohn von Einwanderern«. Ich und kein anderer mußte das sagen. Aber die meisten haben sich nur meine Herkunft aus Polen gemerkt. Noch heute sagen mir manche, wenn sie auf Polen zu sprechen kommen: »Ihre Heimat«, »Ihre Landsleute«... Das ist erstaunlich.

D. W. *Aber der andere Aspekt, Ihre jüdische Abstammung, wird ja wohl auch so manchem ein Dorn im Auge sein...*

J.-M. L. Ich weiß, ich bin eine lebendige Provokation, die die Gläubigen dazu zwingt, sich Gedanken über die historische Gestalt des Messias zu machen. Durch meine Lebensgeschichte besteht eine – wenn auch nur ganz geringe – Ähnlichkeit mit seinem Weg. Für die Kirche bleibt diese Provokation heilsam. Unabhängig von meinem »Fall«, unabhängig von meiner Person.

D. W. *Hat der Papst das alles gewollt?*

J.-M. L. Wer könnte das wissen?

D. W. *Haben Sie seither mit ihm wieder darüber gesprochen?*

J.-M. L. Ja, insoweit das Wohl der Kirche und der Menschen dadurch betroffen wird. Jedenfalls war der Papst immer sehr gut über mich informiert. Nichts wurde ihm verheimlicht. Seine Entscheidung basierte also nicht auf einem Mangel an Wissen.

J.-L. M. *Haben Sie den Eindruck, deshalb in der katholischen Kirche Frankreichs umstritten zu sein?*

J.-M. L. Aus diesem Grund? Das weiß ich nicht.

D. W. *Ist es Ihnen vielleicht egal?*

J.-M. L. Ich weiß nicht. Ich begegne in dieser Hinsicht ganz gegensätzlichen Einstellungen. Einige berühren mich sehr stark, weil sie zeigen, daß es unter den Katholiken ein Verständnis des Mysteriums Israels gibt, das wie eine Quelle wieder zu sprudeln beginnt. Das ist in meinen Augen ein Zeichen der Lebendigkeit des katholischen Glaubens. Dieses Verständnis geht bei Christen, die die Liebe zum menschgewordenen Christus, das Gebet zur Jungfrau Maria und die Liebe zur Kirche bereits erleben oder neu entdecken, oftmals mit einer tiefen, lebendigen und authentischen Spiritualität einher. Diese Christen sind Gott für die Gnade, die er dem jüdischen Volk erwiesen hat, dankbar, und zugleich empfinden sie den Antisemitismus als eine Verwundung, die ihnen selbst zugefügt wird. Es gibt allerdings auch die umgekehrte Einstellung, die sich häufig durch eine Niederträchtigkeit und eine Grobheit auszeichnet, die mich überraschen. Denn mir war eine wunderbare Blindheit zugute gekommen. Bis dahin hatte ich kaum derartige Dinge wahrgenommen.

D. W. *Antisemitismus?*

J.-M. L. Ja, ich kannte ihn nur aus anderen Bereichen.

D. W. *Nicht in bezug auf Sie selbst?*

J.-L. M. *Nicht in der Kirche?*

J.-M. L. In bezug auf mich, ja, aber nicht in der Kirche, nicht in der Kirche, die ich kannte. Ich hatte Drumont gelesen, er war Katholik. Ich kannte die Affäre Dreyfus und hatte gelesen, was *la Croix* darüber geschrieben hatte.

J.-L. M. *Und seither?*

J.-M. L. Seither hatte ich in verschiedenen Schriften und Pamphleten einen unterschwelligen Antisemitismus entdeckt.

J.-L. M. *Sehen Sie darin, daß Jean-Marie Le Pen Ihren Namen in einem Atemzug mit dem vier jüdischer Journalisten nennt, eine antisemitische Anspielung?*

J.-M. L. Sollte es eine antisemitische Anspielung sein, so fühle ich mich dadurch sehr geehrt, denn sie zielt auf den Erzbischof von Paris in Gemeinschaft mit dem Papst und dem Kollegium der Bischöfe. Wie schon gesagt, war meine Ernennung eine Provokation; sie rührte an einen wunden Punkt; sie zwang die Menschen zum Nachdenken und zur Ergründung der Wahrheit. Schon meine bloße Anwesenheit in diesem Amt als Erzbischof von Paris entlarvte auf schlagende, deutliche Weise die wahre Natur des Antisemitismus: Er ist eine Form des Antichristianismus und eine Lästerung Gottes. Der Antisemitismus ist nicht einfach eine Spielart des Fremdenhasses: Er ist die Ablehnung von etwas, das zu Christus gehört und von Christus stammt. Es ist ein Test, ein Indikator der wahren Gesinnung.

D. W. *Ja, aber nicht alle Antisemiten sind Christen. Was bedeutet es, wenn heute ein Christ antisemitisch eingestellt ist?*

J.-M. L. Ich sage noch einmal: Es ist ein Test. Der nationalsozialistische oder kommunistische Antisemitismus entlarvt die wahre Natur des Antisemitismus schlechthin. Die Taktik besteht darin, von den christlichen Bevölkerungsgruppen zu fordern, sich von den Juden zu distanzieren; man greift den christlichen Glauben an, indem man – ohne daß die Gläubigen es merken – ihn von seinen Wurzeln trennt. Das ist teuflisch. Es ist nicht verwunderlich, daß die totalitären Atheismen nazistischen oder kommunistischen Zuschnitts immer eine antisemitische Komponente besitzen. Das ist ganz offenkundig. Nehmen wir Polen als Beispiel: Es ist einfacher, die in der Solidarnósć tätigen Juden anzugreifen als gegen Solidarnósć als ganzer Front zu machen. Aber es wäre naiv, nicht zu erkennen, daß hinter diesem Angriff auf die in der Solidarnósć aktiven Juden ein Angriff auf das Christentum als Fundament der Solidarnósć steckt.

Die Macht eines Erzbischofs

J.-L. M. *Welcher Art ist Ihre Macht als Erzbischof?*

J.-M. L. Ich bin Nachfolger der Apostel und vor Gott, vor der Kirche und meinen Bischofsbrüdern vor allem dafür verantwortlich, daß die Christen das Evangelium Jesu Christi befolgen und sich als Glieder Seinem Leib, der Kirche, einfügen.

D. W. *Darunter können wir uns nicht viel vorstellen.*

J.-M. L. Mir mißfällt Ihre Frage nach meiner »Macht«. Sie können das im Buch des kanonischen Rechts nachlesen, wenn es Sie interessiert.

J.-L. M. *Nun gut. Aber es gibt in der Kirche trotzdem eine Hierarchie. Und Hierarchie bedeutet, daß es Menschen gibt, die anderen gegenüber weisungsbefugt sind.*

J.-M. L. Lassen Sie mich erklären, weshalb ich so reagiert habe. Als die Söhne des Zebedäus verlangen, im Himmelreich zur Rechten und zur Linken Christi sitzen zu dürfen, antwortet Jesus ihnen: »Ihr wißt, daß die, die als Herrscher gelten, ihre Völker unterdrücken und die Mächtigen ihre Macht über die Menschen mißbrauchen. Bei euch aber soll es nicht so sein, sondern wer bei euch groß sein will, der soll euer Diener sein, und wer bei euch der Erste sein will, soll der Sklave aller sein« (Mk 10,42 ff.). Die Frage nach der Macht wird also von Jesus in seinem Gespräch mit den Aposteln ausdrücklich behandelt. Sie wird ohne Umschweife thematisiert, um zu zeigen, daß die Ausübung von Macht vor allem eine Identifikation mit dem dienenden Christus ist. Ich weiß wohl, daß Kaiser Napoleon den Bischof mit dem Präfekten und dem General gleichsetzte, da er den Episkopat zu den Staatsorganen zählte. Das entspricht einem Aspekt des Bischofsamtes. Doch als Nachfolger der Apostel muß jeder Bischof eine verkürzende Identifikation ablehnen. Ich habe in meiner Antwort auf Ihre Frage eher von Pflicht als von Macht gesprochen.

J.-L. M. *Ja, aber Sie müssen doch mitunter auch verbindliche Entscheidungen treffen.*

J.-M. L. Die Macht stammt von Christus. Es ist die Macht, Sünden zu vergeben, die Heilssakramente zu spenden und dadurch die

Kirche aufzubauen; es ist die Macht und die Pflicht, das Wort Gottes zu bezeugen; die Macht, die Sakramente der Auferstehung auszuteilen und die verstreuten Kinder Gottes zu versammeln. Es sind die geistlichen Vollmachten Christi, der der Hirte ist, und die eigentümliche Macht des Bischofs ist eingebunden in diese sakramentale Bewegung des Dienstes der göttlichen Liebe.

D. W. *Lassen Sie uns doch etwas konkreter werden. Haben Sie zum Beispiel die Macht, Priester zu ernennen und sie bestimmten Gemeinden zuzuteilen? Wie geht das vor sich?*

J.-M. L. Ein Bischof trägt die apostolische Verantwortung für eine bestimmte Kirche. Er hat dafür zu sorgen, daß diese Kirche das empfängt, was Christus seinem Volk geben möchte. Und er hat die Macht, dies zu tun. Dabei stehen ihm verschiedene Beratungsgremien zur Seite, deren Zusammensetzung und deren Befugnisse rechtlich festgelegt sind. So kann der Bischof beispielsweise frei über die Besetzung pastoraler Ämter entscheiden, also Priester, Diakone und Laien berufen. Für jedes Amt gibt es dabei unterschiedliche Rechtsvorschriften. So muß etwa in Frankreich eine Pfarrstelle für sechs Jahre besetzt werden. Während dieser Zeit kann der Pfarrer nur aus schwerwiegenden, genau festgelegten Gründen und nur nach einem gerichtlichen Verfahren abberufen werden.

Der Bischof muß dafür sorgen, daß diese Kirche das Wort Gottes empfängt, und zwar unverfälscht. Ihm ist die Macht verliehen, als Garant des Glaubens zu wirken. Braucht ein Bischof nur den Mund aufzumachen, und schon spricht aus ihm die katholische Wahrheit? Nein. Die Autorität seines Wortes mißt sich an seinem Glaubensgehorsam. Ein Bischof spricht nur dann den unfehlbaren katholischen Glauben aus, wenn er in Übereinstimmung mit dem ganzen Bischofskollegium und dem Papst als Zeuge des Glaubens sprechen möchte. Die Wahrheit des Glaubens fällt zusammen mit seiner Universalität in Raum und Zeit, mit der Gemeinschaft aller Menschen. Die Menschen sind immer in Versuchung, eine Vielfalt von individuellen Meinungen zu entwickeln; was man Toleranz oder Pluralismus nennt, läuft allzuoft auf die Ansicht hinaus: »Denke, was du kannst, ich denke, was ich will«, also: »Jedem seine Wahrheit«. Aber die Kirche ist kein Theater, in dem man ein Stück von Pirandello aufführt. Wahrheit heißt vor allem in Achtung vor dem Einzelnen und seiner Individualität teilhaben an der Wahrheit, die uns alle übersteigt. Der Bischof ist beauftragt und ermächtigt, der gewöhnliche Zeuge zu sein für die gewöhnliche Gemeinschaft aller Gläubigen im Glauben der Kirche.

D. W. *Der Bischof kann also gewisse Priester zur Ordnung rufen, wenn er das Gefühl hat, diese entfernen sich von der gemeinsamen Sprache?*

J.-M. L. Weder eigens noch ausschließlich »gewisse Priester«. Wir leben gegenwärtig in einem sehr instabilen System von Meinungen, denn kaum zeigen Umfragen einen Meinungsumschwung an, schon wird eine neue Ansicht zur Wahrheit des Tages ausgerufen. Ich habe die Pflicht, inmitten dieser ständig wechselnden Meinungen an die höchsten und unveräußerlichen Wahrheiten des Glaubens zu erinnern, und das weniger dadurch, daß ich demjenigen, der von der »Linie« abgewichen ist, »den Kopf wasche«, als vielmehr dadurch, daß ich meistens selbst die Aufgabe übernehme, öffentlich die Wahrheit zu sagen, die ich empfangen habe, um sie zu verkünden.

D. W. *Wenn man sich in einer Meinungsgesellschaft öffentlich zu Wort meldet, kann man sich nur auf die Überzeugungskraft seiner Argumente und seinen Einfluß stützen! Gibt es in der Kirche keine andere Macht als die Überzeugungskraft der Argumente? Verfügen Sie zum Beispiel über eine Disziplinargewalt?*

J.-M. L. Ich verfüge über eine rechtlich festgelegte und genau umgrenzte Disziplinargewalt. Die Ausübung dieser Disziplinargewalt ist an genau definierte Voraussetzungen und Modalitäten gebunden, die auf dreißig Seiten des Buches des kanonischen Rechts dargelegt sind. Denn im Gegensatz zu dem, was manch einer glaubt, und zu dem Bild, das mitunter verbreitet wird, ist die Kirche keine Institution, in der Willkür herrscht. Vielmehr sorgt sie dafür, daß die Rechte des Einzelnen gewahrt werden, auch wenn dies manchmal zu kaum noch nachvollziehbaren Umständlichkeiten führt.

Es ist Aufgabe der Kirche zu überprüfen, ob eine Anschauung, eine Studie oder eine Glaubensäußerung mit der katholischen Glaubenslehre vereinbar ist oder nicht. Die dabei angewandten Verfahren sind gründlicher und zeitaufwendiger als universitäre Disziplinarverfahren oder Gerichtsverfahren. In der Öffentlichkeit wurden mitunter bestimmte Priester oder Theologen als Märtyrer dargestellt, denen man vorsätzlich ein gerechtes Verfahren verweigert habe. Dieses Spiel hängt mit der Situation zusammen, die wir dem heutigen Einfluß der öffentlichen Meinung verdanken.

D. W. *Viele betrachten die Kirche als ein System, das abweichende Meinungen bestraft und die Komplexität und Offenheit jeder Diskussion außer acht läßt.*

J.-L. M. *Schwierigkeiten bereitet die Frage nach der legitimen, autorisierten Ansicht. In einer pluralen Gesellschaft, in der alle Meinungen legitim sind, ist es schwer zu begreifen, daß bestimmte Erklärungen und bestimmte Erörterungen »verworfen« werden können, weil eine hierarchische Autorität feststellt, sie seien mit dem Dogma, der Glaubenslehre, nicht vereinbar oder stünden im Widerspruch dazu.*

J.-M. L. Das Modell, auf das Ihre Beschreibung zutrifft, ist das politische Modell einer Ideologie, die ihre Linie autoritär und unbeirrbar verfolgt.

J.-L. M. *Genau. Das kommunistische Modell.*

J.-M. L. Ich bin zwei Typen von Menschen begegnet, die intuitiv den Unterschied zwischen Glaubensgehorsam und ideologischem Konformismus verstehen. Erstere verfügen über eine hinreichende historische Bildung, um die Fruchtbarkeit des abendländischen und christlichen Denkens zu erkennen. Auch wenn sie keine Christen sind, begreifen sie doch, daß sich aus dieser unveränderlichen Quelle ein lebendiges Denken speist und daß die Kirche in ihrer Autorität, in ihrer Hierarchie und in ihrem Lehramt Garant und Ausdruck dieser einzigartigen Quelle ist. Wer einen scharfen Blick hat, sieht, daß dieses Lehramt bald mit großer Bevormundung, bald mit größerer Einsicht ausgeübt wurde. Mitunter kann der Träger der Amtsgewalt ja tatsächlich übermäßig restriktiv vorgehen und in die Fehler der geistigen Unbeweglichkeit und Beschränktheit verfallen. Die Geschichte zeigt, daß dies keineswegs der häufigste Fall ist.

Die zweite Gruppe sind die Menschen reinen Herzens und die Mystiker. Sie erkennen spontan die Stimmen der lebendigen Überlieferung und die Zeichen des Geistes. Und zwar mit großer Freiheit. Sie erkennen intuitiv das Wesen des Glaubens. Es ist erstaunlich – und übrigens ein dem Christentum und der biblischen Überlieferung eigentümliches Phänomen –, daß einfältige Gemüter den Kern der Dinge mit größerem Tiefsinn erfassen können als Gelehrte. Und die Werke dieser einfältigen Menschen werden unverhofft zur Quelle von Fortschritt und Erkenntnis. Typische moderne Beispiele sind die heilige Therese vom Kinde Jesu, der Pfarrer von Ars, die heilige Bernadette usw.

D. W. *Mußten Sie seit Ihrem Amtsantritt schwere oder schmerzliche Entscheidungen fällen?*

J.-M. L. Nein, nicht in rechtlicher Form. Aber in der gegenwärtigen Situation, in der die herrschende Meinung ständig wechselt, haben die Gläubigen und die Priester das Recht zu erfahren, was die Kirche glaubt; und es ist meine Pflicht, die Wahrheit zu sagen. Bislang mußte ich die kirchliche Lehre noch nicht dadurch bezeugen, daß ich eine bestimmte Person wegen gewisser Ansichten bestrafte. Hingegen habe ich immer wieder positiv Stellung genommen und den Glauben der Kirche manchmal mit großer Entschiedenheit dargelegt. Soll eine Reflexion, sei sie auch kritisch, nützlich sein, muß derjenige, an den sie sich wendet, den Glauben in einem stabilen spirituellen Gleichgewicht leben. Wenn manche die von Gott empfangene Wahrheit nicht in authentischer Weise erkennen, dann wäre es vergeudete Zeit, »das Manuskript nachbessern« zu wollen. Doch es ist möglich, daß Umstände eintreten – deutlichere oder schwerwiegendere Fälle auftauchen –, die mich zwingen, in der kirchenrechtlich vorgesehenen Form Stellung zu nehmen.

D. W. *Glauben Sie, daß die Zahl der lehramtlichen Ermahnungen in den letzten dreißig Jahren zu- oder eher abgenommen hat?*

J.-M. L. In den letzten dreißig Jahren haben wir eine Phase beträchtlicher Unsicherheit erlebt. Die katholische Kirche zeigte sich empfänglich für die Kritik, die die Öffentlichkeit an ihr übte. Und mitunter hat man den sogenannten *sensus fidelium* – ein lateinischer Ausdruck, der die allen Gläubigen gemeinsame Glaubensüberzeugung bezeichnet – mit der öffentlichen Meinung verwechselt. Weshalb soll man diese allgemeine Glaubensüberzeugung bevorzugen? Weil die katholische Kirche glaubt, daß sie als Leib Christi vom Geiste Gottes bewohnt wird, durch den die Gläubigen das Wort hören und verstehen, das der Kirche gemeinsam gegeben ist. Folglich ist die gemeinsame Überzeugung der Gläubigen eines der Kriterien für die lebendige Treue zum Glauben. Doch dieser *sensus fidelium* wurde mit der öffentlichen Meinung verwechselt und die öffentliche Meinung mit den Medienkampagnen. Anders gesagt: Vier in angesehenen Zeitungen erscheinende Artikel würden ausreichen, um behaupten zu können, die »Überzeugung der Gläubigen« verlange dieses oder jenes. Aufgrund dieses Drucks der öffentlichen Meinung, der nichts mehr mit den traditionellen Überprüfungsverfahren in der katholischen Kirche zu tun hat, befinden wir uns in einer heiklen Situation. Die aus dem 6. Jahrhundert stammende Regel des heiligen Vinzenz von Lerin besagt, daß als katholische Wahrheit nur das gelten kann, was von allen, immer und überall als solche betrachtet wurde. Das ist der Grundsatz des Konsenses im Glauben, der Gemeinschaft im Glauben.

J.-L. M. *Dagegen läßt sich der traditionelle Einwand erheben, Ihre Definition beziehe sich in gewisser Weise auf den allgemeinen Willen im Sinne Jean-Jacques Rousseaus. Zwischen der öffentlichen Meinung, die immer eine Mehrheit und eine Minderheit voraussetzt, und dem allgemeinen Willen, der Einmütigkeit voraussetzt, kann ein Gegensatz bestehen.*

J.-M. L. Sie kommen auf den Kern des Problems der Freiheit zu sprechen. Der Glaube bezeichnet die personale Beziehung des Menschen zu Gott. Er führt zur Freiheit. Die von der Kirche empfangenen und weitergegebenen Grundlagen des Glaubens sind die Voraussetzung für die Erfahrung von Freiheit. Demjenigen, der sie von außen betrachtet, mögen sie solange als willkürliche Zwänge erscheinen, wie er nicht als Gläubiger das Feld der Freiheit erblickt, das durch diese Grundlagen abgesteckt wird. Denken Sie nur an die Faszination, die die völlige spirituelle Freiheit eines Kirchenlehrers wie Johannes vom Kreuz heute auf so viele Ungläubige ausübt. Oder bedenken Sie, daß sich die gleiche Treue zu diesen »Grundlagen« des Glaubens bei so unterschiedlichen Temperamenten wie Teresa von Avila und Ignatius von Loyola findet, um nur diese beiden Beispiele aus dem Spanien des 16. Jahrhunderts zu nennen. Die von der Kirche entsprechend der ihr eigentümlichen Autorität empfangene und weitergegebene Wahrheit begründet die Gemeinschaft der Kirche und die Freiheit der Gläubigen.

Die Treue zu Gott und zu seinem Wort gewährleisten und sicherstellen, daß die Gläubigen dieses Wort in seinem authentischen katholischen Sinn verstehen, das ist die apostolische Sendung der Bischöfe. Die Männer, die zu dieser Aufgabe berufen sind, können ihre Befugnisse mißbrauchen. Diese Sünden, diese Irrtümer und diese Mißbräuche können dem Glauben der Kirche nichts anhaben, der stärker ist als diese Verfehlungen und Schwächen der Menschen, auch wenn sie Macht besitzen. Auch sie sind Sünder, wie alle anderen. Die Treue Gottes zu seiner Kirche wird davon nicht berührt. Aus diesem Grund glauben wir, daß die Kirche der Wahrheit Gottes treu bleibt und daß Gott sie vor Irrtümern bei der Verkündigung und der Definition des Glaubens schützt.

J.-L. M. *Wenn man sich Ihre Tätigkeiten als Erzbischof von Paris anschaut, stellt man fest, daß sie sehr stark denen eines Politikers ähneln. Sie nehmen an Sitzungen teil, sie geben Journalisten Interviews. Was unterscheidet Sie am meisten von jenen Männern des öffentlichen Lebens, die sich politisch betätigen oder an der Spitze von Unternehmen stehen?*

J.-M. L. Ich verbringe etwa ein Drittel meiner Zeit – das entspricht wenigstens zwei vollen Tagen pro Woche, wenn man sämtliche Stunden zusammenzählt – damit, die Eucharistie zu feiern, das Wort Gottes zu verkündigen und den Gläubigen Sakramente zu spenden. Die Zeit für meine persönlichen Gebete ist darin noch nicht enthalten. Ich spreche lediglich von den öffentlichen Handlungen im Rahmen meines Bischofsamtes. Das ist der Kern meiner

Arbeit. Alles übrige steht im Dienste dieser ursprünglichen Sendung. Damit verbringe ich das zweite Drittel meiner Zeit: Es ist der Begegnung mit anderen Bischöfen und Priestern gewidmet und der gemeinsamen Anstrengung, den empfangenen Auftrag zu erfüllen.

Wenn der Bischof das Wort Gottes verkündigt, ist er kein Professor, der eine Vorlesung hält, kein Lehrer, der unterrichtet, und auch kein Politiker, der eine öffentliche Rede hält. Während der Predigt nimmt der Bischof an dem Akt teil, durch den Gott selbst das Brot des Wortes mit denen teilt, die Er dazu berufen hat, Ihn zu erkennen. Seine Funktion läßt sich am besten mit dem Bild des guten Verwalters veranschaulichen; solange er in dieses Amt eingesetzt ist, gibt er denen, die ihm anvertraut worden sind, die gewünschte Nahrung, und er wird Rechenschaft darüber ablegen müssen, wie gewissenhaft er diese Aufgabe erfüllt hat. Das Wort richtet den Bischof, der es verkündigt, und die Gläubigen, die es empfangen. Es ist ein aktives Wort, das zur Umkehr aufruft und die Bekehrung zu Gott bewirkt. Auch wenn der Bischof die Eucharistie und die Sakramente zelebriert, nimmt er teil an dem Werk Christi, der sein Volk heiligt. Nun wissen Sie, womit ich den größten Teil meiner Zeit verbringe, der Rest meiner Arbeit, die Verwaltungsaufgaben, steht im Dienste dieser Liturgie des Wortes Gottes und seiner Sakramente.

J.-L. M. *Sprechen wir ein wenig über die Vermögensverhältnisse der katholischen Kirche Frankreichs. Wie sieht es damit aus?*

J.-M. L. Was das Immobilienvermögen der Kirche betrifft, so wurde der größte Teil durch das zu Beginn dieses Jahrhunderts verabschiedete Gesetz über die Trennung von Kirche und Staat in das Eigentum des Staates und der Gemeinden überführt; das gilt für die Kirchen, die vor diesem Zeitpunkt gebaut wurden. Von dem Zeitpunkt an mußte die öffentliche Hand sämtliche Lasten des Eigentümers tragen; ein Teil davon wird jedoch häufig von der katholischen Kirche, das heißt von den Spenden der Gläubigen bezahlt. Tatsächlich dürfen diese Kirchen zum Ausgleich für diese in den Augen der meisten Christen ungerechte Beraubung kraft eines unwiderruflichen Gesetzes ausschließlich für den katholischen Gottesdienst genutzt werden. Eine umfangreiche, einheitliche Rechtsprechung hat klargestellt, daß der katholische Pfarrer an der Spitze seiner Gläubigen der Verfügungsberechtigte ist. Die Gerichte haben näher bestimmt, was unter »katholisch« zu verstehen ist: der entsprechend dem Recht der Kirche durch den Bischof in Gemeinschaft mit dem Papst ernannte Pfarrer. Der Verfügungsberechtigte genießt ein ausschließliches und uneingeschränktes Gebrauchsrecht, sofern er dabei die kultische Zweckbestimmung des Gebäudes beachtet. Zudem verbietet das Gesetz über die Trennung von Kirche und Staat jeder Zivilbehörde aus Achtung vor der weltanschaulichen Neutralität des Staates, ein Staatsgut für irgendeine religiöse Kulthandlung zur Verfügung zu stellen.

Kirche und Staat haben also gelernt, in einem subtilen Gleichgewicht zu leben, und das seit über achtzig Jahren. Es wäre für den inneren Frieden überaus gefährlich, wenn man den so geduldig erarbeiteten Status quo antasten wollte. Um so mehr, als er historischen Gebäuden ihre Lebendigkeit und ihre Bedeutung in dem nationalen Erbe bewahrt und so verhindert, daß sie zu bloßen Denkmälern und Museen für den internationalen Tourismus verkommen.

D. W. *Unterhält der Staat heute alle religiösen Gebäude?*

J.-M. L. Nur die Gebäude, die vor dem Trennungsgesetz errichtet wurden. Allerdings hat die grundlegende Änderung der Siedlungsverhältnisse, der Beginn der Landflucht in der Vorkriegszeit und, seit vierzig Jahren, die Konzentration der einstmals überwiegend auf dem Land lebenden französischen Bevölkerung in neuen Ballungszentren die Katholiken gezwungen, auf ihre Kosten neue Kirchen zu bauen. In Wahrheit zu wenige, denn im Laufe von nur einer Generation mußte ein Werk vollbracht werden, zu dessen Realisierung die Kirchen der Antike die Einnahmen mehrerer Jahrhunderte benötigt haben.

Zudem hat die Kirche seit Beginn des Jahrhunderts, meistens in Form von Vermächtnissen, ein gewisses Immobilienvermögen erhalten, dessen Umfang häufig übertrieben wird. Die katholischen Orden, die in dieser Hinsicht völlig unabhängig von den

Bischöfen sind, haben ihrerseits Gebäude, die für vielfältige Dienstleistungen bestimmt sind, geerbt (Krankenhäuser, Schulen, Ambulatorien, Waisenhäuser, Jugendheime usw.). So groß dieses Vermögen auch ist, so wirft es doch keine nennenswerten Erträge ab. Bestenfalls werden davon die Unterhaltskosten gedeckt. Es hat vor allem Gebrauchswert. Was seine Existenz rechtfertigt.

Zur Bestreitung dessen, was die Buchhalter »Betriebskosten« nennen, verfügt die Kirche in Frankreich über keine anderen Mittel als über die Spenden der Gläubigen. Auf ihrer Freigebigkeit beruht die Finanzierung der gesamten kirchlichen Arbeit, einschließlich neuer Initiativen. Im Vergleich zur Kirche von Deutschland, wo der Staat eine – je nach Wahl des Steuerpflichtigen – für die Kirchen oder für Hilfswerke bestimmte Steuer erhebt, ist unsere Situation unsicher und kläglich.

Der französische Klerus erregt in der ganzen Welt große Bewunderung, weil er arm ist. Tatsächlich war er häufig in bitterer Not. Vor mehreren Jahrzehnten hat man damit begonnen – nicht ohne beträchtliche Schwierigkeiten –, ein nationales System zur Verteilung der Geldeinnahmen aufzubauen.

J.-L. M. *Wieviel verdient zum Beispiel ein Priester?*

J.-M. L. Den Mindestlohn. Allerdings ist es schwierig, die Naturalbezüge und den Dienstaufwand wertmäßig genau und einheitlich zu erfassen.

D. W. *Und ein Bischof?*

J.-M. L. Den Mindestlohn, die persönlichen Bezüge sind dieselben. Abgesehen davon, daß er meistens ein Gebäude bewohnt, dessen Miete er nicht zahlen könnte, und daß sein Dienstaufwand größer ist.

Kirche und politische Gewalt

D. W. *Sie haben uns gerade gesagt, daß Sie es ablehnen, die Arbeit und die Rolle der Kirche mit politischen Kategorien zu charakterisieren. Auf welche Art Autorität stützt sich die Kirche*

dann aber, wenn sie gegen die Entscheidungen der politischen Machthaber protestiert?
J.-M. L. Sie verkündet mit lauter Stimme ein ethisches oder moralisches Kriterium. Dieses Kriterium legitimiert sie, zu allen zu sprechen. Sie hat die Pflicht, dies zu tun. Nicht um sich zum Richter oder allgegenwärtigen Zensor aufzuwerfen, sondern weil sie von Gott ein Licht über den Menschen und über Gott empfangen hat, aus dem sich in ihren Augen die Rechte und Pflichten des Menschen herleiten.
J.-L. M. *Die Kirche mischt sich also im Namen der Moral, für deren Hüterin sie sich hält, in die politischen Angelegenheiten ein?*
J.-M. L. Insofern sie sich nicht nur für ihr eigenes Wohl, sondern für das Wohl aller verantwortlich glaubt. Nehmen wir zum Beispiel einmal an, es gäbe ein Land, in dem die Kirche bevorzugt wird, während eine Minderheit verfolgt wird. Die Kirche muß, um ihrer eigenen Überzeugungen willen, die Achtung der Rechte aller und jedes einzelnen verlangen. Vor allem das bürgerliche Recht auf Religionsfreiheit muß von allen und für alle anerkannt werden.
D. W. *Ich verstehe nicht so recht, wie aus der Partikularität des Glaubens eine Universalität der Moral hervorgehen kann.*
J.-M. L. Lesen Sie die Reden, die Paul VI. oder Johannes Paul II. vor der UNO gehalten haben. Der Papst sagt dort, er werde in seiner Eigenschaft als Jünger und Apostel Christi sprechen. Und ausgehend von dieser Partikularität hält er sich für ermächtigt, eine universale Wahrheit über den Menschen auszusprechen. Anders gesagt: Der Papst unterscheidet die Quelle der Wahrheit von ihrer Bekundung.
D. W. *Wie kann das Wort universal sein, wenn die Quelle partikulär ist?*
J.-M. L. Diesen Anspruch auf Universalität erwirbt der Papst dadurch, daß er sich als Jünger Christi bekennt. Indem er die universale Wahrheit über den Menschen wieder in die christliche Erfahrung und in die Partikularität der messianischen Situation einbirgt, gibt er sich nicht mit einer abstrakten, allgemeinen Formulierung zufrieden, sondern ist zunächst bereit, sich mit dem Menschensohn

zu identifizieren, um von ihm die Wahrheit zu empfangen, die für jeden Menschen gilt. In klassischer Zeit konnte die Verkündigung der Kirche sich auf eine stillschweigend vorausgesetzte rationale und religiöse Ordnung beziehen. Im Namen des Glaubens geht die Kirche noch immer davon aus, daß es eine allen Menschen zugängliche universale Ordnung der Vernunft und des Rechts gibt. In einer Epoche aber, wo der Humanismus seine eigenen Grundlagen in Frage stellt, wird diese Beteuerung bescheidener vorgebracht und teurer bezahlt: Man muß das in Christus liegende Heil bekennen, um dem Menschen seine ursprüngliche, allgemeine Wahrheit zurückzugeben.

J.-L. M. *Teilen Sie die heute weitverbreitete Ansicht, die Kirche funktioniere im politischen Bereich als eine Pressure-group?*

J.-M. L. Ich kann mir sehr gut vorstellen, daß manche Politiker das denken...

J.-L. M. *Nicht nur Politiker, auch Soziologen.*

J.-M. L. Wird das der kirchlichen Arbeit gerecht? Die Kirche versteht sich nicht als eine bestimmte Pressure-group; sie weiß durch ihren Glauben, daß sie über ein »Kapital« an Humanität verfügt, das alle Menschen brauchen, und daß sie dieses Kapital mobilisieren muß, wenn gegen die Menschlichkeit verstoßen wird. Die Kraft, die die Kirche ins Spiel bringt und auf die sie aufmerksam macht, ist eine Kraft, die nicht versklavt werden kann, es sei denn, es gelingt, die Bürger in Sünde, Verzweiflung und Abtrünnigkeit zu treiben, die Menschen zu entwürdigen. Man kann versuchen, ihnen ihre Seele zu rauben, indem man sie aushungert und so ihre Gier anstachelt, oder indem man sie heimlich zu Trunksucht, zu Abtreibungen oder zur Lüge verleitet, kurz die Verderbtheit fördert. Das haben die Nazis in den Konzentrationslagern und in den von ihnen eroberten Gebieten durch das Brechen des geistigen Widerstands zu erreichen versucht. Ein Volk ist solange nicht besiegt, wie es nicht gemeinsame Sache mit denen macht, die es entwürdigen wollen. Das kann Jahrhunderte dauern, und das ist eine Kraft, der kein Tyrann widerstehen kann. Die Kirche hat zum Beispiel in Polen eine spirituelle Kraft entfaltet, die die Politiker nicht unterdrücken können.

D. W. *Aber diese spirituelle Kraft, die in der Kirche zum Ausdruck kommt, ist nicht das Eigentum der Kirche.*
J.-M. L. Nein, sie stammt von Gott, der sie der ganzen Kirche schenkt. Nicht nur der Hierarchie, die das – mehr oder minder zuverlässige, mehr oder minder inspirierte – Sprachrohr Gottes sein soll. Es kann vorkommen, daß die Hierarchie versagt. Dann wird die Kraft eines Volkes gleichsam gelähmt, eingeschlossen, denn es fehlt ihm die erforderliche Orientierung.

Nehmen wir als Beispiel für das andere Extrem den französischen Schulstreit in den Jahren 1983/84. Die Situation ist hier eine ganz andere als in Polen, wo zwischen Nation, religiösen Werten, bürgerlicher Gesellschaft und politischem Leben eine viel größere Übereinstimmung besteht. Unsere Geschichte verlief anders: Die Kirche hat früher freiwillig bestimmte politische Positionen bezogen oder ihre Gegner haben sie auf diese festgelegt. Die Situation war um so schwieriger zu bewältigen, als der Schulstreit seit über einem Jahrhundert im Mittelpunkt dieses Konfliktes stand. 1983–1984 entstand eine Spannung im Verhältnis zwischen bürgerlicher Gesellschaft und Staat. Es konnte damals der seltsame Eindruck entstehen, als sei die Kirche das glaubwürdige Sprachrohr einer Forderung der bürgerlichen Gesellschaft in bezug auf die Jugenderziehung, während sich die politischen Parteien von der Bewegung mitreißen ließen oder sie lediglich für sich vereinnahmen wollten. Eine solche Diskrepanz bzw. Uneinigkeit zwischen den Politikern und der Gesellschaft ist immer gefährlich, und vielleicht sollte man der Kirche dankbar dafür sein, daß sie so große Besonnenheit gezeigt und damit verhindert hat, daß eines der schwerwiegendsten gesellschaftlichen Probleme zu einem Zankapfel der Politiker verkommt.
D. W. *Inwiefern hat die Kirche eine eigenständige Position vertreten, die über die Gegensätze unter den politischen Kräften und in der Öffentlichkeit hinaus ging?*
J.-M. L. Es ging darum, in einer bestimmten Lage das Verhältnis der Kirche weniger zu den politischen Kräften als vielmehr zur Gesellschaft besser zu verstehen. Das war mehr als eine Frage nach rechtlichen und statutenmäßigen Bestimmungen. Denn man darf

auch nicht vergessen: Unabhängig von den Positionen und Spielen der politischen Parteien waren immerhin 73 Prozent der Franzosen für die Schulfreiheit, und so groß war keine Anhängerschaft einer Partei.

J.-L. M. *Was hat der Papst dazu gesagt?*

J.-M. L. Ohne meine Pflicht zur Verschwiegenheit zu verletzen, kann ich sagen, daß ich dem Papst das französische Schulproblem nicht unterbreitet habe. Die Verantwortlichen haben sich dieses Problems mit viel Sachverstand angenommen. Mich beschäftigten vor allem die Auswirkungen dieses Konfliktes auf die Beziehungen zwischen Kirche und Nation. Darüber habe ich mit dem Papst gesprochen. Er hat die richtigen Fragen gestellt, um uns in diesem Punkt weiterzubringen.

Nachdem die Kirche seit dem Ende des 19. Jahrhunderts in Frankreich schwere Zeiten durchgemacht hatte, erschien es mir in dieser Phase des relativen inneren Friedens möglich, zu fordern, dem Katholizismus wieder jene Bedeutung zurückzugeben, der ihm geschichtlich für den Aufbau der französischen Kultur und Nation zuerkannt werden kann. Nicht um dem Klerikalismus das Wort zu reden oder die Uhren zurückzudrehen, sondern einfach um ein gesellschaftliches Faktum festzuhalten. Das konnte heute erreicht werden, ohne deshalb die weltanschauliche Neutralität oder die Souveränität des Staates oder die Freiheit der Kirche in Frage zu stellen. Der geschichtlichen Identität Frankreichs könnte jener Teil ihrer selbst zurückgegeben werden, der aus der mystischen, spirituellen und religiösen Erfahrung des französischen Katholizismus besteht. Ganz so wie aus der Erfahrung des Judentums und des Protestantismus. Ganz so wie aus der laizistischen Tradition. Diese gegenseitige Anerkennung könnte das Ende des innerfranzösischen Streites bedeuten. Als »Kind der staatlichen Schule« weiß ich, welches Glück ich hatte, daß meine Lehrer unabhängige Männer waren, von denen manch einer nicht zögerte – wie mir im Laufe der Zeit klarwurde –, den amtlichen Weisungen zuwiderzuhandeln, indem er sich zu seiner Verwurzelung im katholischen Erbe bekannte. Das ist ein positiver Aspekt der weltanschaulichen Neutralität des Staates und der Gewissensfreiheit.

D. W. *Wollen Sie sagen, es sei Zeit gewesen, die katholische Tradition wieder in die französische Tradition einzubeziehen, eine Art Synkretismus hervorzubringen?*
J.-M. L. Nein, keinen Synkretismus, sondern die Anerkennung der Gegebenheiten.
J.-L. M. *Die Streitigkeiten der Vergangenheit begraben!*
J.-M. L. Nein, es ging nicht darum, eine Diskussion zu beenden, die zur französischen Tradition gehört, sondern darum, sie in Achtung vor dem anderen und der gegenseitigen Rechte fortzusetzen. Kurz: die Beschimpfung sollte aufhören und das Gespräch beginnen.

Als mich der Papst zwei Jahre nach meiner Ernennung zum Erzbischof zum Kardinal ernannte, gab ich einen Empfang im erzbischöflichen Palais, zu dem ich den Staatspräsidenten und die Repräsentanten sämtlicher Verfassungsorgane einlud. Der Staatspräsident folgte meiner Einladung – eine bedeutsame Geste, denn das hatte es seit der Verabschiedung des Gesetzes über die Trennung von Kirche und Staat nicht mehr gegeben. Künftig wird jeder Staatspräsident es als seine Pflicht ansehen, einem ähnlichen Empfang aus Anlaß der Ernennung des Erzbischofs von Paris zum Kardinal – sofern eine solche ausgesprochen wird – beizuwohnen. Man mußte einen Schlußstrich unter die Vergangenheit ziehen. Wenn ich künftig den Staatspräsidenten oder den Premierminister aufsuchen möchte oder wenn ein Politiker, ein Minister, ein Abgeordneter oder ein Gewerkschaftsfunktionär mich besuchen will, so betrachte ich das als einen ganz normalen Vorgang. Es ist legitim, daß die Kirchenvertreter Rede- und Handlungsfreiheit haben. Das macht sie noch nicht zu Notabeln.
D. W. *Obgleich sie es für lange Zeit gewesen sind!*
J.-M. L. Man muß die Bedingungen der Freiheit herausfinden. Eine Äußerung ist um so freier, je mehr der Sprecher als der erkannt und anerkannt wird, der er ist – das steht fest. Die Gesprächspartner des Erzbischofs von Paris müssen wissen und verstehen, daß dieser – erstens – keine eigennützigen Absichten verfolgt; und sollte er eine Forderung stellen, so wird sich diese korrekt in den Grenzen dessen bewegen, was er als Recht der Kirche betrachtet.

Zweitens: Er wird nicht aus Angst oder durch Zwang zu Zugeständnissen in Punkten bereit sein, die für den Glauben der Kirche von grundlegender Bedeutung sind. Drittens: Er kann ein nützlicher, weil unparteiischer Gesprächspartner sein. Vielleicht ist es dem Gemeinwohl förderlich, wenn Personen, die Verantwortung im kirchlichen Bereich tragen, hin und wieder mit denjenigen ins Gespräch kommen, die die Hauptverantwortung für das Schicksal des Landes tragen.

Das gleiche sollte für all jene gelten, die Verantwortung auf moralischem oder intellektuellem Gebiet tragen. Ich würde mich freuen, wenn die Universität wieder eine solche Rolle spielen würde. Man darf durchaus erwarten, daß Persönlichkeiten des Geisteslebens akzeptable Gesprächspartner für die politischen Entscheidungsträger sind. Das hat es in unserem Land schon gegeben. Diese gesellschaftliche Funktion wird der Universität heute nicht mehr zuerkannt. Ebenso würde ich mir im Interesse unseres Landes wünschen, daß die Richter und Staatsanwälte als Organe der Staatsgewalt größere Anerkennung fänden. Ich halte es für erforderlich, gesellschaftliche Funktionsträger wieder in die Rolle einer reflexiven und kritischen Instanz einzusetzen. Doch das müssen sie sich zunächst einmal verdienen.

D. W. *Der Bewegungsspielraum ist eng: Mit der Forderung, die Kirche müsse wieder wie jede andere große Institution in den politischen Meinungsbildungsprozeß mit einbezogen werden, stärken Sie den institutionellen Charakter der Kirche, der seit 50 Jahren bestritten wird. In Ihren Ausführungen verwischt sich der Unterschied zwischen der inneren Dimension der Kirche und ihrer Dimension als politischer Institution.*

J.-M. L. Ich bin davon überzeugt, daß die Kirche zu bestimmten sozio-politischen Problemen konstruktive Vorschläge anbieten kann, die die Vorschläge anderer nicht überflüssig machen. Das ist geradezu ihre Pflicht und ihr Auftrag.

D. W. *Glauben Sie nicht, daß Sie mit dieser Forderung Gefahr laufen, die Kirche wieder in das politische Spiel hineinzuziehen, das mit einer Eigendynamik verbunden ist, die sich ihrer Kontrolle entzieht?*

J.-M. L. Das ist eine Gefahr. Aber es gibt auch die entgegengesetzte Gefahr, nämlich das, was im gesellschaftlichen und menschlichen Leben tatsächlich auf dem Spiel steht, einfach zu übersehen. Nehmen Sie den Fall Lateinamerika und die Erklärungen des Papstes zur »Theologie der Befreiung«. Die Aufmerksamkeit der Öffentlichkeit richtete sich ausschließlich auf die dort ausgesprochene Verurteilung einer marxistisch inspirierten Theologie. Was ihr jedoch entging – und ich bin sicher, das geschah nicht ohne Absicht –, war das entschiedene Eintreten des Papstes für die Rechte der Armen, das sich aus ganz anderen Prinzipien speist als denen des Marxismus-Leninismus. Die Politiker im Westen beschäftigten sich vor allem mit dem ideologischen Kampf gegen den Marxismus, den Ausführungen des Papstes hingegen lag ein anderes Anliegen zugrunde. Die Absicht der Kirche in puncto Politik besteht darin, eine bestimmte Situation und die darin wirkenden Kräfte moralisch zu beurteilen, das Böse beim Namen zu nennen, auf das Gute hinzuweisen und die Christen zu ermuntern, konkrete Lösungsvorschläge zu entwikkeln. Im übrigen sind es nicht die Bischöfe, die an die Macht wollen. Täten sie es, wäre dies eine schwere Verirrung. Zur gleichen Zeit, als der Papst gegen eine ideologische Verfälschung Stellung bezog, hat er das Verbot für Priester und Kleriker, politische Ämter auszuüben, bekräftigt. Die Ermahnungen an die Priester-Minister unter den Sandinisten in Nicaragua gelten natürlich genauso für Bischöfe.

Die Stellungnahme der Kirche zu gesellschaftlichen Fragen

J.-L. M. *Sie behaupten, die Kirche müsse immer wieder mit eigenständigen Lösungsvorschlägen aufwarten. Schaut man sich indes die Erklärungen der französischen Bischöfe oder der französischen Bischofskonferenz zu wirtschaftlichen und gesellschaftlichen Fragen an, überrascht die Banalität des dort Gesagten. Man ergeht sich in erhabenen Prinzipien, vortrefflichen Ansichten, schönen Worten. Ob es um Einwanderer, Armut oder Arbeitslo-*

sigkeit geht – immer ist die Kirche für das Gute und gegen das Böse. Aber das ist dann auch schon alles. Was nützt das?
J.-M. L. »Arbeitet, gebt euch Mühe, an Äckern fehlt es uns am wenigsten«, sagt – in einer Fabel von La Fontaine – der Landmann zu seinen Kindern.
D. W. *Das ist keine Antwort! Im Schulstreit haben sie eine deutlichere Sprache gesprochen. Da ist es ihnen gelungen, eine klare Position einzunehmen, während sie bei wirtschaftlichen und sozialen Fragen ...*
J.-L. M. *Nehmen wir als Beispiel das Einwanderungsproblem. Es zeigt sich immer deutlicher, daß es heute unkonventioneller, konkreter Lösungsvorschläge bedürfte. Doch der Kirche fällt nichts anderes ein – so hoch man ihr das auch anrechnen muß –, als den Rassismus zu verdammen. Das ist das Mindeste, was man von ihr erwarten darf – aber weiterreichende Vorschläge bleiben aus.*
J.-M. L. Sie sind ungerecht. Aufgrund ihrer katholischen Struktur ist die Kirche eine der ganz wenigen übernationalen Organisationen, die unter allen Völkern der Welt ein Gefühl gegenseitiger Verantwortung wecken kann. Die Einwanderer begrüßen kann für die katholischen »Gemeinden« der ganzen Welt bedeuten, daß man die Herkunftsgemeinden der Einwanderer bereits kennt; heißt teilen zwischen hier und dort, zwischen Volk und Volk, was im Bereich der internationalen Hilfe etwas ganz Neuartiges ist. In Frankreich spielen die Katholiken in diesem Bereich nach wie vor eine wichtige Rolle, und zwar nicht nur verbal. Und das gilt für ganz Europa und für alle anderen Industriestaaten.

Was das Einwanderungsproblem betrifft, so gehen wir uns nicht mit Lippenbekenntnissen zufrieden. In Frankreich gibt es nicht sehr viele Freiwillige (Lehrer, Sozialarbeiter, Krankenschwestern), die bereit sind, in den neuen Gettos und in der sogenannten »Vierten Welt« zu arbeiten. Unter ihnen findet sich ein hoher Prozentsatz katholischer Laien und Ordensleute. Was globale Lösungen anlangt – die kann keiner aus dem Ärmel schütteln. Es ist ein schwieriges gesellschaftliches Problem, dessen Lösung man freilich nur dann in Angriff nehmen kann, wenn man sich ihm stellt. Die

Kirche hätte recht, wenn sie dieses Problem vorläufig nur aufrollen und ihre Ablehnung einer einseitigen, zu Lasten der Opfer gehenden Lösung bekunden würde. Wenn man sich die gesellschaftlichen Probleme der Vergangenheit vor Augen führt, erkennt man, daß eine ganze Entwicklungslinie der französischen Sozialgeschichte, die den Einfallsreichtum der Katholiken unter Beweis stellt, allzuwenig bekannt ist. Sie waren es, die das Kindergeld und das System der sozialen Sicherung einführten. Ein beträchtlicher Teil des Sozialrechts kam nur dank der Bemühungen des Sozialkatholizismus und der Genossenschaftsbewegung sowie unter dem Druck der marxistischen und nichtmarxistischen Gewerkschaftsbewegung zustande. Und dieser Prozeß hat sich über ein ganzes Jahrhundert erstreckt.

D. W. *Die ersten Ansätze zeigten sich kurz nach der Entstehung des sozialistischen Syndikalismus; aber es stimmt, daß diese Bewegung nach 1880 großen Einfluß hatte, obwohl sie in der Minderheit war.*

J.-M. L. Das ist ein Punkt, der gegenwärtig von Historikern bestritten wird, die darauf hinweisen, daß auf Initiative zahlreicher Laien hin nach 1830 immer mehr katholische Wohlfahrtseinrichtungen gegründet wurden. Dieser selbstlose Einsatz für die Gerechtigkeit und diese tätige Nächstenliebe haben Früchte getragen, die noch nicht gewürdigt wurden.

D. W. *Auffallend an diesen Stellungnahmen der Kirche zu wirtschaftlichen, sozialen und anderen Fragen ist die doppelte Sprache, der man sich dort zu bedienen scheint. Die Stellungnahmen zu den meisten Fragen zeichnen sich durch ein relativ kompliziertes Vokabular, eine hölzerne Sprache aus. Wenn hingegen zentrale kirchliche Belange auf dem Spiel stehen, wie etwa in jüngster Zeit der Schulstreit, spricht sie eine deutlichere Sprache.*

J.-M. L. Dieser Gesamteindruck hängt mit mehreren Faktoren zusammen, von denen die Kommunikation eine wesentliche Rolle spielt. Wenn zum Beispiel ein päpstliches Rundschreiben erscheint, gelangt es in Form verkürzender Agenturberichte an die Öffentlichkeit, die sich so ihre Meinung bildet, noch bevor das Dokument seine Adressaten erreicht hat. Nicht die sorgfältige

Lektüre und Analyse des Originaldokuments von 30 Seiten, sondern der resümierende Agenturbericht von 30 Zeilen bildet die Grundlage der öffentlichen Meinungsbildung! Wenn die französischen Bischöfe ein umfangreiches Dokument veröffentlichen, wird ihre Position in einem zehnzeiligen Agenturbericht zusammengefaßt.

D. W. *Das ist ein allgemeines Problem, mit dem nicht nur die Kirche konfrontiert ist. Informieren heißt notgedrungen Nachrichten auswählen und kürzen. Manchmal auch Dinge verzerren, das stimmt. Aber davon spreche ich nicht, ich meine die hölzerne Sprache.*

J.-M. L. Die Kirche spricht keineswegs immer eine hölzerne Sprache. Beim gegenwärtigen Stand der Wirtschaftstheorie und angesichts der Uneinigkeit der bedeutendsten Wirtschaftswissenschaftler kann ich nichts Empörendes daran finden, daß ein Bischof in diesen Jahren – selbst wenn er promovierter Wirtschaftswissenschaftler wäre – nicht plötzlich die Erleuchtung des Jahrhunderts hat und eine neue Wirtschaftstheorie entwickelt, die sämtlichen Experten der Welt den Atem verschlägt. Aber die Unfähigkeit, eine systematische und zweckmäßige Theorie aufzustellen, befreit nicht von der Pflicht, an die moralischen Gebote zu erinnern, auch wenn diese ungeschickt und stereotyp formuliert sind. Die Wirtschaft ist ein Feld, wo keiner über Patentlösungen verfügt und unsere Ermahnungen sehr problemnah zu sein scheinen.

D. W. *Die Stellungnahmen der Kirche zum Thema Familie zeichnen sich im Vergleich zu den Äußerungen der Demographen nicht durch besondere Originalität aus.*

J.-M. L. Ob ihre Stellungnahmen originell sind, weiß ich nicht, zweifellos aber stehen sie im Widerspruch zu der vorherrschenden Meinung. Immerhin ist es aufschlußreich, daß die Demographen heute das Gegenteil dessen behaupten, was sie vor dreißig Jahren über die weltweite Bevölkerungsexplosion und ihre Gefahren sagten. Die damals als altertümlich kritisierte Stellungnahme der Kirche hat sich so im nachhinein als begründet erwiesen. Nicht weil die Männer der Kirche über einen höheren wissenschaftlichen

Sachverstand verfügt hätten, sondern weil sie das menschliche Verhalten nach Prinzipien der Menschlichkeit beurteilten. Und mitunter geschieht es, daß die Erfahrung die Richtigkeit von Schlußfolgerungen belegt, die man aus dem Gewissen ableiten kann.

Ich gestehe Ihnen gerne zu – nicht, daß die katholische Lehre über die Familie unzulänglich war, aber daß das Gewicht der Geschichte und der Druck der öffentlichen Meinung so stark waren, daß sehr viele Franzosen, auch in der Kirche, unwillkürlich eine Art Selbstzensur übten.

D. W. *Es gibt einen dritten Bereich, wo die Kirche klar Position bezieht: in Sittenfragen. Sie scheint hier nicht im geringsten zu wanken. Die Empfängnisverhütung wird nur bedingt akzeptiert, die Abtreibung scharf verurteilt und die Lockerung der Sitten argwöhnisch verfolgt. Seit 20 Jahren prangert die Kirche alles an, was sie für eine Illusion hält, und jetzt, da man sich der Grenzen dieser Befreiungsbewegung bewußt wird, sagt sie: »Haben wir es euch nicht schon immer gesagt!«*

J.-M. L. Ein Wort noch über die Wirtschaft. Die Enzyklika von Johannes Paul II. über die Arbeit ist ein sehr bedeutender Text über die Grundlagen der ökonomischen Theorie der Arbeit. Natürlich erinnert der Papst an bestimmte Grundwahrheiten, die wie alle Grundprinzipien relativ einfach sind, wenngleich man ihre konkreten Folgen nicht unterschätzen sollte. Diese Stellungnahme beruht auf einer bewußten Abgrenzung vom Liberalismus und vom Marxismus, sie arbeitet das anthropologische Problem der Arbeit neu auf und möchte Denkanstöße geben. Natürlich ist sie keine ökonomische Theorie der Vermögensbildung, des Geldumlaufs oder der Investitionstätigkeit usw. Aber die marxistischen und liberalen, ausschließlich monetären Wirtschaftstheorien basieren alle auf unausgesprochen anthropologischen Annahmen. Auf diese unausgesprochene Dimension der Wirtschaftstheorien geht der Papst ausführlich ein, und zwar auf dem ihm eigenen Feld. Es wäre sehr zu begrüßen, wenn einige Wirtschaftswissenschaftler ihren Elfenbeinturm verlassen würden, um sich das anzuhören, was die Kirche zu sagen hat.

Nun zum Problem der Sexualität und der Sitten: Die Kirche vertritt hier eine sehr prononcierte Position, die angesichts der Wünsche und ständigen Schwankungen der Gesellschaften und der Menschen konservativ erscheinen mag. Wenn die Kirche dies dennoch tut, so weil sie genau weiß, was ihre Pflicht ist: Es gibt im Menschen und im Menschengeschlecht etwas Heiliges, das geschützt werden muß. Doch wie groß sind die Schuldgefühle, die die Sexualität im menschlichen Gewissen erzeugt! Wenn die Kirche sagt: »Ihr sollt euer Brot mit den Armen teilen!« dann hört jeder mit halbem Ohr hin, und keiner fühlt sich schuldig. Wehe aber, die Kirche erinnert im Zusammenhang mit der Abtreibung an die Achtung vor dem Leben! Dann entbrennt ein Sturm der Entrüstung. Warum? Es gibt irgendwo ein Schuldgefühl, das vielleicht mit diesem spezifischen Bereich des heutigen Gewissens zusammenhängt. Weshalb werden die gleichen Worte in verschiedenen Epochen und verschiedenen Ländern unterschiedlich aufgenommen? Diese Stellungnahme zur Sexualität trifft in einigen Entwicklungsländern, die unsere Sicht nicht teilen, auf ein ganz anderes Echo. Ich habe erlebt, daß afrikanische Staaten die dramatischen Appelle der Industrienationen zur Geburtenkontrolle und die Androhung von Zwangsmaßnahmen im Falle der Nichtbefolgung als Ausdruck einer kolonialistischen Gesinnung ablehnten.

Lassen Sie mich eine Anekdote erzählen. 1985 kam eine Wochenzeitschrift auf die Idee, bedeutende Repräsentanten des öffentlichen Lebens durch Schüler staatlicher Gymnasien befragen zu lassen: zu diesen Personen gehörten der Fußballstar Giresse, der damalige Premierminister Laurent Fabius und ich. Welches Kriterium dieser Auswahl zugrunde lag, weiß ich nicht. Jedenfalls kamen Schüler eines Gymnasiums des 14. Arrondissements zu mir: ein Mädchen und zwei Jungen, von denen ich nicht wußte, ob sie religiös waren oder nicht. Ich konnte nicht mit Sicherheit sagen, ob sie einer Religionsgemeinschaft angehörten. Sie hatten die Fragen ihrer Klasse gesammelt. In einer Stunde stellten sie mir 20 Fragen, und eine davon verschlug mir schier die Sprache: »Hat es der Kirche, unseren Eltern, den Erwachsenen nicht allen an Mut gefehlt, als sie uns in bezug auf Moral und Sexualität keinerlei

Orientierungshilfe gegeben haben?« Das wurde während des Gesprächs wiederholt geäußert. Ihre Reife verblüffte mich. Sie fragten, ob wir unserer Verantwortung ihnen gegenüber gerecht geworden seien. Unsere Unfähigkeit war schuld an ihrer Orientierungslosigkeit, an dem Wertevakuum, in dem sie leben mußten. Und sie waren gleichsam der lebende Beweis für die Freudsche These, daß eine Generation ohne Gesetz in die Neurose getrieben wird. Sie warfen uns, und damit war auch die Kirche gemeint, vor, ihnen insbesondere im Bereich der Sexualität nicht den Unterschied von Gut und Böse vermittelt zu haben.

D. W. *An welchen Erfolgskriterien soll man die öffentlichen Stellungnahmen der Kirche messen?*

J.-M. L. An ihrer Treue zur überkommenen Wahrheit. Nehmen Sie als Beispiel die Männer und Frauen, die den Mut aufbrachten, Hitler zu bekämpfen, und die in den Gefängnissen hingerichtet wurden. Ihre Taten wurden im ersten Augenblick in Anbetracht des Fortbestandes des Nazi-Regimes vielleicht als wirkungslos beurteilt. Für die Zukunft des deutschen Volkes aber waren sie von unschätzbarem Wert. Diese wenigen Männer und Frauen waren bis in den Märtyrertod hinein Zeugen der Wahrheit.

Die Kirche, die öffentliche Meinung und die Massenmedien

D. W. *Die katholische Kirche hat es schon immer meisterlich verstanden, ihre Botschaft den Menschen zu vermitteln; sie hat sich als eine der ersten der Presse, des Radios und schließlich des Fernsehens bedient. Man hat jedoch den Eindruck, daß sie wie jede andere gesellschaftliche Kraft lediglich Einfluß auf die öffentliche Meinung nehmen und keine speziellen Denkanstöße geben will.*

J.-M. L. Wenn wir zulassen, daß die medienbedingte Verkürzung die Nachricht selbst betrifft, dann gibt es keine Nachrichten mehr bzw. die Nachricht selbst wird auf das reduziert, was über das Medium vermittelt werden kann.

Unsere heutige Gesellschaft macht eine dramatische Entwicklung durch, die mit der Gefahr einer zunehmenden Atomisierung der Menschen verbunden ist, die nur noch über Medien miteinander in Kontakt stehen. Das führt paradoxerweise dazu, daß die Möglichkeiten der Verbreitung des Evangeliums und später vielleicht auch der zwischenmenschlichen Kommunikation abnehmen, was keinesfalls durch die Vorteile wettgemacht wird, die die Medien in anderer Hinsicht mit sich bringen. Die Glaubenserfahrung wird durch eine konkrete, symbolische Handlung vermittelt, nicht durch eine theatralische Darstellung oder leere Worte. Sie entsteht aus einem Akt, der sich unmittelbar an die Person richtet. Sie werden entgegnen: aber genau das tun doch die Medien. Nein, denn wer in der Gemeinschaft der Gläubigen einem Gottesdienst beiwohnt, nimmt an einer realen Handlung teil. Etwas anderes ist es, wenn man sich die Übertragung eines Gottesdienstes im Fernsehen anschaut. Kranke wissen, was der im Fernsehen übertragene Gottesdienst ihnen geben und was er ihnen nicht geben kann.

D. W. *Einverstanden, aber weshalb machen Sie dann von den Medien so viel Gebrauch?*

J.-M. L. Weil sie nun einmal ein Teil unserer Gesellschaft sind. Man kann nicht an ihnen vorbei.

D. W. *Sie engagieren sich aber ganz schön in diesem Bereich! Sie fordern Fernsehkanäle, und Sie haben ein eigenes Rundfunkprogramm. Ihre Einstellung unterscheidet sich nicht von der aller anderen gesellschaftlichen Gruppen, die ebenfalls Zugang zu den Massenkommunikationsmitteln erhalten wollen.*

J.-M. L. Mag sein, daß wir die Medien genauso benutzen wie alle anderen auch. Vielleicht tun wir es sogar besonders schlecht, das gebe ich zu, auch wenn ich nicht davon überzeugt bin. Aber wir müssen in den Medien präsent sein, weil sie ein Teil unserer Zivilisation sind, auch wenn diese Mittel für unsere Gesellschaft und den Glauben ein grundlegendes Problem darstellen. Wir haben keine andere Wahl. Das einzige, was wir tun können, ist kritisch mit diesen Medien umzugehen.

J.-L. M. *Wo wir schon gerade von »theatralischer Inszenierung« sprechen: Die Reisen des Papstes sind heute sehr umstritten. Einige begrüßen sie, weil der Papst den Vatikan verläßt und in die Welt geht, andere jedoch beklagen die spektakuläre Darstellung dieser*

Reisen im Fernsehen, ihren Charakter als one man show. *Steckt dahinter eine bewußte Medienstrategie, oder ist das bloßer Zufall?*
J.-M. L. Wenn die großen Fernsehanstalten über die Reisen des Papstes berichten, dann senden sie in alle Staaten der Welt die gleichen Bilder, obgleich für die meisten Staaten – mit Ausnahme der Länder, die der Papst besucht – eine Zusammenfassung von wenigen Minuten ausreichen würde. Die Journalisten vor Ort haben kaum Zeit, etwas anderes zu tun. Die Schwierigkeit besteht darin, den Menschen die einzigartige emotionale Atmosphäre dieser von außen gesehen gleichförmigen Reisen zu vermitteln. Das habe ich selbst erlebt, als der Papst 1981 Paris besuchte und France-Inter mich bat, jeden Morgen drei Minuten lang über den Papstbesuch zu berichten. Wenn man die Menschen wirklich informieren will – und zumindest die Pressejournalisten können das tun –, müßte man sich eingehend mit der Situation des Landes befassen und die durch den Besuch des Papstes ausgelösten Veränderungen registrieren.

Ich habe den Papst auf einigen Abschnitten seiner Reisen begleitet. Und ich war jedesmal beeindruckt, wie viele neue Erkenntnisse ich über den Zustand der Landeskirche, ihr Verhältnis zur katholischen Welt und zu den anderen Völkern gewonnen habe. So versammelte sich zum Beispiel 1983 auf dem Wiener Heldenplatz – dem Ort, wo Hitler den Anschluß Österreichs proklamiert hatte – eine große Zahl österreichischer Katholiken. Hier, wo dem Christentum diese ungeheure Herausforderung entgegengeschleudert worden war, hatte Kardinal König das österreichische Volk versammelt, um den Besuch des Papstes zu feiern. Zu den Feierlichkeiten gehörte eine szenische Darstellung, eine große Volksliturgie, die das Karfreitagsmotiv, das heißt das Thema des Kreuzes, wieder aufnahm. Wir befanden uns genau im Zentrum des österreichisch-ungarischen Kaiserreiches, im ehemaligen Herzen Europas, an dem Ort, wo der Nazismus seinen ersten Triumpf gefeiert hatte, und hier, wo der Wille zur Macht sich auf brutalste und zynischste Weise entfaltet hatte, wurde nun das Mysterium des Gekreuzigten auf symbolische Weise vergegenwärtigt.

Fünf Personen ergriffen das Wort, wobei die Seligpreisungen

den Leitfaden bildeten. Kardinal König hatte vier Bischöfe gebeten, in einigen Worten die Seligpreisungen zu kommentieren. Der Norden wurde von Kardinal Meisner, dem damaligen Bischof von Berlin, vertreten, der Süden von Kardinal Kuharic, dem Erzbischof von Zagreb, der Osten von Kardinal Macharski, dem Erzbischof von Krakau, und der Westen von Kardinal Lustiger, dem Erzbischof von Paris. Obgleich wir unsere Reden nicht miteinander abgesprochen hatten, war die gedankliche Übereinstimmung verblüffend, denn in diesem Augenblick waren wir alle Europäer. Nur wenige Journalisten haben das erwähnt. Und Kardinal Macharski wagte sogar, der Menge zu sagen: »Ich vermache euch diese Erde aus Auschwitz als Zeichen des Angedenkens, möget ihr sie nie vergessen.« Darüber hat niemand berichtet. Anschließend hat der Papst eine bemerkenswerte Rede gehalten. Er ist auf die Geschichte Europas eingegangen und hat an ihre Verirrungen und ihre Ruhmestaten erinnert, wobei er unter anderem den Sieg des polnischen Königs Johann Sobieski anführte, der 1683 den Vormarsch der Türken vor den Mauern Wiens zum Stehen brachte. Für die mehreren Hunderttausend Österreicher, die sich auf dem Heldenplatz eingefunden hatten, und für geschichtsbewußte Europäer war dies ein großartiger Augenblick. Der durchschnittlich informierte Franzose hingegen gewann den Eindruck, der Papst habe wieder einmal einen gewöhnlichen Gottesdienst gefeiert und die Österreicher liebten noch immer Mozart und trügen noch immer ihre Trachten ...

D. W. *Haben Presse, Radio und Fernsehen in den letzten dreißig Jahren über kirchliche Ereignisse immer ausreichend informiert?*

J.-M. L. Quantitativ gesehen war die Berichterstattung sehr gut, ja mitunter sogar hervorragend, doch die immer wieder zweifelhafte Qualität dieser Berichte zeigt, wie schwierig es ist, das religiöse Leben verständlich darzustellen. Die Neugierde wendet sich kurzfristig immer dem Spektakulärsten zu: den feierlichen Prozessionen des Konzils, dem Todeskampf Johannes' XXIII., den Mutmaßungen bei den Papstwahlen, den ersten Reisen des Papstes.

D. W. *Aber die Kirche macht bei diesen spektakulären Inszenierungen doch mit.*

J.-M. L. Nein, sie spielt nicht, sie ist sie selbst, sie führt ihre Bräuche und ihre Traditionen fort, ohne sich zu fragen, ob diese sich für eine spektakuläre Inszenierung eignen. Als die Kirche globale Aktualität gewann, wurde sie für die Massenmedien zu einem interessanten, vielversprechenden Objekt. Die Medienexperten haben auf dieses Objekt die einzigen Verfahren angewandt, die ihnen zur Verfügung standen: Dramatisierung, Idealisierung, Polemisierung und die Einschätzung der Kräfteverhältnisse nach den Indizien, die den Medienexperten vorlagen. Es stimmt zwar, daß hinter dem Reporter mitunter der Cineast zum Vorschein kommt, der sich von der Schönheit der Zeichen und Bilder berücken läßt... Aber, ich sage es noch einmal: Die Darstellung der religiösen Erfahrung selbst ist außerordentlich schwierig. Das Wesentliche wird nicht erfaßt. Über die wirklich bedeutsamen Ereignisse wird so schließlich überhaupt nicht mehr berichtet. Denn die Wiederholung derselben Bilder überanstrengt und ermüdet die Zuschauer, wenn sich die Information darauf beschränkt, Johannes Paul II. im *Papamobil* oder bei der Segenspendung zu zeigen... Der Stern eines Stars erlischt sehr schnell. Die Medien verbrauchen ihre Objekte, sie benutzen sie und werfen sie weg. Sie geben sich damit zufrieden, ein religiöses Ereignis auf folkloristische oder politische Weise darzustellen, und vergessen dabei, daß die Religion eine langfristige Tiefenwirkung besitzt, die dem Publikum nur schwer vermittelt werden kann. Alles wird in eine Schublade gepackt: angefangen von den politischen Kundgebungen und militärischen Aktionen der iranischen Schiiten über Rabbi Kahane in Israel bis hin zur Besetzung des Goldenen Tempels durch Sikhs und zu den Reisen des Papstes. Das ist schon aus rein ethnologischen und kulturellen Gründen eine unzulässige Verkürzung!

D. W. *Sie sagen, religiöse Feierlichkeiten habe es schon immer gegeben; das stimmt. Aber die Reisen des Papstes sind ein relativ neues Phänomen. Johannes Paul II. ist der Papst, der am meisten gereist ist. Im Zeitalter des Satellitenfernsehens unterwirft sich die Kirche einer Logik des Spektakulären, die sie übrigens selbst mitgestaltet.*

J.-M. L. Für die Reisen des Papstes gelten in den Medien die gleichen Grundsätze der Berichterstattung wie etwa für die Reisen des amerikanischen Präsidenten. Das Spiel der öffentlichen Meinung ist für den amerikanischen Präsidenten, dessen Amtszeit vier Jahre beträgt, von großer Bedeutung. Das Besondere an den Reisen des Papstes wurde nicht gesehen. Man konzentriert sich ganz auf das Spektakel, das bei der Krönung der Königin von England oder auch der Parade am 14. Juli viel interessanter ist. Doch die Hauptsache wird gern übersehen und nur selten ausgesprochen. Der Papst erfüllt seine Pflicht, die nicht darin besteht, den Leuten ein Schauspiel zu bieten, sondern darin, die Kirche in ihren Gliedern und ihrer Hierarchie so zu versammeln, daß sie sich ihrer Sendung, ihrer Eigenständigkeit und ihrer Eigenart bewußt wird. Wo findet man beispielsweise eine einigermaßen scharfsinnige und kritische Besprechung der Reden, die der Papst in verschiedenen Ländern gehalten hat, obgleich seine Reisen häufig unter einem bestimmten Motto stehen? Sicher, die Presse kann keine umfangreichen Reden abdrucken, aber wenn auch nicht jeder Satz dieser Reden etwas Neues bringt, so hat doch jede Reise eine bestimmte Ausrichtung, die die spezifische Situation eines bestimmten Landes aufdecken und die Gläubigen mobilisieren soll. Das aber wird nur selten analysiert. Die Kommentatoren verorten den Papst bestenfalls im Koordinatensystem ihrer politischen Analyse der Verhältnisse. Dadurch erhält man jedoch in der Regel keinen Einblick in die religiösen, christlichen Kriterien, auf die sich der Papst stützt, um die Situation in einem Land, auch in ihrer politischen Dimension, zu analysieren.

D. W. *Ist die Berichterstattung der katholischen Presse über religiöse Ereignisse besser als die der allgemeinen Presse?*

J.-M. L. Sie ist mitunter ausführlicher, aber auch auf das Interesse einer bestimmten Gruppe, nämlich der »Informierten«, also der sachkundigen Leser, ausgerichtet. Diese haben ihren eigenen Jargon und ihre besonderen Interessen. Ihre Perspektive ist nicht die des gewöhnlichen Bürgers, ob Christ oder Nichtchrist. Natürlich kann es für versierte Leser aufschlußreich sein, speziellere Fragen behandelt zu sehen, die man nur versteht, wenn man mit der Sprache der Bibel und dem sakramentalen Leben der Kirche vertraut ist. Es ist ganz normal und auch notwendig, daß Fachleute darüber berichten. Aber auch sie müssen die Beurteilungskriterien und die impliziten Prinzipien offenlegen, nach denen sie Reden und Akte auswählen oder herausstellen. Das ist eine Frage der Redlichkeit und Gewissenhaftigkeit. Man kann über eine Reise des Papstes so berichten wie ein politischer Chronist über die internen Diskussionen einer Partei. Dem gewöhnlichen Bürger wäre es lieber, er verstünde die hinter diesen offenen oder mutmaßlichen Meinungsverschiedenheiten und Rivalitäten stehenden wirklichen religiösen Streitfragen. Das breite Publikum wäre besser informiert, wenn es die spezifisch christlichen Streitfragen klar verstehen würde. Nehmen wir als Beispiel die Theologie der Befreiung: Meistens wird das Problem in Kategorien europäischer Ideologie und nicht in den konkreten Kategorien einer auf die lokalen Verhältnisse zugeschnittenen Pastoral behandelt.

D.W. *Die Öffentlichkeit hatte den Eindruck, daß im Streit um die Theologie der Befreiung keine offene Diskussion stattfand, sondern eine Art Prozeß geführt wurde, der mit einer Verurteilung endete.*

J.-M.L. Was unter der Autorität des Papstes gesagt und getan wurde, war sehr maßvoll. Erstens kam diese Verurteilung nicht aus heiterem Himmel. Unter den verschiedenen Theologien der Befreiung wurde nach jahrzehntelanger Diskussion eine Auswahl getroffen. Seit 20, 30, ja 40 Jahren diskutiert man verschiedene Verknüpfungen zwischen der Verkündigung des Evangeliums und dem »weltlichen Engagement« im Dienste der Gerechtigkeit und der Menschenrechte. Die verschiedenen Gesprächsteilnehmer haben sich lange mit ihren Kollegen, mit Universitätslehrern und Theologen, auseinandergesetzt. Wie zahlreiche Bücher und Zeitschriftenartikel beweisen, hat eine offene und öffentliche Debatte stattgefunden. Doch es kommt der Augenblick, da sich die kirchliche Amtsgewalt ihrer Verantwortung stellen und Abgrenzungen vornehmen muß. Was die Vorladung bestimmter Personen betrifft, so wurde sie ordnungsgemäß unter Einhaltung bekannter, kodifizierter und respektierter Verfahrensvorschriften durchgeführt. Als Reaktion hierauf haben einige Gruppen versucht, die Öffentlichkeit zu mobilisieren. Die kirchlichen Behörden konnten sich gegen die parteiische Berichterstattung der Medien nicht wehren. Denn anders als manche Staaten und Interessengruppen hat die Kirche keinen besonderen Einfluß auf die Medien. Ich möchte hinzufügen, daß der Papst selbst immer wieder das christliche Engagement für eine größere soziale Gerechtigkeit unter den Völkern begrüßt hat; er appelliert an das Gewissen; er prangert Ungerechtigkeit und Gewalt an, und er predigt, daß wir in erster Linie den Armen unsere Liebe schenken müssen. Mehrfach hat Johannes Paul II. Zeugnis für die Priester Lateinamerikas abgelegt.

II. Die neuen Schwerpunkte

Der Papst

Jean-Louis Missika: *Das Amt des Papstes, des alleinigen Oberhaupts, der über beträchtliche Vollmachten verfügt, unterscheidet die katholische Kirche von allen anderen Kirchen. Seine Machtstellung wurde seit dem Ersten Vatikanum noch weiter ausgebaut, und die modernen Kommunikationstechniken, die zur Personalisierung tendieren, bewirken einen weiteren Machtgewinn. Besteht nicht die Gefahr, daß die Persönlichkeit des Papstes und seine individuellen Entscheidungen einen zu großen Einfluß auf das Leben der Kirche ausüben?*

Jean-Marie Lustiger: Der Papst das alleinige Oberhaupt der Kirche? Sie erwecken den Eindruck, als handele es sich dabei um eine absolutistische Herrschaftsform. Das entspricht aber keineswegs dem Selbstverständnis und der Wirklichkeit der Kirche. In der Kirche geht alle Macht von Christus aus; die Apostel und ihre Nachfolger, die Bischöfe, haben teil an dieser Macht, die ihnen Christus verliehen hat. Wenn Sie sich das Kirchenrecht anschauen, wie es schriftlich niedergelegt und in Gesetzbüchern, von denen das letzte 1983 erschienen ist, zusammengefaßt wurde, werden Sie feststellen, daß die gesetzlichen Bestimmungen sich in erster Linie auf die Rechte und Pflichten der Glieder des Volkes Gottes beziehen. Das Recht steht im Dienste der Gläubigen und enthält Bestimmungen, die garantieren sollen, daß die Priester ihnen den Glauben vermitteln, ihnen die Sakramente und die Mittel zur Heiligung austeilen und sie in die Gemeinschaft mit Gott hineinführen. Die Befugnisse der Hierarchie wurden nach diesen drei Registern kirchenrechtlich kodifiziert, und sie bilden auch die Grundlage für die

Ausübung des Hirtenamtes. Diese Befugnisse liegen vorwiegend in Händen der Bischöfe, und der Primat des Papstes steht im Dienste der Gemeinschaft und des Zusammenhalts des Bischofskollegiums. Jeder Bischof hat eine gesetzlich verbriefte, umfassende Machtbefugnis. Diese wird eingeschränkt durch die Verbundenheit des Bischofs mit dem gesamten Bischofskollegium, dessen Oberhaupt der Papst ist. Es ist die Aufgabe des Papstes, des Nachfolgers Petri, für die ordnungsgemäße Ausübung des Hirtenamtes zu sorgen. Seine Macht und sein Primat bestehen in der Ausübung dieser Kontrolle und in der Gewährleistung des inneren Zusammenhalts.

Dieser theologische Grundsatz vom Primat des Papstes innerhalb der Kollegialität der Bischöfe gründet sich auf die Solidarität der Apostel mit Petrus und seine herausgehobene Stellung unter ihnen. Das Erste und Zweite Vatikanische Konzil haben die beiden Begriffe »Primat« und »Kollegialität« besonders hervorgehoben. Wie die alte kirchliche Überlieferung beweist, bilden sie tatsächlich eine Einheit. Was jedoch die Leitung der Kirche betrifft, so gibt es je nach Epochen und Orten der Evangelisierung unterschiedliche Grade der Zentralisierung. In der Antike wurden Patriarchate eingerichtet. Das ist noch heute der Status der Ostkirchen, deren rechtliche Eigenständigkeit die römische Kirche respektiert. Im Zeitalter des Feudalismus besaß die Kirche eine innere Struktur, bei der die hierarchische Gliederung des Episkopats, die gegenseitige Unterordnung der Bischöfe, ja sogar ihre Beziehung zum Papst von Funktionsmustern der Gesellschaft und deren politischer Organisation geprägt war. Umgekehrt war die Zentralisierung der Kirche unter Gregor VII. eine Form der Bekämpfung des Feudalsystems, die es der Kirche ermöglichte, ihre Unabhängigkeit vom Kaiserreich zurückzugewinnen. Auch in anderen Epochen, etwa während der Regierungszeit Friedrich Barbarossas oder während der Herrschaft der Kaiser des Heiligen Römischen Reiches Deutscher Nation, ja sogar noch unter Napoleon konnte die Kirche dank der Vormachtstellung Roms ihre Eigenständigkeit gegenüber den politischen Machthabern verteidigen. So zeichnen sich also die wechselseitigen Beziehungen zwischen Kirche und Staat durch bewußte Nachahmung und gezielten Antagonismus aus.

Die allgemeinen theologischen Grundsätze werden von der Zeit und von der Geschichte, von der geschichtlichen Lage der Kirche geprägt. Jedenfalls – und damit möchte ich Ihre erste Frage beantworten – verfügt der Papst nicht über eine ausschließliche, sondern über eine einmalige Macht. Das lehrt uns die Geschichte; sein Primat war für die Kirche von unschätzbarem Wert, denn es gab immer wieder Völker und Könige, die sich der Kirche bemächtigen wollten: Ich denke hier an den Gallikanismus in Frankreich und den Josephinismus in Österreich. Und auch die Reformation wurde nicht zuletzt durch den Wunsch deutscher Fürsten ausgelöst, die Kirche in ihre Gewalt zu bringen. Auch der Anglikanismus war eine Vereinnahmung der Kirche – denken Sie nur an Thomas Becket –, und auch die orthodoxe Kirche wurde von den Zaren unter ihre Kontrolle gebracht.

Dominique Wolton: *Wollen Sie damit sagen, daß die katholische Kirche von allen Kirchen die unabhängigste ist?*

J.-M. L. In gewissem Sinne, ja. Dazu bedurfte es einer Stärkung der päpstlichen Macht. Auch wenn es in einigen Epochen zu Auswüchsen gekommen ist, so garantieren die Gemeinschaft mit Rom und die Macht des Papstes doch auch heute noch die Unabhängigkeit der Kirchen von der politischen Gewalt.

J.-L. M. *Beispielsweise bei der Ernennung von Bischöfen in den osteuropäischen Staaten.*

J.-M. L. In den Ländern Osteuropas ebenso wie in anderen Ländern. Wer weiß schon, ob die Innenminister sämtlicher französischer Republiken nicht davon träumten, die Bischöfe ernennen zu können.

D. W. *Viele Franzosen glauben, daß ein Bischof zwar vom Papst ernannt wird, daß aber die Zustimmung der politischen Instanzen des jeweiligen Landes eingeholt werden muß.*

J.-M. L. Nicht mehr seit der Trennung von Kirche und Staat. Das ist einer der Vorteile dieser Trennung.

D. W. *Und in den anderen Ländern?*

J.-M. L. Seit dem Zweiten Vatikanischen Konzil hat die Unabhängigkeit der Kirche vom Staat noch weiter zugenommen. So wurde beispielsweise den spanischen und portugiesischen Herrschern vom 16. Jahrhundert an ein Patronatsrecht eingeräumt, das ihnen erlaubte, für ein Bischofsamt einen eigenen Kandidaten vorzuschlagen, den die Kirche häufig nicht ablehnen konnte. Das Konzil forderte die Änderung dieser Klauseln. Gegenwärtig gibt es mit einigen Ländern Osteuropas heftige Auseinandersetzungen in dieser Frage. Einige Länder möchten Priester ernennen oder ernennen lassen, die in der Hand der Regierung sind oder ihr doch zumindest nahestehen. Wenn die Kirche nicht bereit ist, sich der staatlichen oder politischen Gewalt völlig zu unterwerfen, wird sie als eine feindliche, im Dienste des Auslands stehende Organisation dargestellt. Zu diesem Zweck spekuliert man auf den Nationalismus und auf die kulturelle Identität. Die Bischöfe dieser Länder können nicht umhin, sich mit der Kultur des Volkes zu identifizieren, dessen Hirten sie sind; sie sind »Patrioten«, doch sie können nicht die Hohenpriester ihres Vaterlandes sein.

J.-L. M. *Ich möchte Sie noch einmal fragen: Liegt nicht ein gewisses Risiko darin, einem einzelnen – in diesem Fall dem Papst – zuviel Macht einzuräumen? Besteht nicht die Gefahr eines Abgleitens in den Subjektivismus?*

J.-M. L. Risiken gibt es immer. Wenn man sich die unserer Epoche vorangehende geschichtliche Phase anschaut, erkennt man, daß die Ehrfurcht vor den Bischöfen im allgemeinen und dem Papst im besonderen sich an den hierarchischen Strukturen der Gesellschaft orientierte. Für die höchsten Amtsträger der Kirche war somit die Versuchung groß, sich mit den weltlichen Herrschern zu identifizieren.

J.-L. M. *Wie kann heute, im Zeitalter der Globalisierung der Religion, ein einzelner noch sämtliche Probleme auf der Welt überblicken und ihre Hintergründe verstehen?*

J.-M. L. Der Papst regiert die Kirchen nicht anstelle der Bischöfe, denn er ist ja selbst Bischof von Rom. Er ist derjenige, der aufgrund seines Primats – mit diesem Fachausdruck wird die Rolle des Papstes als Nachfolger Petri, des ersten Papstes, bezeichnet – im Dienste der anderen, aller anderen, der Hirten wie der Gläubigen, steht. Die Ausübung seiner universellen und direkten geistlichen Gewalt über alle Gläubigen, an die das Erste und Zweite

Vatikanum erinnert haben, fördert die Autorität der anderen Bischöfe. Die Notwendigkeit, seine universelle Sendung zu personalisieren, ergibt sich aus dem tieferen Wesen der Kirche als Gemeinschaft der Menschen mit dem dreifaltigen Gott.

Der Primat Petri scheint in unserer Epoche einer weltweiten Ausdehnung der Kirche zur Gewährleistung der Freiheit jeder einzelnen Kirche und ihrer Gläubigen notwendiger zu sein als je zuvor. Wir leben in einer Gesellschaft, die sich einerseits weltweit vereinheitlicht hat und sich andererseits im Maße ihrer Vereinheitlichung in gegensätzliche Kulturen aufspaltet. Früher basierten die Unterschiede zwischen den Kulturen auf ihrem gegenseitigen Nichtverstehen, heute hingegen kann gerade die Tatsache, daß sie einander kennen und auf dem Weg zu einer Gemeinschaft sind, Anlaß für Auseinandersetzungen bieten. Zwischen der chinesischen und der abendländischen Kultur gab es in früheren Zeiten kaum Konflikte, und zwar einfach deshalb, weil Seide und gewerbliche Waren aus dem Fernen Osten mit Karawanen in den Westen gebracht werden mußten. Heute, da alle Kulturen miteinander in Verbindung stehen, haben sich die Unterschiede aufgrund der Tendenz zur Vereinheitlichung verschärft. Das einheitsstiftende Amt des Papstes ist das einzige, das alle Kulturen und Grenzen überschreitet, um zwischen allen Katholiken eine Gemeinschaft herzustellen. Es ist seine Aufgabe, diese Verbindung zu gewährleisten und dem Bischofskollegium zu helfen, die geschichtliche Einheit der Kirche zu festigen als Beweis für die Einheit der ganzen Menschheit, ihres Heils und ihrer Hoffnung.

Die Bischofskonferenzen

J.-L. M. *Die Bischofskonferenzen, das heißt die regelmäßig tagenden Versammlungen aller Bischöfe eines Landes, werden heute als eine vom Zweiten Vatikanum eingeführte »demokratische Erneuerung« dargestellt. Das wirft die Frage nach der Aufteilung der Macht zwischen Bischofskonferenzen und Bischöfen auf. Wer hat letztlich die Entscheidungsbefugnis? Die Bischöfe oder die Konferenzen? Und wer genießt Vorrang im Verhältnis zu Rom?*

J.-M. L. Die Idee, die Gesamtheit der einzelnen Kirchen in Bischofskonferenzen zusammenzufassen, entstand mehr oder weniger zur Zeit des Zweiten Vatikanum. Der jetzige Papst gehörte zu den Konzilsvätern, die den Entschluß faßten, diese Organisationsform einzuführen. Es handelte sich also nicht um eine Forderung, die die Basis an die Zentralgewalt der katholischen Kirche gestellt hätte; diese Entscheidung wurde vielmehr im Rahmen des Zweiten Vatikanum getroffen. Die Zusammenfassung von Kirchen oder Diözesen einer Nation ist nichts Neues, denn es hat zu allen Zeiten Nationen gegegeben. Aber die Väter des Zweiten Vatikanum haben sich entschieden für eine Praxis eingesetzt, die seit Beginn des 20. Jahrhunderts üblich war und darin bestand, in damals noch kolonialisierten Ländern »einheimische« Hierarchien aufzubauen. Der erste schwarze Bischof Afrikas wurde in den 20er Jahren ernannt, also zur Hochzeit des Kolonialismus. Auch bei den kolonialisierten Völkern sollten die Kirchen ihr eigenes Leben und ihre eigene Hierarchie entwickeln. Dort haben seit Beginn der Evangelisation Missionare gearbeitet. Das ist eine uralte Praxis der Kirche. In früheren Epochen gab es nationale Kirchen. Die Einrichtung von Bischofskonferenzen entspricht dem Wunsch, die nationale und kulturelle Verschiedenartigkeit der Kirchen anzuerkennen und sie zugleich zu einer Gemeinschaft ohne Grenzen zusammenzufassen. Die Einführung eines Systems von Bischofskonferenzen ermöglicht, ein politisches Novum unserer Zeit zu berücksichtigen: das Auftreten von Staaten, die mehr oder weniger mit Nationen zusammenfallen. Man muß die verschiedenen Kirchen in einem System der Kommunikation und der Verantwortung zusammenfassen, das den Besonderheiten der Kulturen gerecht wird und zugleich die katholische Einheit gewährleistet. Andernfalls wären die mit einer Kultur, einer bestimmten Sprachgemeinschaft, ja sogar einem bestimmten politischen System verbundenen Kirchen in ihren Besonderheiten gefangen und eben dadurch nicht mehr katholisch.

Das bildet also die Grundlage für die Organisation der Bischofskonferenzen, deren Befugnisse genau definiert sind. Die eigentlich souveränen Elemente der Kirche aber sind einerseits die

Diözesen und andererseits die Gesamtheit der Bischöfe unter der Autorität des Papstes. Und die Beziehung des Papstes zu jedem einzelnen Bischof garantiert die Solidarität aller Bischöfe untereinander und die Einheit der ganzen Kirche. Das ist ein System, das im politischen Bereich keine Entsprechung hat.

D. W. *Aber weshalb hat man es dann mit einem politischen Schema verglichen?*

J.-M. L. Das ist eine nachträgliche Umdeutung. Alle, die Verantwortlichen der Kirche ebenso wie die Völker, unterliegen immer wieder der Versuchung, bei der politischen Ebene stehenzubleiben. Denken Sie nur an das Schwanken zwischen ultramontanen und gallikanistischen Bestrebungen in der Geschichte Frankreichs. Die Bindung der Katholiken an Rom wurde in der Geschichte der Nationen bald als ein Mißstand empfunden und von der Mehrheit der Bürger als Unterwerfung unter eine ausländische Macht betrachtet, bald hingegen war es eine Bedingung der Freiheit. Daß die Bischofskonferenzen Zielscheibe heftiger Polemik sind, hängt vielleicht damit zusammen, daß wir in demokratischen Systemen leben, die häufig durch Technokratien und Bürokratien eingeschränkt werden. So ist die Versuchung groß, in Einrichtungen wie den Bischofskonferenzen eine Art demokratisches System zu sehen.

Tatsächlich gibt es das Wahl- und das Mehrheitsprinzip in der Kirche schon sehr lange; sie ist eine hierarchische und hierarchisierte, also »monarchische« Macht, die jedoch auf einer ständigen Kooptation und auf Wahlverfahren basiert. Der Papst ist schon immer gewählt worden; und die ganzen Jahrhunderte hindurch hat die Kirche das Wahlprinzip befolgt. Übrigens haben die Wahlen in Klöstern und Kapiteln im Mittelalter das Recht der freien Städte auf Selbstverwaltung angeregt. Die Kirche war immer eine Institution, die die Wahl durch das Volk (»Demokratie«) mit dem Gehorsam gegenüber einer personalen Autorität (»Monarchie«) verknüpft hat. Denn alle Macht in der Kirche leitet sich vom Sakrament ab, und das Sakrament der Vollmacht Christi erscheint als Dienst am Volke Gottes. Es ist nie das Eigentum derer, die es empfangen, oder desjenigen, der es spendet.

D. W. *Weshalb spricht man von einem möglichen Konflikt zwischen den Bischofskonferenzen, die nach relativ demokratischen Grundsätzen verfahren, und der Macht des Papstes in seinen direkten Beziehungen zu den Bischöfen?*

J.-M. L. Einigen Bischofskonferenzen kann man vorwerfen, nach dem Vorbild parlamentarischer Demokratien interne Verwaltungsapparate zu begünstigen. Angesichts der Vielfalt der behandelten Themen und ihrer hohen sachlichen Spezialisierung besteht die Gefahr, daß der Bischof in der Ausübung seiner Macht und in seiner persönlichen Verantwortung von Planungsstellen und ihn unterstützenden Stäben abhängig wird. Die Beziehung zum Papst ist eine Garantie der persönlichen Freiheit der Bischöfe

D. W. *In den demokratischen Gesellschaften wird man wohl nur selten die Meinung hören, die Beziehung zu einer einzelnen Person, von der man abhängig ist und die einen ernannt hat, sei eine Quelle der Freiheit.*

J.-M. L. Die Kirche ist die Institution mit den kürzesten Instanzenwegen. Grundsätzlich kann jeder Gläubige und jeder Priester seinen Bischof direkt, ohne Zwischenschaltung einer anderen Person aufsuchen; und sein Bischof ist wiederum mit allen Bischöfen der Welt und mit dem Papst verbunden. Bis zur Spitze sind es nur zwei Ebenen. Die Kritik an den Bischofskonferenzen basiert auf der Befürchtung, eine anonyme Organisation schade der persönlichen seelsorgerischen Verantwortung, die mit einem Sakrament verknüpft ist. Anders gesagt: Wer regiert die Kirche? Leute aus dem Apparat oder Seelenhirten? Soll die Amtsgewalt durch die Sakramente oder durch andere Qualifikationen und Verfahren übertragen werden? Soll die Kirche durch bürokratische Instanzen gespalten werden, oder soll sie von denjenigen geführt werden, die das Sakrament ihres Amtes und die apostolische Verantwortung empfangen haben?

J.-L. M. *Würden Sie bei der Ernennung von Priestern und Bischöfen mehr Demokratie befürworten?*

J.-M. L. Ich verstehe nicht recht, was Sie damit meinen.

J.-L. M. *Zum Beispiel die Einführung des Wahlprinzips.*

J.-M. L. Es ist in der Antike angewandt worden, zumindest in einigen Fällen. Es gibt glänzende, berühmte Beispiele, etwa den heiligen Ambrosius, der Präfekt von Mailand war und von den Einwohnern der Stadt zum Bischof ausgerufen wurde. Heute informiert man sich vorab über die Kandidaten und die Bedürfnisse der Diözese. Die Auswahlverfahren haben sich wie alle menschlichen Entscheidungsverfahren im Laufe der Zeit geändert. Das unveränderliche Moment aber, das diese verschiedenen Verfahren immer berücksichtigt haben, ist die Tatsache, daß es sich um eine Berufung handelt, das heißt um einen direkten Anruf Gottes. Dieses Kriterium kommt in zwei Richtungen zum Tragen. Es gilt für die Wahl desjenigen, der berufen wird, und es gilt für das Kooptationsverfahren derjenigen, die berufen oder anordnen. Die Vorsichtsmaßnahmen, die die Kirche ergreift, gehen über die Maßnahmen hinaus, die bei der Auswahl von Arbeits- und Führungskräften in den verschiedenen menschlichen Tätigkeitsbereichen getroffen werden – zu ihnen gehören auch Maßnahmen, die Rücksicht auf den besonderen Charakter einer göttlichen Berufung nehmen. Die Berufung eines Menschen zum Priester oder Bischof setzt eine Wahl voraus, bei der nicht nur seine Befähigungen und seine Eignung für das Amt, sondern noch etwas anderes, nämlich der Wille Gottes, zu berücksichtigen ist. Gott muß diesen Menschen zur Hingabe seines Lebens aufgerufen und zum Dienst an seinen Brüdern gesandt haben. Ohne dieses Kriterium, das nicht nur eines der Konformität ist, geht das Wesentliche verloren.

Die Kirche befolgt hier ein einmaliges Verfahren, das es verdiente, von Soziologen einmal näher untersucht zu werden. Bei der Einsetzung der Bischöfe und – in der lateinischen Kirche – der Priester macht sich die Institution abhängig vom Charisma. Denn die Kirche selbst betrachtet die geistliche Berufung zum lebenslangen Zölibat, die Berufung, auf den Anruf Gottes hin freiwillig sein ganzes Leben aus Liebe zu Gott hinzugeben, als ein Charisma. Und über dieses Charisma hat sie keine andere Macht, als es anzuerkennen und zu beglaubigen. Mir ist kein anderes Beispiel für ein institutionelles Verfahren bekannt, das sich statutenmäßig charismatischen Entscheidungen unterwirft und das zugleich so lange und in solchem Umfang erprobt wurde.

D. W. *An welchen Erfahrungskriterien soll man die Kirche messen, wenn politische oder wirtschaftliche Kriterien ausscheiden?*
J.-M. L. Einige Kriterien werden vom Evangelium vorgegeben, etwa in den Gleichnissen, die wirtschaftliche Sachverhalte schildern. Christus spricht von Verwaltern, denen der Herr seine Güter anvertraut hat, wobei diese Güter die Gaben Gottes an sein Volk sind. Welche Kriterien werden nun in diesen Gleichnissen benutzt? Zunächst das Ausmaß, in dem die Verwalter ihrer Treuepflicht genügt haben. Die Absichten des Herrn aber zwingen den Verwalter häufig, das Gegenteil dessen zu tun, was er selbst für richtig hält. So beim Gleichnis vom anvertrauten Geld, das heutzutage oft fehlinterpretiert wird, weil man das damalige jüdische Recht kennen muß, um es zu verstehen: Ein Diener erhält von seinem Herrn fünf »Talente« und gewinnt fünf dazu. Ein anderer erhält zwei Talente und gewinnt zwei dazu. Dem letzten aber gibt der Herr nur ein Talent. Er sagt: »Herr, ich wußte, daß du ein strenger Mann bist; du erntest, wo du nicht gesät hast und sammelst, wo du nicht ausgestreut hast; weil ich Angst hatte, habe ich dein Geld in der Erde versteckt. Hier hast du es wieder.« Der letzte Diener hat sich an das Gesetz gehalten, denn die damaligen Verwahrungsvorschriften schrieben vor, eine anvertraute Sache nicht aufs Spiel zu setzen, sondern sie gewissenhaft zu verwahren, um sie ihrem Eigentümer unbeschädigt zurückzugeben. Nun lobt aber der Herr – und hierin liegt das ausgesprochen Paradoxe – die anderen Verwalter, die der Vorschrift des Gesetzes zuwidergehandelt haben. Weshalb? Weil sie das Vermögen des Herrn in seinem Sinne verwaltet haben, das heißt es mehren wollten und dabei die gleichen Risiken eingegangen sind wie er. Das Gleichnis von dem anvertrauten Geld enthält nach Matthäus (25,14–30) den Maßstab, an dem man die Kirche messen muß.

Die Kirche darf ihre Ziele nicht durch Verführung oder durch Eroberung zu erreichen versuchen. Das ist nicht ihr Auftrag.

Ihr Auftrag ist es vielmehr, vor allen Menschen Zeugnis abzulegen von der Liebe Gottes, von der unendlichen Liebe, mit der er sie liebt. Ihre Mittel sind diejenigen Christi: sein Leben hingeben für diejenigen, die man liebt. Das zwingt die Jünger Christi dazu, das paradoxe »Wer verliert, gewinnt« anzunehmen. Christus wiederholt es vor seinen Jüngern: »Wer das Leben sucht, wird es verlieren, wer aber sein Leben um meinetwillen verliert, wird es gewinnen.«

Die Ökumenische Bewegung und die Beziehungen zu den anderen Religionen

D. W. *Die Ökumenische Bewegung, die mittlerweile eine gewisse Bedeutung erlangt hat, jedenfalls Interesse weckt, scheint von den Päpsten lange Zeit abgelehnt worden zu sein. Leo XIII. hielt an seinem Widerstand gegen die Reformation fest und bekräftigte die Nichtigkeit anglikanischer Ordinationen. 1928 hatte Pius XI. diese Bewegung sogar in einer Enzyklika verdammt, und Pius XII. hatte den Katholiken 1948 die Teilnahme am ersten Treffen des Ökumenischen Rates der Kirchen untersagt. Wie erklären Sie die Tatsache, daß die Kirche in so kurzer Zeit ihre Einstellung zur Ökumene grundlegend geändert hat, und was ist der Grund für ihre frühere Ablehnung?*

J.-M. L. Das Problem der Einheit der Kirche ist aufs engste mit ihrer Entstehung und ihrem Leben verbunden. Lassen Sie uns wieder einen Blick in die Vergangenheit werfen. In der Geschichte des Volkes Israel, die ein prophetisches Zeichen für die Heilsgeschichte darstellt, ist die Trennung von längerer Dauer als die Einheit. Die Vereinigung der beiden Reiche Israel und Juda ist eines der eschatologischen Zeichen. In den Schriften der Apostel und besonders in den Paulus-Briefen wird die Spaltung immer wieder als eine drohende Gefahr und ein Ort der Hoffnung dargestellt. Diese innere Gefahr wurde immer mit Verstößen gegen die Einheit, gegen die gegenseitige Liebe, gegen die Treue zur Wahrheit in Zusammenhang gebracht und als eine Spaltung des einen Leibes Christi verstanden. Es ist gleichsam eine beständig wiederkehrende Prüfung. Einheit entsteht nur durch Vereinigung. Solange die Geschichte noch nicht beendet ist, ist die Einheit nie ein für allemal erworben, sie wird immer aufs neue geschenkt; nur wer die Dinge mit Gewalt löst, kann den Menschen weismachen, die Einheit sei für immer gesichert. Nur Diktatoren können auf den Gedanken kommen, »ein tausendjähriges Reich« errichtet zu haben. Es gibt immer eine furchtbare Quelle der Trennung: sie heißt Tod. Eine statische Sicht der Einheit ist nicht realistisch, weil die Einheit das Ergebnis der Vereinigung ist, die Gott in der Geschichte wirkt, und die uns in Christus geschenkte Einheit bleibt auf dieser Erde eine Hoffnung.

Die Geschichte des Christentums in den vergangenen zwei Jahrtausenden zeigt, daß die Spaltungen zwischen den christlichen Kirchen sich an kulturelle Unterschiede anlehnten: das griechische Morgenland und das lateinische Abendland; und davor bereits die Kulturen, die sich Byzanz entziehen wollten (Armenier, Kopten, Chaldäer, Syrer ...), später dann die germanischen und angelsächsischen Völker usw. Es hätte noch zu weiteren nationalen Abspaltungen kommen können, doch das verweist auf die Rolle des Papstes in der katholischen Kirche. Aber zugleich stehen bei den verschiedenen Spaltungen Glaubensgrundsätze von unterschiedlichem Gewicht auf dem Spiel. So hat Pius XII. anerkannt, daß die vor dem Dogma von Chalkedon geltende Christologie der Kopten (der alten Kirche Ägyptens), die man lange Zeit kritisiert hatte, den einen christlichen Glauben, wenn auch in anderen Worten, zum Ausdruck brachte. Einige alte Kirchen, die sich weit außerhalb des Gesichtskreises der Lateiner befanden, beugten sich nicht der Autorität Byzanz'. Rom hat diesen Kirchen, von denen einige mit Rom uniert sind, häufig große Aufmerksamkeit geschenkt. Die Maroniten zum Beispiel, eine in Antiochia entstandene semitische Kirche, hatte ihre ursprüngliche liturgische Sprache bewahrt und das Griechisch von Byzanz abgelehnt. Später haben sie Arabisch zu ihrer liturgischen Sprache gemacht, und sie sind noch immer mit Rom eng verbunden.

Das eigentliche große Schisma war die Spaltung in ein ost- und weströmisches Reich, die Trennung der morgenländischen von der abendländischen Kultur. Dieses Schisma hat die Christen immer beschäftigt. Schon im 13. Jahrhundert haben zwei ökumenische Konzile – als erstes das Konzil von Lyon – nach Lösungen gesucht; diese schienen, was die Vereinbarkeit der beiden Glaubenslehren betraf, durchaus möglich zu sein. Im 15. Jahrhundert erfolgte beim Konzil von Florenz (1438–1445), wenige Jahre vor dem Fall von Konstantinopel, eine Union zwischen Ost- und Westkirche. Dort war eine beachtliche theologische Arbeit geleistet worden, mit dem Ziel, die kulturellen und dogmatischen Unterschiede zwischen der griechischen und lateinischen Überlieferung zu ermessen und die Gleichheit der Lehre hinter unterschiedlichen Formulierungen aufzuweisen. Man bemühte sich also um ein gegenseitiges Verstehen und Anerkennen desselben Glaubens, der in verschiedener Weise zum Ausdruck gebracht wurde. Papst Johannes Paul II. hat die ökumenische Arbeit zu einem Schwerpunkt seines Pontifikats gemacht und damit gleichsam die Fackel des Konzils von Florenz aufgenommen.

D. W. *Halten Sie nach so vielen Jahrhunderten des Schismas eine Wiedervereinigung der Ost- und Westkirchen für möglich?*

J.-M. L. Die Grundlagen, die das Konzil von Florenz gelegt hat, bilden einen recht soliden Ausgangspunkt.

Die katholische Kirche hat es einseitig für zulässig erklärt, daß katholische Gläubige, die in orthodoxen Ländern isoliert sind, sich ruhigen Gewissens an Priester der orthodoxen Kirche wenden können, um von ihnen die Sakramente zu empfangen und geistlichen Beistand zu erhalten; denn es sind Sakramente und Priester der einen katholischen Kirche.

D. W. *Gilt das gleiche auch für die andere Seite?*

J.-M. L. Nicht ganz. Eine dogmatische Frage ist noch in der Schwebe; sie könnte wahrscheinlich relativ leicht gelöst werden – das hat der Patriarch Athenagoras angedeutet –, aber es gibt noch drei andere Arten von Schwierigkeiten: Erstens der Abgrund an kulturellem Unverständnis zwischen den Traditionen und Völkern, die sich einander entfremdet haben; zweitens theologische und disziplinarische Gegensätze, die überbrückt werden könnten. Uneinigkeit besteht über das Amt des Papstes, die Definition neuer Dogmen und einige weitere Punkte, die jedoch angesichts des gemeinsamen Erbes nur von untergeordneter Bedeutung sind. Paradoxerweise ist es nicht sicher, ob die Ostkirchen uns nicht für größere Häretiker halten als wir sie. Wir mustern sie sicher mit weniger kritischem Blick als sie uns! Drittens: der politische Faktor, der das Haupthindernis darstellt. Selbst wenn die Hierarchien der Ostkirchen die katholische Einheit mit der Westkirche wiederherstellen wollten, würden sie zweifellos auf den Widerstand der Regierenden stoßen, denn diese Kirchen sind zum Teil nationale Kirchen und von der Regierung abhängig.

J.-L. M. *Einige dieser Kirchen befinden sich in osteuropäischen Staaten und in der Sowjetunion.*

J.-M. L. Das ist das Problem. Es ist das Schisma der europäischen Kultur.

D. W. *Doch wenn das überwunden würde ...*

J.-M. L. Der Papst wünscht es und spricht es offen aus.

D. W. *Wenn die beiden Kirchen jemals ihre Annäherung beschließen sollten, müßten sie wohl mit politischem Widerstand rechnen, aber könnten die Machthaber in den verschiedenen Staaten diese Annäherung verhindern?*

J.-M. L. Leider ist es mehr als wahrscheinlich, daß sich die Regierenden dieser Annäherung widersetzen würden und daß sie dabei Erfolg hätten!

Später kam es zu dem großen abendländischen Schisma, dem Schisma der Kirchen der Reformation. Für dieses Schisma sind mehrere Faktoren verantwortlich, die mit der Geschichte der einzelnen Völker und den Wandlungen der modernen Kultur seit dem 14. Jahrhundert zusammenhängen. Hier gibt es große dogmatische Schwierigkeiten. Der Protestantismus berührt den neuralgischen Punkt der Reform der Kirche. Die Heiligen haben unentwegt an dieser Reform gearbeitet; sie haben auf die Bekehrung derer hingewirkt, die bereits zum Glauben berufen waren. Das ist ein ständiges Problem der Kirche. Etwas Ähnliches hat es in den Ostkirchen gegeben, auch wenn das weniger bekannt ist und die mehr oder weniger abtrünnigen Reformbewegungen nicht das gleiche Ausmaß hatten. Im Abendland hängt dieses Phänomen mit drei Faktoren zusammen. Erstens mit dem Aufruf zur inneren Reform der Kirche: Wie läßt sie sich in der Gemeinschaft des Glaubens und der Nächstenliebe und in der sakramentalen Einheit durchsetzen, ohne daß es zu einem Bruch kommt? Zweitens mit einer Krise des

Abendlandes: Wie kann man in einer universalen Religion partikularistischen Bestrebungen gerecht werden, denn die Reformation wurde in Europa von nationalistischen Tendenzen begleitet und hat diese gefördert. Schließlich mit einem Dissens über das Wesen des Menschen und seine Beziehung zu Gott. Eine besonders große Abweichung der Standpunkte – um es gelinde auszudrücken – besteht gegenüber dem Luthertum und dem Kalvinismus. Dieser Dissens steht in Zusammenhang mit der tiefgreifenden Wandlung des christianisierten Abendlandes. Er entspringt der Krise des modernen Menschen, in der sich die philosophische und kritische Emanzipation des Abendlandes und die Frage seiner Treue und Untreue zum Glauben konflikthaft miteinander verknüpfen. Aber auch wenn die Treue stärker gewesen wäre, hätte sich wohl manches geändert!

Das Bemühen um Versöhnung und Ökumene mit den Kirchen der Reformation hat Ende des 19. Jahrhunderts starken Auftrieb erhalten. Man denke nur an Lord Halifax und Kardinal Mercier. In unserem Jahrhundert haben Abbé Couturier, Jean Guitton und viele andere auf beiden Seiten an der Beseitigung dieses Bruches gearbeitet, der für die Kirche eine offene Wunde bleibt. Die Lösung des Problems ist hier schwieriger. Sie setzt bei allen eine Neubesinnung und Neuinterpretation der Geschichte voraus, und das ist keine Kleinigkeit. Immerhin stehen Hegel und auch Marx in der Tradition Luthers, wie schon Jaurès gesagt hat. Hegels Deutung des Christentums ist ebenso wie der Pietismus Kants von Luthers Denken beeinflußt. Das Erwachen der kritischen Vernunft und der Freiheit im Abendland ist ganz und gar eine religiöse Erfahrung. Es bildet den Kern der Krise der abendländischen Kultur. Ich bin der festen Überzeugung, daß es sich nicht um eine religiös-neutrale Entwicklung handelt, die unabhängig vom Christentum ist; es handelt sich letztlich um eine innere Bewegung auf dem Feld des Glaubens.

Die Reformation wirft somit schwerwiegendere und heiklere Probleme für die Vereinigung der Kirchen auf als die Orthodoxie. Das erste Schisma beruhte auf einem Streit zwischen Brüdern, die erkennen müssen, daß sie Brüder und Verwahrer desselben Vermächtnisses sind. Der Protestantismus hingegen ist das Resultat einer inneren Krise des Abendlandes. Nur wenn die Widersprüche dieser Krise gelöst werden, ist eine Versöhnung möglich. Bevor es zu einer Vereinigung mit den aus der Reformation hervorgegangenen Kirchen kommen kann, ist daher eine gründliche geistige Aufarbeitung der Streitfragen unerläßlich. Andernfalls würden sämtliche Probleme im Handumdrehen wieder auftauchen. Die Ökumene ist jedoch eine dringliche Aufgabe, und das um so mehr, als sie über das Schicksal der abendländischen Gesellschaften und ihre Verantwortung gegenüber anderen Ländern und anderen Kulturen entscheidet.

J.-L. M. *In bezug auf das Judentum sehen die Probleme noch einmal ganz anders aus.*

J.-M. L. Was das Judentum betrifft, so ist das Drama noch »radikaler«; es ist das Problem des Ursprunges im Sinne des paulinischen Bildes von der Wurzel und dem Pfropfreis. Israel ist die Wurzel. Die gegenseitige Anerkennung ist eine der Voraussetzungen für die Versöhnung der Menschheit. Hier sind zwei Aspekte zu betrachten: was schon gesagt werden kann und was immer eine Hoffnung bleibt. Viele wunderten sich über die symbolträchtige Entscheidung Roms, das Sekretariat für die Beziehung zum Judentum dem Sekretariat für die Einheit der Christen und nicht dem Sekretariat für die Nichtchristen anzugliedern. Das war die – zumindest stillschweigende – Anerkennung eines einmaligen Verwandtschaftsverhältnisses. Die Beziehung zu Israel wirft auf ursprüngliche und historische Weise das Problem der geistlichen Einheit des göttlichen Ratschlusses auf.

J.-L. M. *Hierin liegt ein Haupthindernis für die Annäherung zwischen Judentum und Christentum. Kann es auf dem Weg des Gesprächs aus der Welt geschafft werden?*

J.-M. L. Was würde mit dem Judentum, das Christus nicht als seinen Messias sieht, geschehen, wenn ganz Israel ihn eines Tages doch als solchen anerkennen würde? Das ist eine große, doch zugleich unaussprechliche, unvorstellbare Hoffnung. Die Anerkennung des göttlichen Geschenkes an Israel durch die Kirche – auch unter Fortbestand eines Spannungsverhältnisses –

scheint hingegen ein erreichbarer Fortschritt zu sein. Es wäre bereits ein echter Fortschritt, auch wenn er noch durch das Verständnis, das jeder von sich und vom anderen hat, begrenzt bliebe. Denn der Christ gewinnt an Christlichkeit, wenn er erkennt, was Gott Israel verheißen und ihm geschenkt hat, und ich glaube, der Jude wäre mehr er selbst, wenn er das Geschenk anerkennen würde, das Gott allen Völkern gemacht hat. Dieser Fortschritt ist realisierbar.

D. W. *Ist diese gegenseitige Anerkennung von Juden und Christen innerhalb einer Generation erreichbar?*

J.-M. L. Wer weiß?

J.-L. M. *Kommen wir nun auf den Islam zu sprechen: Wie beurteilen Sie die Beziehungen zwischen der katholischen Kirche und dem Islam, insbesondere seit der Entstehung des Islamismus?*

J.-M. L. Erinnern wir uns zunächst an einen Gesichtspunkt, der, wie ich weiß, von den Muslimen selbst nicht anerkannt wird. Religionsgeschichtler weisen darauf hin, daß die Ursprünge des Islam wahrscheinlich in jüdischen Randgruppen der arabischen Halbinsel und bei christlichen Häretikern oder womöglich bei jüdisch-christlichen Sekten zu suchen sind. Wenn man Koran und Bibel miteinander vergleicht, tritt die Bedeutung dieser jüdischen und christlichen Quellen klar hervor, auch wenn man die eigenständige Persönlichkeit Muhammads in Rechnung stellt.

Zweiter Punkt in bezug auf den Islam: Man kann nicht einfach den Lauf der Geschichte vergessen. Das hat etwas Faszinierendes. Verbreitet wurde der Islam von einem Volk, das von der arabischen Halbinsel stammte, und dieser grundlegenden Tatsache müssen wir uns in unseren Betrachtungen über den Islam als Religion immer bewußt bleiben. Wir als Menschen des 20. Jahrhunderts sind versucht, die Religionen als Modi der Existenzbewältigung zu betrachten, die mehr oder weniger eine Privatangelegenheit darstellen und vom bürgerlichen oder politischen Leben, das durch die weltanschauliche Neutralität des Staates bzw. durch Säkularismus geprägt ist, losgelöst, ja völlig getrennt sind. Nun bestanden aber die Beziehungen der arabischen Völker zum Islam und der islamischen Welt zu den übrigen Ländern häufig in Invasionen und machtvollen Akkulturationen. Für das Abendland waren diese geschichtlichen Ereignisse ein schweres Trauma. Die Länder, die Quellen und Zentren der hellenistischen und christlichen Kultur waren, gerieten in den Einzugsbereich einer anderen Kultur. Das gilt vor allem für ganz Kleinasien und Nordafrika; die dortigen Völker hatten die Kultur der griechischen und römischen Kolonisatoren angenommen, bevor sie später christianisiert wurden; sie wechselten sogar ihre Sprache.

Ganz Kleinasien sprach Griechisch, und nun begann man, Arabisch zu sprechen. Auch in Ägypten sprach man Griechisch und Koptisch – Alexandria ist eine griechische Stadt – und lernte nunmehr Arabisch. Und auch die Länder des Maghreb, angefangen mit Tunesien, die Lateinisch und Punisch sprachen, mußten nun Arabisch lernen. Durch die Kriege und die Abwehrreaktionen der Völker gegen eine ihnen aufgezwungene neue Kultur kam es zu einem tiefgreifenden Wandel. Das 16. und 17. Jahrhundert, 900 Jahre nach Poitiers und Karl Martell, wird für das Abendland immer mit der Erinnerung an die furchtbare Bedrohung durch die Türken verbunden sein; die Schlacht von Lepanto (1571) und die Belagerung von Wien (1683) sind deren äußerste Punkte. Seit zwölf Jahrhunderten fühlte sich das christliche Abendland bedroht, und umgekehrt hat die muslimische Welt die unerhörten Leiden der Kreuzzüge, des Kolonialismus und die von England und Frankreich betriebene Zerstückelung Ägyptens, des Nahen Orients und des Osmanischen Reiches erdulden müssen, wo man versuchte, Rechnungen aus der Zeit der osmanischen Unterdrükkung der Balkanstaaten zu begleichen.

So entstand eine sehr bewegte Geschichte. Vergessen wir nicht als letztes Element den Fortbestand der Ostkirchen in den Ländern der Levante, die von alters her Gegenstand einer heftigen Auseinandersetzung zwischen dem Islam und dem christlichen Abendland waren. Auch die Kolonialzeit in Afrika war nicht einfach, weil die Kolonialverwaltungen die Islamisierung der Bevölkerung förderten, in dem Glauben, sie wäre so leichter zu kontrollieren als eine christliche Bevölkerung. Als Freidenker waren viele leitende Kolonialbeamte gegen eine Evangelisierung.

D. W. *Wie erklären Sie sich die erstaunliche messianische Dynamik des heutigen Islam?*

J.-M. L. Sie läßt sich als ein Ergebnis des Aufeinanderprallens verschiedener Kulturen und Zivilisationen begreifen. Entspricht sie nicht einer Art Bauernaufstand? Der triumphierende Westen exportiert in die muslimischen Länder die Überfülle seiner materiellen Güter, das industrielle Leben, die Liberalisierung der Sitten, die Inflation der Begierden. Ist der Islamismus vielleicht nur die Verteidigungsreaktion traditionsgebundener Kulturen, die die Erinnerung an ihre einstige Überlegenheit bewahrt haben?

D. W. *Was kann die katholische Kirche angesichts eines erstarkenden Islam heute tun?*

J.-M. L. Sich unermüdlich darum bemühen, die Wahrheit zu sagen. Das Beste der islamischen Religion herausstellen, wie es der Papst in seiner Rede in Casablanca getan hat. Und zugleich feierlich das Recht auf Religionsfreiheit und damit die klare Trennung zwischen religiöser und politischer Sphäre bekräftigen. Diesbezüglich sollte auf jene Aspekte des Islam verwiesen werden, die sich aus den Quellen der biblischen Offenbarung speisen. Vielleicht sind die Menschenrechte kein so schlechtes Thema, vorausgesetzt, man arbeitet das gemeinsame theologische und anthropologische Fundament heraus, das es dem Islam ermöglicht, die Folgen seines eigenen Gehorsams gegenüber dem allmächtigen und barmherzigen Gott anzunehmen.

D. W. *Man hat den Eindruck, die katholische Kirche steht der ökumenischen Bewegung gegenwärtig aufgeschlossener gegenüber als die anderen Religionen.*

J.-M. L. Strenggenommen betrifft die ökumenische Bewegung ausschließlich die christlichen Kirchen. Auf die Beziehungen zum Islam sollte man den Begriff gar nicht und auf die Beziehungen zum Judentum sollte man ihn nur mit großer Vorsicht anwenden.

D. W. *Sind die Katholiken denn nicht die einzigen, die sich für die Ökumene engagieren?*

J.-M. L. Ich weiß nicht, ob Ihre Behauptung stimmt. Aber gerade aufgrund ihrer autokephalen Organisation waren die einzelnen Ostkirchen von vornherein zu einer weitgehenden Identifikation mit einer Nation und einem Kulturraum bereit. Die aus der Reformation hervorgegangenen protestantischen Kirchen haben die Vielfalt christlicher Bekenntnisse als unvermeidlich hingenommen. Der Katholizismus hingegen mit seinem im Amte Petri verkörperten Grundsatz der Einheit stellt höhere Ansprüche an diese Einheit und ihre innere Logik. Ein orthodoxes Mitglied einer autokephalen Kirche kann die gleichzeitige Existenz anderer autokephaler Kirchen durchaus als etwas Selbstverständliches hinnehmen, und für die protestantischen Kirchen ist die religiöse Zersplitterung eine Tatsache, unter der sie wohl nicht allzusehr leiden.

Man muß zwei verschiedene Arten von Einheit unterscheiden. Einmal die eher politische Einheit; sie kann in Form eines Kaiserreiches oder einer Nation auftreten, der sich die autokephalen Ostkirchen unterordnen, oder sie erleidet die liberale Zersplitterung der angelsächsischen Demokratien, die sich mit der Vielfalt der protestantischen Kirchen ohne weiteres abfinden. Andererseits gibt es das Modell der katholischen Einheit, das sakramentalen Charakter hat; es hebt die Vielfalt der kulturellen Besonderheiten in einer allumfassenden, grenzenlosen Gemeinschaft auf. Nach katholischem Verständnis besteht die Einheit darin, daß sämtliche Nationen in die einmalige Einheit des einen Volkes Gottes eingeborgen werden.

Die Öffnung zur Welt

D. W. *Insbesondere seit dem Zweiten Vatikanum erlebt man eine Öffnung der katholischen Kirche zur Welt und eine Zunahme der sogenannten »Jungen Kirchen«. Kann die Entwicklung Junger Kirchen, zum Beispiel in Afrika, den Prozeß der Entstehung von Nationen fördern? Wie erklären sich die Erfolge der katholischen Kirche in Asien, und welche Gründe hat die zunehmende Distanzierung der katholischen Kirche von rechtsgerichteten Regimen in Lateinamerika, denen sie lange Zeit nahestand?*

J.-M. L. Eine erste Bemerkung, um die Formulierung Ihrer Frage richtigzustellen bzw. eine häufig unterlassene Präzisierung anzufügen. Die katholische Kirche hat von Anfang an, und nicht erst in den letzten vierzig Jahren, die Kolonialsysteme abgelehnt, auch wenn sie mitunter politisch und physisch im Gefolge des Kolonialismus Fuß gefaßt hat. Die Evangelisierung, das heißt der Kontakt zwischen dem Christentum und einer anderen, herkömmlicherweise als heidnisch bezeichneten Kultur, war von Anfang an mit dem ausdrücklichen Wunsch verbunden, eine einheimische Hierarchie einzusetzen, um so eine Kirche aufzubauen, die mit einem Volk oder einer Nation identifiziert wird oder werden kann. Das ist eine Konstante in der christlichen Geschichte.

Die Feierlichkeiten zum Gedenken an die Slawenapostel Kyrill und Method haben dies erneut unter Beweis gestellt. Diese beiden Brüder waren von griechischer Kultur geprägte Mönche, die sowohl mit dem Patriarchat in Konstantinopel als auch mit dem Papst in Rom in Gemeinschaft standen; sie haben sich auf das unerhörte Abenteuer einer Evangelisierung der Slawen eingelassen. Zu diesem Zweck mußten sie die altslawische Schrift erfinden. Die Evangelisierung hat Völkern, die bis dahin »nichts waren« und die wie alle schriftlosen Kulturen der Antike in Vergessenheit zu geraten drohten, die Schrift gebracht und ihnen somit Eingang in die Geschichte verschafft.

Der Erfolg der Evangelisierung in Lateinamerika beruht zum einen auf der Kongruenz von Kultur und Volk. Der südamerikanische Kontinent ist auf sehr volkstümliche Weise ein tiefkatholischer Kulturraum.

J.-L. M. *Dabei hat man allerdings etwas nachgeholfen!*

J.-M. L. Es gereicht der Kirche zur Ehre, daß man einige Personen, vor allem Ordensleute, nennen kann, die mitunter bis zum Tod gegen spanische und portugiesische Fürsten kämpften, um die Indianer zu verteidigen.

J.-L. M. *Aber das ist nicht ins kollektive Gedächtnis Lateinamerikas und Afrikas eingegangen. Dort hat sich vielmehr das Bild des Bündnisses von Säbel und Weihwedel eingeprägt.*

J.-M. L. So sagt man, aber das ist sehr einseitig. Die offizielle Geschichtsschreibung über die Vergangenheit der Kirche ist noch immer tief vom Antiklerikalismus des 19. Jahrhunderts geprägt.

Das Geschichtsbild, das die Katholiken selbst aus diesem kollektiven Gedächtnis beziehen, ist zum Teil von diesen Vorurteilen entstellt.

Die Kirche wollte schon immer eine einheimische Hierarchie einsetzen. In dem Maße, wie sich die Evangelisation ausbreitete, wurden Priesterseminare gegründet. Das gilt für Lateinamerika, Asien und Afrika. Allerdings vergeht viel Zeit, bis man die ersten Früchte ernten kann. Die Kirche hat in ihren Bildungseinrichtungen die wirtschaftlichen, politischen und kulturellen Führungskräfte der jungen Nationen herangebildet. Diese Führungskräfte ihrerseits haben bis dahin schrift- und geschichtslosen Kulturen Form und Substanz verliehen.

J.-L. M. *Was antworten Sie in diesem Zusammenhang auf die sehr häufig im Rahmen einer allgemeinen Kritik am Kolonialismus zu hörende Behauptung, die Evangelisierung habe bei den betroffenen Völkern zu einer gewaltsamen kulturellen Entwurzelung und zu einer Entfremdung gegenüber der abendländischen Kultur geführt?*

J.-M. L. Hier bedürfte es unbedingt einer vergleichenden Studie (die, meines Wissens, noch nicht durchgeführt wurde); sie müßte unter Heranziehung verschiedenster Dokumente und Quellen die Eroberungs-, Kolonialisierungs- und Evangelisierungsstrategien präzise aufarbeiten. Die Historiker sind meistens von der Hypothese ausgegangen, das Verhalten der Kirche habe im wesentlichen dem der Kolonialmächte entsprochen. Die Wirklichkeit ist jedoch komplexer.

Die christliche Botschaft verändert die gegenseitige Vorstellung der Menschen voneinander, denn sie impliziert unmittelbar, daß alle Menschen Brüder sind, weil sie von demselben Vater abstammen. Gott hat sie erschaffen, und die physische Vergegenwärtigung der Einheit der Menschheit, also der Brüderlichkeit der Menschen, basiert auf Sohnschaft und Zeugung. Das steht auf den ersten Seiten der Bibel. Von Anfang an gibt es trotz Unterschieden in der Kultur und in der Hautfarbe, trotz Partikularismen eine universelle Brüderlichkeit. Und der Gegenstand der messianischen Hoffnung ist nicht die Unterwerfung der Menschen unter eine auserwählte Nation, sondern die Vereinigung aller Völker in ihren ethnischen, kulturellen und sprachlichen Unterschieden mit dem Ziel, den einen Gott anzuerkennen und seine Herrlichkeit zu preisen. Das sagen schon die Propheten, und das bestätigt Johannes in der Apokalypse: »Danach sah ich: eine große Schar aus allen Nationen und Stämmen, Völkern und Sprachen; niemand konnte sie zählen« (7,9), und an Pfingsten vernimmt jeder in seiner eigenen Sprache ein und dasselbe Wort Gottes. Der Universalismus der Bibel und des Evangeliums, die allen Nationen verkündete Frohe Botschaft bedeutet, daß die Vielfalt der Kulturen und Sprachen in der Verehrung des einen Gottes anerkannt wird. Das steht nicht in einer UNO-Rede, sondern in der *Apostelgeschichte* und in den Büchern der Propheten. Man muß den spezifischen Inhalt dieser Aussagen begreifen und erkennen, wie weit entfernt sie von allen imperialen Ideen der Antike oder der Moderne sind. Denn das Römische Reich zwang den unterworfenen Völkern das Lateinische auf, ebenso wie Frankreich seinen Kolonien Französisch aufzwang und das Empire in seinen Kolonien Englisch... und den 5-Uhr-Tee einführte.

D.W. *Dagegen läßt sich einwenden, daß der katholische Universalismus selbst von einem bestimmten kulturellen Modell geprägt ist: Jesus ist ein Weißer und gehört in die Geschichte des Mittelmeerraumes.*

J.-M.L. Aufgrund dieser Besonderheit – sie zu leugnen hieße, die Geschichte zu leugnen – müssen wir anerkennen, daß Jesus für alle Zeiten weiß und von der mediterranen Kultur geprägt ist. Auch wenn die Menschen versucht sind, sich einen Jesus nach ihrem Bild zu formen, einen kleinen schwarzen, gelben, roten oder blondhaarigen Jesus. Jedes Jahrhundert hat die Personen des Evangeliums in den Gewändern seiner Zeit dargestellt. Übrigens weiß man letztlich nicht, wie man sie darstellen soll; man weiß nicht genau, wie die Kleidung der biblischen Personen aussah und wie die Ereignisse vor 2000 Jahren abliefen.

Aber die Besonderheit ist hier kein Anlaß für imperialistische

Bestrebungen. Johannes Paul II. hat dies nachdrücklich betont, als er über die Wiedergeburt nichteuropäischer Kulturen sprach: »In seinen Brüdern wird Christus schwarz und gelb.« Das Wort Gottes wurde durch die Identifikation mit dem Wort einer bestimmten menschlichen Sprache, dem Hebräischen und Aramäischen, ausgesagt; in einem einmaligen geschichtlichen Ereignis vollzieht sich die Vermittlung des Universellen. Die Verkündigung des Evangeliums wird den Menschen bewußtmachen, daß sie nicht allein auf der Welt sind, daß Gott der Gott aller Menschen ist und daß alle Menschen Brüder sind, auch wenn die geschichtlichen Umstände und der Einsatz von Gewalt beträchtliche Ungleichheiten zwischen den Völkern hervorbrachten und das Aufeinanderprallen der Kulturen häufig verheerende Folgen hatte. In der Praxis aber – und hier würde ich mir eine gründlich und gewissenhaft durchgeführte vergleichende Studie wünschen – verleiht das Christentum den Partikularismen gerade dadurch Gewicht, daß es sie in die universelle Einheit einfügt. Es berechtigt zum Eintritt in die Geschichte, weil es das Mysterium der Geschichte enthüllt. Das hat mich 1985 in Jugoslawien sehr beeindruckt, als ich die Lebensgeschichten von Kyrill und Method gelesen habe. Darin findet sich eine Äußerung des Fürsten, der Kyrill und Method zur Rückkehr auffordert und an den Papst schreibt: »Niemand wußte von uns, wir waren ein Nichts. Da sind sie gekommen und haben uns zum Leben erweckt.« Diese Völker gehörten bis dahin nicht in die Gemeinschaft der Nationen, und erst durch ihren Eintritt in die allgemeine Geschichte beginnen sie entsprechend ihren Besonderheiten zu existieren. Die Missionare, die aus derselben Generation stammten wie die Soldaten, die Kompradores, die Händler und die Offiziere, verhielten sich jedenfalls ganz anders als diese! Wie stark unterscheidet sich das Verhalten eines Franz Xaver von dem der portugiesischen Gouverneure. Er bemüht sich, die fremden Sprachen zu lernen. Er trägt japanische Kleider, und das nicht nur aus Klugheit. Auch in Afrika und in Lateinamerika, wo es schriftlose Kulturen gab, haben die Missionare die ersten ethnologischen Dokumente zusammengetragen. Wer historische Ethnologie betreiben will, kommt daran nicht vorbei. Die Händler und Soldaten interessierte das überhaupt nicht.

D. W. *Man hat den Eindruck, die katholische Kirche stützt sich heute stärker auf Asien, Afrika und Lateinamerika als auf die traditionell katholischen Länder Europas.*

J.-M. L. Die Kirche wendet keine Strategie an, sie stellt lediglich die Tatsachen fest. Der katholische Kontinent ist Lateinamerika! Die zahlreichsten, menschlich und spirituell glaubensstärksten Völker gibt es in Lateinamerika, Afrika und in einigen Ländern Asiens.

J.-L. M. *Die europäischen Kardinäle sind gegenwärtig noch in der Mehrheit.*

J.-M. L. Nein, und ihr Anteil wird wohl noch weiter zurückgehen. Die Päpste wollten in diesem Jahrhundert die Zahl der Kardinäle erhöhen, um der weltweiten Ausdehnung der katholischen Kirche gerecht zu werden. Die Zahl der Kardinäle aus den alten Ländern Europas verliert relativ an Bedeutung. Auf den Synoden haben die jungen Kirchen praktisch genausoviel, wenn nicht sogar mehr Gewicht als die europäischen Kirchen, und sei es auch nur, weil es Bischofskonferenzen gibt, weil die Zahl der dorthin entsandten Vertreter von der Einwohnerzahl abhängt und weil die katholische Kirche heute in allen Ländern vertreten ist. Die Zusammensetzung dieser weltweiten Versammlung unterscheidet sich grundlegend von der Art der Repräsentanz in politischen und wirtschaftlichen Gremien. Die Arbeitsweise der Kirche ist immer einzigartig. Sie unterscheidet sich von der Arbeitsweise der UNO, weil die UNO ein Ort der Konfrontation und der von politischen Kräfteverhältnissen gekennzeichneten Gegensätze ist. Die Kirche hingegen ist in ihrer apostolischen Sammlung ein Ort der Einung und des Konsenses. Schon jetzt haben gerade entstandene Nationen genau die gleichen Rechte und die gleiche apostolische Autorität wie die alten Nationen.

J.-L. M. *Wenn Sie an diesen Versammlungen teilnehmen, haben Sie dann den Eindruck, von einem im Niedergang begriffenen Kontinent zu kommen?*

J.-M. L. Das ist eine der Fragen, die ich mir immer wieder stelle.

Ich frage mich, ob wir nicht wirklich am Untergehen sind. Ich weiß wohl, daß derartige Überlegungen bei Europäern im allgemeinen mit der Bemerkung quittiert werden: »Sie sind pessimistisch, ein Schwarzseher!« Tatsächlich ist diese Gefahr durchaus real. Beim Eucharistischen Weltkongreß 1981 in Lourdes hatte ich Gelegenheit, ausführlich mit afrikanischen Bischöfen zu sprechen. Das war beeindruckend. Keine Spur mehr von den früheren Vorwürfen des Kolonialismus, heute beanspruchen sie uns als ihre Väter im Glauben. Diese Männer der Kirche haben keine Komplexe mehr. Sie lieben uns, weil sie von uns eine gewisse Zahl materieller und spiritueller Reichtümer erhalten haben; doch zugleich urteilen sie über uns. Sie sagen uns: »Sind wir nicht bessere Christen als ihr? Wir haben weitaus größere gesellschaftliche, politische und wirtschaftliche Schwierigkeiten als ihr, wo aber bleibt euere spirituelle Kraft? Wir begreifen nicht, was aus euch wird. Was macht ihr?« So zieht die Frage, ob das Abendland am Untergehen ist, eine andere nach sich: Was will und was glaubt das Abendland?

J.-L. M. *Die Wahl eines nichtitalienischen Papstes wurde als eine Sensation betrachtet. Ist es denkbar, daß einmal ein nichteuropäischer Papst gewählt wird, und wann halten Sie dies für möglich?*

J.-M. L. Künftig ist alles möglich, wobei der Zeitraum in keinster Weise vorhergesehen werden kann. Es gab schon früher nichtitalienische Päpste, aber Johannes Paul II. ist der erste slawische Papst. Die Zeit dafür war reif! Von der Evangelisierung der slawischen Völker bis zur Wahl eines slawischen Papstes sind fast 1000 Jahre vergangen. Diese Wahl bedeutet, daß sich die katholische Kirche aus der Abhängigkeit von den Mächten des Westens befreit hat: Die Könige Frankreichs, Spaniens und Portugals, die deutschen Kaiser und die englischen Könige spielen in der Kirche keine entscheidende Rolle mehr. Die Wahl von Johannes Paul II. ist gleichsam ein Sieg Gregors VII. Wie viele Jahrhunderte hat das gedauert? Neun Jahrhunderte, bis die Folgen dieses Wunsches der Kirche nach Unabhängigkeit klar zum Vorschein kamen. Doch so viele Jahrhunderte wird es nicht mehr dauern, bis die Wahl eines nichteuropäischen Papstes denkbar ist. Stellen Sie sich vor, morgen würde ein Schwarzer zum Präsidenten der Vereinigten Staaten gewählt – das ist innerhalb der nächsten zwanzig Jahre durchaus möglich –, oder ein Muslim zum Präsidenten der Sowjetunion oder ein Chinese zum Papst!

III. Weltgeschichte und Heilsgeschichte

Gibt es einen gerechten Krieg?

Jean-Louis Missika: *Die von den christlichen – protestantischen und katholischen – Kirchen vertretenen Positionen in bezug auf Krieg und Frieden werden häufig mit dem Pazifismus gleichgesetzt. Insbesondere in Nordeuropa werden die pazifistischen Bewegungen von den Kirchen, vor allem von der protestantischen Kirche, unterstützt. In der katholischen Lehre wird allerdings ein viel differenzierterer Standpunkt vertreten. Würden Sie uns bitte die Lehre vom »gerechten Krieg« erläutern.*

Jean-Marie Lustiger: Gewalt um ihrer selbst willen ist nie gerecht, der Einsatz von Gewalt kann jedoch legitim sein, wenn er einer gerechten Sache dient. Was könnte ein berechtigter Grund für einen Krieg sein? Die Verteidigung und der Schutz der wichtigsten Güter eines Volkes oder einer Nation gegen den gewaltsamen Zugriff durch einen Aggressor, die Sicherung ihres physischen Überlebens, ihrer Freiheit und der legitimen Merkmale ihrer Unabhängigkeit und ihrer Existenz. Angriffs-, Eroberungs- und Vergeltungskriege sind niemals gerechte Kriege. Ein Verteidigungskrieg hingegen kann gerechtfertigt sein, allerdings nur dann, wenn zuvor alle rechtlichen Mittel ausgeschöpft werden und die dadurch verursachten Schäden in einem vernünftigen Verhältnis zu den Gütern stehen, die durch den Krieg verteidigt werden sollen. Konflikte sollten soweit als möglich auf dem Verhandlungsweg gelöst werden, und die von einem Krieg verursachten Schäden dürfen nie den Nutzen überwiegen – auch wenn er gerechtfertigt ist –, den ein Staat oder eine Nation daraus ziehen können. Es handelt sich im Grunde genommen um das Recht auf Notwehr, das auf Nationen und Völker erweitert wird; jeder hat das Recht, einen Angriff auf sein Leben abzuwehren. Diesem Recht sind jedoch wie jedem anderen Recht Grenzen gesetzt. So hat niemand das Recht, sich mit jedem beliebigen Mittel zu verteidigen: Der Zweck heiligt nicht die Mittel. Auch wenn der Krieg an sich ein schlimmes Übel darstellt, so rechtfertigt er doch keineswegs jegliche Mißachtung moralischer Grundsätze: Auch im Krieg gibt es Verbrechen!

Die Kirche wird folglich in Wort und Tat alles in ihren Kräften Stehende tun, um die Kriegsbereitschaft der Menschen zu »moralisieren«. Im Lauf der Geschichte hat die Kirche immer wieder versucht, Konflikte durch Verhandlungen statt durch Gewalt beizulegen. Das setzt eine Rechtsordnung, ein Schiedsverfahren und die Anerkennung des Schiedsspruchs voraus. Der Krieg bleibt jedoch ein Übel, und zwar ein Übel, das in dem Maße ins Gigantische wächst, wie die Gefahr der Vernichtung zunimmt. Denn in der Neuzeit kam es hier zu einer nachhaltigen qualitativen Veränderung.

Den Standpunkt der christlichen Kirchen – einschließlich der katholischen Kirche – kann man nur dann als pazifistisch bezeichnen, wenn man das Wort pazifistisch in einem bestimmten Sinne versteht. Ist die Aussage Pauls VI. vor der UNO: »Nie wieder Krieg« »pazifistisch« oder nicht? »Nie wieder Krieg«, weil der Wille zum Krieg ein Verbrechen und eine Sünde ist: Der Krieg ist das schlimmste Mittel, um Konflikte zwischen Nationen zu bewältigen. Doch das bedeutet nicht, daß man im äußersten Falle nicht den Mut haben sollte, sein Leben zu verlieren, um den Grund des Lebens zu retten. Die christliche Bewertung des Krieges ist somit von einem äußersten Zwiespalt geprägt: Der Krieg ist ein Übel, dem man abhelfen muß; ihn zu wollen ist ein Verbrechen und eine große Dummheit; doch zur Wahrung der wesentlichen und grundlegendsten Rechte kann es gerechtfertigt sein, ihn zu tolerieren und sich ihm zu stellen.

Noch eine letzte Bemerkung zum Pazifismus im Hinblick auf die Gestalt Christi. Es gibt Aussagen im Evangelium, die ausdrücklich dazu auffordern, eher sein Leben aufzuopfern als einen anderen zu töten. Ich denke an Christus, der zu Petrus sagt: »Steck dein Schwert in die Scheide«, als dieser sein Schwert zieht, um Jesus zu verteidigen, und einem der Männer, die ihn verhaften wollen, ein Ohr abhaut. »Steck dein Schwert in die Scheide.« Andere Sätze mit gleicher Bedeutung werden häufig aus einem christlichen Blickwinkel zitiert: »Leistet dem, der euch etwas Böses antut, keinen Widerstand.« »Wenn dich einer auf die rechte Wange schlägt, dann halt ihm auch die andere hin ... Wenn dich einer vor Gericht bringen will, um dir das Hemd wegzunehmen, dann laß ihm auch den Mantel« usw. Diese Aussagen Christi sind eindeutig. Sie richten sich an die Jünger, von denen verlangt wird, im voraus das Los des zu Unrecht verurteilten Gerechten anzunehmen. Die Logik dieser Einstellung besteht darin, Böses nicht mit Bösem und Gewalt nicht mit Gewalt zu vergelten, sondern an die Vernunft und die von Gott stammende Kraft der Liebe und der Vergebung zu appellieren. Es ist die Logik des Opfertodes Christi gegenüber den menschlichen Mächten, deren Ungerechtigkeit in der Gewalt kulminiert, die man ihm, dem Schuldlosen, der von der römischen Justiz verurteilt wird, zufügt. Wenn ich mich in einer ähnlichen Lage befände, müßte ich mich genauso verhalten, um Christus treu zu bleiben. Mit der Gnade Gottes würde mir das gelingen. Aber ich will nicht – und keiner kann es in sittlicher Hinsicht – einem Volk eine Politik der Resignation und der Selbstaufopferung aufzwingen, nach dem Motto: »Dieses Volk soll auf diese Weise Christus gehorchen.« Das ist nicht wahr. Es wäre ein Verstoß gegen die moralische Pflicht, ein Volk politisch zu verteidigen – und sei es auch durch bewaffneten Widerstand gegen die ungerechte Aggression. Die Forderung, verteidigt zu werden, ist für ein Volk moralisch legitim. Die Aufopferung des eigenen Lebens als geistliche Antwort auf Gewalt steht im Mittelpunkt des christlichen Themas des Friedens: Diese geistliche Haltung ist die Erfüllung einer Berufung. Sie kann nicht durch politischen Zwang durchgesetzt werden. Sie kann nur in voller Verantwortung von freien Menschen gewählt werden, die ihre Freiheit dazu benutzen, um auf Gewalt mit Gewaltlosigkeit, ja mit Vergebung zu antworten. Man würde die Bürger jedoch zu Opfern politischer Feigheit machen, wenn man ihnen den Schutz der staatlichen Streitkräfte versagte und sie einer willkürlichen und ungerechten Aggression auslieferte. Hier besteht die Gefahr, daß Mystik zu einer schlechten Politik verkommt,wenn sie die rechtlichen Vermittlungen und die Zwänge der Gewalt moralisch außer Betracht läßt. Mystische Hingabe kann politisch unter Umständen zu einem Betrug und zu einem Umschlagen von Feigheit in Gewalt führen. Jedenfalls müssen die Menschen mit allen politischen Mitteln darauf hinarbeiten, daß Gewalt durch vernünftige, friedliche Schlichtungsverfahren ersetzt wird.

Dominique Wolton: *Aber wie erklären Sie sich, daß einige Kirchen, entgegen Ihren Darlegungen, diese Ebene der persönlichen Mystik mit der politischen Ebene verwechseln?*

J.-L. M. *Wir denken insbesondere an die Forderung nach einseitiger Abrüstung.*

J.-M. L. Die einseitige Abrüstung ist die Umsetzung der Märtyrerhaltung auf die kollektive Ebene der Nationen. Der Gläubige kann und muß diese Berufung annehmen, nachdem er sie im Geiste erkannt und gewollt hat; das haben im Laufe der Jahrhunderte viele Männer und Frauen getan. Aber es ist moralisch nicht gerecht, einem Volk ein Ideal vorzuschlagen, das politisch nur eine Utopie ist, und dabei seine Identität und sein gegenwärtiges Leben zu vernachlässigen. Diesen politischen Selbstmord durch Ausübung von Druck zu erzwingen, ist nicht akzeptabel; einem Volk kann nicht aufgezwungen werden, was Gegenstand der geistlichen Entscheidung des einzelnen ist. Es ist eine gefährliche Utopie, zu glauben, man könnte die spirituellen Gesetze des Reiches Gottes in Gebrauchsanweisungen für die politische Gestaltung der menschlichen Geschichte umformen. Das hieße glauben und bekunden, die eschatologische Versöhnung sei bereits überall verwirklicht und das Reich Gottes und seine Gerechtigkeit seien irdische Wirklichkeit nach menschlichem und geschichtlichem Maß geworden. Das gleiche gilt für das Eigentum, für den Besitz von Gütern. Die Jünger Christi sollen auf ihre Güter verzichten, eine Gesellschaft aber läßt sich rechtlich nicht auf dem Gelübde der Armut errichten. Es ist richtig und gut, daß sich die Christen in einer Gesellschaft bemühen, in Heiligkeit zu leben und den Geboten des Evangeliums zu folgen, indem sie auf den Besitz irdischer Güter verzichten; aber sie können daraus in moralischer Hinsicht keine politische Forderung ableiten, die sie ihren Mitbürgern um den Preis der Würde und der Freiheit von allen aufzwingen könnten. Uneigennützigkeit durch Gesetze erzwingen zu wollen hieße eine Tyrannei errichten.

J.-L. M. *Sie haben es gerade schon erwähnt: Die Atomwaffen haben dem Problem eine ganz neue Dimension verliehen, indem sie die Vernichtung der ganzen Menschheit in den Bereich des Möglichen gerückt haben. Die Kirche ist hier mit einem großen ethischen Problem konfrontiert, das übrigens von den nationalen Bischofskonferenzen unterschiedlich behandelt wird. Der französische Episkopat hat eine Erklärung zur Frage des Atomkrieges veröffentlicht, ohne jedoch das Problem, mit dem er konfrontiert ist, zu lösen: Wie läßt sich eine ethische Position gegenüber der Atomwaffe und der potentiellen Vernichtung der Menschheit definieren.*

J.-M. L. Man sollte nicht vergessen, daß die französische Öffentlichkeit – anders als etwa die deutsche Öffentlichkeit – bis in die jüngste Zeit hinein die Atomwaffen nie rundweg abgelehnt hat. Vielleicht erinnert man sich in Frankreich noch sehr lebhaft daran, daß man in einem Jahrhundert mehrfach das Opfer von Invasionen war und durch die Niederlage im Zweiten Weltkrieg gedemütigt wurde. Das französische Volk erinnert sich jedoch nicht daran, jemals ein aggressives und kriegerisches Volk gewesen zu sein. Vielleicht zu Unrecht, denn einige europäische Völker haben eine ganz andere Erinnerung an die napoleonischen Kriege und Feldzüge behalten. In unserem Nationalbewußtsein waren unsere Kriege immer gerecht, weil sie im Dienste der Freiheit der Völker und der einzelnen standen. Daher hält das Nationalbewußtsein Verteidigungsmittel für legitim, in der festen Überzeugung, Frankreich werde nie einen Angriffskrieg führen. Das scheint mir das Selbstverständnis der meisten Franzosen zu sein, auch wenn andererseits ein nicht geringer Teil der Franzosen traditionell antimilitaristisch eingestellt ist und auf das Gemetzel der Weltkriege mit Abscheu und Entrüstung reagiert hat.

Genügt eine derartige Betrachtungsweise, um das Problem zu lösen? Können sich die Kirche und die verantwortlichen Staatsmänner mit solchen Erinnerungen und strategischen Kalkülen begnügen? Die qualitative Veränderung, die Sie ansprechen, zwingt zu einem Nachdenken über die Zivilisation. Meine vorangehenden Ausführungen genügten vielleicht als Rechtfertigung für Steinschleudermaschinen und Armbrüste oder für die Aufstellung von Bürgerwehren in der Schweizerischen Eidgenossenschaft zur Sicherung der Unabhängigkeit ihrer Kantone. Wir befinden uns heute jedoch in einem anderen Zeitalter, wo nicht mehr nur der Krieg, sondern auch die sich zu einem Kriegsinstrument entwickelnde Technologie zu einer Gefahr wird. Das erfordert ein umfassendes Nachdenken über die Werte der Zivilisation, die Zwecke des politischen Lebens und den Totalitarismus. Zivilisation ist genau das: die Fähigkeit, in das politische Leben über das bloße Kalkül der Machtverhältnisse hinaus noch weitere Elemente einzubringen, symbolische, ethische, moralische und spirituelle Faktoren, die die Würde und die Bestimmung des Menschen bezeugen.

Das Verhältnis von Weltgeschichte und Heilsgeschichte

D.W. *Diese Frage läßt sich erweitern zu der Frage nach dem Verhältnis zwischen der Zukunft des Heiligen und der Zukunft des Profanen, das heißt nach dem Verhältnis zwischen menschlicher und göttlicher Geschichte. Weshalb ereignen sich in der menschlichen Geschichte immer noch Tragödien, obgleich der Messias schon vor 2000 Jahren gekommen ist?*

J.-M.L. Weil der Messias verborgen ist und weil wir an seine Wiederkunft glauben. Ich glaube, daß die Erlösung und die verborgene Gegenwart des Messias in der Menschheit ein Mysterium des Mitleidens sind. Die Vorstellung, das Kommen des Messias sei das Ende der Geschichte – denn dies ist ja der Sinn Ihrer Frage –, kann völlig legitim sein, und es entspricht auch der christlichen Hoffnung. Aber dieses Ende der Geschichte ist nicht nur ein Ereignis der Vergangenheit; in Gott ist es unsere Gegenwart; es bleibt auch unsere Zukunft. Die Geschichte wird sich vollenden, dann werden alle Sünden vergeben, alle Tränen versiegen, der Tod wird besiegt, die Schwerter werden in Pflugscharen verwandelt, die Wüste wird wieder blühen und das Herz des Menschen von Grund auf verwandelt. Das Werk der Erlösung wird sich vollenden.

Die heutige Zeit, unsere Zeit, die Zeit des Messias, ist eine Zeit der Wachsamkeit und der Erwartung: Wir Christen wissen, wen wir erwarten, denn Er ist ja bereits gekommen. Die heutige Zeit ist nicht die eines unbestimmten Wartens – vergleichbar dem Warten in einer Bahnhofshalle an einem Streiktag, wo ein Anschlußzug mit unbekanntem Ursprungs- und Zielort Verspätung hat. Das ist kein »Warten auf Godot«! Die Zeit des Messias ist eine Zeit der Mühen, und im Evangelium wird für diese Zeit das Bild des Gebärens verwendet. Die erlösende Macht wurde uns bereits geschenkt, sie ist bereits gegenwärtig. Und welches ist diese Macht, die dem Messias einwohnt und die er seinen Brüdern schenkt? Es ist die Macht des Heiligen Geistes, die den Kindern Gottes das Leben bringt. Sie schenkt ihnen das Leben nach der göttlichen Heiligkeit und läßt sie das Böse besiegen, das den Menschen zerstört. Was den Menschen niederschmettert, ist seine eigene Verblendung, seine Lüge, sein Haß, seine Habgier, kurz alles, was den Menschen von Gott entfernt und seine Gottesebenbildlichkeit auflöst; der Mensch erleidet die Mächte des Todes, denn jede Sünde ist ein Stigma des Todes. Aber die Kraft Gottes wirkt in der Welt; es ist eine Lebensmacht, die stärker ist als alle Spaltungen, alle Zwietracht und alle Verhöhnung, deren Stigma die Menschheit trägt. Der Geist versammelt die Brüder des Messias, die Christen, die in dieser Welt das Werk des Messias ausführen. Und durch diese Zeugung im Geiste gebiert die Kirche nach und nach die Kinder Gottes, bis Sein Werk vollendet ist. Das ist das Geheimnis der Geschichte. »Die ganze Schöpfung seufzt bis zum heutigen Tag und liegt in Geburtswehen« (Römer 8,22), und wir wissen nicht, wann diese Mühsal beendet sein wird. Uns fehlt der Maßstab, weil wir weder der Vater noch die Gebärende sind. Wir kennen weder das Zeitalter noch den Zeitpunkt dieser Geburt und dieser Vollendung. Wir müssen in der Nacht arbeiten. Und der Ausspruch Jesajas: »Wächter, wie lange noch dauert die Nacht? Wächter, wie lange noch dauert die Nacht?« (21,11) hallt unaufhörlich im christlichen Bewußtsein wider.

D. W. *Wenn man sich die Untaten in der menschlichen Geschichte, insbesondere im 20. Jahrhundert, anschaut, versteht man nur schwerlich, was der Satz: »Die Geschichte ist bereits gerettet, und das Ende wird gut sein«, bedeuten soll.*

J.-M. L. Die Bibel enthält verschiedene Visionen, die diese friedvolle Gewißheit von der besten aller möglichen oder künftigen Welten aufbrechen. Lesen Sie die Endzeitreden in den Evangelien; es sind Reden, die oft eine »politische« Offenbarung enthalten. Sie folgen einer literarischen Gattung in der jüdischen Überlieferung, der sich auch Christus bedient, und sie verkünden und offenbaren das Geheimnis der Zeiten. Es ist eine symbolische Sprache, die man nicht als eine konkrete, realistische Schilderung verstehen darf. Sie kündet von einer unüberwindlichen Tragik, die auf dramatische Ereignisse hindeutet, die im Gegensatz zu dem gerade von Ihnen zitierten Satz stehen. Die Menschheit hat sich ihre Zukunft und ihre Vollendung immer in düsteren oder heiteren Farben ausgemalt, wobei Gott sich für die eine oder andere Darstellungsform nicht entscheiden wollte und der Mensch es nicht konnte. Christus spricht zu seinen Jüngern: »Um meinetwillen werden euch alle hassen« und »Die Liebe wird auf Erden erkalten.« Er fragt: »Wird der Menschensohn, wenn er kommt, auf der Erde Glauben vorfinden?« Die Offenbarung des Johannes beschreibt die Zukunft der Menschheit und die Zeit des Messias als einen sich kontinuierlich verschärfenden Kampf zwischen den Kräften der Freiheit und den Kräften der Knechtung, zwischen den Kräften des Todes und den Kräften des Lebens. Wie kann man aus der Schrift und aus der Offenbarung eine lineare Vorstellung der Geschichte ableiten? Diejenigen, die im Lichte der Offenbarung oder einfach im Lichte der menschlichen Erfahrung darüber nachgedacht haben, können an der Rettung nicht zweifeln, aber sie müssen jegliche Naivität ablegen.

Hat die Geschichte also einen Sinn? Diese Frage, die mich als Zwanzigjähriger bewegte, hatte ich Marrou, Aron und einigen anderen gestellt. Wir hatten damals die Vorstellung einer »glücklichen Zukunft« schon hier auf Erden, wie sie vom Marxismus vertreten wurde. Diejenigen, die wir befragten, haben uns größere Bescheidenheit und die docta ignorantia derer gelehrt, die die menschliche Geschichte studieren und wissen, daß man über sie nicht viel mehr sagen kann. Mounier sprach von der »Hoffnung der Verzweifelten« und wandelte damit eine biblische Aussage ab, die dazu auffordert, »wider alle Hoffnung zu hoffen«. Ich spreche von meiner Generation, ich weiß nicht recht, wie Sie reagieren würden und wie Ihre Kinder reagieren werden. Wir hatten jedenfalls den Eindruck, das Schlimmste gesehen zu haben (was leider eine Fehleinschätzung war, denn ich fürchte, das Schlimmste hat sich noch niemand ausgemalt, und es könnte noch vor uns liegen). Kurz, wir glaubten, das Schlimmste gesehen zu haben. Die christliche Hoffnung gibt uns das sichere Gefühl, daß das uns bereits geschenkte Heil immer am Werke ist, auch in dem Furchtbaren, das der Mensch vielleicht noch begehen wird und dessen Abgründigkeit wir dank der Offenbarung der Liebe Gottes erkannt haben. Denn letztlich ist der schlimmste Abgrund für die Menschheit der Abgrund der Sünde. Wenn die Menschheit ihre eigene Vernichtung herbeisehnt, weiß sie nicht, was sie sagt. Ihre Lage gleicht dann der eines Menschen, der sich betrinkt oder der sich umbringt und dabei nicht mehr weiß, was er tut. Nur wer das Leben und die Liebe erkannt hat, kann diesen Selbstmord der Menschheit, diese Sünde, diese Blasphemie, dieses Verhängnis verstehen; denn letztlich ist dies die Hölle...

D. W. *Was meinen Sie mit »Hölle«?*

J.-M. L. Dieses Verhängnis der Sünde ist die zeitliche und irdische Gestalt der Hölle und der ewigen Verdammnis der Menschheit und der Menschen. Wenn man das verstanden hat, ist die Hoffnung, die uns erfüllt, stärker als alle Verzweiflung – und zwar nicht aus Naivität, sondern aus Realismus. Das ist, wenn Sie so wollen, das Thema der Zeit nach Auschwitz, das Thema der posttotalitären Zeit, des Jenseits der Hölle... Hoffen heißt bezeugen, daß die Erlösung des Menschen möglich ist, heißt bekunden, daß der Messias verborgen und daß die Welt in den Geburtswehen des

Heils liegt, heißt beteuern, daß man nie am Menschen verzweifeln wird, weil Gott nicht an ihm verzweifelt ist.

Die Bibel sagt klar: Die Welt war verloren, sie sollte von der Landkarte getilgt werden. Das ist die große Symbolik der Sintflut. Das ist Sodom und Gomorrha: »Gibt es dort zehn Gerechte? Gibt es fünf Gerechte? Nein.« Die Welt ist verloren, und Gott scheint sie ihrem Untergang zu überlassen. Aber nein, Gott schwört, daß er die Menschen nie verlassen wird. So wird der unaufhebbare Bund zwischen Gott und seiner Schöpfung geschlossen. Auf ihm ruht die Heilshoffnung.

D. W. *Aber gibt es nun eine oder zwei Geschichten, und welche Beziehung besteht zwischen der menschlichen und der übernatürlichen Geschichte?*

J.-M. L. Es gibt nur eine Geschichte, aber es gibt mehrere Arten, sie zu sehen und zu leben. Was man die Menschheitsgeschichte nennt, ist die Geschichte, wie die Menschen sie sehen; die Heilsgeschichte hingegen ist die Geschichte, wie Gott sie sieht und sie gemeinsam mit den Menschen gestaltet. Solange Gott uns sein Licht noch nicht geschenkt hat, können wir diese Geschichte nur erahnen, und es wäre falsch, wenn wir uns einbildeten, die Geschichte in der allumfassenden göttlichen Perspektive erkennen und den Platz des Richters, der nur ihm zusteht, einnehmen zu können.

Die Heilsgeschichte ist zugleich die Geschichte der Erlösung der Menschen wie auch die Geschichte des Gerichts, das im Verlauf dieser Geschichte stattfindet. In der lediglich die Ereignisse schildernden Geschichtsschreibung häufen wir Erinnerungen an, die wir nicht bewältigen können und die sich in dem Maße auflösen, wie wir sie anhäufen. Wir können nicht die ganze Geschichte in unserem Gedächtnis bewahren, und die Vorstellung, daß wir die Erinnerung an unsere Vorfahren verlieren, ist überaus schmerzlich. Die Kulturen der Antike glaubten, sich an ihre Vorfahren zu erinnern, aber das stimmt nicht! Man vergißt. Man vergißt, weil es unmöglich ist, den Fluß des Lebens in der Erinnerung zu behalten. Und selbst wenn wir sämtliche Namen aus allen Personenstandsregistern der Welt auf Computer gespeichert hätten, wäre dies keine lebendige Erinnerung. Es gibt wirklich eine Art Flucht, ein Versinken im Abgrund des Nichts. Das menschliche Gedächtnis ist nicht imstande, die ganze Menschheit zu umfassen. Die Vorstellung fasziniert mich, daß ich als Mensch, als Exemplar der Gattung Mensch, nicht alle auf dieser Welt lebenden Menschen kennen und erkennen kann. Wie sich damit abfinden, daß man immer nur einige Menschen kennt und daß man sie so wenig und so schlecht kennt, wo sie doch meine Brüder sind? Die Menschheit vergißt sich selber, und dieses Vergessen ist unvermeidlich. Das ist kein Vorwurf, sondern eine bloße Feststellung. Das ist eine Erfahrung, die in der Erwartung des Heils, wo die unübersehbare Menschenmenge anerkannt und erkannt sein wird, überwunden werden kann. Gott allein kann die ganze Menschheit mit diesem Blick betrachten.

D. W. *Wenn Gott die Geschichte macht, die Geschichte kennt und die Geschichte der Menschen sieht, was bleibt dann dem Menschen noch zu tun?*

J.-M. L. Das ist ein Problem, dessen Lösung nur schwer in wenigen Worten umrissen werden kann, weil damit das Verhältnis von göttlichem Willen und menschlicher Freiheit aufgeworfen wird. Die Vorstellung, die Menschen seien Marionetten, deren Fäden Gott zieht, ist ebenso einseitig wie die Vorstellung, Gott sei ein völlig transzendentes Wesen, das die Menschen ihrem Schicksal überläßt. Wenn Sie diese beiden Zerrbilder der Kontingenz der menschlichen Freiheit und der Absolutheit der göttlichen Freiheit, der Zeit und der Ewigkeit ausklammern, werden Sie die intuitive Position des Gläubigen entdecken. Der Gläubige »weiß«, daß er seine Freiheit von Gott empfangen hat und daß der Bereich der menschlichen Erfahrung ein Ort der Freiheit ist; er »weiß«, daß seine Freiheit sich um so machtvoller entfalten kann, je stärker er sich Gott unterwirft. Das ist eine paradoxe Behauptung: Gottes Handeln nimmt in dem Maße zu, wie er dem Menschen eine größere und unumschränktere Handlungsfreiheit schenkt. Die Freiheit des Menschen und die Freiheit Gottes sind keineswegs zwei antinomische, gegensätzliche Größen, die sich gegenseitig ausschließen, vielmehr ist die Freiheit des Menschen ein Geschenk der Freiheit Gottes. »Gott weiß« und »Gott sieht«? Ja, das sind sehr trostreiche und kraftvolle Worte aus dem Evangelium, die man bewahren muß! »Gott weiß«, ja, Gott weiß sogar, was der Mensch nicht weiß, und Gott sieht, was dem Blick der Menschen verborgen bleibt. Dieser Verweis auf den Bund ist eine überaus reiche Quelle der Freiheit.

D. W. *Was Sie Freiheit nennen, wird im allgemeinen nicht als Freiheit erlebt.*

J.-M. L. Ich denke an den Satz von Victor Hugo: »Das Auge war im Grab und betrachtete Kain.« Ein sehr schöner Satz; er enthält allerdings den Fehler, den väterlichen Blick Gottes als Kategorie des Schuldgefühls zu begreifen. Das ist ein Widerspruch, denn das Schuldgefühl drückt ja gerade die Abwesenheit der Freiheit im Sünder aus.

D. W. *Wollen Sie sagen, Freiheit besteht darin, sich als Sünder zu wissen?*

J.-M. L. Freiheit heißt sich als Sünder wissen, dem vergeben wird, während die Schuld letztlich darin besteht, Sünde und Vergebung nicht erkennen zu wollen; das Schuldgefühl macht Gott zum Bild der eigenen Qual. »Das Auge war im Grab und betrachtete Kain.« Das Auge, das Kain betrachtete, symbolisiert nach Ansicht des Dichters sein Verbrechen, seine Schuld, nicht die Vergebung! Und das Auge war »im Grab«! Dieser Satz ist wunderbar, doch er ist falsch, denn Gott ist nicht der Gott der Toten, sondern der Gott der Lebenden.

Das Ende der Geschichte

D. W. *Kommen wir wieder zurück auf das Thema vom Ende der Geschichte: Welche Bedeutung hat es für die menschliche Geschichte, und was bedeutet das Wort »Aufschub«?*

J.-M. L. Also das Ende kann ich mir wirklich nicht vorstellen. Ich weiß nicht, wie es aussehen wird, und ich glaube, niemand kann es sich vorstellen. Selbst in den apokalyptischen Schilderungen des Weltendes warnt Christus: »Wenn dann jemand zu euch sagt:

Seht, hier ist der Messias!, oder: Da ist er!, so glaubt es nicht! Denn es wird mancher falsche Messias und mancher falsche Prophet auftreten ... Denn wie der Blitz bis zum Westen hin leuchtet, wenn er im Osten aufflammt, so wird es bei der Ankunft des Menschensohnes sein.« Christus malt uns das Weltende aus, doch er bringt uns zugleich davon ab, den Zeitpunkt dieses Gerichts genauer bestimmen zu wollen. »Doch jenen Tag und jene Stunde kennt niemand, auch nicht die Engel im Himmel, nicht einmal der Sohn, sondern nur der Vater.« Das sind überaus bemerkenswerte Worte. Eine entschiedene Absage an jede chiliastische Spekulation und an jeden Versuch, sich das Ende der Menschheit auszumalen. Wir wissen nichts darüber.

Es ist sehr beeindruckend, zu sehen, wie sich die wissenschaftlichen Theorien im Zeitraum von ein oder zwei Jahrhunderten wandeln und gegensätzliche Modelle und Hypothesen entwickeln. Das zeigt, daß unserer Phantasie keine Grenzen gesetzt sind. Es fällt uns schwer, diese Unkenntnis über den Anfang und das Ende – denn genau darum geht es ja – hinzunehmen. Es ist ein normales und legitimes Bedürfnis des Menschen als Vernunftwesen, seine Vergangenheit und seine Zukunft zu erforschen, und es ist völlig legitim, daß die Naturwissenschaft eine Antwort auf diese Frage zu geben versucht. Aber es ist verblüffend zu sehen, wie dort phantastische Vorstellungen Platz greifen.

J.-L. M. *Einige Wissenschaftler behaupten, die Ausdehnung des Weltalls habe zu einem bestimmten Zeitpunkt begonnen und man könne daraus die Hypothese ableiten, daß es auch das entgegengesetzte Phänomen einer Kontraktion geben müsse ...*

J.-M. L. Früher dachten einige, das Weltall bestünde ewig ... Ich bin kein Astrophysiker.

J.-L. M. *Die Frage nach dem Ende der Zeit wirft jedoch ein religiöses Problem auf. Wenn man vom Standpunkt der Physik jemals in der Lage sein sollte, das Ende des Weltalls vorauszusehen ...*

J.-M. L. Was wir heute für eine unerschütterliche Gewißheit halten, wird übermorgen oder in zweihundert Jahren vielleicht nur noch als eine große Dummheit betrachtet. Denn wir wissen nichts darüber! Denn wir wissen nicht, wie diese Theorie in fünf oder sechs Jahren umgearbeitet wird. Die zugrundeliegende Vorstellung mag sich als primitiver Anthropomorphismus, als Projektion des individuellen Unsterblichkeitswunsches auf das Weltall als Ganzes enthüllen.

D. W. *Für Sie sind das Theorien, die in ein paar Jahren schon wieder überholt sein können, folglich braucht man ihnen nicht allzuviel Bedeutung beizumessen. Doch damit haben Sie noch nicht die Frage nach dem Verhältnis zwischen einer wissenschaftlichen Erforschung der menschlichen Geschichte und der Vorstellung eines Eingriffs von außen beantwortet...*

J.-M. L. Unabhängig von dem Fortschritt in den wissenschaftlichen Erkenntnissen wird sich doch immer die Frage nach dem, was vor dem Nullpunkt geschah, nach dem unvorstellbaren Jenseits dieses Augenblicks stellen... »Gibt es einen ersten Augenblick?« Diese Frage hat sich schon Thomas von Aquin gestellt. Die Antwort lautet: Ja, vor dem ersten vorstellbaren Augenblick gibt es das Unvorstellbare, Gott. Ein Anfang und ein Ende deuten auf ein geschlossenes und erschaffenes Weltall hin, und der außerhalb des Weltalls stehende Schöpfer ist Erklärungs- und Daseinsgrund dieses Weltalls. Die raumzeitliche Vorstellung des Universums veranschaulicht das Kausalitätsprinzip, das die Existenz des die Menschheit und das Weltall umgreifenden Urgrundes rational begründet. Das Wesen Gottes aber kann durch eine derartige Betrachtungsweise nicht erfaßt werden. Die Erkenntnis Gottes, wie sie uns geschenkt wird, beruht auf einer Verwandlung unseres Geistes und unseres Herzens, unseres Verhaltens und unseres Wissens durch das Licht, das Gott selbst uns gibt. Indem Gott sich offenbart und zu uns spricht, gibt er sich uns in der Gegenwart unserer Geschichte zu erkennen, und dieses Erkennen Gottes ist unendlich viel größer, als wenn wir ihn als Ursache der Ursachen, als Erstursache oder höchstes Ziel begreifen und vielleicht ein wenig imaginär projizieren. Diese Begriffe haben auf ihrem abstrakten und metaphysischen Niveau durchaus ihren Sinn, den man nicht unterschätzen sollte. Man sollte aus der Metaphysik keine »Prä-« oder »Post-Physik« machen; man würde einen schweren Fehler begehen, wollte man verschiedene Reflexionsebenen grundlos miteinander vermischen. Philosophische Aussagen erheben nicht den Anspruch, wissenschaftlich verifizierbare Erkenntnisse über die Welt zu liefern; sie eröffnen vielmehr der Vernunft jenen Raum, der für die Erkenntnis des Geistes, seiner Zwecke und seiner Geschöpflichkeit unerläßlich ist. Doch die abstrakte Vernunft ist menschlich und endlich; sie gewährt keinen Zugang zum absoluten Geheimnis Gottes. Die Offenbarung Gottes und das Weltverständnis prägen jedoch beide die Beziehung des menschlichen Geistes zur Welt und zu seinem Gott. Hier fasziniert mich immer wieder der biblische Satz: »Die Himmel rühmen die Herrlichkeit Gottes.« Wie kommt es, daß die Welt für den menschlichen Geist erkennbar ist und daß der Mensch in der Welt eine rationale Ordnung und eine Schönheit entdeckt, in der sich Gott kundtut? Ich erkenne darin, viel mehr als in jeder Theorie, den inneren Zusammenhalt der Schöpfung. Die Geschichte des modernen Denkens hat mich jedoch gelehrt, diesen Zusammenhang als eine bestimmte, vorläufige Etappe der wissenschaftlichen Reflexion zu betrachten.

D. W. *Ich habe nicht verstanden, inwiefern dieser biblische Satz für Sie der beste Beweis für...*

J.-M. L. »Die Himmel rühmen die Herrlichkeit Gottes.« Die Welt ist als Schöpfung eine Sprache. Die Welt sagt mehr als sie selbst, sie spricht ihren Schöpfer aus. Ebenso spricht der Mensch seinen Schöpfer aus und sagt, daß er nach dem Bild Gottes und Ihm ähnlich geschaffen ist.

J.-L. M. *Das erinnert mich an einen Satz von Einstein, den Sie zweifellos kennen: »Das Unbegreiflichste an der Welt ist, daß die Welt nicht unbegreiflich ist.«*

J.-M. L. Eben das ist völlig unbegreiflich und wunderbar. Übrigens wird die Sprache der Schöpfung und die Sprache Gottes in seinen Geboten in Psalm 19 als eng zusammengehörig dargestellt. Es wäre falsch, die beiden Sphären zu trennen. »Die Weisung des Herrn ist vollkommen, sie erquickt den Menschen...«, »Die Befehle des Herrn sind richtig, sie erfreuen das Herz«, entsprechen dem anderen Vers: »Die Himmel rühmen die Herrlichkeit Gottes... Doch ihre Botschaft geht in die ganze Welt hinaus, ihre

Kunde bis zu den Enden der Erde.« Die Sprache der Schöpfung und die Sprache der Offenbarung bilden gemeinsam den Schlüssel für die geschichtliche Vorstellung des Menschen von seiner Beziehung zum Kosmos.

Das Heil

D. W. *Kommen wir zurück auf die menschliche Geschichte. Macht sich an der Schwelle zum dritten Jahrtausend nicht ein steigendes Interesse für alle Fragen im Zusammenhang mit dem Heil bemerkbar?*

J.-M. L. Je mehr der Mensch die Fähigkeit gewinnt, sich selbst zu heilen und zu befreien, um so mehr erkennt er die wirkliche Tiefe seiner Verlorenheit. Der Arzt kann heute mehr Krankheiten heilen, der Psychologe verhilft mitunter zu größerer Lebensfreude, der Ingenieur erwirbt eine immer größere Herrschaft über die Umwelt, die Gefahren der Natur werden besser beherrscht; der Mensch glaubt, keine Angst mehr vor dem Feuer und vor dem Blitz zu haben, die ihn früher als unheimliche bzw. unvorhersehbare Macht erschreckt haben. Der Mensch ist einsamer geworden und wird sich seiner Verlorenheit immer stärker bewußt. Er erkennt, daß er ein Kind ist, das sich verirrt hat. Das ist die Voraussetzung für seine Erlösung. Was der Erlöser sagen will, ist, daß der Mensch in die Irre gegangen ist: Gerettet werden heißt wiedergefunden werden. Nachdem der Mensch einige kosmische Ängste überwunden hat, ist er mit seiner Einsamkeit und in seiner Einsamkeit mit der Sünde konfrontiert.

D. W. *Was ist das Eigentümliche unserer Epoche in bezug auf die Frage nach dem Heil?*

J.-M. L. Wir sind mißtrauischer, aus Furcht, betrogen zu werden. Diese Furcht kann uns lähmen und uns veranlassen, uns von der kalten Außenwelt abzukapseln; sie kann uns daran hindern, weiterzugehen und uns wirklich zu retten. Unsere Skepsis kann so groß sein, daß wir, wie einige antike Hochkulturen, geradewegs und blindlings in unser Verderben rennen. Doch wir können auch schneller zum Wesentlichen vorstoßen. Ich wünsche mir jedoch, daß die neuen Generationen die Erinnerung daran bewahren. Schlimm wäre, wenn sie es vergessen würden. Wir sind bereits mehrfach auf dieses Thema zu sprechen gekommen. Wenn man sich aber im Laufe weniger Jahrhunderte so vieler einfacher Heilsbilder bedient hat, wenn man so viele Kräfte mobilisiert hat, um das Heil der Menschen zu erreichen, wenn man auf seine Emanzipation hingearbeitet hat und dann feststellen muß, daß auch das nicht die Erlösung bringt, dann kann man wahrlich in Skeptizismus verfallen und die Vergangenheit nur noch vergessen wollen! Vielleicht besteht die Würde des Menschen ja darin, diese immer wieder neue Enttäuschung auszuhalten, wie Camus meinte.

Stellung und Schicksal des Menschen innerhalb des Universums werden uns vielleicht rascher und mit erbarmungsloserer Deutlichkeit bewußt werden, wenn wir bereit sind, uns von unseren Mißerfolgen nicht lähmen und von unseren Erfolgen nicht berauschen zu lassen. Das Interessante an unserer Epoche ist die Tatsache, daß der Verlust von Illusionen die Dinge in ihrer »ungeschminkten« nackten Wahrheit zeigt. Die Dinge werden offen bei ihrem Namen genannt, und der Wille zur Macht kommt unverhüllt zum Vorschein. Zur Zeit von Kaiser Augustus, von Karl V. oder von Ludwig XIV. besaß die königliche Gestalt des politischen Willens zur Macht ein ungeheures Prestige und unerhörtes Charisma. Es bedurfte schon eines gewissen mystischen Mutes, um dieser Figur ihren sakralen Charakter zu rauben und zu sagen: nein, da steckt nichts dahinter. Heute weiß das jedes Kind. Das gleiche geschieht mit allen anderen Illusionen, die sich der Mensch über sein Schicksal und über die Entwicklung der Gesellschaften macht. Das kann dazu führen, daß die Völker ihre Kraft verlieren, daß sich neue Wahnideen ausbreiten; wenn man Dinge zu klar sieht, bekommt man Lust, sich Illusionen hinzugeben, und jede Enttäuschung hat ihre Risiken. Aber das ist auch eine Chance; die heutige Generation kann die Heiligkeit auf kürzerem Wege erreichen.

J.-L. M. *Am Ende seiner* Memoiren *benutzt Raymond Aron einen seltsamen Ausdruck. Er schreibt, während seines Studiums an der Ecole normale hätten er und seine Kommilitionen davon gespro-*

chen, »ein irdisches Heil zu finden«. Und er beendet seine Memoiren *mit der Frage, ob er nun »sein irdisches Heil ohne Gott« gefunden habe. Hat dieser Ausdruck für Sie einen Sinn? Und glauben Sie, daß sich die Frage nach dem Heil für Gläubige auf die gleiche Weise stellt wie für Nichtgläubige?*

J.-M. L. Das ist eine allgemein menschliche Frage. Jeder Mensch stellt sich eine ähnliche Frage. Die Worte sind nie dieselben, denn jeder ist mit seinem eigenen Leben konfrontiert. Aber jeder Mensch fragt sich nach »Gewinn und Verlust«, *Loss and Gain*. So lautet der Titel der Lebenserinnerungen von Newman, eines autobiographischen Romans, der unter einem Pseudonym erschienen ist. Kein Mensch kann sich derartigen Fragen entziehen, und Raymond Aron noch viel weniger als andere. Er war ein viel zu guter Kenner der Geschichte und dessen, was in ihr auf dem Spiel steht, um den Begriff »Heil« unreflektiert zu gebrauchen, und zwar in mehr als einer Hinsicht. Ich kann mir vorstellen, daß er sich daran erinnerte, weil er wußte, daß er alt und damit dem Tode nahe war. Dem Tod stellt man sich, so gut man kann, mit mehr oder weniger Mut, mehr oder weniger Stoizismus. Auf dem Spiel steht aber letztlich weit mehr als der Tod als plötzlicher Stillstand: nämlich die allerletzte Prüfung der Freiheit und des menschlichen Schicksals, die Tatsache, daß der Mensch über sein Leben niemals verfügen, sich seiner nicht bemächtigen kann. Das Leben gleicht einer unstillbaren Blutung. Es fließt dahin. Wohin? In die Leere? Ins Nichts? Oder besteht das Heil in dem Glauben, daß unser Leben irgendwo aufgefangen wird? Und müssen wir nicht auch glauben, daß unsere Freiheit nicht nur eine offene Wunde und unser Leben mehr als eine unstillbare Blutung, nämlich ein positives Werk und eine unendliche Freude ist? Wie das Zerrinnende retten? Die Frage nach dem Heil ist universell; und der Mensch muß sich die Frage nach seinem Heil stellen. Das scheint unvermeidlich zu sein.

D. W. *Welche Beziehung besteht zwischen dem Warten auf das Reich Gottes und der Geschichte der Menschheit?*

J.-M. L. Das Reich Gottes ist Gegenstand unserer Hoffnung. Seine Erwartung ist ein Licht in der Geschichte, die uns in jeder Hinsicht unbegreiflich ist. Ich weiß nichts über die Geschichte der

Menschen, meine Erinnerung ist fragmentarisch, mein Bild von der Menschheit wird immer wieder zerschlagen, meine Erkenntnisse über sie bleiben dunkel. Der Ratschluß Gottes erscheint mir als ein höchster Akt der Liebe, und doch bleibt er ein Mysterium, das mein Fassungsvermögen übersteigt, ohne mir deshalb irrational oder unverständlich vorzukommen. Er ist eine Quelle der Weisheit in einer Welt, die sich meinem Begreifen entzieht.

Wenn ich mich des Reiches Gottes bemächtigen wollte, würde ich in dem schlimmsten Wahnsinn und in der fürchterlichsten Tyrannei versinken. Wenn ich aber die Hoffnung auf das Reich Gottes als eine Quelle der Weisheit und des Segens für die Menschheit bewahre, dann ist die menschliche Geschichte nicht mehr der von Shakespeare beschworene Alptraum »voller Lärm und Raserei«. Die Erwartung des Reiches Gottes ist die Selbstüberantwortung an eine Macht, die größer ist als man selbst. Sie ist letztlich die Langmut Gottes in der Geschichte.